普通高等院校文化产业管理系列教材

非物质文化遗产传承与保护发展

李炎　王佳 ◎ 主编

清华大学出版社
北京

内容简介

本书介绍了非物质文化遗产的内涵、外延以及历史和当下国内外对非物质文化遗产的相关理论研究；阐释了在全球化时代和文化多样性世界格局的诉求下，非物质文化遗产的价值、功能；概括分析了非物质文化遗产的表现形态、空间分布及其特征；并结合保护与发展的具体诉求，借助国内外经典和最新案例，分析在全球化、现代科技与信息技术的语境下以及在城市化进程中，非物质文化遗产传承创新和保护发展的路径与模式。本书中外兼顾，融理论性、知识性与个案实践分析于一体，努力突破传统教材单一知识性架构的表述方式，引导学生拓展视野，培养学生思考和分析研究的能力。

本书可作为普通高等院校艺术管理、文化产业管理以及和文化创意产业相关专业的教材，也可供从事非物质文化遗产管理的从业者和热爱文化遗产的普通读者阅读参考。

本书封面贴有清华大学出版社防伪标签，无标签者不得销售。
版权所有，侵权必究。举报：010-62782989，beiqinquan@tup.tsinghua.edu.cn。

图书在版编目（CIP）数据

非物质文化遗产传承与保护发展/李炎，王佳主编. —北京：清华大学出版社，2023.11
普通高等院校文化产业管理系列教材
ISBN 978-7-302-64387-6

Ⅰ. ①非⋯ Ⅱ. ①李⋯ ②王⋯ Ⅲ. ①非物质文化遗产－保护－中国－高等学校－教材 Ⅳ. ①G122

中国国家版本馆 CIP 数据核字（2023）第 145634 号

责任编辑：杜春杰
封面设计：刘　超
版式设计：文森时代
责任校对：马军令
责任印制：沈　露

出版发行：清华大学出版社
　　　　网　　址：https://www.tup.com.cn，https://www.wqxuetang.com
　　　　地　　址：北京清华大学学研大厦A座　　邮　　编：100084
　　　　社　总　机：010-83470000　　　　　　　　邮　　购：010-62786544
　　　　投稿与读者服务：010-62776969，c-service@tup.tsinghua.edu.cn
　　　　质量反馈：010-62772015，zhiliang@tup.tsinghua.edu.cn
印 装 者：三河市龙大印装有限公司
经　　销：全国新华书店
开　　本：185mm×260mm　　　印　张：17　　　字　数：390 千字
版　　次：2023 年 11 月第 1 版　　　　　　　　印　次：2023 年 11 月第 1 次印刷
定　　价：69.80 元

产品编号：083831-01

普通高等院校文化产业管理系列教材
丛书编委会

丛书主编 李向民

丛书副主编

陈少峰　　范　周　　傅才武　　顾　江　　姜　生　　李凤亮
李　炎　　祁述裕　　单世联　　魏鹏举　　向　勇　　尹　鸿

丛书编委

车文明	山西师范大学
陈　斌	厦门大学
陈　波	武汉大学
陈少峰	北京大学
戴伟辉	复旦大学
丁　方	中国人民大学
董泽平	台湾师范大学
范　周	中国传媒大学
傅才武	武汉大学
顾　江	南京大学
皇甫晓涛	北京交通大学
贾磊磊	中国艺术研究院
贾旭东	中国社会科学院
姜　生	四川大学
李凤亮	南方科技大学
李康化	上海交通大学
李向民	南京艺术学院
李　炎	云南大学
祁述裕	中共中央党校（国家行政学院）
单世联	上海交通大学
王　晨	南京艺术学院
魏鹏举	中央财经大学
吴承忠	对外经济贸易大学
向　勇	北京大学
尹　鸿	清华大学
张胜冰	中国海洋大学
张振鹏	深圳大学

总　　序

党的十九大报告首次提出："中国特色社会主义进入新时代,我国社会主要矛盾已经转化为人民日益增长的美好生活需要和不平衡不充分的发展之间的矛盾。"社会需要的变化反映了财富概念的变迁,人民对"美"和"好"的向往变得前所未有的重要。

美好生活建立在生活美学的观念之上,这是社会生产力高度发达后呈现出来的一种全新的生存状态。文化将回归本质,将普照社会生活的每个角落。产业的文化化将是大势所趋。这是全新的精神经济时代,文化在经济生活中将拥有前所未有的重要地位。

在此前的几十年中,中国社会的进步更多体现在文化的产业化方面。从广州白天鹅宾馆的音乐茶座开始,"文化产业"这颗种子从20世纪70年代末破土而出,历经各种障碍,最终长成伟岸的大树和茂密的森林。我们都是亲历者和见证者。

也正因为此,很多人以为,文化产业是最近几十年的事,并且将文化产业的学术源头追溯到法兰克福学派。的确,法兰克福学派最早从学理上分析了 cultural industries(文化工业、文化产业)这一概念。但这些研究是从哲学层面、从文化批判的角度进行的,并没有研究文化产业自身的产业特性。这与我们今天所要从事的研究并没有太大的关系。

其实,从更广阔的历史维度看,中国的文化产业化,或者是产业化的文化,拥有非常悠久的历史。从新石器时代的大规模玉器雕琢、交易,青铜器生产的全流程管理,到周代对艺术品市场的管理,再到汉唐的碑铭市场,宋代的瓦肆勾栏,元代的杂剧和青花瓷,明代的小说出版,清代的绘画市场和京剧戏园,直到民国的电影,等等,无一不是文化产业的生动例证。这一切也为我们今天理解和分析文化产业提供了重要的历史依据和文化自信。

在很长一段时期内,我们对文化产业、文化经济的研究都是严重滞后的。1987年,钱学森在谈到精神经济理论时说过:"这个大问题,我国经济学家也出不了多少力,他们也没有研究过。还望有志于此的同志继续努力!"这是老一辈学者对我们的殷殷嘱托!

进入21世纪以来,中国的文化产业研究者从文学、艺术、经济、历史、伦理、社会学,以及哲学的角度,对文化产业问题进行了分析和解读,为推动国家的文化产业发展,推动相关学科建设发挥了重大作用。

但总体看,文化产业的理论研究落后于如火如荼的产业实践,相关研究也大多局限在政策研究和规划的层面。加上研究者不同的专业背景,文化产业研究难以形成最大公约数。也正因为此,文化产业作为学科的面目并不清晰。目前将文化产业管理作为二级学科归入工商管理的一级学科之下,只能说是权宜之计、无奈之举。

学科认知上的错位反映了理论的贫瘠。缺乏理论的学科是肤浅的,更不用说在其上构建学术殿堂。正是学科定位上的不确定性和诸多专家五花八门的专业话语,给人一种文化产业管理是一个没有门槛的学科的错觉。但是，文化产业管理并不是一个不需要工具的学科。我们需要整合大家的理论贡献，并且凝聚共识，打造文化产业理论的中国学派。

从 21 世纪初国内开始有高校开设文化产业相关本科专业以来，发展到现在全国已经有上百所高校开设了文化产业管理专业，涵盖专科、本科、研究生等全部教育层次。此前，北京大学、上海交通大学等高校也先后组织出版了相应的文化产业系列教材，为推动专业建设和学科建设发挥了积极作用。同时，由于各高校开设的文化产业管理专业的学科归属千差万别，一定程度上存在着老师会什么就教什么，而不是根据专业需要，设置基础课、专业基础课和专业课。这既不利于文化产业管理专业的标准化和规范化，也不利于培养符合社会需要的合格的文化产业人才。当然，这也并不是一所学校、一位教师所能解决的。

应当看到，经过 30 余年的探索，尤其是近 20 年政策和实践的推动，以及 20 余年持续不断的人才培养，文化产业学科已经聚集了大量的从业者。教学科研队伍也因为专业多样性而显示出新文科和交叉学科的特点。我们对中国文化产业研究中所涉及的问题、提出的观点也是有价值的，对中国产业发展做出了重要的理论贡献。对此我们充满信心。

2017 年，中国艺术学理论学会中国文化产业管理专业委员会成立，这是我国文化产业学科第一个全国性的学术组织，发起单位包括北京大学、清华大学、中国人民大学、复旦大学、上海交通大学、南京大学、武汉大学、厦门大学、四川大学、云南大学、中国传媒大学、中央财经大学、中国海洋大学、深圳大学、南京艺术学院等高校和中共中央党校（国家行政学院），聚集了国内研究文化产业最活跃、最有影响力的专家学者，代表了从事文化产业教学和科研的主流力量。中国文化产业管理专业委员会成立后，大家一方面致力于推动文化产业的学科建设和智库建设，一方面致力于推动文化产业管理的专业建设，希望能够联合起来，形成一些较为规范和成熟的本科专业教材。

在这样的动议下，中国文化产业管理专业委员会成立了由会长、副会长及常务理事组成的教材编纂委员会，负责教材的遴选和把关。教材建设拟分步实施，成熟一本出版一本。计划通过几年的努力，完成 30 本左右的规范教材，推荐给全国的文化产业管理专业的教师和同学们。

在教材的编写中，我们坚持马克思主义的立场、观点和方法，博采众家之长，反映课程思政的最新成果。随着全面建成小康社会第一个百年目标的实现，我国开启了全面建设社会主义现代化强国的新征程，高质量发展成为社会的最强音。文化经济和文化产业发展任重道远。我们将以习近平新时代中国特色社会主义思想为指南，以生动宏伟的文化产业实践为归依，努力编撰出反映文化产业学科特点和水平的系列教材。

党的二十大报告指出："全面建设社会主义现代化国家，必须坚持中国特色社会主义文化发展道路，增强文化自信，围绕举旗帜、聚民心、育新人、兴文化、展形象建设社会主义文化强国。"文化产业任重道远，还望同行们共同努力！

李向民

2021 年 6 月于南京

2023 年 7 月修订

目 录

导言 1
    一、非物质文化遗产保护与发展的缘起 1
    二、非物质文化遗产保护与发展的研究意义 4
    三、非物质文化遗产保护与发展的研究方法 4
    四、本教材框架内容与编写的特点 5

第一章 非物质文化遗产研究的时代语境 7
  学习目标 7
  导言 7
  第一节 文化多样性诉求与非物质文化遗产保护 7
    一、文化多样性的体现：非物质文化遗产 8
        案例/专栏 1-1 《中华民族的多元一体格局》摘录 9
        案例/专栏 1-2 《非物质文化遗产的共享性本真性与人类文化多样性
                发展》摘录 12
    二、文化交流与非物质文化遗产 12
        案例/专栏 1-3 非物质文化遗产保护工作的意义 14
  第二节 非物质文化遗产保护策略与区域社会发展 15
    一、文化遗产保护策略的研究回溯 15
    二、全球化背景下非物质文化遗产保护推动区域社会发展 19
        案例/专栏 1-4 文化遗产保护的可贵探索 21
  第三节 从精英文化转向大众文化：消费社会语境下非物质文化遗产再生产 ... 23
    一、精英文化 23
    二、大众文化 25
        案例/专栏 1-5 狂欢式理论 26
    三、非物质文化遗产的现代社会语境下的创造性转化和创新性发展 28
        案例/专栏 1-6 北京故宫博物院"数字故宫" 29
  本章小结 31
  综合练习 31

第二章　什么是非物质文化遗产 ... 33
学习目标 ... 33
导言 ... 33
第一节　发现"非物质文化"——从人类对自身认识的演进说起 ... 33
一、认知革命：从物质文化形态到非物质文化形态 ... 34
二、东方智慧：地域文化特质与无形文化形态 ... 37
三、美国实践：从非物质文化形态中寻找历史根源 ... 39
第二节　社群、认同与传承——世界公约中的非物质文化遗产概念 ... 41
一、保护框架：非物质文化遗产的概念的确立 ... 42
二、世界理念：非物质文化遗产的关键要素 ... 43
第三节　根脉、资源与权益——中国的非物质文化遗产概念 ... 46
一、保护范围：国家级非物质文化遗产形态分类的精细化 ... 46
二、中国视角：非物质文化遗产的重要价值 ... 48

　　案例/专栏 2-1　科尔多瓦庭院节给西班牙旅游经济带来高收入 ... 51
　　案例/专栏 2-2　贵州省借力"非遗"助推脱贫攻坚 ... 52
　　案例/专栏 2-3　苗族古歌和藏戏——流布多地、多个代表作的非物质文化遗产 ... 53

本章小结 ... 53
综合练习 ... 54

第三章　非物质文化遗产的类别与特征 ... 55
学习目标 ... 55
导言 ... 55
第一节　眼中万象——非物质文化遗产的类别 ... 55
一、非物质文化遗产分类原则 ... 56
二、非物质文化遗产通行分类体系介绍 ... 57
三、非遗分类实践的启示 ... 66
第二节　心所归处——非物质文化遗产的特征 ... 67
一、无形性 ... 67
　　案例/专栏 3-1　在时间里流淌的蒙古长调 ... 68
二、活态性 ... 68
　　案例/专栏 3-2　口述剧本在"秦腔"传承中的价值和意义 ... 69
三、传承性 ... 70
　　案例/专栏 3-3　宣纸制作技艺如何传承 ... 70
四、流变性 ... 71

　　　　案例/专栏 3-4　《阿诗玛》众多的民间异文 72
　　五、地域性 73
　　　　案例/专栏 3-5　地方特色饮食健康非遗项目——凉茶 73
　　六、集体性 74
　　　　案例/专栏 3-6　格萨尔王传——多民族共同的文化情感记忆 74
　　七、整合性 75
　　　　案例/专栏 3-7　妈祖信俗——文化的交融与整合 75
　　八、系统性 76
　　　　案例/专栏 3-8　送王船习俗体现人与海洋之间的可持续联系 77
　本章小结 78
　综合练习 78

第四章　非物质文化遗产研究的历史脉络 79
　学习目标 79
　导言 79
　第一节　所见到所思——非遗研究的肇始 80
　　一、以歌谣运动为起点的"前非遗阶段"研究 80
　　　　案例/专栏 4-1　《歌谣》创刊号发刊词摘录 81
　　二、新中国成立后的非遗保护研究 84
　　　　案例/专栏 4-2　《建立民俗学及有关研究机构的倡议书》摘录 85
　　　　案例/专栏 4-3　《民俗文化学发凡》摘录 86
　第二节　保护到生产性保护——非遗研究的高热阶段 88
　　一、非物质文化遗产保护概念的认识 88
　　二、对非遗保护重要性与紧迫性的研究 89
　　三、对非遗保护方式的研究 90
　　四、"生产性保护"的提出与实施 91
　　　　案例/专栏 4-4　"生产性保护"的提出 91
　第三节　传承以魂、利用为器——当下非遗研究的理性思考 95
　　一、提高非遗的社会参与度 96
　　二、健全非遗的制度保障 97
　　三、推进非遗的学科专业建设 98
　本章小结 100
　综合练习 100

第五章　非物质文化遗产研究的理论与方法 **101**
　学习目标 101

导言 101
第一节　遗产视角——基于非遗本体的传承保护研究 101
　　一、非物质文化遗产的概念研究 102
　　二、非物质文化遗产保护的价值与意义研究 103
　　三、非物质文化遗产保护的对象研究 104
　　　　案例/专栏 5-1　关于申报中常见提问的答疑 105
　　四、非遗保护的主体研究 106
第二节　发展视角——基于非遗经济价值的生产性保护和创新利用研究 107
　　一、生产性保护的狭义与广义研究 107
　　二、对生产性保护和创新原则的研究 108
　　三、对生产性保护和创新路径的研究 109
　　　　案例/专栏 5-2　乡里有个非遗扶贫就业工坊 110
第三节　社会视角——基于非遗意义与功能的文化与社会研究 111
　　一、"以人为本"视角的研究 112
　　二、"文化共享"视角的研究 113
　　　　案例/专栏 5-3　全国将办 6200 余项活动，2022 年"文化和自然
　　　　　　　　　　　遗产日"拉开非遗大幕 114
　　三、"资源均衡"视角的研究 115
第四节　方法视角——基于非遗多样形态的实证观察与理论梳理 116
　　一、普查视角下的方法技巧 117
　　　　案例/专栏 5-4　传承人访谈问题（示例） 118
　　二、抢救性记录视野下的调查方法 120
　　三、资料分析与应用方法 121
　　四、非遗保护成果的传播与展示方法 123
本章小结 123
综合练习 124

第六章　非物质文化遗产保护发展的实践 125
学习目标 125
导言 125
第一节　联合国教科文组织的实践 125
　　一、《保护非物质文化遗产公约》的提出 126
　　　　案例/专栏 6-1　人类口头和非物质遗产代表作 127
　　二、非物质文化遗产概念的演进 127
　　　　案例/专栏 6-2　非物质文化遗产概念在中国 128

三、非物质文化遗产名录的构建 129
　　　　案例/专栏 6-3　UNESCO 非遗名录体系与中国 130
第二节　日本、韩国的实践 131
　　一、日本的实践 131
　　二、韩国的实践 134
　　　　案例/专栏 6-4　日本"狂言"人间国宝——野村万作 135
第三节　澳大利亚的实践 136
　　一、澳大利亚的非遗概念 136
　　二、澳大利亚的非遗管理机构及法案 137
　　三、从"具有文化意义的地方"到"文化景观" 138
　　　　案例/专栏 6-5　乌卢鲁—卡塔曲塔国家公园 141
第四节　欧洲代表性国家的实践 142
　　一、欧洲非物质文化遗产保护概况 142
　　二、欧洲非物质文化遗产保护的实践经验 143
　　三、欧洲非物质文化遗产保护的实践案例 145
　　　　案例/专栏 6-6　法国阿尔萨斯生态博物馆 147
　　　　案例/专栏 6-7　英国的创意产业与苏格兰格子 149
第五节　中国的实践 149
　　一、中国的非遗管理体制 149
　　　　案例/专栏 6-8　中国非物质文化遗产保护中心 151
　　二、非遗保护发展实践 151
　　　　案例/专栏 6-9　贵州黔东南：非遗助力乡村振兴 154
　　　　案例/专栏 6-10　大理文化生态保护实验区 156
本章小结 157
综合练习 158

第七章　传统与现代——文化急遽变迁与非物质文化遗产保护发展 159
学习目标 159
导言 159
第一节　作为文化遗存的非遗保护 159
　　一、从"遗留物"到"非物质文化遗产" 160
　　二、非物质文化遗产保护的"日常生活"取向 162
　　三、非物质文化遗产的当代性 164
第二节　融入现代文化生产的非遗 165
　　一、现代化进程中非物质文化遗产保护的基本立场 165

二、非物质文化遗产在现代文化生产中的应用 168
　　三、"征用"与"创生"——非物质文化遗产的新生机 171
  本章小结 172
  综合练习 172

第八章　生存与生活——社会生境转换与非物质文化遗产保护发展 173
  学习目标 173
  导言 173
  第一节　生存要素：非物质文化遗产的传统功能 173
　　一、人对自然规律的认识和经验的积累 174
　　二、传统生活方式和群体关系的协调 176
　　三、传统社会制度的维系 179
  第二节　生活旨趣：非物质文化遗产的现代效用 182
　　一、文化符码：意义的维系 182
　　二、差异想象：精神的满足 184
　　三、美学追求：审美的诉求 186
　　　案例/专栏 8-1　汉服的服章之美 187
  第三节　重塑价值：再造非物质文化遗产的现代生境 188
　　一、人本：回归民众生活 188
　　二、文本：被展示的文化形态 191
　　　案例/专栏 8-2　从"南宁国际民歌艺术节"看非遗作为
　　　　　　　　　　"被展示的文化" 191
　　三、资本：创造、创新、创意的基础和富矿 193
  本章小结 194
  综合练习 195

第九章　媒介与传播——文化科技融合与非物质文化遗产保护发展 196
  学习目标 196
  导言 196
  第一节　互联网、数字化到智慧万物——非物质文化遗产存储、传播的革新 196
　　一、非遗数字化的内涵、原理与合法性 197
　　　案例/专栏 9-1　从粤剧发展角度看非遗数字化是必然趋势 199
　　二、非遗数字化的技术需求及其创造的价值 200
　　三、非遗数字化存储与传输应用现状 201
　　　案例/专栏 9-2　撒拉族非遗数字化 206
  第二节　现实与虚拟，谁更真实——非遗文化空间的再造 208

一、非遗文化空间建造的理论与意义 208
　　二、文化空间的特征 209
　　三、文化空间的核心价值 210
　　四、非物质文化遗产中现实文化空间的建造与应用 211
　　　　案例/专栏9-3　客家传统舞蹈文化空间 212
　　　　案例/专栏9-4　国外文化空间案例 214
　　五、非遗文化空间在虚拟中的开发与利用 215
　　　　案例/专栏9-5　"马街书会"数字影像展示设计 217
　本章小结 217
　综合练习 218

第十章　产品与市场——现代文化消费与非物质文化遗产保护发展 219
　学习目标 219
　导言 219
　第一节　非遗文化产品的创意设计 220
　　一、传统工艺技艺类非遗与文创设计 220
　　二、节庆类非遗的创造性转化 222
　　三、传统音乐、歌舞、戏曲类非遗与现代演艺产品 224
　第二节　非遗文化消费市场的延展 226
　　一、非遗文化消费融入日常生活方式 227
　　二、新媒介传播渠道营造新市场 228
　本章小结 230
　综合练习 230

第十一章　非物质文化遗产保护的全球行动 231
　学习目标 231
　导言 231
　第一节　非物质文化遗产保护的全球共识 232
　　一、作为人类共同精神财富的非物质文化遗产 232
　　二、全球文化价值链构建背景下的非物质文化遗产保护与发展 234
　　三、非物质文化遗产保护利用的全球共识 236
　　　　案例/专栏11-1　日本《文化财保护法》 236
　　　　案例/专栏11-2　美国：非物质文化遗产保护中的知识产权法 237
　　　　案例/专栏11-3　英国：传统非物质文化遗产与现代文化创意产业的
　　　　　　　　　　　　深度结合 237
　　　　案例/专栏11-4　中国：文化创意产业赋能乡村文化振兴 238

案例/专栏 11-5　法国：以"文化遗产日"推动群众积极参与非物质文化遗产保护实践 ... 239

案例/专栏 11-6　西班牙：以社区为中心的自下而上式非物质文化遗产保护策略 ... 239

第二节　非物质文化遗产的民族与国家属性 ... 240

一、非物质文化遗产保护与发展是民族文化认同的体现 ... 241

案例/专栏 11-7　花儿 ... 241

案例/专栏 11-8　西西里木偶剧 ... 242

案例/专栏 11-9　中国二十四节气 ... 243

案例/专栏 11-10　波罗的海的歌舞庆典活动 ... 243

案例/专栏 11-11　中国传统制茶技艺及其相关习俗 ... 244

案例/专栏 11-12　印度尼西亚的蜡染印花工艺 ... 245

二、非物质文化遗产保护与发展是国家文化权益的体现 ... 245

案例/专栏 11-13　中华优秀传统文化传承发展工程 ... 246

案例/专栏 11-14　泰国的国王山地计划项目（Royal Project） ... 247

案例/专栏 11-15　日本"人间国宝"制度推动陶艺产业发展 ... 248

案例/专栏 11-16　西班牙法雅节 ... 249

案例/专栏 11-17　"一带一路"·长城国际民间文化艺术节 ... 249

第三节　非物质文化遗产保护与发展的中国使命 ... 250

一、中国非物质文化遗产保护的国际行动 ... 250

二、以非物质文化遗产保护推动讲好中国故事，树立国际文化形象 ... 252

案例/专栏 11-18　"春暖花开"跨国新春文艺晚会 ... 252

三、以非物质文化遗产保护促进中国经济、社会与文化的高质量发展 ... 253

案例/专栏 11-19　美术馆里的农村手艺 ... 254

本章小结 ... 255

综合练习 ... 255

后记 ... **257**

导言

非物质文化遗产是世界上不同民族在不同的生存环境和空间里积淀、孕育而成的一整套关于生产、生活的知识、礼仪、习俗、技艺和文化的家园遗产。非物质文化遗产是各民族优秀传统文化的有机组成部分，是不同民族文化生活的重要形态，是各民族智慧的结晶，是民间生活的鲜活体现，也是各民族文化生生不息，传承、创新、发展的重要资本。文化遗产的保护与发展，包括物质文化遗产和非物质文化遗产两个方面，它作为全球化时代促进国家和地方社会转型发展、提升影响力的重要举措，已成为全球共识。

一、非物质文化遗产保护与发展的缘起

人类非物质文化遗产的保护与发展是在全球化和工业革命背景下，伴随人类社会发展，城市化进程和生产、经济方式变革，以及族群、地方文化沿革，对传统文化和文化多样性价值反思的产物。在工业革命初期，新技术带来的对文化艺术的规模化复制，改变了生产工具、生活产品的手工生产方式。面对机械化初期，规模生产的、粗糙的、笨重的生产生活器物，最早的一批艺术家敏锐地看到农耕文明时期传统手工劳动背后的传统生活、集体意识、形式美感和文化意义的价值，开启了复兴传统手工艺美术的"艺术与手工艺运动"[①]。在西方古典主义和启蒙主义高扬的理性旗帜下，文化艺术走向形式主义，在脱离现实的文化思潮下，回归传统、回归生活、注重人性和个性的浪漫主义、现实主义文化思潮，艺术与手工艺的结合，对传统文化的关注，对民间文化以及异域文化的价值发现，拓展了新时代传统文化的生存和发展空间。西方分科而学的人文科学体系催生的文化学、人类学学科理论为传统文化、民间文化、世俗文化和后来提出的"非物质文化遗产"的传承与发展提供了理论支撑。正如泰勒在《原始文化》中关于文化的定义所表述的文化在人类历史发展中的价值一样："文化或文明是一个复杂的整体，它包括知识、信仰、艺术、道德、法律、风俗，以及作为社会成员的人所具有的其他一切能力与习惯。"[②]泰勒在强调文化整体性的同时，也突出了文化沿革和传承，以及民族、个体之间内在的关系问题。

---

① 艺术与手工艺运动又称为艺术与工艺运动、工艺美术运动等，是19世纪末至20世纪初兴起于英国并影响了欧美各国的设计运动。
② 泰勒. 原始文化[M]. 蔡江浓，编译. 杭州：浙江人民出版社，1988：1.

20 世纪在人类历史上不过是短暂的一百年，但在这一百年间，人类社会经历的革命性变化是人类历史上从来没有经历过的。20 世纪，战争与生存、发展与竞争、地方与全球、乡村与城市、文化与科技、传统与当下扭结在一起。民族的、地方的传统文化的生存与发展面临着前所未有的冲击。城市化进程不断冲击着民族、地方和乡村的传统文化生活，传统建筑、文化空间、文化生活发生了巨变。全球化裹挟着资本和技术的力量，工业复制、数字技术、互联网等现代科技技术改变了文化艺术的生产、贮存、传播和接受方式。外来文化不断侵蚀地方文化，新兴文化业态冲击传统文化，人类文化生态系统正面临重构。如何看待、处理人类优秀的传统文化在当代社会的生存和发展，成为全球化时代人类文化传承与发展的重大现实问题。一方面，全球化和现代化将不同地区、民族、国家的经济、文化带入了一个"大漩涡"，原本文化作为统一、真实、圆满、和谐的生存方式，被凸显成为快速变化、碎片化、与人的生存相分离的力量。另一方面，全球化需要构建一个旨在促进人类相互尊重、和平发展的国际环境，优秀传统文化在促进人类文明新形态方面的价值和地位也在凸显。在推动世界和平发展的宗旨下，1946 年成立的联合国教育、科学及文化组织（United Nations Educational, Scientific and Cultural Organization，UNESCO）致力于通过教育、科学和文化促进各国合作，增加人们之间的相互了解，维护世界和平。在 1997 年 11 月通过的《世界人类基因组与人权宣言》中，联合国教科文组织明确规定："文化之广泛传播以及为争取正义、自由与和平对人类进行之教育为维护人类尊严不可缺少之举措，亦为一切国家关切互助之精神，必须履行之神圣义务。"①

城市化进程、全球统一的大众文化消费市场、数字技术和互联网带来的文化交流与传播，以及当代社会与文化呈现的同质化趋势在导致人类生活碎片化、扁平化的同时，也唤醒了当代人对传统文化的怀旧意识和对文化多样性价值的重新审视。联合国教科文组织于 2001 年通过的《世界文化多样性宣言》中明确提出："文化多样性是交流、革新和创作的源泉，对人类来讲就像生物多样性对维持生物平衡那样必不可少，从这个意义上讲，文化多样性是人类的共同遗产，应当从当代人和子孙后代的利益考虑予以承认和肯定。"② 2003 年 10 月在联合国教科文组织第 32 届大会上通过了《保护非物质文化遗产公约》，将非物质文化遗产定义为"被各社区、群体，有时是个人，视为其文化遗产组成部分的各种社会实践、观念表述、表现形式、知识、技能以及相关的工具、实物、手工艺品和文化场所"③。该定义明确了非物质文化遗产的基本类型，即包括各种类型的民族传统和民间知识，各种语言，口头文学，风俗习惯，民族民间的音乐、舞蹈、礼仪、手工艺、传统医学、建筑以及其他艺术。联合国教科文组织呼吁各国和各地区对现有的非物质文化遗产进行清点，列出急需抢救的重点和有重要代表意义的遗产项目，并要求建立一个由专家和各会员代表组成的非物质文化遗产保护委员会，协调有关工作。该委员会每年都会审议各国申报

---

① Records of the General Conference, 29th session, Paris, 21 October to 12 November 1997, v. 1: Resolutions (chi). https://unesdoc.unesco.org/ark:/48223/pf0000110220_chi.page=61.
② 见《世界文化多样性宣言》https://unesdoc.unesco.org/ark:/48223/pf0000127162.
③ 《保护非物质文化遗产公约》https://www.un.org/zh/documents/treaty/ich.

的遗产，然后决定是否将其列入名录。目前，联合国教科文组织编制了"人类非物质文化遗产代表作名录""急需保护的非物质文化遗产名录""优秀实践名册"三项人类非遗名录。截至 2021 年 12 月，联合国教科文组织非物质文化遗产名录（名册）项目共计 629 个，涉及 139 个国家。其中"人类非物质文化遗产代表作名录"529 项，涉及 135 个国家；"急需保护的非物质文化遗产名录"71 项，涉及 38 个国家；"优秀实践名册"29 项，涉及 26 个国家。[①]

中国有着五千年悠久的历史，文化资源丰富，文化底蕴深厚。中华文化既具有共同性，也具有鲜明的民族性，56 个民族在不同的生产生活环境下，形成了丰富多彩的民族文化。非物质文化遗产是各民族人民在生产中积淀的知识、行为方式和技艺，也是各民族生活的鲜活表现，是各民族交流、交往、交融的重要纽带。中国自 2004 年成为《保护非物质文化遗产公约》缔约国以来，积极推进向联合国教科文组织申报非物质文化遗产名录（名册）项目的工作，截至 2022 年 12 月，中国列入联合国教科文组织非物质文化遗产名录（名册）的项目达到 43 项，位列世界第一。其中，"人类非物质文化遗产代表作名录"35 项，"急需保护的非物质文化遗产名录"7 项，"优秀实践名册"1 项。[②]

中国政府在短短二十年左右的时间里，构建了国家、地方共四级非物质文化遗产保护体系，成立了覆盖全国的非物质文化遗产保护政府管理部门、研究机构，在高校和研究部门设置了专业的研究机构，开设了非物质文化遗产保护专业，启动相关学科建设以培养人才；用相关法规、条例和系列政策措施，创造供传承人生存发展的基本条件；运用现代数字技术建设非物质文化遗产数据库、博物馆，创新非物质文化遗产保护展示的方法；鼓励、支持非物质文化遗产的创造性转化与创新性发展，营造了非物质文化遗产保护与发展的良好社会环境。国务院先后于 2006 年、2008 年、2011 年、2014 年和 2021 年公布了五批国家级项目名录（前三批名录名称为"国家级非物质文化遗产名录"，《中华人民共和国非物质文化遗产法》实施后，第四批名录名称改为"国家级非物质文化遗产代表性项目名录"），共计 1557 个"国家级非物质文化遗产代表性项目"（以下简称"国家级项目"），按照申报地区或单位逐一统计，共计 3610 个子项。[③]中国政府发挥社会主义制度的优势，构建了国家、地方、社会和民众全社会参与、共同推进非物质文化遗产保护的体制机制。这不仅促进了优秀传统文化的保护与传承，而且通过生活性保护与生产性保护，促进了非物质文化遗产的当代转化，丰富了人民群众的精神文化生活，推动了地方文化经济的发展。非物质文化遗产的具体实践也体现了中国日益提高的履行联合国教科文组织《保护非物质文化遗产公约》的能力和非物质文化遗产保护的水平，向世界提供了非物质文化遗产的中国经验，讲好中国故事，向世界展示中国丰富多彩的优秀传统文化，提升了中国的文化影响力。非物质文化遗产在得到保护与发展的进程中，也成为媒体关注、大众关心的社会热

---

① 数据来源：中国非物质文化遗产网 https://www.ihchina.cn/.
② 数据来源：中国非物质文化遗产网 https://www.ihchina.cn/.
③ 数据来源：中国非物质文化遗产网 https://www.ihchina.cn/.

点，从实践经验走向理论总结，从乡村社区走向学术殿堂。

二、非物质文化遗产保护与发展的研究意义

非物质文化遗产保护与发展是人类历史文化传承发展的当代实践，也是人类文化吐故纳新在现代社会的表现形态。在今天，非物质文化遗产的保护与发展不是一事、一人、一物的保护和发展，更不是局限在一村、一地、一国，非物质文化遗产的保护、传承、创新和发展已经成为全球人类的共识，是世界上近200个国家的共同事业。非物质文化遗产的保护与发展不仅关乎传统文化在当代社会中的演进和发展，也涉及现代社会与传统社会的关联、优秀传统文化与人类文明新形态的关系、地方和国家生存发展的文化支撑、现代社会人们的生存发展危机和文化归属问题。非物质文化遗产保护与发展的研究意义大致体现在以下三个层面。

第一，非物质文化遗产作为优秀传统文化的有机组成和重要表现形态，体现了其在当代社会中的价值和功能意义。现代社会中人们基于速度、碎片化带来的生存危机以及弥漫在现代社会中的怀旧意识，对非物质文化遗产能指和所指层面包含的符号功能、价值意义进行研究，为理解人类文化传承和创新发展提供了丰富的理论和思想资源。对非物质文化遗产蕴含的现实价值和功能的研究是理解非物质文化遗产保护与发展研究意义的重要前提。

第二，非物质文化遗产作为族群、地方和国家在全球化时代发展经济、社会和文化的重要文化资本，其保护和发展的多元价值尚未得到足够的重视。非物质文化遗产在大众文化消费、全球统一市场条件下，依托数字技术和互联网技术，全球化带来的人际流动、资本流动和消费流动，通过非物质文化遗产的创造性转化与创新性发展，成为地方发展的资本，在促进地方产业结构调整、实现跨越式发展过程中具有十分重要的作用。

第三，非物质文化遗产保护与发展需要正确的理念、政策和举措，非物质文化遗产的形态不同，其保护的措施、路径和方法也不同。不同地区、民族和国家，在推动非物质文化遗产保护与发展时，受经济基础、社会制度、政治生态的影响，其路径选择、政策支持也不尽相同。在联合国教科文组织《世界文化多样性宣言》和《保护非物质文化遗产公约》的引领下，对世界各国非物质文化遗产保护与发展的具体实践、政策体系、路径和经验展开系统的分析和研究，有助于中国非物质文化遗产的保护与发展。

三、非物质文化遗产保护与发展的研究方法

非物质文化遗产作为世纪之交的文化运动，理论研究滞后于实践。19世纪民俗学的相关理论和研究方法，20世纪初法兰克福学派的批判性研究、伯明翰学派对通俗文化和大众媒体的研究、文化创意的研究、公共文化管理和文化政策研究等，为非物质文化遗产研究提供了相关的理论参考和审视视角。作为人文科学范畴的非物质文化遗产研究，其基本方

法依然离不开定量研究和定性研究的基本范式。但是，从非物质文化遗产保护与发展的具体实践看，在定量和定性研究的基础上，在具体的学习和研究过程中必须处理好以下三个方面的关系。

第一，理论研究和实践研究的关系。非物质文化遗产作为人类优秀传统文化的有机组成部分，其功能和价值的多元意味着在审视和分析其功能时，需要借助文化学、社会学、经济学、政治学以及管理学等相关学科的理论，这样才能厘清其时代价值及其保护与发展的意义，廓清非物质文化遗产研究的边界、内容和方法，建构非物质文化遗产保护与发展的话语理论。但在具体分析时，则需要具体的个案、现象作为论据以支撑论点。因此，在具体个案的研究中，需要运用实践研究的基本方法，通过田野调查、获取相关材料展开分析，甚至要通过参与式研究，才能真正对具体的非物质文化遗产的保护与发展做出具有参考价值的咨询和服务。

第二，整体关注与个别分析的关系。非物质文化遗产的多样性、丰富性，以及不同民族、地方和国家在具体保护与发展中的实践，决定了对非物质文化遗产保护与发展的研究要注重整体性。只有对世界各国非物质文化遗产不同形态的保护与发展的现状、经验、举措予以整体关注，才能在比较中对具体的现象展开理性的分析和研判。反之，如果不能对具体的实践个案展开深度的分析、研究，则无法理解非物质文化遗产保护与发展涉及的复杂的理论、政策问题，理论研究难以深化，实践研究难以解决具体的问题。

第三，定量研究与定性研究的关系。非物质文化遗产的保护与发展作为当代蔚为大观的文化实践运动，为非物质文化遗产的研究提供了大量可供参考的数据和个案。在实践过程中，不同地区、民族和国家在保护与发展中的具体实践也为研究提供了系统分析、深度研究的典型材料。没有定量分析，个别难以代替一般，地方性实践也难以推演、运用和指导全局；反之，缺乏定性研究，则无法对非物质文化遗产的价值、功能和具体实践中的做法进行理论和经验的提升。

学习非物质文化遗产保护与发展需要拓展知识面，强化社会责任感，注重对社会的观察，加深对文化的认知，注重积累，学习和掌握基本的研究方法，培养田野调查的能力，养成良好学风，培养严谨的治学态度。

四、本教材框架内容与编写的特点

作为高校"非物质文化遗产传承与保护发展"课程的教材，"保护"与"发展"两个中心词确定了本教材编写的体例、风格与一般的通论、概论和发展史教材有所区别。本教材在基本知识、基本概念和基本研究范畴的基础上，强化了具体的政策、举措和实践，在每个章节后增加了支撑相关知识点、观点和内容的具体个案，这是本教材的一个亮点。

非物质文化遗产保护与发展是全球化时代不同地区、民族和国家的共识，绝非一个国家的具体行动。为此，在编写本教材时，我们强调努力突破地域、民族和国别的实践和经验，将视野拓展到全球，也希望体现联合国教科文组织关于"文化多样性是交流、革新和创作的源泉""文化多样性是人类的共同遗产,应当从当代人和子孙后代的利益考虑予以承认和肯定"①的宗旨。

根据编委会的统一要求,本教材在每章前面设置了学习目标、导言,每章后附有本章小结、综合练习和推荐阅读资料,以便学生更好地掌握章节的重点,拓展学习空间。在后期的课程建设中,我们还将追踪非物质文化遗产保护与发展的最新个案,建设相关的教学数据库,以师生学习共同体的方式,学习和研究非物质文化遗产的保护与发展。

本教材是集体研究、编著和写作的成果。编写组成员有长期从事文化学、民族文化和非物质文化研究的学者,有长期深入田间、参与非物质文化遗产保护与发展的中青年学者,也有在国外主攻非物质文化遗产研究的归国博士,有长期从事非物质文化遗产教学的优秀教师,也有正聚焦研究非物质文化遗产、文化产业与区域社会发展的在读博士。在具体的写作分工中,他们发挥了各自专长,尽力将最新的研究成果纳入具体的章节。

本书共十一章,前五章着重讲解非物质文化遗产的时代语境、相关理论和研究方法,后六章则聚焦非物质文化遗产保护与发展的重点、路径和中国实践。两部分内容相互照应,以期能让阅读学习者对非物质文化遗产保护与发展有较为全面、系统的认知。

---

① 见《世界文化多样性宣言》https://unesdoc.unesco.org/ark:/48223/pf0000127162.

第一章

非物质文化遗产研究的时代语境

 学习目标

通过对本章的学习，学生应了解或掌握如下内容：
1. 了解非物质文化遗产产生的背景；
2. 了解非物质文化遗产的概念界定；
3. 了解非物质文化遗产保护与研究的意义；
4. 掌握国内外对非物质文化遗产研究保护的策略。

 导言

  文化是一个国家和民族在长期发展过程中积累起来的精神文明成果，是维系国家和民族生生不息的精神命脉和人民的精神家园。在当今社会，面对全球化时代的文化交流与碰撞，优秀传统文化在区域经济社会发展中的功能与作用，大众文化消费和现代科技对非物质文化遗产传承与保护产生的影响，都达到前所未有的高度。非物质文化遗产作为一个国家和民族优秀传统文化的重要形态，不仅体现了人类文明的演进历程，也是人类文化发展的重要支撑。非物质文化遗产是文化多样性的具体体现，其传承与保护可促进民心相通、文明互鉴，构建合作包容、和谐共处的国际环境。
  非物质文化遗产对于每一个国家与民族而言都意义重大，非物质文化遗产的传承与保护发展是全球化时代区域、国家与各民族人民共同的使命。了解非物质文化遗产传承与保护发展的时代语境和影响其传承与保护发展的主要因素，是非物质文化遗产研究的基础，对于了解非物质文化遗产传承与保护发展中的理论、政策与具体实践具有重要的意义。

第一节 文化多样性诉求与非物质文化遗产保护

  全球化、现代化进程，以及以数字技术、互联网为代表的现代科技促进了不同区域、

国家和民族之间文化的交流、碰撞与融合,文化多样性诉求成为世界各国共同关注的议题,作为文化多样性具体体现的非物质文化遗产传承与保护发展也成为全球的共识。了解文化多样性诉求的时代语境与非物质文化遗产概念的提出、内涵与外延,影响非物质文化遗产发展的因素,联合国教科文组织关于文化多样性诉求和非物质文化遗产保护的理念,是非物质文化遗产传承与保护发展研究的前提。

一、文化多样性的体现:非物质文化遗产

文化的概念相对复杂。从广义角度看,文化是人类在社会实践中所获得的物质、精神的生产能力和创造的物质、精神财富的总和。从狭义角度看,文化则是指精神生产能力和精神文化产品,包括一切社会意识形式——自然科学、技术科学、社会意识形态,有时又专指教育、科学、艺术等方面的知识与设施。不同学者结合不同的学科和审视角度,对文化的结构和表现形态有不同的划分方法,如将文化分为物质文化和精神文化的二分法,将文化分为物质文化(器物文化)、行为制度文化和观念文化的三分法等。从文化的基本功能价值看,文化具有认知的功能、教化的功能、娱乐的功能和经济的功能;从文化的基本特征看,文化是属人的,文化的核心是人,文化是不同族群、民族在不同的环境中创造的生产生活方式的总和。民族性、地域性和多样性是文化的基本特征。被视为文化学开创者的人类学家泰勒对于文化最早的定义,即"文化或文明是一个复杂的整体,它包括知识、信仰、艺术、道德、法律、风俗以及作为社会成员的人所具有的其他一切能力和习惯"①就强调了文化和人,文化多样性以及文化对人、社会的塑形作用。

(一)文化与文化多样性

文化的发展是一个动态渐进的过程,不同民族、国家的文化发展史就是一部不断扬弃和创新发展的历史。对传统文化的传承与保护也伴随人类文明的整个历史过程,在全球化和现代化进程中,随着不同区域、国家、民族之间的文化交流日渐频繁,新兴文化业态不断涌现,文化在促进世界各国之间文化交流与和平发展以及现代社会转型发展中的功能、作用日渐凸显,文化的多样性诉求以及优秀传统文化的传承与保护发展成为世界各国广泛关注的重大问题。1946年成立的联合国教育、科学及文化组织就旨在团结世界各国,致力于推动各国在教育、科学和文化领域开展国际合作,以此共筑和平。20世纪60年代,随着全球化进程的加速,现代科技、全球市场的架构,城市化进程,大众文化消费市场崛起,西方发达国家文化经济的快速发展,在文化单一化、平面化的过程中,文化多样性诉求、对人类优秀传统文化的保护引发世界各国、各民族的重视。文化多样性诉求、作为人类优秀传统文化的物质文化遗产和非物质文化遗产的保护也成为联合国教科文组织的重要工作和时代使命。2001年,联合国教科文组织发布《世界文化多样性宣言》,将文化多样性视为世界各国,尤其是发展中国家经济社会"发展的因素之一"。2003年10月17日,联

---

① 泰勒. 原始文化[M]. 蔡江浓,编译. 杭州:浙江人民出版社,1988:1.

合国教科文组织第 32 届大会上通过了《保护非物质文化遗产公约》，文化多样性和作为文化多样性具体表现形态的非物质文化遗产保护由此得到世界各国的认可和重视。

要理解非物质文化遗产，必须首先阐释文化的概念。对于文化，不同学派的专家、学者有着不同的定义。人类学家泰勒在《原始文化》中提出："文化或文明是一个复杂的整体，它包括知识、信仰、艺术、道德、法律、风俗以及作为社会成员的人所具有的其他一切能力和习惯。"这是把文化当作许多事物的总和。在社会学中，对文化所下的普遍定义即"文化是人类所创造的一切物质产品和精神产品的总和"。因而，文化的确可以被看作"无所不包"。尤其是在当今的互联网社会，文化所涵盖的"产品"越来越多，不同国家、不同民族的文化沟通交流渠道也越来越广泛，这就使得对人类文化多样性的诉求不断增强。

2005 年 10 月联合国教科文组织第 33 届大会上通过的《保护和促进文化表现形式多样性公约》进一步将"文化多样性"定义为"各群体和社会借以表现其文化的多种不同形式。这些表现形式在他们内部及其间传承"。"文化多样性不仅体现在人类文化遗产通过丰富多彩的文化表现形式来表达、弘扬和传承的多种方式，也体现在借助各种方式和技术进行的艺术创造、生产、传播、销售和消费的多种方式。"①从人类文化发展历程看，文化多样性使得各个国家、地区、民族的传统文化得到更好的保护，是人类优秀传统文化得以传承和弘扬的重要原因之一。在现实意义方面，文化多样性促进了不同国家、地区、民族的文化交流与互鉴，推动了全球文明的进步。

中国在 2004 年成为联合国教科文组织《保护非物质文化遗产公约》缔约国，并在很短的时间内建立了完整的非物质文化遗产保护的法律、制度和管理体系。2011 年经由中华人民共和国第十一届全国人民代表大会常务委员会第十九次会议通过的《中华人民共和国非物质文化遗产法》（以下简称《非物质文化遗产法》）进一步强化了非物质文化遗产作为各民族人民世代相传的文化表现形态，具有多样性、在地性和多元性的特征。《非物质文化遗产法》规定："非物质文化遗产是指各族人民世代相传并视为其文化遗产组成部分的各种传统文化表现形式，以及与传统文化表现形式相关的实物和场所。"从联合国教科文组织与中国政府关于非物质文化遗产的界定不难看出，非物质文化遗产在彰显一个国家、一个民族的文化创新能力、文化创造能力的同时，与文化多样性有着显著关联。

 案例/专栏 1-1

《中华民族的多元一体格局》摘录

中华民族作为一个自觉的民族实体，是在近百年来中国和西方列强对抗中出现的，但作为一个自在的民族实体，则是在几千年的历史过程中形成的。我这篇论文将回溯中华民

---

① 《保护和促进文化表现形式多样性公约》：https://www.un.org/zh/documents/treaty/ppdce.

族多元一体格局的形成过程。它的主流是由许许多多分散孤立存在的民族单位，经过接触、混杂、联结和融合，同时也有分裂和消亡，形成一个你来我去、我来你去，我中有你、你中有我，而又各具个性的多元统一体。这也许是世界各地民族形成的共同过程。中华民族这个多元一体格局的形成还有它的特色：在相当早的时期，距今三千年前，在黄河中游出现了一个由若干民族集团汇集和逐步融合的核心，被称为华夏，像滚雪球一般地越滚越大，把周围的异族吸收进入这个核心。它在拥有黄河和长江中下游的东亚平原之后，被其他民族称为汉族。汉族继续不断吸收其他民族的成分而日益壮大，而且渗入其他民族的聚居区，构成起着凝聚和联系作用的网络，奠定了以这个疆域内许多民族联合成的不可分割的统一体的基础，成为一个自在的民族实体，经过民族自觉而称为中华民族。

（资料来源：费孝通. 论文化自觉[M]. 费宗慧，张荣华，编. 呼和浩特：内蒙古人民出版社，2009：300.）

【思考】中华民族多元一体格局的建立对于中国文化的发展具有怎样的意义？

对于中华民族而言，在文化多样性基础上，强化中华民族共同意识尤为重要。1905年，梁启超先生在《历史上中国民族之观察》一文中提出"多元混合说"，即认为中华民族是由多民族混合而成的。[1]20世纪80年代，费孝通先生又根据各民族的地理分布、环境风俗，提出了"中华民族多元文化一体格局"的概念。改革开放以来，伴随中国经济社会的快速发展、国家整体经济实力的提升、在国际社会中影响力的不断提升，从国家现代社会治理和建设社会主义现代化强国、实现中华民族伟大复兴的战略高度出发，在中华民族多元一体格局的基础上，提出了筑牢中华民族共同体意识。中华民族共同体作为中华各族人民在长期历史发展中形成的政治上团结统一，文化上兼容并蓄，经济上相互依存，情感上相互亲近，你中有我、我中有你、谁也离不开谁的民族共同体，是建立在共同历史条件、共同价值追求、共同物质基础、共同身份认同、共有精神家园基础上的命运共同体。它强化了在文化多样性的兼容并蓄的基础上，中华民族精神家园的命运共同体意识。

中华民族的伟大复兴需要各民族的共同努力，理解各民族的文化差异，强化中华民族共同体意识，最后形成一个你中有我、我中有你，各具特色的中华民族命运共同体。中国对非物质文化遗产的传承与保护发展，对优秀传统文化的创造性转化与创新性发展的理念和实践，在促进筑牢中华民族共同体的意识的同时，也体现了中国政府对文化多样性诉求的态度。

（二）非物质文化遗产与区域社会

针对人类文化遗产和自然遗产面临的威胁，20世纪80年代，联合国教科文组织呼吁整个国际社会通过提供集体性援助，参与保护具有突出普遍价值的文化和自然遗产。1972

---

[1] 石硕. 从中国历史脉络认识"中华民族"概念——"中华民族"概念百年发展史的启示[J]. 清华大学学报（哲学社会科学版），2021，36（3）：1-12.

年11月16日通过《保护世界文化和自然遗产公约》（简称《世界遗产公约》）开启了对人类文化遗产的全球性保护行动。《世界遗产公约》强化了对包括历史文物、历史建筑、人类文化遗址等类别的保护。世界文化遗产和自然遗产公约保护的对象具体指古遗址、古墓葬、古建筑、石窟寺、石刻、壁画、近现代重要史迹及代表性建筑等不可移动文物，历史上各时代的重要实物、艺术品、文献、手稿、图书资料等可移动文物，以及在建筑式样、分布或与环境景色结合方面具有突出普遍价值的历史文化名城。在推动世界文化遗产保护的过程中，随着对文化遗产更加深入的理解，2003年10月，联合国教科文组织在第32届大会上通过了《保护非物质文化遗产公约》，确立了所保护的非物质文化遗产的具体形态。具体包括：① 口头传说和表述，包括作为非物质文化遗产媒介的语言；② 表演艺术；③ 社会风俗、礼仪、节庆；④ 有关自然界和宇宙的知识和实践；⑤ 传统的手工艺技能。《保护非物质文化遗产公约》的提出进一步细化了世界文化遗产的保护内容，强化了在物质形态的文化遗产之外，体现对不同民族生产技能、行为和体现民族价值观念的文化行为和文化存续的空间保护。《保护非物质文化遗产公约》共九章四十条，不仅全面界定了非物质文化遗产的具体形态及其保护的理念，缔约国的责任、义务，基金，进入世界名录的申报、登记等完备的条款，也强化了非物质文化遗产保护与不同国家、地方发展的关系。

中华人民共和国第十一届全国人民代表大会常务委员会第十九次会议于2011年2月25日通过公布的《中华人民共和国非物质文化遗产法》也结合中国文化的发展现状和特征，将非物质文化遗产的具体形态明确为传统口头文学以及作为其载体的语言；传统美术、书法、音乐、舞蹈、戏剧、曲艺和杂技；传统技艺、医药和历法；传统礼仪、节庆等民俗；传统体育和游艺；其他非物质文化遗产六大类，同时包括属于非物质文化遗产组成部分的实物和场所。凡属文物的，则纳入《中华人民共和国文物保护法》的范畴。从非物质文化遗产所涵盖的具体表现形式与内容中可以清晰地看到，非物质文化遗产区别于一般文化产物以及文化遗产。非物质文化遗产作为一种无形的文化遗产，大多都是通过口头表达、动作演绎等方式被认知与传承，其形式和内容更加灵活，不似有形的文化遗产受到地理空间等限制，因而能够更好地体现文化的多样性。

非物质文化遗产与特定的社会群体、族群、民族国家相对应，区域性、民族性和社会性是非物质文化遗产的主要特征。作为非物质文化遗产表现形态的习俗、表演、手工艺品、技艺与区域和社会的生活息息相关。非物质文化遗产的具体项目也常常与具体的地区、地名相联系，如中国的二十四节气、日本的歌舞伎、意大利歌剧艺术、蒙古族长调、东阳木雕、江西景德镇瓷器、宜兴紫砂、白族三月街、彝族火把节等。不同国家、地区和民族的非物质文化遗产不仅与不同国家、地区和民族人民过去、现在的生产、生活密切相关，也是不同地区、世界各国和不同民族现代化进程中实现经济社会转型发展的重要文化资本。半个多世纪以来，不同地区、世界各国和不同民族通过非物质文化遗产的传承与保护发展，依托丰富多彩的非物质文化遗产资源，发展演艺产业、文博服务业、节庆产业、文化旅游业、传统工艺美术，推动了地方产业结构调整，完善了区域经济发展方式，促进了地方政治、经济、社会、文化、生态协调发展，甚至带动了区域的跨越式发展。

《非物质文化遗产的共享性本真性与人类文化多样性发展》摘录

非物质文化（或称无形文化）有别于物质文化的鲜明特点之一在于它的可共享性。我这里所说的共享，不是指不同的人对同一文化对象能够共同感知，共同感受，共同欣赏，共同品味等等；而是指不同的人，不同的社群、族群，能够同时持有共同享用共同传承同一个文化创造成果。

非物质文化遗产同与它相关的民众生活方式、思维方式、历史环境是相适应的。如果它的功能不能满足接受者的需求，如果对遗产的价值判断彼此相左，非物质文化遗产共享性就不可能成为现实。非物质文化共享性实现的结果，对群体内部而言，会促进共同价值观的形成并增强群体的内聚力，形成一种社会学家特别重视的社会团结（social solidarity），同时也会成为这一群体共同身份的标志。对不同群体而言，将彼此借鉴以丰富各自的文化内容，促进其发展，并增进彼此的认同，进而有利于和谐关系的建立。

不同社群、族群之间的平等和互相尊重对文化共享是极为重要的。

（资料来源：刘魁立.非物质文化遗产的共享性本真性与人类文化多样性发展[J]. 山东社会科学，2010（3）：24-27.）

【思考】非物质文化遗产是如何体现共享性的？

非物质文化遗产除了上述具有的文化多样性、关联性，作为人类共同的文化财富，还具有鲜明的共享性特征。全球化时代非物质文化遗产的共享性促进了不同地区、民族和国家之间的文化传播、交流与文化经济的发展，促进了群体内部与外部的和谐团结。这种共享性的形成，对于文化多样性发展在全球日益激烈的竞争博弈中，无疑是强大的内生性动力。

二、文化交流与非物质文化遗产

全球化时代的到来，对于各个国家、地区的经济、政治、文化发展来说无疑都是重要的转折点。任何事物的出现都是一把双刃剑，既带来了机遇，也带来了危机。在文化方面，一直以来联合国教科文组织就大力推动文化多样性的地位与覆盖面积，正是因为受到全球化的影响，文化多样性带来的效益可以得到更好的展现。但同时仍有部分国家民族不认同文化多样性的观点，认为应借全球化的"东风"，大力发展自己的文化，以本国的文化为中心，甚至将文化作为一种"武器"用以巩固自己的政治地位，实现文化霸权。显然，这是一种违背各个国家文化和谐团结、共同进步的做法。因而非物质文化遗产的研究意义在于，一方面保护本国的优秀传统文化，另一方面通过非物质文化遗产的跨区域交流促进多国多民族的交流沟通，推进文化多样性的进程，抵制文化霸权主义。

（一）全球化时代的文化交流

全球化进程推动了世界不同地区、国家之间贸易的自由和世界性市场的建构，全球能源、资本、服务的流动在促进经济发展、地区与国家之间合作交流与竞争的同时，也带动了不同地区、国家和民族之间文化的交流。以数字技术、互联网为主的现代科技进一步促进了全球各地区、国家间的互联互通，不同地区、国家间的文化交流、传播和服务的渠道更加多元、日益畅通，非物质文化遗产作为不同地区、民族和国家优秀传统文化的具体体现，也通过现代科技信息技术，打破时间与空间的限制让全人类得以共享。非物质文化遗产逐渐成为全球化时代不同地区、民族和国家之间交流的重要载体。

人际流动是全球化时代文化交流的催化剂，随着现代交通体系的高速发展，航空、高铁、高速公路消除了地区、国家之间的空间阻隔。人际流动使得非物质文化遗产成为与旅游相融合，具有转化为文化体验、文化旅游产品与服务的文化资本。非物质文化遗产的活化、产品转化和服务成为全球文化交流的重要媒介，通过异文化的体验、文化产品的全球流动，促进人类的文化交流。历史上的丝绸之路、茶船古道、茶马古道、香料之路是通过商队、马帮、海上航行实现东西方文化的交流。全球化时代世界性市场、现代化的交通体系、现代信息技术、互联网和全球人际流动、资本流动和消费流动则打破了时间与空间的限制，文化的交流和融合脱域于时空，实现了立体、网络和不间断的交流。

全球化在促进文化传播、交流的同时，也会带来不同地区、国家、族群之间在文化交流中的冲突。少数西方国家以全球化的名义，打着"人权"大旗，利用在全球贸易中的话语权和现代科技信息技术的渠道，以维护其全球利益、服务其全球竞争；并在国际交流中不断强化其文化霸权主义特征，通过人权话语实现文化意识形态的渗透，违背了文化交流、文明互鉴的基本原则。

（二）非物质文化遗产与文化交流

文化多样性和非物质文化遗产在注重对本地区、民族和国家的文化的传承与保护发展的同时，也强调对其他地区、国家、民族文化的尊重，通过文化的交流，促进民心相通，实现文明互鉴。不同地区的各民族和国家在强化对自身文化认同的同时，需要通过交流，关注、了解和理解其他地区民族和国家的文化。在全球化时代文化交流中，非物质文化遗产的传承与保护发展起到了积极的促进作用，非物质文化遗产多样化的表现形式，丰富的文化内涵，鲜明的地方、民族特色，成为不同地区、民族和国家文化交流的重要媒介。

非物质文化遗产传承与保护发展

案例/专栏 1-3

非物质文化遗产保护工作的意义

中华民族五千年的文明史给我们留下了极为丰富的文化遗产，既有物质形态的"有形"的文化遗产，如文物、典籍；又有主要通过"口传心授"的方式传承下来、以非物质形态存在的非物质文化遗产，内容丰富、形式多样，包括口头传说、传统表演艺术、民俗活动、礼仪、节庆、传统手工艺技能等等。文化遗产中"有形"和"无形"、物质和非物质的不同形态，共同构成民族文化遗产的整体，缺一不可。非物质文化遗产的内在生命力十分坚韧，像"水"一样，至柔而至刚。它的传承方式主要是民间的、口头的，所谓"口传心授"。正因为非物质文化遗产广泛存在于人们的衣食住行各个方面，共同构成了人们的生产生活方式，因而以独特的方式潜移默化地影响人们的思想观念，对保持中华文明的延续，起了重要作用。中华文明成为世界几大文明中唯一绵延至今从未间断的文明，中华民族丰富的非物质文化遗产功不可没。

非物质文化遗产来源于各族人民长期的生产生活实践，体现了中华民族所特有的生产方式、生活方式、道德观念、审美趣味和艺术风格，表现了中华民族强大的向心力和恢宏的气度。它产生于民间，生长于民间，繁荣于民间，贴近实际、贴近生活、贴近群众，无论其价值观念还是呈现形态上都与人民大众有着密切的联系；它蕴含着深刻的人与自然、人与社会以及人与人之间和谐相处的理念，广大人民群众对非物质文化遗产保护所表现出来的极大热情，正表明它是深入人心、深孚民意的。随着全球化趋势和现代化进程的加快，中国的文化生态发生了巨大变化，非物质文化遗产保护任重道远。

（资料来源：中国非物质文化遗产网 https://www.ihchina.cn/Article/Index/detail?id=17850.）

【思考】 文化全球一体化对传统民族文化的发展会造成怎样的影响？

具体来看，以非物质文化遗产的保护和发展为基础，在全球范围内促进文化交流、实现民心相通的实践有以下几种方式。

第一，联合国教科文组织通过《世界文化多样性宣言》和《保护非物质文化遗产公约》，在全球范围内推动非物质文化遗产的保护，联合国教科文组织通过呼吁各国和各地区对现有的非物质文化遗产进行清点，列出急需抢救的重点和有重要代表意义的遗产项目，建立一个由专家和各会员代表组成的非物质文化遗产保护委员会，协调有关工作，编制了"人类非物质文化遗产代表作名录""急需保护的非物质文化遗产名录"和"优秀实践名册"三项人类非遗名录，极大地提升了世界各国通过非物质遗产的申报，将自己优秀的传统文化提升到全人类共享的文化的积极性。不同地区、民族和国家的非物质文化遗产也因此走向世界，成为全球化时代人类文化交流的重要内容。

第二，截至 2018 年 5 月，联合国教科文组织《保护非物质文化遗产公约》的缔约国数量已达到178个。这些国家遵守联合国教科文组织的相关规则和要求,结合自己的国情,成立了非物质文化遗产保护的相关组织、机构,加强对本国非物质文化遗产的保护,通过对不同地区、民族和国家非物质文化遗产的传承与保护发展,促进了不同地区、民族和国家之间文化的交流。尤其是大量发展中国家,通过对非物质文化遗产的保护,不仅提升了地区之间的文化软实力,非物质文化遗产的创造性转化与创新性发展,也促进了地区、民族、国家之间的交流、交往和交融,成为推动地方经济、社会和文化协调发展的重要资本。

第三,城市化、社会阶层与人际流动是现代社会和全球化的重要标志,城市化和社会阶层的变动在促进文化多元化、新兴文化业态发展的同时,引发了城市污染、环境破坏、碎片化、极端个性化、分众化等一系列社会问题,催生了当代人集体性的"怀旧"意识。"怀旧"强化了当代人对日常生活审美化的情结,也使得具有鲜明生活性、浓郁地方性和民族性的非物质文化遗产成为吸引当代人关注、追逐、体验和抚慰社会心理的良药,也加速了非物质文化遗产在不同社会阶层的流动,成为当代文化交流的重要形态。

第二节 非物质文化遗产保护策略与区域社会发展

非物质文化遗产作为人类精神文明的具体体现,代表着人类文化在历史发展进程中的多样性与复杂性。不同区域、国家依托在地文化资源禀赋,形成了表现方式多样、文化要素多元、行为模式各异的区域特色非物质文化遗产项目,进而形成了各区域、国家针对自身非物质文化遗产的传承、保护、创新而制定的个性化非物质文化遗产保护策略。随着现代社会消费者的消费需求从物质领域逐渐转向精神领域,非物质文化遗产在区域社会经济发挥的作用,以及对区域、国家文化软实力及国民素质的提升,都产生了重要影响。当下,非物质文化遗产的创造性转化和创新性发展成为推动区域文化和经济双向发展的非物质文化遗产保护策略。

一、文化遗产保护策略的研究回溯

"非物质文化遗产"一词由联合国教科文组织于2003年正式提出,在此之前并没有从"文化遗产"中细分出来。但这并不意味着非物质文化遗产的保护是从21世纪才开始的。早在18世纪,许多国家在文化遗产范畴下,已经开始高度关注之后纳入非物质文化遗产的各类项目、群体。在谈及非物质文化遗产保护时,有必要从历时性维度对文化遗产、非物质文化遗产的保护策略进行考察,掌握其保护策略的历史流变和在不同区域社会下形成的不同策略路径。

(一)国外文化遗产的研究与保护

国外方面,对文化遗产的保护研究起步较早,尤其是法国、日本、韩国等国家已有一套适合本国体系的非物质文化遗产理论基础与保护策略（见表1-1）。欧洲许多国家都拥有十分丰富的文化遗产资源，以法国为例，法国在保护文化遗产方面一直是走在世界前列的。1840年，法国颁布了第一部保护文化遗产的法律——《历史性建筑法案》，它是世界上首部针对文物保护的法律。而后随着文化遗产类别的不断增加，20世纪30年代，法国政府颁布了《景观保护法》，这部法律不仅对自然建筑进行保护，还把自然景观和人为景观纳入受保护的范围，使得受保护的对象不断扩大。1973年，法国政府又颁布了《城市规划法》，对法国的历史文化遗产展开整体性、全面性保护。1984年，法国文化部长贾克·朗发起一项名为"历史建筑开放日"的活动，即在该年9月的第三个周日向公众免费或低价开放大量历史性建筑，该活动大获成功并被多个国家效仿。1991年，欧洲理事会正式确立"欧洲文化遗产日"。伴随着活动规模的逐年扩大，活动时间也延长至周六和周日两天。如今，"文化遗产日"已经成为整个欧洲一项重要的文化活动，在每年9月的第三个周末举行。活动期间有50多个欧洲国家向公众开放大量历史性建筑，让世界各地的民众聚焦欧洲，感受文化的传承。[①]大量的文化政策与文化活动奠定了法国文化遗产的保护基础，在完善的保护体系下，其历史性文化底蕴仍保存得较为完整，文化气息十分浓厚。国际上，文化遗产正式被施以保护措施是由联合国教科文组织于1972年在巴黎通过的《世界遗产公约》所提出的。《世界遗产公约》确定了文化遗产、自然遗产、文化与自然双重遗产三个概念，将需要保护的历史文化遗产范围不断扩大，从此文化遗产的传承与保护发展引发了全世界的广泛关注。

表1-1　部分国家文化遗产的保护策略

国　　家	法律/活动（年）
法国	《历史性建筑法案》（1840年）、《景观保护法》（20世纪30年代）、《城市规划法》（1973年）、历史建筑开放日（1984年）
日本	《古器物保护法》（1871年）、《古社寺保护法》（1897年）、《古迹名胜天然纪念物保护法》（1919年）、《国宝保存法》（1929年）、《重要美术品保存法》（1933年）、《文化财保护法》（1950年）
韩国	《文化财保护法》（1962年）、《文物管理法》（1973年）、《传统建筑保存法》（1987年）

亚洲国家方面，日本与韩国的文化遗产保护体系也较为完整、先进。在日本，文化遗产被称为"文化财"。物质文化遗产与非物质文化遗产分别被称为"有形文化财"与"无形文化财"。而日本所提出的"无形文化财"这一概念实际上对联合国教科文组织的部分公约产生了很大影响。日本一直以来对文化的传承及文化遗产的保护比较重视，其具体举措可以追溯到19世纪的明治初年。1871年（明治四年），日本政府颁布了保护工艺美术品的《古器物保护法》，这是日本政府第一次以政府令的形式颁布的文化遗产保护法。这使得日本的传统文化遗产即便到了当今时代，仍然被保护得十分完整。而后日本政府又对此法案进行不断的修正，颁布了《古社寺保护法》（1897年）、《古迹名胜天然纪念物保

---

① 王慧欣. 法国非物质文化遗产保护与利用的模式分析[J]. 传播与版权，2017（4）：124-125.

护法》（1919 年）、《国宝保存法》（1929 年）和《重要美术品保存法》（1933 年）等文化遗产保护法规。随着文化遗产种类的不断增多，日本政府开始对"无形文化财"给予特别关注，并且在文部科学省下面的文化厅专设了"无形文化遗产保护条约特别委员会"，对非物质文化遗产保护提出提案。1950 年，日本政府提出《文化财保护法》。这部法律具有重大意义的原因在于，在此之前，世界上还没有一个国家对本国的非物质文化遗产给予特别关注。《文化财保护法》首次以法律的形式规定了"无形文化财"的范畴，即具有较高历史价值与艺术价值的传统戏剧、音乐、工艺技术及其他无形文化载体，如歌舞伎、文乐、雅乐、琵琶、尺八等传统艺能，以及陶艺、染织、编织、漆艺等工艺技术。"无形文化财"由文部科学大臣指定，其中最重要的部分称为"重要无形文化财"。日本政府对"无形文化财"的界定实际上是为后来联合国教科文组织提出"非物质文化遗产"的概念打下了基础。[①]日本政府不但在早期就有关于非物质文化遗产的概念设想以及相对完备的遗产保护法律体系，而且政府本身也具有较为合理的分工。日本历史文化遗产保护由文物保护行政管理部门和城市规划行政管理部门这两个相对独立、平行的组织机构共同负责。与文物保护直接相关的事务归国家文部省文化厅处理，与城市规划相关的事务归国家建设省城市局处理。这使整体的文化遗产保护类型、流程、归属清晰明确，避免了在保护过程中出现遗失、传承不当等重大问题。

韩国于 1962 年颁布了《文化财保护法》，设置政府机构，构建行政管理体制，以及非物质文化遗产代表项目评定和"保有者"认定制度，启动"人间国宝"选拔机制，建立传授教育机构，制定资金支援政策，体现了在非物质文化遗产保护政策的起步及形成时期，政府对非物质文化遗产保护的重视。20 世纪八九十年代是韩国非物质文化遗产保护政策的调整与完善时期，政府最重要的举措是提出了文化产业化和世界化的战略思想，把非物质文化遗产的保护和传承提升到了新的高度，颁布了《无形文化财保全暨振兴法》（2016 年），通过开发利用非物质文化遗产项目，积极推动文化产业发展，传播韩国非物质文化遗产。

无论是法国颁布的世界上首部针对文化遗产保护的法律，还是韩国"人间国宝"制度的确立，都是不同区域、国家在结合自身文化、社会、政治、生态语境下，针对本区域、国家内部非物质文化遗产而展开的一系列保护实践。在对非物质文化遗产所具有的文化价值、现代消费社会中非物质文化遗产所蕴含的经济、商业价值以及对区域、国家文化软实力的提升作用达成共识的基础上，国外各国针对本区域内非物质文化遗产的个性化要素，展开了针对性较强、可落地的非物质文化遗产保护实践。

（二）中国文化遗产的研究与保护

中国历史悠久、底蕴深厚，文化遗产的保护起源于文物的保护。中国的文物保护有着上千年的悠久历史，在古代通常受到保护的文物仅仅指瓷器、玉器、书画等搬得动、摸得到的器物，所包含范围较小，在民间多将"文物"称为"古董"。文物准确的概念是于近

---

① 王丽莎. 日本怎样进行非物质文化遗产保护[J]. 人民论坛, 2016（19）：104-106.

现代开始出现的，从 20 世纪开始，由于科学、考古学等西方学科的传入，文物所涵盖的内容不断扩大，由起初的仅仅物质层面上升到文化层面。清光绪三十二年（1906 年），朝廷设民政部拟定《保存古物推广办法》，通令各省执行。1914 年，北洋政府内务部在故宫外朝成立古物陈列所，同年颁布《大总统禁止古物出门令》。中国具有现代意义的文化保护政策开始于 20 世纪二三十年代，1930—1935 年，政府颁布了《古物保存法》《古物保存法细则》《暂定古物的范围及种类大纲》等文物专属法规，进一步扩大了文物保护的范畴。中华人民共和国成立以后，针对文物的流失和非物质文化遗产保护面临的问题，1961 年，国务院颁布了《文物保护管理暂行条例》，并以梁思成编著的《全国重要建筑文物简目》为基础，公布了首批全国重点文物保护单位 180 处。在此之后，政府对于文物保护的政策法规依据国情不断调整。改革开放以后，1982 年全国人大常委会制定了《文物保护法》，该法规标志着中国对物质文化遗产的保护开始走上法治化的轨道，成为中国文化遗产保护传承的新起点。①

20 世纪开启了中华民族自觉实施非物质文化遗产保护的历史进程，在一系列法律制度的出台、政府文物保护单位的成立、学术研究机构对非物质文化遗产给予关注之下，20 世纪中国非物质文化遗产将目光聚焦于物质形态、文字影像的纪录以及原真性保护，为 21 世纪中国非物质文化遗产的创造性转化和创新性发展奠定了坚实的基础。21 世纪，自中国于 2004 年成为联合国教科文组织《保护非物质文化遗产公约》缔约国以来，中国非物质文化遗产的保护迈入新的阶段，从物质形态的静态保存和记录，向非物质文化遗产传承群体、社区保护、当代转化等动态发展创新路径转变。从 2006 年中共中央办公厅、国务院办公厅颁布《国家"十一五"时期文化发展纲要》到 2022 年颁布《"十四五"文化发展规划》，在民族民间文化保护工程、"非遗"大普查、乡村振兴战略下《中国传统工艺振兴计划》等保护实践过程中，中国在社会主义现代化进程中，逐步形成了一套具有中国特色的非物质文化遗产保护机制体系，从文化振兴和文化强国建设方面推动了中国式现代化进程的脚步。

从以上国内外对文化遗产的保护策略的回溯可以看出，文化遗产保护体系的建立和相关实践在各国都有着悠长的历史，一来这与各国深厚的文化底蕴分不开；二来也印证了文化对国家发展有着至关重要的作用。不同国家结合自身国情以及国家未来发展战略部署，针对既有的非物质文化遗产项目，建立具有针对性的非物质文化遗产保护体系。截至 2018 年 5 月，联合国教科文组织《保护非物质文化遗产公约》缔约国共 178 个，这说明非物质文化遗产保护工作在联合国教科文组织的带领下，在世界范围内引起的重视以及使非物质文化遗产作为人类精神文明财富在当下的重要文化经济价值得到体现。此外，以英国、美国等为代表的部分发达国家和地区虽然至今仍未加入《保护非物质文化遗产公约》，但都根据本国国情，将文化遗产与创意产业、知识产权法等相结合，形成了本国特有的文化遗产保护和发展策略机制。由此可见，非物质文化遗产概念的产生与保护法规的制定并不是

---

① 单霁翔. 我国文化遗产保护的发展历程[J]. 城市与区域规划研究，2008（3）：24-33.

一蹴而就的。而促使非物质文化遗产能够从整体中剥离出来的原因以及各国对非物质文化遗产的保护策略将是下一部分讨论的重点。

二、全球化背景下非物质文化遗产保护推动区域社会发展

非物质文化遗产能够作为文化遗产的类别之一，并与物质文化遗产区分，设立单独机构制定单独法规进行保护，这与社会背景有着重要关系。将关注点聚焦在联合国教科文组织于1972年通过《保护世界文化和自然遗产公约》确定文化遗产概念至2003年提出非物质文化遗产概念之间，能够看出20世纪末至21世纪初社会的变局促使非物质文化遗产的概念明晰化，非物质文化遗产也从此被列为重点保护对象。在全球化时代背景下，非物质文化遗产成为各区域社会中既有的、可资创新发展的文化资源，并由文化资源转变为文化资本，从而在提升区域竞争力的过程中发挥了重要作用。

（一）从文化资源到文化资本：非物质文化遗产对区域社会发展的推动作用

全球化时代的到来让世界各地区在"时空压缩"的时代语境下，逐渐从孤立走向融合。一方面，世界性的人类命运共同体形成，各地区人民在文化交流、信息传递、设施互通、资源共享的背景下，推动了世界范围内文化平台和文化交流机制的建设；另一方面，全球化也导致部分欠发达地区的传统文化在主流文化的冲击下，其存续和发展受到较大的考验，全球也面临着文化同质化的威胁。非物质文化遗产作为各地区可资文化创新发展的原生性和内在性要素，给予了各地区同等的将文化资源转化为文化资本的内生条件，对区域社会的发展，尤其是消费型社会中，文化作为重要资本对促进区域经济发展起到了重要推动作用。

2021年文化和旅游部印发的《"十四五"非物质文化遗产保护规划》指出，我国"十四五"时期非遗保护工作共有六大任务，包括"加强非遗调查、记录和研究""加强非遗项目保护""加强非遗传承人认定和管理""加强非遗区域性整体保护""加大非遗传播普及力度""服务社会经济发展"。其中，"服务社会经济发展"是一大亮点，体现了新时代我国非遗保护工作的新特点和新要求。[①]将非物质文化遗产作为当下区域社会经济文化发展的重要文化资本，其必然性和必要性可以从以下几个方面进行分析。首先，非物质文化遗产来源于社会经济发展，是不同地区、不同民族为追求美好生活实践而形成的智慧结晶。从历史进程中非物质文化遗产的产生和发展来看，本质上都是在社会经济发展过程中产生的，如传统农业、畜牧业、渔业、制造业、建筑业、纺织业、医药、体育、表演艺术等方面的知识、技艺及其相关的审美、民俗和信仰等，都是在相关具体生产、生活中发生、传承的。此为非物质文化遗产在现代社会经济快速发展的语境下，作为区域特有文化资源转化为文化资本，促进地方文化产业经济发展的必然性。其次，随着现代社会经济、文化、政治水平的快速发展，人们在消费需求上逐渐由物质需求转向精神文化需求。这意

---

① 宋俊华. 推动非遗服务社会经济发展[N]. 中国文化报，2021-07-23.

味着文化在当下以及未来不同区域社会的发展中,将比单一满足大众物质需求阶段,起到更为重要和核心的作用。《"十四五"非物质文化遗产保护规划》提出非物质文化遗产的保护和再利用要融入国家区域性发展、乡村振兴、旅游产业等战略,推动黄河流域、大运河流域、革命老区、少数民族地区、边疆地区非遗保护利用,表现了非物质文化遗产对区域文化、经济发展的重要推动作用,此为非物质文化遗产在时代发展大环境下,解决社会经济发展的区域性不平衡问题,促进解决人民追求美好生活的愿望与发展不平衡不充分之间的矛盾,带动共同富裕,增强国家认同的必要性。

2018年9月,在"中非合作论坛"北京峰会上,习近平主席正式提出"当今世界正在经历百年未有之大变局"。在全球化日益发展的信息时代,文化的多样性以及由此延伸出来的多元化文化生活和文化生产问题,值得引起世界范围内的重视。世界各区域社会经济实现快速发展的同时,其区域内传统文化也需要通过再生产和再创造激发新的活力,在作为区域重要文化资源的基础上,通过创造性转化和创新性发展,将区域内在性的文化资源转换为符合时代发展、能够提升区域文化竞争力的文化资本。一方面,保护世界范围内文化的多样性和多元性,在联合国教科文组织《保护非物质文化遗产公约》的引领下,避免全球化背景下文化同质化现象的进一步加剧;另一方面,对拥有大量传统文化资源,但经济发展较为落后、文化资源尚未被合理有序开发的欠发达地区,在国家强调文化强国建设,文化软实力成为国家重要竞争力的当下,传统文化可以作为推动地方经济发展的在地性资源禀赋,促进区域社会的个性化创新发展。

(二)非物质文化遗产概念的提出与保护策略

自联合国教科文组织提出非物质文化遗产概念之后,各国都给予了高度的关注并制定相关法律法规对本国非物质文化遗产予以系统且全面的保护。2002年9月,联合国教科文组织召开了以"无形文化遗产——文化多样性的体现"为主题的文化部长圆桌会议,在此次会议上,通过了《伊斯坦布尔宣言》,呼吁在全球化形势下,共同保护和发展无形文化遗产,促进文明多样化进程。自此,《保护非物质文化遗产公约》进入了起草阶段。2003年9月29日至10月17日,在法国巴黎举行的联合国教科文组织第32届大会上,通过了《保护非物质文化遗产公约》,阐明了《保护非物质文化遗产公约》的宗旨与意义。法国政府于2006年加入《保护非物质文化遗产公约》,在继续开展"文化遗产日"的同时,联合各高校进行非物质文化遗产知识的普及,以引入更多能够保护、传承、研究非物质文化遗产的人才。法国政府在非物质文化遗产的保护方面也投入了大量的资金,积极倡导非物质文化遗产产业化运行,为其在全球化背景下提供更大的生存空间以及市场。日本对于非物质文化遗产的保护在亚洲国家中比较具有参考意义。在《保护非物质文化遗产公约》通过之后,日本又依据国情对本国的非物质文化遗产所包含的内容进行了调整,其法律规定无论何种文化遗产,必须向社会和民众公开,以最大限度地发挥其影响力和价值,发挥文化遗产在国民教育和文化的认知、传播与交流等方面的功能。日本在全国范围内举行的"艺能表演大赛"、"相扑比赛"、"传统剧目演奏会"以及"茶道"、"花道"表演会,极大程度地扩大了民众了解、认知非物质文化遗产的渠道。在全球化的背景之下，日本政府一方面大力推进现代化，另一方面对民俗建筑、文化遗产进行保护性开发，并为非物质文化遗产的保护提供大量的展示空间，建造博物馆、美术馆、展览馆等，历史名城金泽市仅在 2004 年至 2006 年就建成了两座美术馆。① 以上举措都使得日本民众对非物质文化遗产传承保护的参与度大大提高。可以说，日本后期对于非物质文化遗产的保护已经不仅仅局限于法律法规，而是政府、民众、高校、专家学者、出版社、博物馆、美术馆等共同作用的结果。对前期与日本文化遗产保护模式相类似的韩国来说，在《保护非物质文化遗产公约》通过以后，韩国于 2013 年建立了国立无形遗产院，为非物质文化遗产提供多方位的支援与保护。2015 年，韩国出台了新的《非物质文化遗产保护法》，根据国家已有的文化资源情况对非物质文化遗产的内容进行补充与完善。

中国政府于 2004 年 8 月正式向第十届全国人大常委会第十一次会议提请加入《保护非物质文化遗产公约》，经全国人大常委会审议后得到了批准，中国成为全球率先加入该公约的国家之一。2006 年，中国成为该公约的政府委员会成员。至此，文化部门在全国范围内开展了非物质文化遗产资源普查，建立了非物质文化遗产代表性项目国家级名录和地方名录。2008 年文化部制定了《国家级非物质文化遗产项目代表传承人认定与管理暂行办法》，对国家级名录项目的代表性传承人的认定标准、权利、义务和资助做出了明确的规定，进一步加强对非物质文化遗产传承人的保护与帮助，以减缓"无人传承"的危机。在 2010 年上海世界博览会上，有关非物质文化遗产的创意产业大放异彩，引发了世界各地的诸多关注。在博览会上，非物质文化遗产不仅是传统技艺和内容的展示，在内容与手法上都体现出了较大程度的创新，还将皮影形态的人物印在了扑克牌上，让更多人认识、了解中国的非物质文化遗产。2011 年，第十一届全国人大常委会第十九次会议通过了《非物质文化遗产法》，标志着中国的非物质文化遗产保护进入新阶段。

案例/专栏 1-4

文化遗产保护的可贵探索

20 年来，非遗"保护为主、抢救第一、合理利用、传承发展"的理念不断强化，保护方式不断创新，传承制度不断完善，因之形成的中国经验值得总结与推广。

其一，对具体项目实施分层次、有针对性的保护措施。

遵循非遗自身演变规律，对部分项目施行"生产性保护"。非遗不是静态的、凝固的，尤其是传统技艺、传统美术、传统医药药物炮制类和饮食文化类等项目，作为人们日常生活的一部分，一直在传承和演变。文化和旅游部先后公布了两批国家级非遗生产性保护示范基地，合计 100 个，设立了 15 个传统工艺工作站，对 14 个门类、383 个传统工艺项目

---

① 王丽莎. 日本怎样进行非物质文化遗产保护[J]. 人民论坛，2016（19）：104-106.

予以重点支持。如贵州苗族蜡染一度面临传承危机,在"生产性保护"中面向市场转型,激发出传承发展的内生动力。

其二,依托文化生态区推进整体性保护。

非遗及其得以孕育、发展的文化和自然生态环境是一个整体,在保护中维护文化多样性,保护文化生态空间的完整性和文化资源的丰富性,这是中国非遗工作的重大创造。以2007年闽南文化生态保护实验区设立为起点,至2020年,全国已有23个国家级文化生态保护(实验)区,"十四五"期间还将再增7个。将文化生态保护区与国家文化公园建设进行有效衔接。从2017年首次提出"国家文化公园"概念,到"十四五"期间高质量推进长城、大运河、长江、黄河国家文化公园建设,文化遗产保护已提升至国家战略层面。

其三,"融合"成为当下非遗作为文化资源的常态。

非遗深度嵌入文旅融合,以非遗体验为主题的休闲、体验、研学游塑造了人们心中的"诗和远方"。非遗搭上数字经济与实体经济融合发展的快车,社交网络和电商平台成为非遗产业重要的传播和交易平台。非遗保护成为影响深远的公共文化事业,动员了千百万公众参与,逐步融入美丽中国、生态文明、精准扶贫、乡村振兴等方面。

其四,非遗保护以"人"为中心。

中国非遗工作20年的实践形成了代表性传承人名录体系,探索建立了传承人评估机制,大力开展对传承人群的研修培训。其中,"福建木偶戏后继人才培养计划"很有代表性。各木偶剧团到大中小学校开办"木偶戏兴趣小组"、组织"校园木偶节",建设木偶戏传习所,在传统师徒传承的基础上,建立以剧团带培训班、与高等院校合作办学等人才培养模式,该计划因此入选联合国教科文组织的保护非遗"优秀实践名册"。

(资料来源:光明网 https://reader.gmw.cn/2021-11/08/content_35294625.htm.)

【思考】中国对非物质文化遗产的保护与国外相比有哪些不同?

截至2020年,中国有42项非物质文化遗产被列入联合国教科文组织"人类非物质文化遗产代表作名录",向世界彰显了中国深厚的文化底蕴与内涵,以及对多样文化遗产保护的关注与重视。当前中国对非物质文化遗产的保护向着系统化、全面化的方向发展。中国许多非物质文化遗产项目在国际上十分具有影响力,从音乐、舞蹈、戏剧、杂技到书法、木雕、瓷器、刺绣等,其精彩的展示、精湛的技艺、精美的产品,具有跨越时空的魅力,让诸多国家为其点赞叫好。目前,非物质文化遗产已经成为"中国走向世界、世界了解中国"的重要窗口,除了制定相应的法律法规作为保护基础,中国还意识到联动人民、提高民众的参与度十分重要。因而自2006年以来,文化部及各地文化部门利用"文化遗产日"和中华民族传统节日,大力开展非物质文化遗产展览、展演、论坛、讲座等宣传教育活动。文化部主办了"中国非物质文化遗产生产性保护成果大展""中国非物质文化遗产传统技艺大展""中国少数民族传统音乐舞蹈展演"等一系列活动。此外,文化部通过报纸杂志、电视、网络等媒体,进行全面的宣传与教育。在全球化的背景下,利用三维图形(3D)、虚拟现实（VR）等技术建立的数字化博物馆，使民众能够对非物质文化遗产有沉浸式的理解和学习，深受年轻群体的喜爱。中国目前整体上对非物质文化遗产已有一套较为完备的法律体系，文化生态保护实验区也在稳步建设，彰显了民族团结与文化多样性。伴随着展览活动的展开，民众对于非物质文化遗产的传承与参与度极高，对于其保护有着强烈的意识。但是，随着社会的进步和文化的发展，中国在非物质文化遗产的保护工作之中也存在不足之处，这将在后面的章节中详细地探讨。

第三节　从精英文化转向大众文化：消费社会语境下非物质文化遗产再生产

自 20 世纪后期以来，随着全球化背景下现代社会的快速发展，工业社会逐渐走向消费社会，文化作为当今满足大众精神消费诉求，提供社会精神文明财富的关键要素，在去中心化的时代发展语境下，从精英走向大众。文化不再是精英阶层才能享有，甚至是用来消费从而体现自身阶级地位的象征物，而是作为可资大众体验、认知，并进行文化消费以满足自身精神文化需求的大众化资源。通过对在地性文化资源的再生产和再利用，非物质文化遗产重新回归日常生活，成为大众在日常生活消费中不受时空限制、能够自主获取的文化产品和文化服务。大众文化时代的到来意味着文化的消费更加多元化、个性化、常态化。在此语境下，非物质文化遗产作为各个国家、地区重要的文化资源，对其进行创造性转化和创新性发展，使其成为面向大众市场的、兼具商业价值和文化价值的文化产品，一方面在消费社会中扩展了非物质文化遗产的受众群体和市场范围，迎合了时代从精英文化转向大众文化的发展趋势；另一方面也推动了非物质文化遗产在进行在地化传承保护的同时实现传统文化的在外传播与弘扬，激发了非物质文化遗产的内生活力，使其在活态中传承和发展。

一、精英文化

精英文化是社会生活中代表精英阶层文化观念、价值观念以及将其文化价值观呈现出来的文化产品和文化服务的总和。《辞海》将精英文化定义为：社会少数出类拔萃成员所创造、掌握和传播的，旨在体现其价值判断、审美趣味和社会责任的文化形态。精英文化是与大众文化、平民文化、草根文化、山寨文化相对立而产生的文化现象。作为拥有社会发展主导话语权的精英阶层，其文化价值观在一定程度上影响了文化的发展方向及发展趋势。从历时性维度来看，精英文化的产生早于大众文化，无论是中国古代的"士阶层文化"，还是西方以古希腊古罗马时期为代表的经典哲学思想，都是各自文化场域中精英文化的雏形，也都由各自文化场域中的精英阶层提出并世代传承。从国外的莎士比亚、贝多芬到中国的李白、杜甫、齐白石、鲁迅等都在文化艺术的创作上有着高深的造诣,他们拥有天赋和才华,能够引导着艺术创作的方向。这样的群体所创造出的文化才能够被称为精英文化。在传统社会演进过程中,精英文化的产生和发展为统治阶级提供了大量符合其政治意识形态的文化产品,包括社会教化、启迪思想、解释历史、展望未来等,奠定了社会整体的文化发展观和基本理想形态,一方面稳定了传统社会的社会秩序和社会管理机制,另一方面也塑造了不同国家、地区在历史发展中形成的不同文化形态和文化基因。

从精英文化的社会作用来看,作为不同国家、地区知识分子创造的,能够体现社会价值和社会理想,同时引领社会文化发展的高级文化形态,其核心价值在于树立国家或者地区在世界范围内的文化形象,是不同国家、地区自身传统文化优越性、历史性、民族性的体现。西方社会评论家列维斯将精英文化的主要受众定义为文化素质较高的上流社会阶层,主要表现精英知识分子的审美趣味、价值观念和自身诉求的文化形式。[1]在传统社会发展中,精英文化往往代表着一个国家和一个民族的文明尺度,由于具有较高的审美价值,精英文化在价值判断、社会责任等方面,拥有绝对的主导性话语权,显示出比其他文化形式更为旺盛和强大的生命力。

总体来看,精英文化在产生、发展过程中具有以下特征。首先,从精英文化的创造主体来看,其具有较高的人文精神和文化素养,作为普遍受过高等教育的群体,对本国、本民族文化的历时性发展具有较为深刻的认知和理解。他们往往代表着不同社会语境下的社会责任和社会良知,崇尚高雅、理性和使命感,因而精英文化首先表现出较高的道德情操和精神追求。其次,就精英文化表现的内容而言,大多为具有较高社会认可度、体现普适性价值观和伦理道德系统的内容形态,凝结着不同国家、民族在历史发展过程中积淀下来的各种优秀文明形态和文化属性。再次,精英文化作为一种讲究理性、善于反思和批判的文化形态,具有文化本位价值,多数情况下都可以在一定程度上摆脱各种经济资本的控制,善于抗拒商业化,具有终极关怀的气度,并显示出较为浓厚的理想主义气质。[2]最后,从文化的特性来说,在精英文化蓬勃发展的时期,许多不同类别、不同分支的精英文化产生,它们独具特色同时具有深刻的社会价值与意义。如李白的诗词完整地展现了盛唐风貌,贝多芬的交响曲、莎士比亚的戏剧随着时间的推移却没有被遗忘且一直深受艺术家们喜爱。虽然不能肯定地说所有的精英文化就一定是经典和有影响力的,但可以说这些艺术作品与创作是有内涵、有价值、有底蕴的。大众文化能够被轻易地完全复制,而这些精英文化能够被复制的大多只是表面内容,蕴藏的价值与内容难以复制。

就精英文化的受众群体来看,在西方文化发展史之中,无论是古希腊、古罗马时期抑或是文艺复兴时期,其文化似乎总是与统治阶层相关联,艺术与文化为统治阶层服务,精英文化也不例外。精英文化的创造起源于高级知识分子以及高质量的艺术型人才,自然而然地它所作用的群体也是社会的高等阶级,甚至是统治阶层。在解释社会阶层时,很多理

---

[1] 邹广文. 当代中国的主流文化、精英文化与大众文化[J]. 杭州师范学院学报(社会科学版),2002(6):12-16.
[2] 刘自雄,闫玉刚. 大众文化通论[M]. 北京:中国广播电视出版社,2007:17.

论总是喜欢把社会比喻成一个金字塔，一个人拥有了能够欣赏精英文化的权利，意味着他一定是处在金字塔尖上的群体。因此，精英文化只供很小一部分的人掌握，能够参与其中就代表是具有审美能力的精英，拥有着权力与财富。在这里需要注意的是，由于过去的教育水平及质量已无法进行明确比较，因此不能够用现在的学历水平和艺术水平来判断一个人是否为精英文化的受众对象，而应当是以当时的历史背景、受教育水平、地位身份来划分精英阶层。

中国的精英文化和西方国家相比，与其说不同，不如说是根据国情在原有的基础之上略有改变。由于精英文化这一概念是由西方流入中国，对待其与大众文化并不像西方许多学者一样有明确的决断，一定支持精英主义和一定批判大众文化这样非常绝对的观点是比较少见的。中国从精英文化的传播到发展，再到大众文化焕发生机属于自然的变迁过程。中国有关精英文化的概念与西方国家类似，同样是指知识分子阶层创造的文化，承担着社会教化的使命，对应着上文所说的，他们创造的文化艺术作品具有社会价值与内涵。在中国，从古代的李白、杜甫、韩愈到近现代的鲁迅、齐白石、茅盾等都属于精英文化的创造者，由于中国丰富的历史文化底蕴，产生了众多的精英文化，这在一定程度上推动了文化的进步以及国民整体素养的提升，增强了中国在国际视野下的文化竞争力。

精英文化作为传统社会国家为实现国家统一、获得国际范围内其他国家地区认可、推动社会群众凝聚力而形成的产物，从20世纪90年代开始，其主体地位开始受到大众文化的冲击。伴随着工业化、后工业化、信息技术以及全球化的到来与发展，大众化的文化思潮开始觉醒。麦克卢汉提出的"地球村"理论在21世纪已成为社会现实，世界各国家、民族的文化，在信息的快速传播、资源平台的共享时代下，不再被社会精英阶层所牢牢掌控，普通大众也可以对其进行深入了解，并在此基础上拥有了进行文化再生产和再创造的权利。文化开始走向大众，并以产业化的形式，走进普通群众的日常生活和消费实践之中。至此，大众文化的快速发展使得精英文化的生存和发展陷入困境之中，如果说以往的文化是"精英的聚会"，那么转变后的文化则是"大众的狂欢"。

二、大众文化

大众文化的突显与社会时代背景有着直接关联。之所以文化的状态可以从之前的"被束缚"转换为"开放"，原因在于全球化的影响。在全球化的背景之下，以网络、电视、报刊为主的多样化的传播媒介开始出现，各国各民族之间经济和文化上的沟通、交流与合作开始增加，这就使得原本的精英文化失去了立足点。一方面，人们的思想不断进步开化，认为在观赏艺术作品时应当遵循人人平等的原则，不应按阶级、社会地位、财富、知识水平来划分受众对象。文化以及由此创作的艺术作品原本就是应该为多数人认知的，仅为精英所服务便失去了文化的本质内涵。另一方面，由于欣赏艺术品的渠道增多，大众传媒的兴起，大众文化的产生已经成为时代发展的必然趋势。

大众文化，顾名思义，就是由"大众"创造的，且属于"大众"的文化形态。"大众"一词，英文为"masses"，经历了由个体意识向集体意识的转变。大众文化的概念首先由西班牙哲学家何塞·奥尔特加·伊·加塞特在其著作《大众的反叛》一书中提出，解释为一个地区、国家或民族，新近涌现的、被大众所信奉和接受的文化。此后，威廉斯在《关键词》一书中提出了大众文化的四种含义，分别是"众人喜好的文化""不登大雅之堂的文化""有意迎合大众喜好的文化"以及"人们为自己而创造的文化"。①国内方面，刘自雄认为大众文化是指工业化、城市化和市场化社会中为民众普遍生产，并为普通民众所参加和消费的一切物质、符号、观念和活动。即大众文化就是现代社会中普通民众的日常生活方式。②因此，大众文化从实质上说是在现代工业社会产生、与市场经济发展相适应的一种市民文化。不同于精英文化所呈现出的严谨性、引导性、永久性，大众文化作为现代社会和市场经济充分发展后应运而生的时代产物，在消费社会中，是拉动国家、地区、民族文化经济消费的重要内生性动力，也是当代大众大规模地共同参与的社会文化公共空间或公共领域，是有史以来人类广泛参与的、历史上规模最大的文化事件。

巴赫金用狂欢式理论来解释这样的文化，在案例中用狂欢式理论对文学的思考来源于狂欢节。人们在狂欢节上没有任何距离地互动，不论身份、地位、性别，完完全全地达到一种社会关系阶层的释放。由此引申到文学，巴赫金进行《拉伯雷研究》的创作和中世纪与文艺复兴时期的民间文化研究时，社会仍然处于精英文化作为主导地位的时期。因此他认为，对于文化也应当像"狂欢节"一般，把不必要的等级关系全部抹去，将文化艺术作品面向大众，不再过分强调"雅"和"俗"的概念。这也就是现在所说的大众文化。而后英国的伯明翰学派主要代表人物威廉斯、霍尔、约翰·菲斯克等人又对此主张不断深化，认为大众文化对于社会发展是具有民主性和进步意义的，同时大众也具有理性与判断能力。在接受文化产品时，能够根据自己的立场发表公平、客观的评价，而不是如精英文化那样把文化产品视作一种争夺权力与地位的手段，站在对自己有利的立场上进行探讨。在此之后，大众文化开始走向人们的视野，并且获得大量赞同的声音，这些声音主要来源于大众。原本大众无法接触精英艺术作品，更不必说参与评判，而大众文化如果能够得到发展便意味着大众可以享受、欣赏文艺作品，他们与曾经的"精英"一样获得了同样的评判权利。这样强烈的欲望使他们推动着大众文化的突显。

案例/专栏 1-5

狂欢式理论

狂欢式（意指一切狂欢节式的庆贺、仪礼、形式的总和）的问题，它的实质，它那追

---

① 赵金平. 文化是一种整体的生活方式：雷蒙·威廉斯大众文化思想探析[J]. 理论探讨，2015（2）：69-72.
② 刘自雄，闫玉刚. 大众文化通论[M]. 北京：中国广播电视出版社，2007：14.

溯到人类原始制度和原始思维的深刻根源，它在阶级社会中的发展，它的异常的生命力和不衰的魅力——这一切构成文化史上一个非常复杂而有趣的问题。在这里，我们当然不可能涉及这一问题的实质。这里我们感兴趣的，实际上只是一个狂欢化的问题，也就是狂欢式对文学（而且恰是对它的体裁方面）产生决定性影响的问题。

决定着普通的即非狂欢生活的规矩和秩序的那些法令、禁令和限制，在狂欢节一段时间里被取消了。首先取消的就是等级制，以及与它有关的各种形态的畏惧、恭敬、仰慕、礼貌等，亦即由于人们不平等的社会地位等（包括年龄差异）所造成的一切现象。人们相互间的任何距离，都不再存在；起作用的倒是狂欢式的一种特殊的范畴，即人们之间随便而又亲昵的接触。这是狂欢式的世界感受中十分重要的一点。在生活中为不可逾越的等级屏障分割开来的人们，在狂欢广场上发生了随便而亲昵的接触。亲昵的接触这一点决定了群众性戏剧的组织方法带着一种特殊的性质，也决定了狂欢式有自由随便的姿态，决定了狂欢具有坦率的语言。

（资料来源：巴赫金. 巴赫金全集第 5 卷[M]. 白春仁，顾亚玲，译. 石家庄：河北教育出版社，1998:160-162.）

【思考】 如何从狂欢式理论看大众文化？

大众文化一方面是同与其共时态的官方主流文化、学界精英文化相互区别和对应的，另一方面也是同传统自然农业经济社会里的各种民间文化、通俗文化有着一些原则差异的，商业性、流行性、娱乐性和普及性可以说是其最主要的基本特征。第一，大众文化作为消费时代的产物，商业性是其最重要的特征。在工业社会随着文化进入工业生产和市场商品领域而产生的新的文化现象，带有浓厚的商业色彩。文化面向了大众，也面向了市场，文化消费时代与大众文化一同到来。近年来，无论是国内还是国外，都可以看到蓬勃发展的文化产业、琳琅满目的文创产品。大量的文化艺术已经基于市场化、商品化的属性进行创作。随着文化创意产业的出现，大众文化伴随大量文化产品和文化服务的创造和提供，为文化产业的发展提供了大量的素材，反过来也刺激了大众对形态各异的文化产品的消费与文化服务的享用。第二，不同于精英文化是各地区、民族历经长期历史发展而积淀形成的产物，大众文化在时间维度上体现出较强的短暂性和时代性。作为一种在短期内快速产生、形成并得以发展和传播的文化形态，大众文化代表了特定时间范畴内不同社会、民族的集体性文化诉求和文化特征，而随着社会文化的发展，在流动性的现代社会语境下，大众审美意识和文化价值观也会在短期内发生质的改变，并在大众文化的体现方式、呈现内容、价值取向中得以明确的体现。第三，大众文化一定是在大众媒介的广泛应用下发展起来的文化形态，具有媒介性和高技术性。作为工业文明以来形成的文化形式，大众文化的传播和发展以大众媒介为主，具有大众媒介所规定的特征。与传统媒介相比，大众媒介具有受众广泛、传播信息量大、传播即时等特点，因而大众媒介的传播意味着承载和体现大众文化的各种产品和服务是可大量复制且价格适中的。第四，通俗性。大众文化以其特定的实践形式对人的感官需要和消费欲望做了一种合理性的肯定,因此在一定意义上也是对个体生活价值的一种肯定。大众文化模糊了经济发展与文化发展之间的界限,使得大众文化更易于被普通民众所接受和喜爱,进而拉近甚至消解了高雅艺术与流行文化之间的界限,使得艺术走向大众日常生活之中,实现艺术的生活化和生活的艺术化。

大众文化的发展将文化产品与创作推向了市场。大众文化突显后,任何人都可以创作作品,任何人都可以评价作品,市场为大众搭建了这样的平台,例如,国内的抖音、快手、微博,国外的YouTube、推特等。自我国20世纪90年代大众文化兴起以来,在去中心化的语境下,作为冲破长期单一和封闭社会意识形态秩序以及文化价值观的重要文化力量,有力地冲击了改革开放前我国文化发展呈现出的单一化、专制化、同质化的形态,打破了以知识分子为主导的精英文化权力话语统一天下的局面,使得我国的文化从单一的教化式、领导式文化向多元的、个性化的大众文化发展,大众文化作为当下乃至未来中国重要的文化力量,促进了中国民主化的进程以及社会主义现代化的发展。①社会的变迁、大众文化的产生使文化拥有更多展示的空间,文化多样性也伴随着大众文化得到了宣传机会。

三、非物质文化遗产的现代社会语境下的创造性转化和创新性发展

当下,全球化的格局、大众文化的兴起使中国进入文化消费时代,介绍精英文化与大众文化的主要目的,不是去评议孰好孰坏,或是哪一种类型在当今时代应当占据领导地位,而是以此来强调对非物质文化遗产的保护与研究的重要性。精英文化与大众文化在非物质文化遗产的保护上都有着重要的意义与作用,因此在当今社会如果视两者为完全对立的状态似乎不利于文化产品与艺术作品的发展。精英文化与大众文化的概念应当明确区分,但是并不代表两者不能相互作用,共同发展。至少对于非物质文化遗产的研究方面,精英文化对大众文化具有制约的效果。在进行非物质文化遗产的相关工作时,要时时刻刻秉持着不要完全按"商品化""市场化"的理念来进行。而大众文化拓宽了精英文化的视角,使文化的多样性更好地开展,确保了非物质文化遗产能够得到更为全面、系统的保护与研究,同时使得更多的专家、学者、民众能够参与进来,而不是被完全隔离在外。所以让精英文化与大众文化同走一条路,共同为非物质文化遗产研究做出贡献,才能更好地促进中国文化事业的建设与发展。

党的十九大报告中提出,要"推动中华优秀传统文化创造性转化、创新性发展",这为今后我国文化建设事业的发展指明了方向。非物质文化遗产在现代社会语境下的创造性转换和创新性发展具体体现在以下几个方面。首先,随着信息时代的到来,在对非物质文化遗产进行当代转换时,需要借助大量技术手段,在保证非物质文化遗产内在文化精神和文化基因得到有效传承和保护的前提下,对非物质文化遗产的呈现形态进行创新发展。2022年,中共中央办公厅、国务院办公厅印发的《关于推进实施国家文化数字化战略的意

---

① 贾明. 对大众文化批评及大众文化特征的思考[J]. 社会科学,2004(11):114-118.

见》明确提出要发展数字化文化消费的新场景,大力发展线上线下一体化,在线在场相结合的数字化文化新体验。非物质文化遗产作为现代社会文化产业发展以及国家文化强国建设的重要推动力量,未来数字化的发展趋势势在必行,数字化技术和非物质文化遗产的耦合发展为非物质文化遗产的保存、发展、传播、振兴带来了新的契机和发展市场。在国家政策的号召下,各地通过数字化技术手段,对非物质文化遗产资源进行文化资本的转换,国家第一批试点非物质文化遗产数字化保护发展的城市已经纷纷建立了非物质文化遗产数据库、非遗线上博物馆等,研发了一系列非物质文化遗产数字化产品,如北京故宫博物院的"数字故宫"、"数字敦煌"、VR眼镜呈现传统技艺虚拟展示场景等,对非物质文化遗产的创造性转换和创新性发展赋予了时代的使命,注入了新鲜血液。

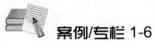

案例/专栏 1-6

北京故宫博物院"数字故宫"

随着数字技术的不断发展,人们逐渐被纳入数字化生存的状态中,"数字故宫"正是在此背景下产生的一种新型的博物馆形态——数字博物馆。其通过对文物的数字化展示、数字化传播以及与新兴媒体的合作而具备了媒介的属性,从而能够发挥文化传播的职能。"数字故宫"的诞生与当下的社会语境息息相关,体制改革与政策牵引、媒介变革与技术助力、观念革新与文化询唤都为"数字故宫"的文化传播提供了良好的发展契机。

"数字故宫"借助交互的传播主体、多元的传播文本和精湛的传播策略展现了超越传统博物馆文化传播的非凡魅力和感染力。政府组织、运营者与参观者共同构筑了多样化的传播主体;同时,透过"可感""可视""可触"的文物载体,器物文化与精神文化、故宫文化与大众文化、传统文化与现代文化、中华文化与世界文化均被呈现。

2020年7月,故宫博物院发布了"数字故宫"小程序。"数字故宫"小程序与观众一同在文物世界里探索、在古建全景间漫游、在慢直播中走过故宫的四季。2021年12月21日,由故宫博物院与腾讯携手打造的"数字故宫"小程序2.0版本正式上线。2.0版本整合"智慧开放"理念,新增更加精准的开放区域线路导航、参观舒适度指数等重要开放服务功能,支持用户实时查看故宫各主要开放区域的参观舒适程度,并内置7条有趣的"定制游览路线"。为适应更广泛人群需求,2.0版本还进行了无障碍功能升级,让视障人群、老年人既能在指尖云游故宫,也能通过小程序享受更多线下游览便利。

(资料来源:郭海莉. 北京故宫博物院"数字故宫"的文化传播研究[D]. 长沙:湖南师范大学,2020. 故宫博物院官网。)

其次,人作为非物质文化遗产得以存续和发展的主体,在现代社会语境下对非物质文化遗产进行创造性转换和创新性发展,首先要关注对非物质文化遗产传承群体的政策性保护和商业性扶持。从2006年开始,我国开始实施非遗代表性项目和代表性传承人保护制度。截至2018年,我国已进行五批国家级非物质文化遗产项目代表性传承人的评审和认定，共计 3068 名，地方认定的省级项目代表性传承人就更多了，逐渐形成了非遗项目代表性传承人保护的中国经验。[①]非物质文化遗产作为附于个体、群体或特定区域空间而存在的"活态"文化，对传承群体的保护显得尤为重要。近年来，各院校、研究机构、社会组织开展了大量"非遗传承人进校园""非遗传承人工作坊"的活动，一方面为非物质文化遗产传承群体自身技艺、文化素养的提升提供了条件，使传承群体能够更加适应现代消费社会大众对于非物质文化遗产的文化诉求以及审美形态，从而生产和提供更多符合大众文化消费心理的产品和服务。另一方面，从政府层面鼓励传承人与学校或者与相关企业专业团队合作研发，打造符合市场文化的产品，推动非物质文化遗产作为重要文化资本进入文化创意产业市场。在研发过程中，传承群体与相关企业团队要有效沟通和交流，确保文化产品结合前卫时尚与传统文化两者的特点，设计出原创性较高和层次性较丰富的产品，用现代青年人的观念去播撒民间特色文化的种子，以这种新型文化形式来传承和延续传统文化精神。

再次，文化产业作为当下极具发展潜力的朝阳产业之一，通过对非物质文化遗产中节庆活动、技艺产品、文化空间等进行产业化发展，可为非物质文化遗产的创造性转化和创新性发展提供经济动力。党的二十大报告从国家发展、民族复兴高度，提出"推进文化自信自强，铸就社会主义文化新辉煌"的重大任务，就"繁荣发展文化事业和文化产业"作出部署安排，为做好新时代文化工作提供了根本遵循、指明了前进方向。非物质文化遗产作为文化资本，在文化产业中的创造性转化和创新性发展，即充分挖掘非物质文化遗产潜在的社会和经济价值，通过对非物质文化遗产资源的合理有序开发、利用和再生产，以各地区既有的非物质文化遗产资源禀赋为发展动力，促进非物质文化遗产作为文化产业的重要部分，其产业集聚、产业分布、产业规模的转型和升级。此外，在国家大力推动文旅融合的时代背景下，积极利用非物质文化遗产生产性保护项目的在地性要素资源，寻求非物质文化遗产项目与旅游经济的新结合点，以非物质文化遗产文化空间的营造、沉浸式非遗项目的体验等，吸引国内外游客，推动文化和旅游深度融合，实现非物质文化遗产在保护和创新发展中社会效益与经济效益的双赢。

随着全面建设社会主义现代化国家新征程的开启，传承发展中华优秀传统文化迎来新的历史机遇和挑战，面临一系列新课题、新任务。2022 年，中共中央办公厅、国务院办公厅印发的《"十四五"文化发展规划》指出，要强化非遗融入生产生活，创新开展主题传播活动，推进非遗进校园、进社区、进网络。为推动非遗创造性转化、创新性发展提出了新要求、新思路。创造性转化就是要按照时代特点和要求，对那些至今仍有借鉴价值的内涵和形式加以改造，赋予其新的时代内涵载体和传播渠道，激活其生命力。创新性发展就是要按照时代的新进步、新进展，对中华优秀传统文化的内涵加以补充、拓展、完善，增强其影响力和感召力。[②]对非物质文化遗产进行生产性保护和生活性发展，使非物质文化遗产重新回归大众的日常生活和消费实践之中，推动非物质文化遗产资源向区域、国家重

---

① 林继富. 保护非遗关键在于保护传承人[EB/OL]. [2023-1-10]. https://www.ihchina.cn/project_details/7401/.
② 傅凯华. 推动中华优秀传统文化创造性转化创新性发展[N]. 光明日报，2021-11-25.

要文化资本转化，使非物质文化遗产有机嵌入现代社会发展的语境之中。非物质文化遗产的创造性转化和创新性发展，推动其与文化产业、旅游经济等朝阳型第三产业进行深度融合，彰显非物质文化遗产的时代价值与时代使命，在文化强国战略背景下，激发非物质文化遗产的活力，赋能于中国式现代化的建设。

本章小结

- 非物质文化遗产传承与保护发展是全球化时代各国的共识，也是人类文明发展的必然结果。对影响和促进非物质文化遗产保护的时代语境和因素进行分析和理解，是进行非物质文化遗产保护和研究的重要前提。对文化、文化遗产、非物质文化、精英文化、大众文化等基本概念的理解是该章节的重点，也是理解全书其他章节基本内容的前提。

- 本章主要对非物质文化遗产保护的时代语境，从全球化、工业化、城市和现代科技技术角度进行了概括和分析。对联合国教科文组织关于文化多样性诉求和《保护非物质文化遗产公约》的理念、历程和基本内容进行了概括，对全球化时代文化交流与非物质文化遗产保护的功能和价值做了必要的概括，为后面相关章节的内容做了概括性导引。

- 本章结合影响非物质文化遗产传承和保护发展的三个重要因素，从全球化、现代信息技术和大众文化消费，概括性地分析了非物质文化遗产在传承和保护发展中应该关注的问题，为全书相关章节影响非物质文化遗产传承和保护的具体理论、政策和路径做必要的铺垫。

综合练习

一、本章基本概念

文化遗产　非物质文化遗产　精英文化　大众文化

二、本章基本思考题

1. 联合国教科文组织提出的非物质文化遗产包含哪些内容？中国提出的非物质文化遗产包含哪些内容？
2. 非物质文化遗产的研究有哪些历史与现实意义？
3. 全球化背景下对非物质文化遗产的保护有何影响？
4. 如何理解"精英文化"与"大众文化"？
5. 国外非物质文化遗产的保护策略对中国有哪些借鉴意义？

三、推荐阅读资料

1. 费孝通. 论文化自觉[M]. 呼和浩特：内蒙古人民出版社，2009.
2. 马林诺夫斯基. 文化论[M]. 费孝通，译. 北京：华夏出版社，2002.
3. 巴赫金. 巴赫金全集第 5 卷[M]. 白春仁，顾亚玲，译. 石家庄：河北教育出版社，1998.
4. 约翰·菲斯克. 解读大众文化[M]. 杨全强，译. 南京：南京大学出版社，2006.

第二章

什么是非物质文化遗产

 学习目标

通过对本章的学习，学生应了解或掌握如下内容：
1. 了解人们对非物质文化遗产认识的过程；
2. 掌握非物质文化遗产在《保护非物质文化遗产公约》中的定义；
3. 了解中国对非物质文化遗产的界定；
4. 了解中国非物质文化遗产概念与联合国教科文组织概念的关系。

 导言

从认识、适应和征服自然界，到认知、肯定和颂扬人类所创造的物质文明，再到认识、总结和强调不以物质形态体现，却能够引领、操控、延续创造行为的非物质文化形态，人类对自身、社会的认知不断深入。非物质文化的发现和认定，以人们创造物质文明的经验和认识深层规律为基础。日本、韩国、美国的文化保护措施都对非物质文化遗产概念的最终确定产生过影响，在这些影响下，联合国教科文组织先后通过了《保护世界文化和自然遗产公约》《保护民间创作建议案》，其中所定义的"民间创作"和今天所说的"非物质文化遗产"所描述的文化形态有很大部分相同，可视为《保护非物质文化遗产公约》的前身。《保护非物质文化遗产公约》对非物质文化遗产所涉及的文化形态及分类提出了可供各缔约国参考的界定，并规定了各缔约国的责任和义务，中国也在践行《保护非物质文化遗产公约》精神的同时制定了本国的非物质文化遗产保护策略，对非物质文化遗产进行了界定和分类。

第一节 发现"非物质文化"——从人类对自身认识的演进说起

1972 年，联合国教科文组织通过了《保护世界文化和自然遗产公约》，对人类所创造

的具有历史、文化艺术价值的物质文明重要景观等实行全世界范围内的保护。约30年后，《保护非物质文化遗产公约》在联合国教科文组织第32届大会上通过，这个从保护物质文化到保护非物质文化的过程显示了人类对自身、社会、世界的认知在不断深入、不断拓展。首先是人类对自然的认知和掌握规律之后的征服，然后是对把控自然之后所创造的物质文明的颂扬，之后在总结物质文明创造经验的过程中，发现了精神意识、行为模式的核心地位和重要作用，这个从外界到造物再到内心的认知不断深入的过程，也是人类社会不断进步的过程。

一、认知革命：从物质文化形态到非物质文化形态

千百年来，人类社会的发展基本上可以总结为一部物质文明创造史。人类诞生于自然，不同的自然环境孕育了不同的文明，文明的形成就是人类不断与自然抗争、征服和掌控自然的过程。随着人类力量的增强，尤其是工业革命以来生产力和科技水平爆发式提升，人们开始关注到强大的技术力量对人类自身创造的文化遗产造成了破坏和威胁。文化遗产是人类文明的记录，遗产的毁坏就是历史的消失，更是对人类力量的嘲讽和否定。日益强大的生产和科技力量应该用于保护重要的历史文化遗产，而不是破坏损毁。同时，自然作为物质文明创造发展的资源基础，也在工业文明来临之后遭遇过度索取，产生了诸多的环境问题，威胁到人类生存和可持续发展。人类强大的力量应该用于保护、修复和维护具有珍贵价值的文化和自然遗产。文化多样性、人与自然和谐发展成为现代国际社会的普遍共识，保护珍贵的文化和自然遗产也成为人类进步的重要理念。因此，1972年，联合国教科文组织通过了100多个国家缔结的《保护世界文化和自然遗产公约》（以下简称《世界遗产公约》）。

《世界遗产公约》形成的背景是当时很多国家和地区为了发展的需要而建设规模宏大的工业项目，并使重要文化遗产遭遇严重破坏。20世纪六七十年代，全世界因为建设水利工程而毁掉的古迹甚至高于两次世界大战期间被毁坏的古迹数量。当时最引起世界关注的事件之一是埃及尼罗河上阿斯旺水坝修建导致历史长逾16个世纪的菲莱神庙群被淹没的案例。古埃及文明诞生于尼罗河流域，也正是依靠尼罗河千百年来周而复始泛滥沉积于两岸农田的天然肥源，让埃及以农耕为主的文明延续了几千年。在工业社会"发展之轮"的驱动下，19世纪末埃及就在尼罗河上建设阿斯旺水坝，该水坝蓄水已经开始让菲莱岛逐渐被水浸泡；1960年又大规模兴建新的阿斯旺大坝，1971年建成，历时10多年，耗资约10亿美元，使用建筑材料4300万立方米，相当于大金字塔的17倍，是一项集灌溉、航运、发电的综合利用工程。高坝长3830米，高111米。1960年动工兴建高坝，建成后其南面形成一个群山环抱的人工湖"纳赛尔湖"，湖长500多千米，平均宽10千米，面积5000平方千米，是当时世界第二大人工湖，深度和蓄水量则居当时世界第一。大坝控制了尼罗河的泛滥，但它横截尼罗河水，人工湖水位的抬升使得菲莱小岛被彻底淹没。菲莱是位于阿斯旺大坝南面的尼罗河中的一个小岛，这个岛上建有神庙群，被称为"古埃及国王宝座

上的明珠"，菲莱神庙里有目前发现的最后的象形文字碑文和一些形象生动的浮雕，供奉的是伊希斯神①，以辉煌而奇特的建筑、宏伟而生动的石雕及石壁浮雕上的神话故事而闻名。其中一座最古老的尼克塔尼布二世国王神庙建于4世纪初，最大的一座神庙叫艾齐斯神庙，是由托勒密二世费拉底尤斯国王所建。阿斯旺水坝蓄水后，淹没了菲莱岛，游客只能乘着船观看露出水面的半截神庙庙门和石柱，由于年代久远加上湖水浸泡等，神庙中的大量壁画上的色彩也暗淡消失。埃及政府意识到菲莱神庙群的重要作用，但限于技术和财力等因素，未能提前制定合理的保护措施。最终，阿斯旺大坝投入使用对菲莱岛古迹带来了"灭顶之灾"。联合国教科文组织指导和帮助埃及政府在神庙建筑群周边修建围堰，将围堰中的水抽干，把神庙拆卸分解搬迁到距离原址500多米的阿吉勒基亚岛（Agilika island）上，并且按照原样重建。菲莱神庙群的挽救和搬迁工作于1972年开始，同年10月，联合国教科文组织在巴黎的第17届大会上通过了《保护世界文化和自然遗产公约》。1979年，菲莱神庙作为努比亚遗址的一部分，被列入世界文化遗产清单；1980年3月，搬迁重建工作全部完成，菲莱神庙重新开放。

《世界遗产公约》关注世界文化遗产和自然遗产存在年久失修、腐坏、坍塌等的危险，也关注到社会经济、科技发展、人口扩张等因素导致的文化和自然遗产的现状恶化等问题。很多发展中国家和地区在"国家级保护"方面缺乏基础和条件，因此通过共同订立公约的方式，对那些珍贵稀有且无法替代的、无论属于哪个国家和人民都具有突出重要性的世界遗产，作为全人类遗产的一部分来进行保护。《世界遗产公约》是人类文化和自然遗产保护历史上的第一个里程碑，也为后面非物质文化遗产的认识和保护工作的开展奠定了重要基础。

首先，非物质文化遗产概念延续了文化遗产界定的基本理念。《世界遗产公约》中明确了文化遗产的界定，文化遗产指的是从历史、艺术或科学角度看具有突出的普遍价值的建筑物、碑雕和碑画、具有考古性质成分或结构、铭文、窟洞以及联合体；从历史、艺术或科学角度看在建筑式样、分布均匀或与环境景色结合方面具有突出的普遍价值的单立或连接的建筑群；从历史、审美、人种学或人类学角度看具有突出的普遍价值的人类工程或自然与人联合工程以及考古地址等地方。这一界定，以及其后出现的非物质文化遗产概念都强调了文化遗产作为"人类创造"的属性和在社会发展中不同方面的价值意义，突出了历史传承延续的"遗产"属性。

其次，非物质文化遗产概念是对文化遗产界定的进一步深化，体现了人类认知从有形文化形态深入到精神、意识、规律、技能层面的过程。浅言之，人们先认识到先民所建造的建筑群落需要保护，之后进一步发现建筑的技术也需要保护。建筑一旦建成，除却自身历史久远、风雨侵蚀或者人为等破坏因素，其存续形态便较为稳定。而建造技艺，对规律的掌握、熟练经验的总结等，在传承过程中非常容易发生流变。尤其是在传统社会中，精神、意识、行为、技能层面的文化形态主要靠口头传承和传播，这些非物质形态的文化更加需要保护。以前面提到的埃及菲莱岛上的神庙群建筑为例，虽然阿斯旺水坝的修建给神

---

① Isis，埃及的生育繁殖之神。

庙群建筑带来了严重的损害,但是在掌握了建造技艺和科技手段的条件下,能够通过搬迁等手段将它进行复原。如果建造技艺无人能掌握,则复原重建就成为一件非常困难的事情,至少需要花更长的时间、投入更多的人力和财力去研究如何建造复原。当然,能否复原一个古迹,不仅是依靠其建造技艺的掌握,也和文化遗产保护的理念、现代技术的运用、建造材料的特性等有着密切关系。这个例子只是用于说明人们是在先认识物质文化价值的基础上再进入人类对自身创造力更高级的认知层面,才发现非物质形态文化的重要价值和意义所在。建筑是可观看、可触碰的,存在于脑海中的设计理念、建造的方式技能等则成为非物质形态的文化创造。

在对文物古迹为主要内容的文化遗产保护工作达成全球共识的基础上,世界各国也关注到那些无法被包含进文物古迹但是又对社会发展具有明显重要价值和作用的文化形态,如某个国家、地区或者族群以口头形式传播的神话传说、音乐歌舞、戏剧、节祭仪式、行为风俗等,这些文化形态不以某个具体的建筑或者器物形态呈现,而是经过很多代的传承仍然以鲜活的姿态在人类群体中被学习、模仿、传播,并且标识着文化差异,建构着文化多样性。美国在 1976 年通过了《民俗保护法案》,以立法的形式提出保护风俗、信仰、技巧等文化形态。受此法案的影响和促动,1989 年联合国教科文组织在第 25 届大会通过了《保护民间创作建议案》(以下简称《建议案》),在这个建议案中提出了"民间创作"或"民间文化"的概念,启动了"民间创作保护工程"。《建议案》明确,"民间创作"指来自某一文化社区的全部创作,这些创作以传统为依据,由某一群体或一些个体所表达并被认为是符合社区期望的作为其文化和社会特性的表达形式;其准则和价值通过模仿或其他方式口头相传。它的形式包括语言、文学、音乐、舞蹈、游戏、神话、礼仪、习惯、手工艺、建筑术及其他艺术。这一定义涉及的文化形态与后来的非物质文化遗产概念相似,其所强调的这些文化形态的特性如"传统为依据""符合社区期望""作为其文化和社会特性的表达形式""模仿和其他方式口头相传"等,和"人类的创造""代际传承""社区的文化标识"等文化遗产的特性完全符合,并且增加了"非物质形态"的特质。《建议案》还强调,民间文化是人类的共同遗产,是促进各国人民和各社会集团更加接近以及确认其文化特性的强有力手段;民间创作在社会、经济、文化和政治方面有重要意义,在一个民族历史中的作用及在现代文化中的地位,强调民间创作作为文化遗产和现代文化的组成部分所具有的特殊性和重要意义;而且民间文化传统形式极不稳定,特别是口头文化,各国政府在保护民间文化方面应该起决定性作用,并尽快采取行动。因此,《建议案》被认为是《保护非物质文化遗产公约》的前身。

在《建议案》被通过之后到《保护非物质文化遗产公约》正式缔约的 14 年时间中,世界在为人类文化遗产得到全面保护而不断努力。1997 年 11 月,联合国教科文组织第 29 届大会通过了一项"关于建立一个针对文化遗产保护的国际鉴别的决议",在"民间创作(文化)保护工程"全面推进的基础上,形成了"联合国教科文组织宣布人类口头遗产优秀作品"的决议。联合国教科文组织执委会 154 次会议中表明,由于"口头遗产"和"非物质遗产"是不可分的,因此在以后的鉴别中,在"口头遗产"后面加上"非物质的限定"。

由此"非物质文化遗产"的提法开始出现在人们视野中。1998年,联合国教科文组织公布了《人类口头和非物质遗产代表作条例》,正式提出"非物质文化遗产"概念,在宣布口头和非物质遗产的定义时,再次重申《建议案》中原有定义的全部内容。2001年5月,联合国教科文组织宣布了首批人类口头和非物质遗产代表作,19个代表作中,根据最初非物质文化遗产概念中涉及的类别划分,分别是5个戏曲类、4个音乐舞蹈类、2个口头遗产类、1个礼仪类、1个节日类、1个工艺类、5个文化空间类。

在前期各项筹备工作和宣布首批非物质文化遗产代表作的基础上,2003年10月17日,联合国教科文组织第32届大会通过了《保护非物质文化遗产公约》,以缔结公约的形式正式将"非物质文化遗产的概念及保护理念"推向全世界相关国家,得到了众多国家和地区的支持。

二、东方智慧:地域文化特质与无形文化形态

人类因适应自然而创造文化,不同的生存环境造就了不同的文化形态。相较之下,东西方文明呈现出鲜明的差异,"农业立国"是大多数东方国家的文化根基,而与大西洋、地中海等海洋相伴而生的西方文明则比较早地建立城邦。海上贸易、掠夺、征战等的漫长历史,让以欧洲大陆为代表的西方文明充满了冒险精神的同时更为强化堡垒对于领地的保护作用,更强调新技术、新能力的改进和提升以克服自然环境带来的各种约束,不断追求生产力、抵御和征服的力量更加强大。而以农耕为主要生计方式的东方文明则不同,受自然条件约束的传统农耕方式,塑造了东方文明中"顺应自然而又有所作为""尽人事听天命"的生活理念,即努力地掌握但又主动顺应自然规律,在人与自然的和解中获得生存。规律的掌握需要经过长时期的观察、总结和试错,因此大多数的东方文明更注重经验的积累和传承,加之围绕土地形成的家族传承、世袭等制度的久远历史,"传统"的价值在东方文明中显得更为突出。

近现代以来工业社会、现代化的发展,使得"传统"被以前所未有的速度拆解。西方工业革命以来先进技术的运用,急剧改变了全世界的生产和生活方式,也使得东方文明中一向高度重视的"传统"面临极其严峻的挑战。一方面要谋求创新、变革发展,另一方面要维持传统、守护文化根脉,社会发展所面临的冲突,在日本这个明治维新之后社会发展经历巨大变革的东方国家显得更为突出。也因此,日本率先通过法律制度的建立强化了平衡传统文化与发展需求的意识,正式建立起保护传统文化的体系。日本的《文化财保护法》于1950年立法,"文化财"指的是有历史以来具有重要价值的各类文化形态,文化财具有财富、财产的含义,其概念基本等同于后来的文化遗产。这部法律将受到保护的文化财分为八类,分别是有形文化财、无形文化财、民俗文化财、史迹名胜、天然纪念物、传统建筑群、文化财保存技术、埋藏文化财。日本注意到那些与具有物质外形的建筑、工艺品等不同的一类文化形态,因此诞生了"无形文化财"的概念,但这个时候由于民众习惯性行为方式所构成的风俗还没有划入无形文化中,所以被单独列出。同时,对运用于文化财

保护中的技术手段本身也作为被保护的对象,如文物修复技术等。随着时代的发展和人们对于文化形态研究的深入,日本的《文化财保护法》也在不断修订,1954年修订的法条中规定,可以"指定"无形文化财,也就是建立各类文化财的名录。无形文化财不以固定的物质外形直接呈现,其保护边界划定的工作更复杂,因此在最初立法4年后的修订法条中,规定可以通过"指定"的方式建立无形文化财的名录加以保护。同时,为了保护工作能够有的放矢,修订的法条决定将无形文化财与保有者共同保护,规定"保有者作为无形文化财的重要内容"列入保护工作。更为重要的是,日本对文化财的研究不断深入,相关法律法规的修订也随着时代的变化而不断完善,1974年到1975年《文化财保护法》得到进一步修改完善,将民俗资料分为有形文化财和无形文化财。

在世界对人类非物质文化遗产保护的过程中,日本将"文化财"分为"有形""无形"的视角和方法,正是联合国教科文组织提出"非物质文化遗产"概念的直接源头。当时,身为联合国教科文组织总干事的松浦晃一郎将日本早在1950年提出的"无形文化财"移植到相关组织,中国驻联合国该组织的翻译家根据英文"the Intangible Cultural Heritage"翻译为"非物质文化遗产"。

日本的《文化财保护法》中,将民俗文化财和有形、无形文化财并列成为几个类型,在民俗文化财中再次进行了"有形"和"无形"的分类,某种程度上体现了日本在确立该法规的时期,对于社会文化形态有着清晰的国家、官方和民间文化形态的区分。中国在非物质文化遗产分类体系建立之后,"民俗"作为一个大类进入中国非物质文化遗产的类别,把地方性的、民族特色的服饰、节祭礼仪等都纳入其中,体现了中国民间文化的丰富多样,也体现了官方、主流文化对民间文化的认同和肯定。中国非物质文化遗产中的"民俗"与民俗学所研究的民俗有交集也有区别,前者更多体现的是民族、民间群体在生产生活中形成的习惯、行为方式等,后者还包括了已经成为物质形态的文化凝结物。

日本的《文化财保护法》共有七章112条,附则18条,共计130条。第三章的规定主要针对有形文化财,第三章之二的主要内容是无形文化财,第三章之三的重要内容是民俗文化财,规定了重要有形民俗文化财及重要无形民俗文化财的指定、管理、展示、权利和义务的继承、经费等。《文化财保护法》把日本的文化财分为有形文化财、无形文化财、民俗文化财、纪念物、传统建筑物群5类。有形文化财是指在日本历史上具有较高历史价值与艺术价值的考古资料及其他学术上价值高的历史资料。无形文化财是指具有较高历史价值与艺术价值的传统戏剧、音乐、工艺技术及其他无形文化成果。民俗文化财是指关于衣食住、职(行)业、信仰、例行节日等风俗习惯、文艺以及用于这些的服饰、器具、房屋及其他物件中,为理解国民生活的变迁不可欠缺者。纪念物是指在历史及学术上具有较高认识价值的贝冢(古人吃贝类而堆积起来的贝壳遗迹)、古墓、都市遗址、城堡遗址、老宅,在艺术或观赏上具有较高价值的庭园、桥梁、峡谷、海滨、山脉以及其他名胜古迹,具有较高学术价值的动物(含生息地、繁殖地及迁徙地)、植物(含原生地)以及地质矿物(含特异自然现象的发生地)等。传统建筑物群是指那些具有较高价值的、与周边环境连成一体形成历史景观的传统建筑物群。

根据《文化财保护法》，政府可以认定重要有形民俗文化财（如房屋、工具、农具、生活用具等）和重要无形民俗文化财（包括衣食住行、生产、生活、信仰、节日、风俗习惯和民俗艺能等），进行重点保护、维修和展示。对于无形文化财，为使其存在能够具体化，国家将无形文化财的体现者——该项技术的保有者（个人或团体）一并列入文化财而加以确认。被指定的保持者（保持人或保持团体），负有继承、普及和发展该项文化财的义务。1955年以来，日本政府对掌握戏剧、音乐等古典表演艺术和工艺技术的艺人进行指定，明确地将那些具有高度技能，能够传承某项文化财的人命名为"人间国宝"，赋予他们相当高的社会地位，每年还给予一定的资助，以激励他们创新工艺、提高技艺。这一制度的实施历经近半个世纪，政府引导的作用力和"人间国宝"自发保存意识的增强，极大地提高了整个社会对于传统文化遗产的重视，那些一向为社会所忽略的民间艺人也由此获得了相当高的社会地位。这种无形的激励机制，极大地促进了传统文化的传承，使日本传统艺术的继承和发展解决了后继乏人的问题。

日本在"无形文化财"保护方面率先采用的"人间国宝"制度，是国际、国内遴选和认定"非物质文化遗产传承人"制度出台的主要参照。日本在对非物质文化遗产保护和研究工作中，抓住了非物质文化遗产"活态性""传承性"的特质，将传承人列为被保护对象，给予经费、人力、社会福利和地位方面的支持。中国对各级非物质文化遗产传承人的支持也基本遵循这种方式，为非物质文化遗产的保护和传承发挥了重要作用。

韩国受到日本的影响，也较早地关注文化财的保护工作，于1962年颁布了《文化财保护法》，把文化财分为有形、无形、纪念物和民俗四类。在韩国的该项法规中，规定无形文化财主要是指"历史、艺术、学术等方面具有较高价值的演剧、音乐舞蹈、工艺技术以及其他无形的文化载体，主要强调传统表演艺术、民间技艺等方面"。

虽然在工业时代，日本因其经济发展和社会制度的原因被纳入西方社会发展系列，但是在传统文化的继承和发展方面，日本走在世界的前沿，是重要的示范，贡献了人类文明史上不可忽视的"东方智慧"，其传承与创新传统文化的优秀经验和做法，在今天仍为世界所参照和效仿。

三、美国实践：从非物质文化形态中寻找历史根源

如果说非物质文化遗产认知和保护传承的历史中，日韩提供了极其重要的"东方智慧和经验"，那么西方世界的美国则通过其文化保护的实践对"非物质文化遗产"概念的确定和保护方法的探索提供了重要的启示和影响。

众所周知，美国作为一个独立国家正式建立的标志是1776年7月4日《独立宣言》的签署。原本的土著印第安人就有非常丰富但群体差异显著的文化传统，来自世界数量庞大的移民人口及其后人，更是不断地在交流、碰撞、融合与变迁中创造着各种各样的文化形态。与欧洲大陆、亚洲甚至非洲的一些国家相比，美国的历史短暂而且线索相对单一，不可能具有文明古国上下几千年的文化根脉，也缺少欧洲那种因漫长的王朝、社会更迭所

激发的对传统思想的羁绊和拆解。一方面，美国的文化传承主要来自欧洲大陆和英国，但同时又不愿意成为英国的复制品；另一方面，美国依靠"西进运动"实现了经济的高速发展，也因此将原本居住在美洲大陆上的土著印第安人的文化形态几乎毁灭干净，但是在寻求文化标识的时候，又不得不将印第安人古老、特有的文化习俗等作为一个重要的符号在现代世界体系中提出，以"彰显"美国文化所谓的传承保护和包容自由。来自世界各地群体的文化形态融汇在一起，都是杂乱的、缺少传统意味的，有的甚至是互相冲突的、缺少血脉延续的，印第安和其他本土文化中尚存一些传承和传统的线索。在美国的文化保护实践中，除了发现美洲大陆、被殖民时期、独立战争和南北战争以来留下的重要历史见证，还强调对"民俗"的保护。这些"民俗"包含了民间传统以及在美洲大陆上生活久远的印第安人和其他土著人的生活方式。所以，从理性审视美国的历史角度来看，美国的文化传承和保护从一开始就在继承和反叛、塑造独立的美利坚精神和不得不容纳世界各地的文化背景之间挣扎和破立。

　　短暂的建国历史使得美国在历史遗址的储量上非常乏善可陈，但广袤的北美大陆，拥有大自然所赠予的鬼斧神工的地质奇观、独特壮美的风景和丰沃富饶的土地，受到工业化快速发展、战争等影响生态环境、毁损历史遗址等真实现象的促动，美国较早地意识到自然风景和历史遗址在社会发展中的重要价值和意义，希望通过国际合作来实现对环境和重要历史遗址的保护，并且把对环境和历史的保护写入国家法规。1965年，美国白宫首先提出"世界遗产信托基金"建议案，倡导通过国际合作保护"世界杰出的自然风景区和历史遗址"。1970年，美国首次把这一设想写入《国家环境法》。1972年，美国颁布了《人类环境宣言》和《人类环境行动计划》。前者强调了人类与环境之间的密切关系，还把环境视为基本人权的重要组成部分："人类环境包括自然环境与人文环境两个方面，人类所享受的基本人权，甚至包括生存权利本身，都是必不可少的。"同年，美国还颁布了《人类环境行动计划》，建议尽快制定国际性的保护公约。这些建议获得了联合国教科文组织的重视和采纳，1972年11月16日，联合国教科文组织在巴黎通过了《保护世界文化和自然遗产公约》，同时颁布了《关于在国家一级保护文化和自然遗产的建议》。这两个法案使"世界遗产""文化遗产"和"自然遗产"这些概念在国际上流行开来。

　　同时，针对自然环境和历史遗址的保护，美国建立了国家公园保护模式，将具有突出价值的自然生态和人文区域划归为国家公园，属国家公有，得到国家法规的保护。这种模式一直为世界各国所效仿，并且取得了很好的效果。如中国的三江源国家公园、大熊猫国家公园、东北虎豹国家公园、海南热带雨林国家公园、武夷山国家公园，通过对划定区域及其中的资源环境生物进行系统保护，使其自然进化并最小地受到人类社会的影响。美国国家公园保护模式中最重要也最具启示意义的是，国家公园中的文化历史街区被特别提出，即美国的国家公园概念不仅涵盖了自然风景、地质奇观和生态环境，也包含了在其中生产生活的群体社会所创造的物质文化形态以及那些活态的风俗活动、生产生活技能等。中国现在推行的历史文化名城、名镇、名村，以及传统村落、历史文化街区等的命名和相关保护制度，就体现了这种保护理念和方法。

美国对历史文化街区的保护，除了对建筑群落、历史遗址等物质形态文化的重视，还进一步研究、细化并扩大了对历史文化街区中生产生活传统保护的范围，于 1976 年 1 月 2 日第九十四届国会，通过了《民俗保护法案》。在该法案中规定了"民俗"这一重要文化保护对象，划清了"民俗"的范围主要包括"风俗、信仰、技巧、语言、文学、艺术、建筑、音乐、游戏、舞蹈、戏剧、宗教仪式、庆典、手工艺"等在"美国境内各群体所持有的家族的、种族的、职业的、宗教的和地域的文化表现形式"，其中的建筑不仅仅是指某座建筑本身，而更多地指向了建筑技艺和决定建筑风貌的风俗习惯和行为模式。美国《民俗保护法案》的颁布直接促成了联合国教科文组织《保护民间创作建议案》，也就是《保护非物质文化遗产公约》前身的出台，《保护民间创作建议案》中涉及的"民间创作"的内容，基本上和美国"法案"中的内容相一致，只不过在某些表达方式上更为具体化，如将"建筑"细化为"建筑术"，也就是向"非物质文化遗产"概念的诞生更迈进了一步。美国对于"民俗"的保护不仅是在文件政策法规层面，而且同时采取了相应的措施。如在美国国会图书馆中建立了美国民俗中心，为保存、展示和研究美国民俗提供了重要的平台和空间。

因为历史的间期、社会文化背景的驳杂，再经过轰轰烈烈工业化、现代化发展的洗礼，美国原本为数不多的物质形态的历史遗址、文化遗迹等显得弥足珍贵。从这些珍贵的物质文化形态上难以找到美国社会群体所一致认同的、能够体现"美国传统""美利坚精神"内核的符号表达体系。物质文化形态的变迁，尤其是多元融合过程漫长且相对困难，但没有固定形态的非物质文化类型，如风俗、习惯、技巧、语言等，具有更为强大的调适性、交流性和融合性，因为语言、风俗、技巧、艺术等类型的文化形态，从被创造之日起就是为了记录和传承本群体的历史，同时与其他群体之间实现交流沟通的。在人们充分运用这些非物质文化形态进行沟通交流的过程中，优秀的、适应于人的生产生活需要、社会发展诉求的思想理念、经验做法，更容易得到传播和传承，在非物质形态的文化中，一方面由于与人们生产生活息息相关，在特定的时间、地点和群体中总是不断重复，因此更容易传承和传播；另一方面由于其是活态的，加之其本身所具有的更易于掌握的沟通交流功能，其变化和创新则也是相对明显的。基于这两个特点，美国历史根脉的寻找和重塑，美国传统、美国精神的提炼，能够在形式更为丰富、内容更为多样、创造力和创新力更为强大的非物质文化形态中获得坚实的基础、广阔的空间和便捷的路径。所以，美国提出了与西方社会大多数国家不同的创新理念和做法，在民俗等非物质文化遗产中寻找和提炼历史、生命的根源，这为世界联合保护人类文化的工作提供了有益的启示，也发挥了重要的推动作用。虽然美国至今没有成为《保护非物质文化遗产公约》缔约国之一，但是在梳理非物质文化遗产保护历程的时候，"美国实践"仍不可不书。

第二节 社群、认同与传承——世界公约中的非物质文化遗产概念

人类对自身的认识是一个不断演进的过程，这个过程伴随着不同社会变迁发展的差

异，也融入了不同地区、不同群体的历史、文化、经济、政治方面的差异。因此，人们总是经过不断深化对事物的认知和思考之后，提出一些概念，又结合自身的实践、思维方式等去阐释和完善这些概念，由此形成了不同的知识系统、思想观念和方法路径。"非物质文化遗产"概念的提出是人类认知革命所促动的。以日韩为代表的保护传承传统文化的观念和无形文化概念界定的逐步明确，为全世界形成"保护非物质文化遗产共识"提供了思想渊源和路径方向，美国在自然和文化保护方面的立法、实践及倡议为最终实现这个"共识"发挥了不可忽视的推动作用。联合国教科文组织在2001年5月宣布了第一批世界非物质文化遗产代表作名录的两年半后，2003年10月，正式通过了《保护非物质文化遗产公约》，"非物质文化遗产"被系统地提出并且给予了明确的界定。《保护非物质文化遗产公约》不仅是一个全世界联合保护人类珍贵文化的契约和宣言，各国、各地区在实践文化保护时采取方法的有效参照，而且是非物质文化遗产研究领域和方向形成、理论体系构建以及非遗科研开展的重要"宝典"。

一、保护框架：非物质文化遗产的概念的确立

《保护非物质文化遗产公约》中明确指出，"非物质文化遗产"是被各社区、群体，有时为个人，视为其文化遗产组成部分的各种社会实践、观念表述、表现形式、知识、技能及相关的工具、实物、手工艺品和文化场所。这个定义明确了当时宣布的世界非物质文化遗产代表作，主要是5个类型。一是口头传说和表述，其中包括了作为非物质文化遗产媒介的语言，这个类型主要涵盖了神话传说、创世史诗、民间故事等在中国被称为口头文学的形式，当然，几乎所有的口头传说都依靠口耳相传形式在族群中传承传播，语言是必要的媒介，也成为一并保护的重要内容。二是表演艺术，即传统的音乐、舞蹈、戏剧等具有展示、表演形式的行为和活动，典型的如中国的昆曲、新疆维吾尔族木卡姆就是联合国教科文组织宣布的世界非物质文化遗产代表作。很多地区和民族的口头传说和表演艺术在内容和形式上是分不开的，如新疆木卡姆在表演过程中规模宏大、人物众多，演唱的内容就是族群的传说故事、发展历程等。三是社会、风俗、礼仪、节庆，这种类型划分突出的是人类群体在一些行为方式上形成的规律、模式、惯习和其具有的文化价值。四是有关自然界和宇宙的知识和实践，指的是人们对自然规律的掌握和运用中积累下来的丰富经验。例如在农耕文明时期，人类发现和掌握了大量的农业社会生产生活的知识，中国的二十四节气、中医药技术和各民族的医药知识等。五是传统的手工艺技能，指的是人们在建造、制作建筑、器物等的时候创造的技巧和经验的积累，如中国木结构建筑建造技艺、古琴的制作技艺等。《保护非物质文化遗产公约》的缔结和前几批世界人类口头和非物质文化遗产代表作名录的宣布，不仅限于五大类型非遗形态，联合国教科文组织还宣布了一项特别的代表项目，即文化空间。非物质文化遗产中的文化空间形式指的是按照民间约定俗成的传统习俗，在固定时间和场所举行传统的、大型的、综合性的民族民间文化活动。这个概念中，涉及了物理空间的范围，固定的场所可能是一个广场、一个街区、一个岛屿或者一

个村落，但其强调的不是对这个场所本身的保护，而是这个场所中持续不断、反复进行的民俗活动和行为习惯的保护，如各民族传统节庆活动、庙会、歌会等。

虽然《保护非物质文化遗产公约》对非物质文化遗产进行了类型的划分，但是面对具体的文化形态的时候，很多文化的分类和边界并不是那么明晰，不同类型的非物质文化遗产是相互交织的，这就是文化系统性的体现。联合国宣布的世界非物质文化遗产代表作往往会标明具体项目所涉及的多个类型，如蒙古族长调民歌既是表演艺术也是口头传说和表述。联合国教科文组织从 2009 年开始增设了两个名录，一个是"急需保护的非物质文化遗产名录"，另一个是非物质文化遗产"优秀实践名册"，中国的木拱桥营造技艺、麦西热甫[①]、水密隔舱福船制造技艺、活字印刷术都进入了"急需保护的非物质文化遗产名录"。这两个名录与原有的"人类口头和非物质文化遗产名录"一起，构成了当下世界对人类口头和非物质文化遗产保护的基本框架，强调了非物质文化遗产存续和保护的具体状况和需求，引导人们关注非物质文化遗产保护的急迫性和有效性，对非物质文化遗产保护工作的优秀实践也给予肯定和经验传播。可以看到，世界非物质文化遗产保护工作的方向从对内容的关注扩展到了对保护需求和具体措施的重视。

二、世界理念：非物质文化遗产的关键要素

非物质文化遗产是人类文化创造中的精髓，文化本身的复杂性决定了不同国家、地区和时代的人们对文化形态的理解存在差异。保护非物质文化遗产在全世界的推进，联合国教科文组织作为牵头的机构，需要在对非物质文化遗产概念和分类的规定上考虑到让不同国家、地区、文化背景的群体对相关内容的理解达到相对的统一。因此，《保护非物质文化遗产公约》中对"非物质文化遗产"概念进行界定的基础上，进一步对非物质文化遗产所应该具有的特征进行了诠释："这种非物质文化遗产世代相传，在各社区和群体适应周围环境以及与自然和历史的互动中，被不断地再创造，为这些社区和群体提供持续的认同感，从而增强对文化多样性和人类创造力的尊重。在本公约中，只考虑符合现有的国际人权文件，各社区、群体和个人之间相互尊重的需要和顺应可持续发展的非物质文化遗产。"这个解释中，突出了非物质文化遗产被认定和宣布的时候，除了它必须呈现非物质的文化形态，还必须具有集体性、符号性和传统性的基本特点，这三方面的基本特点既是非物质文化遗产的本质要素，也构成了非物质文化遗产的价值意义。

（一）社群：非物质文化遗产的群体特质

非物质文化遗产被提出和加以保护，有一项重要的前提条件是"人类群体创造传承"。只有为人类群体所创造的知识技能、信仰崇拜、生产生活习俗、行为方式等的形态才能够

[①] 麦西热甫流传于中国新疆维吾尔自治区的维吾尔民族。麦西热甫是维吾尔族人民文化传统的最为重要的承载者。完整的麦西热甫活动包括一系列丰富的习俗和表演艺术，如音乐、舞蹈、戏剧、民间艺术、杂技、口头文学、饮食及游戏。

被称为文化，只有被人类群体世代传承、创新和传播的上述文化形态才能够被称为文化遗产。文化是人类群体性的创造。文化遗产，无论是物质形态的还是非物质形态的都具有文化这一根本的特质，即群体性、集体性。历史中明确记载，16世纪叶尔羌汗国的阿曼尼莎汗王后组织音乐家们，将民间流传的十二木卡姆音乐进行了系统的规范，使木卡姆音乐更加完整地保留下来。阿曼尼莎汗王后对维吾尔族木卡姆的创新、传承和传播贡献了极其显赫的个人力量。但是在对该文化形态进行非物质文化遗产命名的时候，首先考虑的是这项艺术形式是由以维吾尔族为代表的新疆地区的群众共同创造和传承的、能够记录和标识该群体和地区历史文化沿革、民风习俗变迁的重要符号系统这一特质。

一方面，非物质文化遗产的"指定"强调人在其活态传承中所发挥的作用，正如日本、韩国指定非物质文化遗产保护项目同时指定相关制作或者表演技能的人为"人间国宝"，以及非物质文化遗产传承人命名制度的应用；另一方面，人的作用建立在其是群体中的成员的基础上，而非某个个体的凭空创作，这样就将非物质文化遗产与艺术家的艺术创作截然区分开。罗丹的雕塑艺术中人们更为关注的是作品本身所体现出来的思想性、艺术价值、艺术家情感和个体内心世界的表达，在被列为世界非物质文化遗产的非洲木雕中，人们保护的是依靠群体创造和传承的木雕技艺，这些技能同时承载和体现着这个群体繁衍生息的历史、当下和未来。

非物质文化遗产强调人的作用，但是这些人是群体的人，不是个体的人，群体性可以说是非物质文化遗产最根本的特质。《保护非物质文化遗产公约》对非物质文化遗产的定义中强调的群体性，在某种意义上上升到了全人类范畴。从《保护世界文化和自然遗产公约》缔约以来，就指明了一个重要的观念，文化遗产在其储备、保护管理等方面是有地域性、国别和群体划分的，但是在其所蕴含的杰出文化、历史、科学和艺术价值方面，则是全人类所共有共享的，这是更高一级别的群体性特质的体现。全人类共享的群体性特质使非物质文化遗产的保护成为缔约国社会中每一个人的责任。

（二）认同：非物质文化遗产的符号表征

《保护非物质文化遗产公约》还强调了非物质文化遗产是文化多样性格局、人类文明进步的方向，尤其突出了非物质文化遗产在社区和群体中传承传播，能够"为这些社区和群体提供持续的认同感，从而增强对文化多样性和人类创造力的尊重"，这是对非物质文化遗产作为社区、群体文化符号表征特性的突出，也是非物质文化遗产最重要的价值体现。

文化是人类创造的，不同的社区或者群体创造不同的文化，文化反过来成为社区和群体得以区分、认可的标志，这是文化系统与人类群体之间互为标识、相互建构的不可分割的关系。当人类群体所创造和传承的文化不再具有独特性，即标志着某个群体已经被"同化"或者"融入"其他群体中，其被认同的文化身份也随之消散。随着人类经济水平、科学技术的快速发展，社会变迁的加速，促使文化之间从相互冲撞、对话到互通，甚至融合的趋势，这在全球诸多地区日益明显。而保持不同人类群体所创造的多样性文化才是人类文明所选择的睿智方向。那些从传统而来、在历史长河中生生不息、凝结了人类群体智慧、想象、审美、情感的文化中的精品形态——非物质文化遗产，作为某个人类群体繁衍生息历史的鉴证和承载符号，当之无愧地成为社区和群体的"文化身份证"，也责无旁贷地担负了社区和群体相互认同、相互尊重的关键要素。

以非物质文化遗产所具有的符号表征特性来构建人类群体的文化身份，以及相互认同和相互尊重的多元文化格局，也包含两个方面的内涵：其一，非物质文化遗产的符号表征在群体内部认同中发挥凝聚、强化成员间联系的功能；其二，非物质文化遗产的符号表征在群体间认同中发挥着对话、交流、价值彰显的功能。2020年，中国和马来西亚共同申报的送王船[①]仪式被联合国教科文组织宣布为世界非物质文化遗产代表作，"遗产项目体现了人与海洋之间的可持续联系，被中马两国的相关社区视为共同遗产，长期以来发挥着巩固社区联系、增强社会凝聚力的作用，见证了'海上丝绸之路'沿线的文化间对话，体现了顺应可持续发展的文化创造力"。中国福建沿海作业地区和马六甲海洋作业地区的人们，在共同的生计方式基础上，建立和积累了相同的关于海洋的自然知识和经验，在区域边界所划定的社群内部，每年的送王船仪式隆重盛大，社区的成员都参与其中，通过参与仪式，在同一时间、同一地点同样的仪式程序中反复强化自己与社区内部其他成员之间的联系、交往，也强化自己的身份在社会结构中的位置。而在中国福建沿海地区和马六甲社群之间，虽然举行送王船仪式的时间不同，具体的内容形式可能有所不同，但是该项仪式构成了不同群体文化对话交流的重要载体。

（三）传承：非物质文化遗产的传统属性

除了集体性、符号性的特质，非物质文化遗产的关注点还集中在"世代相传"上。英文"heritage"一词，被翻译为遗产或者传统。遗产指历史上遗留下来的精神财富或物质财富。传统指世代相传具有特点的社会因素，如风俗、道德、思想、作风、艺术、制度等。自文化遗产这个词出现且被运用，就在不断强化作为遗产的各类文化形态的传统性和其必然经历世代传承、不断创造的重要特质。相较于建筑、遗址之类的物质形态的文化遗产，非物质文化遗产的传统属性显得更加重要。人们通过审视文化形态的变化发展得出相对统一的认知，即文化具有调适功能，文化被创造首先是为了解决人与自然间的关系问题，进而调节人和人、人和社会、社会和社会之间的种种关系。因此，适应于时代发展的需要，文化必然从内容和形式上发生极大的变化。历史上的建筑、工具等物质形态的文化遗产进入现代社会往往很难再适应当下的环境，因此更需要以博物馆的形式将其物质形态加以相对固态的保护。而建造这些建筑的知识技能、制作这些工具的技术经验，也就是"非物质"的部分，却可以通过一代又一代人耳濡目染、言传身教的方式传承，还能在创意、科技的加持下实现创造性转化和创新性发展。非物质文化遗产从被创造开始就具有活态性，这种活态性不仅使得非遗的传承传播成为可能，也增加了传统文化适应现代社会的内生力。

---

① 送王船是广泛流传于中国闽南和马来西亚马六甲沿海地区的禳灾祈安仪式，既有共性，又有地方性。在闽南，大多每三或四年在秋季东北季风起时举行；在马六甲，则多在农历闰年于旱季择吉日举行。仪式活动历时数日，或长达数月。

技艺类的非物质文化遗产能够清晰地说明这一特点。在历史上、传统社会中，技艺的出现主要是为了制造人们生产生活所需要的各种工具、器具，这建立在人们掌握了改变某些自然物质性状规律的基础上，如人们发现柔软的泥土通过揉捏、火烧可以塑形以作器具使用，发现从矿物中提炼金属以打造兵器、用具。社会进入现代化，工业生产规模化取代了手工生产，人们的生产生活所必需的器具已经极其丰富。而诸多手工技艺仍然传承下来，转而成为个性化、小众化消费方式趋之若鹜的艺术品、工艺品甚至奢侈品。云南省昆明周边地区和滇西北地区在过去习惯烧制瓦猫放在传统民居建筑的房梁上趋吉辟邪，制作瓦猫便成为一种特别的手艺，随着传统民居建筑样式被现代楼房所取代，瓦猫的实用性几乎消失，但是因其特别的形象和纳福除祟的文化内涵，其转变成为一种具有地方特色的工艺品，成为现代家居中颇有市场的装饰品。瓦猫的形式、外观、尺寸发生了创新变化，与茶具、酒具和其他形式的器具结合后，制作技艺也得以不断传承。

非物质文化遗产的传统属性有着丰富的内涵，包括其起源于历史的珍贵身份，其世代相传、绵延不断的生命力，以及其适应当下、面向未来生机勃勃的创造力和创新力。非物质文化遗产的传统属性彰显着人类文明延续与创造的强大力量，因此为世界所瞩目。

第三节 根脉、资源与权益——中国的非物质文化遗产概念

从非物质文化遗产概念在联合国教科文组织被确立以来，中国在非物质文化遗产的保护和研究方面的工作推进迅速。在世界级"人类口头和非物质文化遗产名录"中，中国拥有40多项代表作，数量为世界第一。为了更好地保护人类珍贵的文化遗产，也根据联合国教科文组织在《保护非物质文化遗产公约》所提到的各国应建立名录对人类珍贵遗产进行登记保护的建议，中国参照联合国教科文组织的概念，结合中国传统文化传承发展的基本规律，以及中国非物质文化的特点，建立了从国家、省（市、自治区）、州市到县级的非物质文化遗产认定、名录保护体系。相应地，中国也对非物质文化遗产的概念开展了丰富的研究和解释。

一、保护范围：国家级非物质文化遗产形态分类的精细化

2005年，由国务院办公厅颁布的、代表了中国政府意见的、具有权威性的《关于加强我国非物质文化遗产保护工作的意见》出台，该意见附件《国家级非物质文化遗产代表作申报评定暂行办法》对联合国教科文组织非物质文化遗产的概念做出了进一步阐释：非物质文化遗产是"各族人民世代相承的、与群众生活密切相关的各种传统文化表现形式（如民俗活动、表演艺术、传统知识和技能，以及与之相关的器具、实物、手工制品等）和文化空间"。该意见同时明确了中国非物质文化遗产的范围包括：① 口头传统，包括作为文化载体的语言，即对群体有意义的诗歌、史诗、神话、民间传说及其他形式的口头表述，

也包括作为其载体的语言；② 传统表演艺术，包括传统戏剧、音乐、舞蹈、曲艺、杂技、木偶、皮影以及宗教和民间信仰仪式等表现形式；③ 民俗活动、礼仪、节庆，包括重要的节庆、游戏、运动和重要集会等活动，传统的打猎、捕鱼和采集收获[①]等习俗，日常生活中的有意义的居住、饮食、习俗，人生历程（从出生到殡葬）的各种仪式、亲族关系及其仪式、确定身份的仪式、季节的仪式、宗教和民间信仰仪式；④ 有关自然界和宇宙的民间传统知识和实践，包括时空观念、宇宙观，对宇宙与宗教的信仰，巫术，图腾崇拜，记数和算数的方法，历法纪年知识，关于天文与气象的知识和预言，关于海洋、火山和气候的知识与对策，农耕活动和知识，关于植物的知识等；⑤ 传统手工艺技能，冶炼等传统工艺技术知识和实践，医药知识和治疗方法，书法与传统绘画，保健与体育知识，畜牧产品、水产品、果实的处理，食品的制作和保存，烹饪技艺，传统工艺美术生产、雕刻技术，包含设计、染色、纺织等环节在内的纺织技艺，丝织技术，包含文身、穿孔、彩绘在内的人体传统绘饰技术等；⑥ 与上述表现形式相关的文化空间，即定期举行传统文化活动或集中展现传统文化表现形式的场所（兼具空间性和时间性）。

  总体来看，中国对于非物质文化遗产的概念界定延续了联合国教科文组织的主体框架，认定名录过程中，采取的保护传承相关措施更符合中国文化形态的特征，分类更加详细。2011年2月25日，第十一届全国人民代表大会常务委员会第十九次会议通过的《中华人民共和国非物质文化遗产法》规定："本法所称非物质文化遗产，是指各族人民世代相传并视为其文化遗产组成部分的各种传统文化表现形式，以及与传统文化表现形式相关的实物和场所。"具体包括：① 传统口头文学以及作为其载体的语言；② 传统美术、书法、音乐、舞蹈、戏剧、曲艺和杂技；③ 传统技艺、医药和历法；④ 传统礼仪、节庆等民俗；⑤ 传统体育和游艺；⑥ 其他非物质文化遗产。属于非物质文化遗产组成部分的实物和场所，凡属文物的，适用《中华人民共和国文物保护法》的有关规定。这部法律对非物质文化遗产范围的规定，与早期出台的《意见》不同，其分类更加细致详尽，并构成了中国非物质文化遗产名录的基本框架。目前中国调查、统计、认定的非遗代表作名录，就按照民间文学，传统音乐，传统舞蹈，传统戏剧，曲艺，传统体育、游艺与杂技，传统美术，传统技艺，传统医药，民俗分为10个类型。国务院先后于2006年、2008年、2011年、2014年和2021公布了五批国家级项目名录（前三批名录名称为"国家级非物质文化遗产名录"，《中华人民共和国非物质文化遗产法》实施后，第四批名录名称改为"国家级非物质文化遗产代表性项目名录"），共计1557个"国家级非物质文化遗产代表性项目"（以下简称"国家级项目"），按照申报地区或单位逐一统计，共计3610个子项（见图2-1）。

[①] 中国拥有丰富的动植物资源和江河湖海等水体资源，在以农耕为主要生计方式的农业文明之前，狩猎、渔业和采集收获是主要的生产生活资料来源，进入农业文明之后，渔猎和采集也作为重要的生计在社会经济的发展中发挥着重要作用，经过上千年的积淀，传统渔猎和采集业都积累了丰富的技能经验和相关的风俗习惯，是非物质文化遗产中重要的内容构成。

非物质文化遗产传承与保护发展

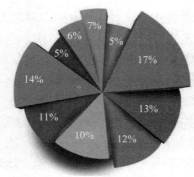

传统技艺629项17%　　传统舞蹈356项10%
民俗492项14%　　　　民间文学251项7%
传统戏剧473项13%　　曲艺213项6%
传统音乐431项12%　　传统医药182项5%
传统美术417项11%　　传统体育、游艺与杂技166项5%

图2-1　中国国家级非物质文化遗产类别

需要特别注意的是，中国对非遗概念的沿用和进一步阐释虽认可联合国教科文组织规定的"文化空间"这一重要内容，但是没有在中国的非遗管理体系中直接对其进行代表项目的列举分类，而是采用了"文化生态保护区"的概念。

国家级文化生态保护区是指以保护非物质文化遗产为核心，对历史文化积淀丰厚、存续状态良好，具有重要价值和鲜明特色的文化形态进行整体性保护，并经文化和旅游部同意设立的特定区域。《中华人民共和国非物质文化遗产法》规定："对非物质文化遗产代表性项目集中、特色鲜明、形式和内涵保持完整的特定区域，当地文化主管部门可以制定专项保护规划，报经本级人民政府批准后，实行区域性整体保护。"设立文化生态保护区是中国非物质文化遗产保护的特殊做法，保护着各种各样的非物质文化遗产项目，如歌舞艺术形式、戏曲艺术形式、民间祭祀仪式、传统体育竞赛、民俗节日、庙会、歌会等大型文化活动等，但是保护区本身不属于非物质文化遗产。

二、中国视角：非物质文化遗产的重要价值

中国为人类文明的不断进步和前行贡献了巨大的"中国力量"。五千年历史的积淀让中国拥有极其丰富的文化形态，尤其是在非物质文化遗产的储备方面，中国是世界级非物质文化遗产数量最多的国家。2008年，联合国教科文组织第一次宣布人类口头和非物质文化遗产代表作时，中国就有昆曲、古琴艺术、新疆维吾尔族木卡姆、蒙古族长调民歌四个项目成为第一批世界级非物质文化遗产代表作。同时，中国积极主动参与联合国教科文组织对世界非物质文化遗产保护的各项工作，成为第一批《保护非物质文化遗产公约》缔约国之一。紧接着中国出台加强非物质文化遗产保护的相关意见、政策，颁布法令，让非物质文化遗产的保护传承和创新发展在全国范围内得到充分认识和广泛传播。中国之所以非常重视非物质文化遗产的保护传承，是因为在当今经济一体化迅速推进、国际竞争不断升级的背景下，从传统社会通过代际传承至今的各类非物质文化遗产显现了突出的文化价值、经济价值和社会价值。

（一）根脉：非物质文化遗产的文化价值

非物质文化遗产源起和积累于传统社会，经过世代传承，被现代社会的人类所认知、珍惜和保护。非物质文化遗产之所以在中国得到极高的"尊崇"，最关键的因素是非物质文化遗产具有极其重要的文化价值。非物质文化遗产的文化价值首先体现在其本身作为传统的、活态的、民间的、口传的文化形态，记录和承载着一个国家和民族的历史发展、社会变迁、文明塑造的过程。从传统社会到现代社会，非物质文化遗产作为文化形态中最精粹的部分，最能够代表一个国家、民族的精神、性格、追求的文化基因，非物质文化遗产的存续为文明的延展构塑了强劲粗壮的根脉。这一"文化根脉"将过去与现在的连接不断强化，国家、民族和社会在迅速发展的过程中面临变迁、转折、坎坷和抉择时，能够从中找到真正属于自己的特色，铸造属于自己的发展道路。2022年胜利召开的中国共产党第二十次全国代表大会所确定的"中国式现代化"发展战略中，就不断强化优秀传统文化的继承和弘扬，体现了传统和现代之间不可割裂的血脉关系。其次，非物质文化遗产所代表的"文化根脉"不仅帮助国家、民族和社会在发展道路的选择中厘清方向，现代社会也通过这一"根脉"不断地向传统社会的优秀历史文化厚土汲取营养。文化需要不断地创造创新，以适应社会发展的需要和人们生活变化的具体诉求，但文化的创造和创新不能凭空而来，文化模式一旦形成，便体现出集体性、规约性等特质，所有的文化创造和创新都在顺应传承的基础上，以求新求变为目的和手段实现新的发展。最后，非物质文化遗产所代表的"文化根脉"不仅在历史的纵向时空中连接过去、现在和未来，也在文化横向时空传播中不断凝聚国家、民族和地方的精神和性格、文化自信和文化自觉，成为全球化时代不同国家、民族和地区显在的符号标志，在构成文化多样性格局的同时，成为国家、民族在世界日益剧烈的竞争环境中的内生发展动能。

2016年，中国的"二十四节气"被列入"世界非物质文化遗产代表作名录"。"二十四节气"①是中国人通过观察太阳的周年运动，认知一年中时令、气候、物候等方面变化规律所形成的知识体系和社会实践。这一套知识体系建立在农业种植实践的基础上，在商周时期的黄河中下游农业文明肇始的地区就开始形成。"二十四节气"指导着传统农业生产和日常生活，是中国传统历法体系及其相关实践活动的重要组成部分。"二十四节气"形成于中国黄河流域，以观察该区域的天象、气温、降水和物候的时序变化为基准，作为农耕社会的生产生活的时间指南逐步为全国各地所采用，并为多民族所共享。作为中国人特有的时间知识体系，该遗产项目深刻影响着人们的思维方式和行为准则，是中华民族文化认同的重要载体。从该项世界级非物质文化遗产代表作来看，二十四节气用短短48个汉字24个词，概括和记录了中国几千年农耕文明的生产生活经验和技能。虽然城市化、现代化的生活方式和高科技已经使得关于农业的知识在我们的视野中有所淡化，但依托这

---

① 中国古人将太阳周年运动轨迹划分为24等份，每一等份为一个"节气"，统称"二十四节气"。具体包括立春、雨水、惊蛰、春分、清明、谷雨、立夏、小满、芒种、夏至、小暑、大暑、立秋、处暑、白露、秋分、寒露、霜降、立冬、小雪、大雪、冬至、小寒、大寒。

些知识经验所形成的文化要素依然在我们生产生活、社会发展中发挥重要的作用。中国的传统节日体系也和"二十四节气"有着密切关系，基本的节日框架就来源于二十四节气，从周代开始就逐步形成并逐步完善的节日体系，今天我们仍在继承和广泛运用。二十四节气和其所关联的文化要素不仅仅是一套关于气候的知识和实践，也成为中国文化在现代社会、在全球视野中的重要标识，更体现了中华民族共同体的共同文化旨归。

（二）资源：非物质文化遗产的经济价值

中国有着极其丰富的非物质文化遗产存量，这些非物质文化遗产从传统社会延续到今天，在社会发展不同历史阶段的功能和作用都发生着相应的变化，其经济价值一直十分突出。在传统社会中，非物质文化遗产就是创造经济价值的重要手段。今天我们所看到的非物质文化遗产，实际上就是传统社会中人们生产生活经验的积累，在传统社会以农耕、采集和狩猎等为生计方式的环境中，关于自然界的知识、技艺和经验等文化内容与今天的科学技术一样，是传统社会中的"第一生产力"。今天的各种科学技术手段，其基础条件和想象力的渊源都和非物质文化遗产有着密切的关系。二十四节气是在长期农耕生产中总结的关于自然规律的经验，运用这些经验规律，人们获得比先辈更为丰硕的收成，直接形成了经济发展的重要推动力。类型丰富的手工技艺类的非物质文化遗产，在传统社会中构成了与农业生产相区别的手工业生计方式，很多专职手工业者进入集镇、城市，成为最早的城市居民。手工产品（如工具、生活用品和剩余农产品）的交换催生了市场，市场在城市集聚、向乡村扩展的过程中，让商业得到繁荣。无论从直接将知识技能用于生产创造经济价值的角度，还是从手工技艺类型的非遗与商业发展的关系来看，今天我们所看到的那些似乎退出社会发展历史舞台的，为工业、技术所取代的"遗产"，在传统社会中正是创造巨大经济价值的重要力量。这些非物质文化遗产凝聚了人类的智慧和代代相传、延续不断的创造能力，在创造经济价值的同时，也为今天人们不断追求更高、更快、更好的发展构筑了梦想。

当历史的脚步来到以工业为主要生产方式的现代社会，传统社会中大部分的生产生活方式都为新的内容所逐步取代。由知识经验、技术技能构成的非物质文化形态也转变为"遗产"。"遗产"是上一代或几代人世代传承的珍贵财富，在人类历史上发挥过重要作用，但未必能够适应当下社会发展的需要，有可能被束之高阁、予以珍藏。在现代社会中，非物质文化遗产经历了世代传承，承载了重要的历史文化，具有极高的文化和社会价值，但又不像传统社会中那样是直接的生产力，甚至都不常出现在人们的日常生活中，由此产生了"物以稀为贵"①的效应。手工制作的产品过去只是人们生活中的一些必备用具，今天往往因为被赋予了手艺人传承的故事、地方性知识、手工技艺的温度等文化附加值，成为比工业产品价格更高的工艺品甚至奢侈品。从这个角度来说，非物质文化遗产从传统社会到现代社会，其本身所具有的经济价值不仅没有降低，反而因为储量的减少和文化附加值的提升具有更高的价格。也正因为文化附加值所带来的转化为经济价值的可能性，非物质

---

① 这里的"物"是一个借用的泛指"事物"的概念，而不是指"物质"。

文化遗产在现代社会也成为受资本青睐的重要文化资源。中国很多地区利用非物质文化遗产发展旅游业、文化产业，在帮助贫困地区脱贫、创造更多的就业机会、促进地方经济发展、助力乡村振兴等方面都发挥了重要作用。

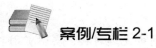

案例/专栏 2-1

科尔多瓦庭院节给西班牙旅游经济带来高收入

在西班牙南部，距离弗拉明戈舞（Flamenco Dance）起源地塞维利亚（Sevilla）一个小时车程的地方，有一座叫科尔多瓦（Córdoba）的小镇。科尔多瓦小镇是一个拥有众多文化遗产和古迹的城市，由于它在瓜达尔基维尔河（River Guadalquivir）上的重要战略位置，曾居住在这个城市中的不同民族留下了众多遗迹，其被列为非物质文化遗产的"庭院节"（La Fiesta de los Patios）更是闻名全球，可以说参与"庭院节"就是体验西班牙文化的绝佳选择。这个节日从1921年开始，每年5月，科尔多瓦小镇会举办一年一度的"庭院节"，每年庭院节之时，迎春怒放的花朵会点缀着曲折的老城街道，一步一景，一庭一画。当地人、游客、从事庭院设计的专业人士会汇集于此，别具特色的院落、喷泉、鲜花和阿拉伯特色的美食，每年吸引着数万游客前来。

2012年，科尔多瓦庭院节申遗成功，成为西班牙的第11个世界非物质文化遗产，这个"非遗"小镇开始向世界展示着它独有的魅力，也给西班牙旅游经济带来了新的光景。根据西班牙数据平台F&J报告统计，2012年当年，共有70317人造访科尔多瓦小镇，总计带来了2亿多欧元的收入，比2010年增加了13.41%。作为以旅游业为主要经济来源的西班牙，这笔收入足以让政府看到了"非遗"带来的经济效应。

（资料来源：文农旅头条：《靠晒庭院收入万亿，科尔多瓦小镇是如何做到的？》，凤凰网新闻，https://ishare.ifeng.com/c/s/v002FONvRwvp9SQ25zTf1myEHMFbvaH6dvi-_7IBXTgOwPMI，2020-8-25.）

工业化、现代化在全世界迅速发展的这近三百年时间里，人类的自然资源被迅速损耗、生态环境遭遇了严重的不可逆的破坏，已经威胁到我们子孙后代的生存发展。人类一方面要谋求持续的发展，另一方面要避免自然资源和生态环境的进一步被损耗和破坏，各国都开始寻求新的资源。科学家不断投入新技术、新能源研究的同时，人们也发现了全球各国、各地区、各族群人们的多样性文化，在基本满足物质生活需要的社会中可以成为文化产业、创意产业、文化旅游业等赖以发展的重要资源，这些文化转变为资源进入文化生产，形成的文化产品得到传播、消费，通过满足人们的精神需求和文化消费转化出丰厚的经济价值。非物质文化遗产正是人们各类文化形态中最为珍贵和价值极高的内容，中国积极重视非物质文化遗产的保护传承，也是关注到非物质文化遗产的重要经济价值，可以成为地方发展的重要推动力，尤其对于缓解中西部地区经济发展不平衡、资源配置不均等方面的问题，具有重要作用。

非物质文化遗产传承与保护发展

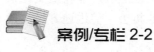
案例/专栏 2-2

贵州省借力"非遗"助推脱贫攻坚

"非遗扶贫"是以传承非物质文化遗产,将传统工艺与现代商务无缝对接,实现贫困户增收的一种扶贫模式。在贵州省近 2000 万的女性人口中,农村妇女人口占 65%左右。为了帮助农村贫困妇女脱贫致富,2013 年,贵州省推出了"锦绣计划",通过保护和挖掘优秀民间民族技艺,促进妇女创业就业,增加收入。

马尾绣是水族传承了两千多年的古老刺绣技艺,其独特之处在于将丝线缠裹马尾后用于刺绣,2006 年入选首批国家级非物质文化遗产名录,被誉为中国刺绣的"活化石"。来自三都水族自治县杨柳村的韦桃花是国家级非物质文化遗产项目水族马尾绣代表性传承人,自幼随母亲、祖母学习马尾绣制作技艺。据韦桃花介绍,如今,马尾绣产品已经远销全国各地,每个月可为贫困户带来 1500 至 3000 元的收入。"这两年带动的贫困户还有很多残疾人,公司加农户有 1 万多人。通过培训,每年都有一两千人可以凭借做马尾绣养家。"

苗族蜡染素有东方第一染之称,蜡染工艺在丹寨地区源远流长,主要以凤凰、蝴蝶、花鸟为主题,被誉为"藏在深山里的千年史诗"。据丹寨蜡染技艺国家级非遗传承人杨芳介绍,近年来,她免费帮助合作社和周边村寨的妇女提升技艺水平,并从 2009 年开始,创立合作社带动当地贫困户增收,每人每月最低都能增加 1500 元以上的收入。不过,她也表示,所有这一切都离不开好政策的支持。"做这个工艺需要培训才能达到外界的需求,这方面政府会给资金扶持妇女培训,提高我们的技艺。同时,政府来宣传这个技艺,大部分产品去外面做展销,在国外也有订单。"

(资料来源:贵州借力"非遗"助力脱贫攻坚,国际在线 https://baijiahao.baidu.com/s?id=16413733175-98501109&wfr=spider&for=pc,2019-8-9.)

(三)权益:非物质文化遗产的社会价值

非物质文化遗产作为人类文化类型中最精华、最具有代表性的内容,构成了国家、民族群体重要的文化标识系统。中国是非物质文化遗产大国,至今拥有联合国教科文组织认定的非物质文化遗产四十多项,居全球首位,这对于中国传统文化在世界上得到认知、传播和认同具有非常重要的作用和意义。具有中国特色的文化标识在世界传播,是中国文化软实力、国际竞争力提升的重要表现。国内各地区拥有的非物质文化遗产的数量和级别也是一个地区文化资源禀赋、文化繁荣发展的重要标识之一。中国在加入联合国教科文组织的《保护非物质文化遗产公约》之后,对非物质文化遗产建立名录、立法保护的工作也开展得较早、较为细致。很多非物质文化遗产代表作在不同的地区广泛流传,形式内容大同小异,但其形成的不同风格流派对地方历史文化发展、族群的集体记忆,具有独特的价值。因此,中国在遴选非物质文化遗产项目时,体现了对各个地区代表性非物质文化遗产的充分尊重,达到评定标准即予以命名,使得很多非物质文化遗产都有多项不同地区、不同保护单位的代表作。

案例/专栏 2-3

苗族古歌和藏戏——流布多地、多个代表作的非物质文化遗产

苗族古歌作为中国国家级非物质文化遗产,属于民间文学类别。最早获得认定的苗族古歌是由贵州省台江县和黄平县分别申报的,均于 2006 年被认定为第一批国家非物质文化遗产代表作,分为两个项目进行保护。之后在 2011 年,湖南省花垣县申报的苗族古歌被认定为第三批国家级非物质文化遗产的扩展项目。2021 年,贵州省贵阳市清镇市申报的苗族古歌(《簪汪传》)被认定为第五批国家级非物质文化遗产扩展项目。

藏戏是中国申获的世界级非物质文化遗产代表作。在中国,多个藏戏流布和发展的地区都申获了国家级非物质文化遗产代表作。从 2006 年第一批国家级非物质文化遗产代表作被认定以来,一共有 13 个藏戏的代表项目被列入国家名录。其中,2006 年第一批认定了西藏的拉萨觉木隆、日喀则迥巴、日喀则南木林湘巴、日喀则仁布江嘎尔、山南雅隆扎西雪巴、山南琼结卡卓扎西宾顿和青海黄南 7 项藏戏代表作;2008 年第二批认定了四川省德格县、巴塘县、色达县和青海省果洛州的马背藏戏 4 项代表作;2011 年第三批认定了西藏尼木塔荣藏戏和甘肃甘南南木特藏戏 2 项代表作。

(资料来源:根据中国非物质文化遗产网,国家级非物质文化遗产清单中苗族古歌和藏戏条目整理,https://www.ihchina.cn/project.html#target1,检索时间:2022-11-10。)

从中国国家级非物质文化遗产苗族古歌和藏戏的认定来看,很多非物质文化遗产不局限在一个地区形成和传播。对于这些地区和群体来说,非物质文化遗产形态标志着它们特有的历史记忆,承载着独特的文化底蕴,中国对于这些不同地区、不同保护单位申报的非物质文化遗产,均在认定标准的基础上予以命名,给予同等的扶持,充分体现了对地区文化、民族文化多样繁荣的尊重和鼓励。这对地方树立文化形象、激发民族共同体的文化自觉和文化自信、培育积极主动传承和创新优秀传统文化的人才,具有十分重要的意义。

中国对非物质文化遗产概念的深入阐释和详细分类充分考虑到了以非物质文化遗产为文化标志的地方和群体的文化认同和社会权益,体现了中国在保护人类命运共同体的共有财富中的责任和担当,更充分体现了中国视角下非物质文化遗产所具有的文化价值、经济价值和社会价值。

本章小结

▶ 2001 年,联合国教科文组织宣布第一批人类口头和非物质文化遗产代表作;2003 年,通过了《保护非物质文化遗产公约》。在世界各国各地区共同努力下,截至

2021年12月，联合国教科文组织非物质文化遗产名录（名册）项目共计629个，涉及139个国家。其中"人类非物质文化遗产代表作名录"529项，涉及135个国家；"急需保护的非物质文化遗产名录"71项，涉及38个国家；"优秀实践名册"29项，涉及26个国家。

➤ 丰富的数字代表了世界各国对非物质文化遗产的重视，也说明了非物质文化遗产保护工作推进的必要性、长期性和复杂性，这对非物质文化遗产概念的不断深化、不断丰富提出了要求和挑战。只有对非物质文化遗产的概念加强研究，从不同角度、结合不同的时代背景去理解和阐释，才能够对复杂的文化形态有所认知，也才能够真正对非物质文化遗产的保护和创新贡献理论支持。

 **综合练习**

一、本章基本概念

联合国教科文组织非物质文化遗产概念　《保护非物质文化遗产公约》　中国非物质文化遗产的概念

二、本章基本思考题

1. 联合国教科文组织对非物质文化遗产的定义和内容是如何规定的？
2. 非物质文化遗产概念出现的过程中有哪些令人印象深刻的标志性事件发生？
3. 东西方对文化遗产保护的理念和措施有什么相似和差异？
4. 中国非物质文化遗产的概念是什么？有哪些具体分类？

三、推荐阅读资料

1. 联合国教科文组织《保护非物质文化遗产公约》https://ich.unesco.org/en/ convention.
2. 中国非物质文化遗产网 https://www.ihchina.cn/.

第三章

非物质文化遗产的类别与特征

 学习目标

通过对本章的学习，学生应了解或掌握如下内容：
1. 认识非物质文化遗产分类在非物质文化遗产研究及保护工作中的重要意义；
2. 了解《保护非物质文化遗产公约》等国际相关文件的分类体系；
3. 掌握并熟悉中国国家级非物质文化遗产名录的分类体系；
4. 深入理解并掌握非物质文化遗产的特征。

 导言

　　分类是开展研究的必要手段和基本方法，非物质文化遗产分类不仅在非遗研究领域意义重大，在实践领域也具有重要的指导意义。非物质文化遗产数量众多，内容丰富，通过对非遗形态特征的准确认识，按照一定标准归纳划分非遗类别，能有效加强非遗的保护和研究工作。特征是指事物特有的性质，它是一事物区别于其他事物的重要标志，非物质文化遗产是相对物质文化遗产提出的，因此，非物质文化遗产的特征主要体现为无形性、活态性、传承性和流变性，与一定的共同体和个人联系在一起，相互影响、相互制约。我们在考察非物质文化遗产的特征时，既要注意到其作为非物质文化遗产具有的共同特征，也要注意到其自身作为生产、生活、文化、信仰等方面的类别特征。

第一节　眼中万象——非物质文化遗产的类别

　　根据非物质文化遗产的定义，人们考察其形态，根据不同国家和地区非物质文化遗产传承与保护的实际，通过对非物质文化遗产的共性进行概念上的高度抽象、概括，为学科探讨确立了共同的话语体系。但是，在现实中实际存在的非物质文化遗产却又是形态各异的，要正确认识这些非遗现象，就需要从非物质文化遗产的一般界定进入分类学范畴，把

千姿百态的非遗按照一定原则和标准划分为一定的类别。这既是理论研究深化和系统化的必然要求,也是在非遗调查、登记、保护、展示、利用、管理和申报代表作等实践活动的需要。

一、非物质文化遗产分类原则

从分类概念和属性来看,"所谓分类,是指人们把事物、事件以及有关世界的事实分成类和种,使之各有归属,并确定它们的包含关系和排斥关系的过程"①。非物质文化遗产分类不仅是非遗保护实践工作的基础,也是非遗理论研究的重要内容。对非物质文化遗产实施科学的分类是一件困难的事情,既要做到"科学",又要做到"实用",除了掌握非遗自身的分布规律和传承规律,还要考虑不同地域、不同文化对非遗价值的理解,接受文化的差异性现实和多样性选择。目前,世界各国对非物质文化遗产所进行的分类体系建设存在互不兼容、错综复杂的现象,为世界各国非物质文化遗产间的信息交流与资源共享,尤其是各国非物质文化遗产的建档、查询、交换、交流带来困难,甚至影响到非物质文化遗产保护工作的顺利进行。在中国,也存在分类体系多、类目设置不全、类目互斥性较差、分类层级较少等问题。因此,坚持科学性、真实性、实用性和全面性原则明确非物质文化遗产的分类体系十分重要。

(一)科学性原则

科学性原则是非遗分类的首要原则。科学的分类体系首先应该包容所有非物质文化遗产的蕴藏情况,充分考虑到各个国家、各个地区非物质文化遗产的同一性与差异性,尽量找到具体非遗现象之间的"最大公约数",使分类体系被更广泛地接受。其次,在非物质文化遗产分类体系中,各类别之间应该呈现出明显的"平级关系",所以在中国的非物质文化遗产分类中,没有出现一个项目属于多个类型的情况。最后,注重"均等性"和"一致性"。在科学的分类体系中,非物质文化遗产项目各类别的含量应该大致相近或者相等,如果各类别之间的项目数量差距悬殊,就会使分类失去意义。同时,划分类别的标准应该统一,在同一个分类体系中,不能出现分类标准不统一的情况。

(二)真实性原则

真实性原则要求在非遗分类中要厘清非遗项目的根本属性和特征,依据其本质特征进行类别划分。非遗现象是纷繁复杂又多样的,如在傣族过"泼水节"的时候,人们会举行祭祀神灵的仪式,也会在节日期间宴饮歌舞,还会穿着精美的民族服饰,在同一个民俗场域内,就可能存在歌舞、饮食、服饰、节庆等多个具有非物质文化内涵的项目,分类就要根据对象的共同点和差异点,找到事物最本质的特征,进行分析整理,把复杂的材料条理化、系统化,找出规律,使我们的认识得到深化。因此在分类过程中既要考察非遗原生态

---

① 涂尔干,莫斯. 原始分类[M]. 汲喆,译. 上海:上海人民出版社,2000:4.

的生存状态，更要回应其生存的自然环境和文化空间，包括地理环境、文化环境、社会环境、适应群体等多方面内容，并通过合理有效的分类，更有利于非遗原汁原味地长期得到有效保护和传承，这是真实性原则的根本要求。

（三）实用性原则

非遗的分类要充分考虑到不同应用主体的需求，探索适合于各类群体都能应用的分类体系。以往的单线索式分类过于简单，而多线索式分类虽较为合理，但为分类带来了繁重的前期准备工作。目前，非遗项目中存在的一些单个类综合非遗项目，如传统中医药文化（Ⅸ－11）、龙舞（Ⅲ－4）等，自身就包含了较多形式；更多的是单个类非遗，如多种形式的年画（第一批国家级非遗项目里就有杨柳青木版年画、武强木版年画、桃花坞木版年画、漳州木版年画等 12 项），每种形式都是单独的非遗，这种非遗的分类方法体现了对不同地区同类型非物质文化遗产项目的尊重。随着非遗保护工作的推进、工作重心的转移，以及非遗研究的不断深入，非遗的分类体系也在不断进行相应的调整和完善，在非遗保护实践中，坚持实用性原则，探索出简单实用的非遗分类方法是非遗研究者和工作者义不容辞的责任。

（四）全面性原则

全面性包含两个层面：一是作为非遗的主要表现形式，要尽可能地涵盖全部的非遗，同时要预测未来可能出现的非遗形式的归属问题；二是具体到每一类别的非遗，必须要顾及非遗的多个层面。鉴于中国非遗的已有分类都出现了涵盖不全的问题，重构较为完善的非遗分类是一个艰难的过程。作为民族文化精髓的非遗，本身就具有形式多样化特征，这也是出现八分法、十分法、十三分法和十六分法的根本原因。为追求非遗分类的进一步完善，必须坚持全面性原则，通过多层级分类方法，将非遗更多的形式涵盖进去。

目前，不同国家和地区各自的非物质文化遗产分类体系在解决具体非遗问题时，与理想中的科学分类还有一定差距，虽然当前世界各国的非物质文化遗产分类基本上是按照性质来分的，如"民间文学""表演艺术""传统工艺技术"等，但在非物质文化遗产的"文化空间"提议中，国际上仍未达成统一。因而，对于非物质文化遗产进行分类，在国际和国内视角下，当下仍存在诸多问题。这些问题直接影响到今后世界各国各地区间非物质文化遗产数据资源的交流与共享。

二、非物质文化遗产通行分类体系介绍

实际上，任何对象、任何事物的分类都存在某种唯一正确的划分方法。非物质文化遗产现象本身十分丰富且复杂，根据分类主体的研究视角、分类原则和标准，以及目的和需要的不同，便会形成不同的非物质文化分类体系，通过分类学的梳理和分析，可以为非遗分类体系的调整和建构提供帮助，也能够丰富非遗分类的内涵和意义。随着对非遗研究的深入，非遗的分类系统在承担归类非遗项目任务的同时，也承担起反映非遗本质的任务。

（一）联合国教科文组织等国际公约分类

1. 非遗分类探索阶段

20世纪80年代，非物质文化遗产保护问题受到联合国教科文组织重视，并在有关文件中对文化遗产做出了物质遗产（tangible heritage）与非物质遗产（intangible heritage）的区分。1989年，联合国教科文组织通过了《保护民间创作建议案》，认为民间创作（或传统的民间文化）是指来自某一文化社区的全部创作，这些创作以传统为依据，由某一群体或一些个体所表达并被认为是符合社区期望的作为其文化和社会特性的表达形式；其准则和价值通过模仿或其他方式口头相传。《保护民间创作建议案》列举了传统民间文化的主要表现形式，包括"语言、文学、音乐、舞蹈、游戏、神话、礼仪、习惯、手工艺、建筑艺术及其他艺术"10种类型。这一定义以及对传统民间文化主要表现形式的列举，对于后来非物质文化遗产的界定及分类产生了显著的影响。1998年，联合国教科文组织执委会第155次会议通过了《人类口头和非物质遗产代表作条例》。在这个文件中，复述了1989年《保护民间创作建议案》中对传统民间文化的界定和分类，但将"民间创作"这一称谓修改为"口头和非物质遗产"，在上述10种表现形式之外，补充了"传播与信息的传统形式"，使"人类口头和非物质遗产"亦即传统民间文化形式的种类达到了11种。此外，《人类口头和非物质遗产代表作条例》还明确地将人类口头和非物质遗产划分为两大类：一是各种"民间传统文化表现形式"；二是"文化空间"。它所指称的是某种集中举行流行的与传统的文化活动场所，或一段通常定期举行特定活动的时间。《人类口头和非物质遗产代表作条例》明确地表明非物质文化遗产概念的提出与其主要表现形式的分类与以往传统民间文化、艺术研究与保护之间直接的渊源关系，也可以视为《保护非物质文化遗产公约》产生之前联合国有关文件对口头和非物质文化遗产种类的划分和列举，如表3-1所示。

表3-1　《人类口头和非物质遗产代表作条例》对非物质文化遗产的划分

口头和非物质遗产	民间传统文化表现形式	语言
		文学
		音乐
		舞蹈
		游戏
		神话
		礼仪
		习惯
		手工艺
		建筑艺术及其他艺术
		传播与信息的传统形式
	文化空间	定期举行传统文化活动或集中展现传统文化表现形式的场所，兼具时间性和空间性

2. 非遗分类成型阶段

2003 年，联合国教科文组织第 32 届会议正式通过《保护非物质文化遗产公约》。作为国际非物质文化遗产保护领域迄今为止最有权威、影响最大并且最具法律效力的联合国教科文组织文件，它总结和概括了此前有关传统民间创作和口头与非物质遗产的研究成果，同时对 1998 年的《人类口头和非物质遗产代表作条例》中有关"口头和非物质遗产"的定义做了修正，对"人类非物质文化遗产"进行了新的分类。这一分类便是目前在各国广泛使用的把人类非物质文化遗产划分为六大类的分类方法。

（1）口头传说和表述，包括作为非物质文化遗产媒介的语言。
（2）表演艺术。
（3）社会风俗、礼仪、节庆。
（4）有关自然界和宇宙的知识和实践。
（5）传统的手工艺技能。
（6）文化空间。

《保护非物质文化遗产公约》关于"非物质文化遗产"包括的上述 6 个方面的归纳概括，实际上是以该公约有关非物质文化遗产的定义为依据的，如表 3-2 所示。《保护非物质文化遗产公约》关于非物质文化遗产的定义中，有一个重要的概念即"文化场所"（the cultural space）。在后来的一些有关非物质文化遗产的国际文件的中文译本中，这一术语有时便被译为"文化空间"并逐渐定型下来。在联合国教科文组织 2001 年公布的第一批人类口头和非物质文化遗产代表作名录的全部 19 种代表作中，便有 5 种属于"文化空间"现象。它们分别是：

（1）多米尼加共和国：圣灵同道文化空间；
（2）几内亚：索索·巴拉文化空间；
（3）摩洛哥：加玛广场文化空间；
（4）俄罗斯：塞梅斯基文化空间和口头文化；
（5）乌兹别克斯坦：波桑地区的文化空间。

表 3-2　《保护非物质文化遗产公约》对非物质文化遗产的划分

非物质文化遗产	（一）传统文化表现形式	（1）口头传说和表述，包括作为非物质文化遗产媒介的语言； （2）表演艺术； （3）社会风俗、礼仪、节庆； （4）有关自然界和宇宙的知识和实践； （5）传统的手工艺技能
	（二）文化空间	定期举行传统文化活动或集中展现传统文化表现形式的场所

依据联合国教科文组织《保护非物质文化遗产公约》对非物质文化遗产的权威定义和包括范围的列举而划分的上述六大类非物质文化遗产划分体系，是一种立足于整个世界范围内的保护非物质文化遗产的需要，适用于各国、各地区、各民族的一般的、普遍的分类

方法。它对于各国调查、研究、抢救和保护非物质文化遗产的实践,无疑具有广泛的指导意义和参照价值。由于每个国家非物质文化遗产的丰富性、多样性并不一致,研究和保护非物质文化遗产的既往传统、工作机制并不统一,非物质文化遗产的存在系统各有特色,这就使一些从事非物质文化遗产的调查、研究、保护和管理的专家、学者,将国际文件中的一般定义与分类同各国各地区的具体情况相结合,在分类上充分考虑到非物质文化遗产的实际存在系统与特有的工作传统和工作机制,制定出符合地方非物质文化遗产存在实际和工作需要的非物质文化遗产分类方法和分类体系。

(二)国外非物质文化遗产代表性分类体系

意大利学者皮纳认为,无形遗产有三种类型:① 通过身体表现出来的文化表达(expression)或者是社区传统的生活方式。如宗教仪式、传统经济、生活方式、民间传说等。② 不需要通过身体形式表现出来的个体或者集体的文化表现。如语言、记忆、口述传统、歌曲和口耳相传的音乐等。③ 物的象征和隐喻(symbolic and metaphrical)。作为有形遗产的构成,物具有两种属性:自然的属性和物的意义(meaning)。物的形状和尺寸等属于自然的属性。物的意义则来源于历史,来源于物所受到的解释,来源于物本身连接过去与现在的能力。①

越南文化遗产法案第 4 条对非物质文化遗产有明确的定义:非物质文化遗产是一种具备历史性、文化性,以及科学意义的精神产物,并以人类的记忆、书本以及口口相传的方式保存下来,如传统的手工艺、表演以及其他的保存和传承形式,包括语言、书本、艺术品、科学、口头文学、民间表演艺术、生活习俗、节日、传统手工艺、美食、传统服装和其他的民俗知识。这一定义中所列举的非物质文化遗产的类别,便有越南本国和民族的独特之处,如将书本、科学、节日、美食、传统服装均与语言、艺术品、口头文学、民间表演艺术、生活习俗、传统手工艺等相并列作为其非物质文化遗产系统中的独立的类别。

此外,日本、韩国、土耳其、印度尼西亚等国家也先后加入《保护非物质文化遗产公约》来保护各国的文化遗产,并建立了各自国家的非物质文化遗产名录,其非遗名录情况如表3-3 所示。

表 3-3　日本、韩国、土耳其、印度尼西亚非遗名录分类情况②

国家	名录	名录层级分类		名录分类
		国家级	地方级	
日本 (2003 年加入公约)	非物质文化遗产名录(截至2013 年,更新时间不固定)	171 项	市村町级 483 项	(1)表演艺术(9 个子类); (2)制作工艺(10 个子类)

---

① Pinna, IntangibleHeritageandMuseums, ICOMNEWS, No.4, 2003.
② 彭希. 从"非遗名录"的分类来谈中国非遗保护[J]. 名作欣赏,2017(36):155.

续表

国　　家	名　　录	名录层级分类		名　录　分　类
		国　家　级	地　方　级	
日本（2003年加入公约）	民间非物质遗产名录（截至2013年，更新时间不固定）	1628项	市村町级6245项	（1）习俗（6个子类）；（2）民间表演艺术（7个子类）；（3）民间工艺（2个子类）
	精选遗产保护技术名录（截至2013年，更新时间不固定）	34项	市村町级25项	（1）物质遗产的保护技术（2个子类）；（2）非物质文化遗产的保护技术（2个子类）
韩国（2005年加入公约）	重要非物质文化遗产名录（截至2013年，更新时间不固定）	133项	有州级、市级名录，具体数目未知	（1）戏剧；（2）音乐；（3）舞蹈；（4）民间杂技；（5）仪式；（6）武术；（7）手工艺
土耳其（2006年加入公约）	非物质文化遗产名录（2013年版，每年更新）	60项	未知	（1）口头传说和表述，包括作为非物质文化遗产媒介的语言；（2）表演艺术；（3）社会风俗、礼仪、节庆；（4）有关自然界和宇宙的知识和实践；（5）传统的手工艺技能
	活态人类遗产名录（2017年版，每年更新）	30项	未知	未分类
印度尼西亚（2007年加入公约）	国家级非物质文化遗产名录（2009年版，每两年更新）	1727项	无	（1）口头传说和表述，包括作为非物质文化遗产媒介的语言；（2）表演艺术；（3）社会风俗、礼仪、节庆；（4）有关自然界和宇宙的知识和实践
	哇扬戏名录	由印度尼西亚民间的哇扬戏协会（SenaWangi）组织申报评选的名录		未知

在名录种类上，土耳其按非遗的类型将其分成了非物质文化遗产名录（intangible cultural heritage national inventory of turkey）和活态人类遗产名录（living human treasure national inventory of turkey）；而日本将非遗按性质和种类细分成了三种名录：非物质文化

遗产名录、民间非物质文化遗产名录,以及保护物质与非物质文化遗产的技术名录。在名录的分类上,印度尼西亚直接采用联合国"人类非物质文化遗产代表性名录"的分类方式,日本、韩国根据本国的非遗形式和状态,对分类进行重构和改造。在名录层级分类上,土耳其只有国家级名录;印度尼西亚在有官方非遗名录的同时也有学术机构,有非政府组织等列出来的非遗名录;日本与韩国都是在国家级名录之外还有地方性名录。①

(三)中国学者提出的一些分类方法

1. 四分法

向云驹认为口头与非物质文化遗产是一种典型的"人体文化",并依据文化载体特性作为分类原则,将其具体形态分为四类:一是口头文化,包括口头表达,通过声音来体现的说、唱、吟的文化和艺术;二是体形文化,即以人的身体、行为、姿态、动作为表现形式和表现对象的文化和艺术,其中又可以分为三类:身体装饰、形体文化和行为文化;三是综合文化,即口头与形体综合的艺术;四是造型文化,包括空间艺术和视觉艺术。②

2. 七分法

苑利、顾军提出了七分法,具体分类为:① 民间文学;② 表演艺术;③ 传统工艺美术;④ 传统工艺技术;⑤ 传统仪式;⑥ 传统节日;⑦ 传统农业技术。七分法的问题在于"传统节日"与"传统仪式""传统工艺美术"与"传统工艺技术"在某些情况下难以界定,需要结合实际情况进行辨析。

3. 十三分法

王文章在"国家级非物质文化遗产名录"所划分的十大类别基础上,提出了非遗的十三分法:① 语言(民族语言、方言等);② 民间文学;③ 传统音乐;④ 传统舞蹈;⑤ 传统戏剧;⑥ 曲艺;⑦ 杂技;⑧ 传统体育、游艺与竞技;⑨ 传统美术、工艺美术;⑩ 传统手工技艺及其他工艺技术;⑪ 传统医学和药学;⑫ 民俗;⑬ 文化空间。

4. 十六分法

原中国艺术研究院中国民族民间文化保护工程国家中心编写的《中国民族民间文化保护工程普查工作手册》第二部分"非物质文化遗产分类代码"是非物质文化遗产分类体系研究的一项重要成果,具有一定的科学价值和较强的操作性。该分类代码表将非物质文化遗产的种类分为两层,第一层按学科领域分成 16 个基本类别(一级类),分别是:民族语言,民间文学(口头文学),民间美术,民间音乐,民间舞蹈,戏曲,曲艺,民间杂技,民间手工技艺,生产商贸习俗,消费习俗,人生礼俗,岁时节令,民间信仰,民间知识,游艺、传统体育与竞技。

---

① 彭希. 从"非遗名录"的分类来谈中国非遗保护[J]. 名作欣赏,2017(36):156.
② 向云驹. 人类口头和非物质遗产[M]. 银川:宁夏人民教育出版社,2004.

在这 16 个一级类的基本类别中又细分出二级类，作为非物质文化遗产分类代码结构的第二层。如"民间文学（口头文学）"便细分为神话、传说、故事、歌谣、史诗、长诗、谚语、谜语 8 类及"其他"的收容类。"民间美术"被分为绘画、雕塑、工艺、建筑 4 类及"其他"的收容类。该分类代码表"在国家统计及标准化管理研究机构、文化部相关部门以及专家学者的指导下，参考了目前中国广泛使用的一些国家标准的分类代码编制原则，借鉴了人口、经济、文物等全国性普查的经验和国家社会科学、中国图书分类等有关分类原则，比照国际上通行的编码方法，在充分考虑到计算机检索和数字化管理发展趋势的基础上，编制了非物质文化遗产的分类及代码。非物质文化遗产的分类及代码采用了层次分类法和数字编码形式"。"分类代码结构采用三位数字代码，其中前两位表示一级类，第三位用作二级类的细分，第三位为数字字符 9 时，表示收容类。"[①]按照以上编制方法，制定了非物质文化遗产分类代码表，如表 3-4 所示。

表 3-4 非物质文化遗产分类代码表[②]

类　　别	编　　号	类　　别	编　　号
（一）		（四）	
民族语言	01	**民间音乐**	04
（二）		民歌	041
民间文学（口头文学）	02	器乐	042
神话	021	舞蹈音乐	043
传说	022	戏曲音乐	044
故事	023	曲艺音乐	045
歌谣	024	其他	049
史诗	025	（五）	
长诗	026	**民间舞蹈**	05
谚语	027	生活习俗舞蹈	051
谜语	028	岁时节令习俗舞蹈	052
其他	029	人生礼仪舞蹈	053
（三）		宗教信仰舞蹈	054
民间美术	03	生产习俗舞蹈	055
绘画	031	其他	059
雕塑	032	（六）	
工艺	033	**戏曲**	6
建筑	034	曲牌体制的戏曲剧种	061
其他	039	板腔体制的戏曲剧种	062

[①] 王丕琢，非物质文化遗产的分类代码及编制规则 https://www.sodocs.net/doc/6e6771485.html.
[②] 中国艺术研究院、中国非物质文化遗产研究中心．中国非物质文化遗产普查手册[M]．北京：文化艺术出版社，2006．

续表

类　别	编　号	类　别	编　号
曲牌板腔综合体制的戏曲剧种	063	渔业	103
少数民族的戏曲剧种	064	狩猎	104
民间小戏剧种	065	饲养和牧畜业	105
傩及祭祀仪式性的戏曲剧种	066	商贸	106
傀儡戏曲剧种	067	副业	107
其他	069	其他	109
（七）		（十一）	
曲艺	7	**消费习俗**	11
说书	071	服饰	111
唱曲	072	饮食	112
谐谑	073	居住	113
其他	079	交通	114
（八）		其他	119
民间杂技	8	（十二）	
杂技	081	**人生礼俗**	12
魔术	082	妊娠	121
马戏	083	分娩	122
乔妆戏	084	诞生、命名	123
滑稽	085	满月、百日、周岁	124
其他	089	成年礼	125
（九）		婚礼	126
民间手工技艺	09	寿诞礼	127
工具和机械制作	091	葬礼	128
农畜产品加工	092	其他	129
烧造	093	（十三）	
织染缝纫	094	**岁时节令**	13
金属工艺	095	汉族节日	131
编织扎制	096	少数民族节日	132
髹漆	097	其他	139
造纸、印刷和装帧	098	（十四）	
其他	099	**民间信仰**	14
（十）		原始信仰	141
生产商贸习俗	10	俗神信仰	142
农业	101	祖先信仰	143
林业	102	庙会	144

续表

类　　别	编　　号	类　　别	编　　号
巫术与禁忌	145	（十六）	
其他	149	**游艺、传统体育与竞技**	16
（十五）		室内游戏	161
民间知识	15	庭院游戏	162
医药卫生	151	智能游戏	163
物候天象	152	助兴游戏	164
灾害	153	博弈游戏	165
数理知识	154	赛力竞技	166
测量	155	技巧竞赛	167
纪事	156	杂耍（艺）竞技	168
营造	157	其他	169
其他	159		

（四）中国《国家级非物质文化遗产名录》分类体系

2006年5月20日，国务院印发《关于公布第一批国家级非物质文化遗产名录的通知》，批准文化部确定的第一批国家级非物质文化遗产名录（共计518项），并予以正式公布。《第一批国家级非物质文化遗产名录》将中国非物质文化遗产划分为10大类，即民间文学、民间音乐、民间舞蹈、传统戏剧、曲艺、杂技与竞技、民间美术、传统手工技艺、传统医药、民俗。2008年，国家公布了《第二批国家级非物质文化遗产名录》；2011年，国家公布了《第三批国家级非物质文化遗产名录》。第二、三批名录沿用了《第一批国家级非物质文化遗产名录》所制定的上述10大类分类法，只是将第一批名录中的"民间音乐""民间舞蹈""民间美术"分别修改为"传统音乐""传统舞蹈""传统美术"；将第一批名录中的"杂技与竞技"和"传统手工技艺"分别修改为"传统体育、游艺与杂技"和"传统技艺"。后两批国家级非物质文化遗产名录虽然在类别名称上做了调整，但分类法及其结构、排列次序等都基本与第一批名录保持统一，形成了国家级非物质文化遗产名录所特有的分类体系。目前，中国共公布了五批次10个类别1557大项3610子项的"国家级非物质文化遗产名录"。现行的10个类别为：民间文学，传统音乐，传统舞蹈，传统戏剧，曲艺，传统体育、游艺与杂技，传统美术，传统技艺，传统医药，民俗。

"国家级非物质文化遗产名录"所体现的划分方法是中国非物质文化遗产研究领域对非物质文化遗产分类研究的成果体现。它的形成凝聚了众多非物质文化遗产、民族民间文化艺术研究领域的专家、学者和政府有关机构共同的经验和智慧，吸收借鉴了国际研究成果中的经验，特别关注到中国非物质文化遗产的具体情况和当前保护非物质文化遗产的现实状况与实践需求，是非物质文化遗产分类研究理论联系实际、一般与特殊相结合的成功范例。它带有一定的示范性和权威性，是目前在中国影响最大、应用范围最为广泛的一种非物质文化遗产分类方法。

非物质文化遗产传承与保护发展

"国家级非物质文化遗产名录"所体现的分类体系具有如下优点：第一，该名录只保留了一级类而不再划分二级类，避免了二级分类中更容易出现的有所缺漏、不够严谨等缺陷，更具有国家级名录所应有的涵盖性强、指导性强等。第二，该名录将"杂技与竞技"和"传统医药"分别从"传统技艺"中独立出来，突出了这两类非物质文化遗产在中国非物质文化遗产存在系统中的重要地位和在保护实践上的迫切性。《国家级非物质文化遗产名录》的类别划分凝聚了中国民族学、民俗学和民间文化等领域的专家、学者智慧，并积极借鉴国际社会相关领域的成果，结合中国具体实践，其对非物质文化遗产研究和保护的开展具有示范作用。

此外，文化和旅游部认定了五批3062名国家级非遗代表性传承人，设立了23个国家级文化生态保护（实验）区，对1805名国家级非遗代表性传承人进行记录。其中，已有42项非遗项目入选联合国教科文组织非遗名录名册，总数位居世界第一。

三、非遗分类实践的启示

非物质文化遗产的分类研究是一项复杂的工作，分类体系的建立和标准的确立需要在实践中长期探索和研究，并注意以下几个方面。

（一）明确标准

学科结构的分类是一项科学性强、非常严谨的工作。必须要确立好分类标准，找到衡量非物质文化遗产所属类别的准则，对非物质文化遗产进行从内容到形式的归类。在这一点上可以借鉴物质文化遗产的分类方法和分类标准，建立自身的分类方法和分类标准。

（二）准确使用分类名称

分类研究中名词概念、分类标准的名称要科学、严谨，涵盖内容和范围的把握要准确、通俗、简洁。

（三）分类研究要结合具体国情

中国历史悠久，民族众多，地理条件复杂，因此非物质文化遗产资源也异常丰富。这些文化遗产资源蕴含了民族的智慧，凝聚了民族的创造力和创新精神，体现了民族性格、民族精神和区域文化的独特性。在分类时，要充分考虑中国各民族的文化背景和实际情况，建立符合民族文化实际的分类体系。

（四）分类研究应与国际接轨

对非物质文化遗产的研究是不分国界的，中国的非物质文化遗产是世界文化遗产的一个组成部分，对其研究、保护、弘扬要与国际社会接轨。目前，世界各国已就具有共性的遗产项目进行合作研究。联合国教科文组织今后也将致力于推动非遗保护的国与国合作机制,在申报人类非物质文化遗产代表作名录时,两国合作申报的项目不受申报名额限制,如中国与蒙古国合作申报的蒙古长调即是如此。因此,在非物质文化遗产类别划分方面,应尽量与国际社会规范接轨,以利于相互了解,共同推动研究和保护并取得实效。

中国接受非物质文化遗产理念并开展非物质文化遗产保护工作是很晚近的事情,因此,中国的非物质文化遗产分类研究还处于起步阶段,对分类标准和方法等相关问题的研究还需要与实践进一步结合,才能取得更加深入的认识。非物质文化遗产类别划分是非物质文化遗产研究中的一项基础工作,它既是理论研究的基础,也是保护实践的需要,对非物质文化遗产其他内容研究的开展有着重要影响,对非物质文化遗产保护实践的深入也有推动和指导意义,对具体非物质文化遗产保护模式的探寻也会产生积极影响。尽管中国非物质文化遗产的分类研究还有一定的缺陷和不足,但通过中国各学科学者和文化遗产工作者的积极探索和实践,相信会建立起令人满意的分类框架体系。

第二节 心所归处——非物质文化遗产的特征

从联合国教科文组织《保护非物质文化遗产公约》的精神来看,非遗有两个重要特性。首先,它是具有包容性的,人们"可以共享非物质文化遗产的各种表现形式,这些表现形式可能与其他人的实践相似",同时"非物质文化遗产不会引发特定的实践是否专属于某种文化的问题"[①]。因此,在2003年公约的框架下,不鼓励用类似"独特的"(unique)这样的形容词描述非遗项目。其次,非遗具有活态性,是在不断变化和演进的,保护的目的是确保其存续力,"保护的重点在于世代传承或传播非物质文化遗产所涉及的过程(processes),而非具体表现形态的产物(production)"[②]。包容性与联合国教科文组织主张文化多元化的一贯立场一致,也是与现有国际人权文件一致的,符合各社区、群体和个人互相尊重的需求;而活态性则体现出顺应可持续发展的要求。

一、无形性

无形性是指非物质文化遗产是无形的,不能被触觉感知的,这一特性是相对物质文化遗产而言的,是非物质文化遗产的根本特性。物质文化遗产是看得见、摸得着的,如一件瓷器、一幅书画、一栋建筑都是以具体的物质形态呈现,能够被感知和把握。非物质文化遗产的存在形态与物质文化遗产的存在形态完全不同,前者是无形的、不可被触觉感知的。如古琴艺术包括古琴的演奏曲调、弹拨技法和记谱方式等,是无形的,是非物质文化遗产。传说、神话、民间故事等口头传说,特别是语言,非物质性或无形性是它们最突出的特点。

---

① 巴莫曲布嫫. 何谓非物质文化遗产? [J]. 民间文化论坛, 2020 (1): 115.
② 巴莫曲布嫫. 何谓非物质文化遗产? [J]. 民间文化论坛, 2020 (1): 117.

案例/专栏 3-1

在时间里流淌的蒙古长调

长调是蒙古语"乌日汀哆"的意译。"乌日汀"为"长久""永恒"之意,"哆"为"歌"之意。在相关著作和论文中,也将其直译为"长歌""长调歌"或"草原牧歌"等。

根据蒙古族音乐文化的历史渊源和音乐形态的现状,长调可界定为由北方草原游牧民族在畜牧业生产劳动中创造的,在野外放牧和传统节庆时演唱的一种民歌。长调旋律悠长舒缓、意境开阔、声多词少、气息绵长,旋律极富装饰性(如前倚音、后倚音、滑音、回音等),尤以"诺古拉"(蒙古语音译,波折音或装饰音)演唱方式所形成的华彩唱法最具特色。

早在一千多年前,蒙古族的祖先走出额尔古纳河两岸山林地带向蒙古高原迁徙,生产方式也随之从狩猎业转变为畜牧业,长调这一新的民歌形式便产生、发展了起来。在相当长的历史时期内,它逐渐取代结构方整的狩猎歌曲,占据了蒙古民歌的主导地位,最终形成了蒙古族音乐的典型风格,并对蒙古族音乐的其他形式均产生了深刻的影响。可以说,长调集中体现了蒙古游牧文化的特色与特征,并与蒙古民族的语言、文学、历史、宗教、心理、世界观、生态观、人生观、风俗习惯等紧密联系在一起,贯穿于蒙古民族的全部历史和社会生活中。长调的基本题材包括牧歌、思乡曲、赞歌、婚礼歌和宴歌(也称酒歌)等。

长调民歌所包含的题材与蒙古族社会生活紧密相连,它是蒙古族全部节日庆典、婚礼宴会、亲朋相聚、"那达慕"等活动中必唱的歌曲,全面反映了蒙古族人民的心灵历史和文化品位。代表曲目有《走马》《小黄马》《辽阔的草原》《辽阔富饶的阿拉善》等。

对长调民歌的研究涉及音乐学的诸多分支学科,对它的研究与保护实际上就是对历史悠久的草原文明与草原文化类型最强有力的传承与保护。

(资料来源:周和平. 第一批国家级非物质文化遗产名录图典(上)[M]. 北京:文化艺术出版社,2006: 57-59.)

二、活态性

在过去漫长的历史时期,广大民众、艺人主要通过口耳相传的形式来构思、表现和传播非物质文化遗产。活态性是非物质文化遗产最重要的特征。人在生产生活中所承载、传承和延续的各种传统习俗、技艺、知识和艺术等都会以一种相对平和且贴近生活的方式呈现出来,成为人们日常生活世界的一部分,区别于静态的历史建筑、文物古迹、遗址聚落等,它们表现出鲜活的生命力。非物质文化遗产的活态性可以分为两个层面:人的层面和社会的层面。人的层面强调突出承载技艺、知识的个体性,社会的层面则着眼于非物质文化遗产具有社会属性,在社会文化生活中承担着重要功能,是社会结构和社会系统中的重要内容,并且与社会系统产生互动。非物质文化遗产的活态性主要依靠人来承载,"活态"与"传承"在某种程度上不可分割,就传统技艺来说,一些巧夺天工的技艺都附着在传承人的生命历程当中，如果精湛的技艺无法被继承，就会出现"人亡艺绝"的情况，联合国教科文组织提出"亟须保护的非物质文化遗产名录"，这是为了唤起人们对承载技艺的人的关注，尽力避免传承的断裂。

案例/专栏 3-2

口述剧本在"秦腔"传承中的价值和意义

在民间演剧中，口头编创是重要传统。相对于书面剧本，口述剧本主要由演员使用或依据一定的程式，在舞台演出中口头编创而成。由于没有剧情的完整文字记录，其唱词、念白、唱腔及舞台动作均由演员即兴发挥，剧本传播主要靠师徒之间的口传心授。从文学角度来看，这些出自民间艺人口述而记录下来的剧本也许水平不高，难与文人写作的定型剧本并称；但作为口述戏剧史料的一个重要分类，由于口述剧本均为"场上之作"，因此是比较真实反映某个剧种在某个历史阶段演出实际情况的"极其宝贵的资料"。二十世纪五六十年代，民间口述剧本曾在政府文化部门主导下被大量挖掘并以文字形式记录，然而，这批剧本因特定时代的政治导向与审美取向等因素大多"先天不足"。口述剧本目前仍在很多地方戏中普遍存在。就秦腔而言，即便定型剧本已广泛通行，却仍有相当数量的民间剧团、班社会在一定场合使用口述剧本进行演出。这其中既包括民营剧团，也包括民间自乐班社。在 2016 年 3 月至 2017 年 8 月开展的陕西省地方戏曲剧种普查工作中，普查组成员曾将秦腔民间演剧形态作为重要考察内容展开实地调研，并针对民间秦腔演出团体剧目、剧本的传承等问题进行过采访、访问、搜集：所调查的 50 个陕西省内秦腔民营团体、71 个民间班社中，近三分之二的剧团、班社仍会在一定演出场合采用口述形态的剧本。

作为地方戏中历史较为悠久的剧种，秦腔的很多剧目虽产生于明清时期，但经过后期文人的改编，大多强调的是剧本文学，关心的是如何以语言文字去充分展现剧作家的创作主旨和意图，而较少考虑戏剧文本在舞台尤其在民间舞台呈现的状态，这客观上为艺人在表演中从事口头编创留下了空间。尤其当秦腔传统剧目在民间演出时，艺人们总要按照可演性原则对原有剧目进行口头与身体表演方面的加工改造，使其通俗化、俚俗化，满足底层民众的欣赏趣味。民间艺人的口头创作是秦腔案头剧本的必要补充和延伸，是文学剧本获得舞台生命的重要途径。

民间艺人对戏曲文本进行的口头再造是一种文化创造，而口述剧本的记录与整理是另一种意义上的文化创造。秦腔民间口述剧本长期以口头形式传唱和教授，难免遗失一些细节和精华的内容，加之许多民间传统表演艺术家年事已高，百年之后，这一剧种在民间的原始风貌将逐渐湮灭。对其进行当代视角的系统记录、整理与挖掘，大多以民间经典版本或最新版本的演出为依据，能够比较真实地反映相当长一个历史阶段及当前秦腔的民间舞台演出形态，从而可对秦腔在民间生存状态与发展状况进行阶段性评估、总结，并在此基础上结合现代的文化特征对其进行保护与传承方面的改良。

无论对于秦腔口述剧本历史的追溯、现实的保护与传承，抑或对未来的指向，都使我们充分认识到整理、挖掘秦腔民间口述剧本的意义与价值。在传承与保护非物质文化遗产意识不断深化的当下，对于秦腔民间口述剧本的整理与挖掘也应更加立体，更注重"非遗"视角的切入。

（资料来源：柳茵."非遗"背景下秦腔民间口述剧本的整理与挖掘[J]. 中国艺术时空，2018(4)：114-120.）

三、传承性

传承性是指非物质文化遗产会不断传递并持续下去。非物质文化遗产的流变与传承是相辅相成的，它只能在口头传说、身体技艺等以人为载体的模式的基础上发生变化，在流传过程中一方面不断增多样式，另一方面又趋于模式化。传承者总是努力保持非遗项目传统的一贯性，同一类型非遗项目的核心内容和基本要素总是不断被重复讲述。相对稳定的模式，对接受者而言是一种"预期"，对传承人来说是"依据和标准"。千百年来，民间非遗传承人一直担任着讲述历史、传播知识、规范行为、维护社区、调节生活的角色，以具身行动对社区的成员进行温和教育。非遗具有直接而亲切的沟通作用，在表达民族情感、促进社会互动、秉持传统信仰方面不可或缺，同时起到增强民族认同、塑造价值观念和影响民间审美取向的功能，是各民族人民生产、生活、情感、心理的艺术创造，在民间社会具有强大的影响力和生命力，历史悠久，丰富多彩，是民族记忆和文化传承的诗意表达。

案例/专栏 3-3

宣纸制作技艺如何传承

宣纸制作技艺是一种典型的多工序性、非单一传承人传承的非物质文化遗产。宣纸是一种广义上的概念，既包括古宣纸（早期宣纸），也包括今宣纸（晚期宣纸或所谓宣纸真纸），二者的划分标准一是产生时间上（唐末或元明时期），二是造纸材质上（是否采用青檀皮等）。我们关注的宣纸指的就是产于泾县、采用青檀皮与沙田稻草等作为造纸原料的手工纸，即今宣纸。宣纸与一般的书画纸虽然都是可用作书画创作的纸张，但二者在制作原料、制作工艺、使用效果、保存时间等方面存在着较大的差异。换句话说，只有原产地在泾县、纸的组成中必须含有一定数量的青檀纤维的书画纸才是宣纸，按照该标准生产的书画纸才能称为宣纸，否则只能称为书画纸。

宣纸制作技艺是传统手工造纸技艺的代表，2006 年"宣纸传统制作技艺"被确定为首批国家级非物质文化遗产保护名录，2009 年被联合国教科文组织列入"人类非物质文化遗产代表作名录"。在造纸业机械化程度不断提高的今天，尽管宣纸自产生至今已有千余年的历史，但时至今日，宣纸的部分制作工艺依然遵照着老祖宗传下来的古法流程。这些流程多以人力手工操作，且细节上未曾发生过多变化。……"宣纸制作工艺非常精细和耗时，从原料采集到成品纸出来，中间要经历皮料制作、草料制作、配料以及捞、压、焙、剪等上百道工序，几乎需要用一年多的时间。""从原料到成纸，宣纸的制作流程需经过108道工序。有些特殊的宣纸，如'仿千年古宣'则需耗时13个月，经历138道工序。"……充分说明了宣纸制作技艺的精细与烦琐，程序复杂，工序繁多，耗时较多，堪称"日月光华，水火济济"，俗语"片纸两年得，操作七十二"之说即指出了宣纸的来之不易。

……

任何一种传统文化与技术工艺得以延续下来，一方面与其自身的生命力以及市场需求有密切关系，另一方面也与其固有的传承模式密切相关。"从历时性来看，非物质文化遗产的传承主要依靠世代相传保留下来，一旦停止传承，也就意味着死亡。而且往往是口传心授，打上了鲜明的民族、家族的烙印。传承人的选择和确定主要着眼于与被选择者的亲戚关系与对其保密性的认可。"宣纸制作技艺的传统传承就遵循了这一规律。过去宣纸的制作多在一些家庭作坊或者小型作坊中，其传承地点就以家庭或个体作坊为主。就此传承模式而言，中国传统社会中的家族传承、性别传承与小作坊传承等一方面限制了宣纸的发展壮大；另一方面也有效地延续了宣纸制作技艺的活态性与本真性。

……

随着社会的发展，宣纸的生产进入了商品经济时代与产业化时期，如何在大量生产宣纸的时代背景下，有效地传承宣纸制作技艺就成为一个新的问题。虽然在"非遗"时代，宣纸制作技艺有了保护与传承的更大的合理性与更好的契机，但仍然面临着某些挑战。其中，宣纸加工过程的辛苦使得很多年轻人不愿意学习这项技艺，导致了传承人的断层，这是最大的问题。宣纸生产工艺技巧绝妙，是智力与体力的结合，充分展现了手工造纸艺术的魅力。虽然大多数造纸企业已在一些环节实现了机械化、自动化的操作方式，造纸工人的劳动强度已大大减少，操作流程也相对简化。然而，宣纸某些环节的生产至今仍保持着传统的手工操作方式，习艺周期相对较长，技术要求高，劳动强度大，苦、脏、累工种多，但待遇相较其他行业的工人来说却一直相对较低……最终导致了宣纸行业的技术人才缺乏，技艺的传承难以为继。

（资料来源：汤夺先. 论多工序性民间制作技艺类非物质文化遗产的传承——以宣纸制作技艺为例[J]. 文化遗产，2016（2）：1-8.）

四、流变性

流变性是指非物质文化遗产在时间上和空间上流传，在流传过程中发生变动。从共时性来看，非物质文化遗产或通过一方有意识地学习、另一方悉心传授，或通过老百姓之间自发地相互学习等方式得以流传到其他民族、国家和区域。这种传播呈现出活态流变的性质，使非物质文化遗产的共有共享成为可能，而且这也是它与物质文化遗产的重要区别之一。通常而言，物质文化遗产的传播通过复制就可以获得。但非物质文化遗产的传播是一种活态流变，是继承与变异二者的辩证结合。在它的传播过程中，常常与当地的历史、文化和民族特色相互融合，从而呈现出继承和发展并存的状况。虽然有变化和发展，但仍然存在恒定性或基本的一致性。以民间文学为例，刘魁立先生曾这样阐述民间文学的流变性："民间文学的一个本质性的创作机制，在于它不是一次完成、一劳永逸的过程。它似乎永远没有绝对的定本。在历史的长河中，在流传过程中，它在不断更新，不断变动。"[①]陈寅恪先生也曾举例说道："夫说经多引故事，而故事一经演讲，不得不随其说者听者本身之程度及环境，而生变易，故有原为一故事，而歧为二者，亦有原为二故事，而混为一者。又在同一事之中，亦可以甲人代乙人，或在同一人之身，亦可易丙事为丁事。"[②]可见，流变性是民间文学的生命和活力所在。

案例/专栏 3-4

《阿诗玛》众多的民间异文

以流传在云南石林彝族撒尼人地区的《阿诗玛》为例，它也是一部保留着极大民间口头文学特色的作品。1953 年 5 月，云南省人民文工团组织了包括文学、音乐、舞蹈和文献等相关人员的圭山工作组，开始深入彝族撒尼人支系聚居的路南县（今石林县）圭山区进行发掘工作。工作组深入群众，虚心向群众学习，搜集到《阿诗玛》材料共 20 份，其他民间故事 33 个，民歌 300 多首。工作组在发掘期间对撒尼人的政治、经济、文化生活、风俗习惯、婚姻制度、民族性格等方面也进行了调查。经过分析讨论、综合整理和反复修改等工作阶段，历时半年，完成了《阿诗玛》的文字定稿。李广田先生的研究表明，圭山工作组经过三个月的调查，搜集到关于《阿诗玛》的传说异文共 20 种，假如再进行深入的调查，放宽调查范围，假如能直接用撒尼人的语言去进行工作，还可以得到更多更宝贵的材料。李广田说道："由于《阿诗玛》是长期流传在撒尼人民口头上的诗篇，在故事结构上，在描述的或详或略上，都有很大的差异，有的这一部分过分烦琐而另一部分过分简略，有的则是有头无尾，或中间缺乏联系……整理这样一部叙事诗，要能保持撒尼人民的艺术风格，确是一件相当困难的事。反复阅读 20 份材料，回头再读整理本，总感到整理本中少了一点什么，同时又多了一点什么。少了点什么呢？恐怕就是撒尼劳动人民口头创作的艺术特色。多了点什么呢？恐怕就是非撒尼劳动人民口头创作的气味。"尽管如此，我们今天阅读整理翻译后的《阿诗玛》，依然能感受到它的语言极具特色，富有音乐节奏美的唱词，很多生动贴切的比喻，全诗充满了自然、朴素、简洁、新鲜、明朗而风趣的表现手法，都来源于撒尼人民的智慧创造。

（资料来源：黄铁，杨智勇，刘绮，等. 阿诗玛[M]. 昆明：云南人民出版社，1960：4.）

---

① 刘魁立. 刘魁立民俗学论集[M]. 上海：上海文艺出版社，1998：97.
② 陈寅恪. 西游记玄奘弟子故事之演变（金明馆丛稿二编）[M]. 北京：生活·读书·新知三联书店，2001：217-218.

五、地域性

一个民族大都有自己特定的生活和活动地域,自然环境对该民族有很大影响,进而促进民族的文化的形成。通常,非物质文化遗产都是在一定的地域产生的,与该环境息息相关,该地域独特的自然生态环境、文化传统、宗教、信仰、生产生活水平,以及日常生活习惯、习俗都决定了其特点和传承;离开了该地域,非物质文化遗产便失去了其赖以存在的土壤和条件,也就谈不上保护、传承和发展。地域性既体现又进一步强化了非物质文化遗产的民族性。新疆维吾尔族木卡姆传播到了阿塞拜疆等世界其他国家和地区,在其传播过程中有了某些变异和新的发展,并深深地打上了这些区域的烙印,由新疆十二木卡姆演变而来的阿塞拜疆木卡姆和新疆维吾尔族木卡姆艺术曾先后被联合国教科文组织认定为人类口头和非物质遗产代表作。实际上,新疆维吾尔族木卡姆艺术包括了十二木卡姆、吐鲁番木卡姆、刀郎木卡姆、哈密木卡姆等,即使同属于新疆维吾尔族木卡姆,这些木卡姆之间也因产生地和流传范围的不同而有所区别。

案例/专栏 3-5

地方特色饮食健康非遗项目——凉茶

凉茶是粤、港、澳地区人民根据当地的气候、水土特征,在长期预防疾病与保健的过程中,以中医养生理论为指导,以中草药为原料,食用、总结出的一种具有清热解毒、生津止渴、祛火除湿等功效,伴随人们日常生活的饮料。它有特定的术语指导人们日常饮用,既无剂量限制,也无须医生指导。

公元306年,东晋道学医药家葛洪南来岭南,由于当时瘴疠流行,他得以悉心研究岭南各种温病医药。葛洪所遗下的医学专著以及后世岭南温派医家总结劳动人民长期防治疾病过程中的丰富经验,形成了岭南文化底蕴深厚的凉茶,其配方、术语世代相传。关于凉茶的历史典故、民间传说在岭南和海外广为流传,经久不衰。数百年来,林立于广东、香港、澳门的凉茶铺,形成了一条岭南文化的独特风景线。

凉茶配制技艺以家族世袭传承下来,已有数百年历史。"文化大革命"时期,凉茶文化虽遭到了严重破坏,不仅凉茶铺关门,有关凉茶的制作器具、遗址、遗迹、史料、照片等文物也所剩无几,但其在港、澳地区仍经久不衰。王老吉、上清饮、健生堂、邓老、白云山、黄振龙、徐其修、春和堂、金葫芦、星群、润心堂、沙溪、李氏、清心堂、杏林春、宝庆堂16个凉茶品牌的54个配方及其所构成的凉茶文化得到了民众的广泛认可。

凉茶文化的悠久历史和广泛的民间性、公认的有效性、严格的传承性及巨大的后发效应,使其成为世界饮料的一匹"黑马"。喝凉茶是一种地方性知识与文化惯习,它所蕴含的是粤港澳地区人们对自然、身体"冷—热"的认知观念,这些地方性知识与社会惯习不能被排除在非物质文化遗产之外。但人们往往只关注到凉茶作为商品或生产技术的层面，而忽略了凉茶对于地方性知识的承载。

（资料来源：本书作者根据网络资讯整理编写。）

六、集体性

从非物质文化遗产项目的传承人来看，有时表现为个体性，但从总体上来说，非物质文化遗产不是个体，而是集体智慧和集体创造的产物，通常以一定的居住地、社区、民族或国家为单位，并在这样的范围内流传、延续和传播。也许最初是由某个人的偶然的个体行为引发的，但在其创造、完善和传承过程中，主要是集体创造的产物，吸收和积累了许多人的聪明才智、经验、创造力、技艺。集体性有两个含义：一是指任何非物质文化遗产都是由一个特定的群体共同完成的；二是指任何非物质文化遗产都为一个特定的群体所共有。也就是说，非物质文化遗产的产生和流传都是集体的产物，并在集体创造传承的过程中，形成独特的集体记忆和群体情感认同。例如大理地区流传着南诏始祖细奴逻的传说，其中有太上老君点化细奴逻的故事，这些故事都是依托大理这片地域存在的，故事里主人翁生活交游、行踪轨迹、人生历程都能找到具体对应的场所和遗存，使得故事和传说在民间社会能够长久生动而鲜活地存在着。

案例/专栏 3-6

格萨尔王传——多民族共同的文化情感记忆

《格萨（斯）尔》是关于藏族古代英雄格萨尔神圣业绩的宏大叙事。史诗讲述了格萨尔王为救护生灵而投身下界，率领岭国人民降伏妖魔、抑强扶弱、安置三界、完成人间使命，最后返回天国的英雄故事。凭借杰出艺人的说唱，史诗千百年来流传于中国西部高原地带的广大牧区和农村，全面反映了藏族以及其他相关族群关于自然万物的经验和知识，成为藏族等族群普通民众共享的精神财富，至今仍是藏族等各族群历史记忆和文化认同的重要依据。《格萨（斯）尔》是世界上迄今发现的史诗中演唱篇幅最长的，它既是族群文化多样性的熔炉，又是多民族民间文化可持续发展的见证。这一为多民族共享的口头史诗是草原游牧文化的结晶，代表着古代藏族、蒙古族民间文化与口头叙事艺术的最高成就。

《格萨（斯）尔》以口耳相传的方式讲述了格萨尔王降临下界后降妖除魔、抑强扶弱、统一各部，最后回归天国的英雄业绩。在很久很久以前，天灾人祸遍及藏族居住的地方，妖魔鬼怪横行，黎民百姓遭受荼毒。天神之子格萨尔下凡降魔，做了黑头发藏人的君王。格萨尔降临人间后，多次遭到陷害，但由于他本身的力量和天神们的保护，不仅没有遭到毒手，还将害人的妖魔和鬼怪杀死了。格萨尔从诞生那天开始，就为民除害，造福百姓。从《格萨（斯）尔》的结构来看，故事在时间跨度上包含了藏族社会发展的两个重大历史时期,地域跨度上包容了大大小小近百个部落、邦国和地区,纵横数千里,内涵丰富,结构宏伟。它的内容主要分为三个部分,第一,降生,即格萨尔降生部分;第二,征战,即格萨尔降伏妖魔的过程;第三,结束,即格萨尔返回天界。三个部分中,以第二部分"征战"内容最为丰富,篇幅也最为宏大。除了著名的四大降魔史《北方降魔》《霍岭大战》《保卫盐海》《门岭大战》,还有18大宗、18中宗和18小宗,每个重要故事和每场战争都构成一部相对独立的史诗。藏族史诗演唱形式以"伯玛"说唱体为主,散、韵兼行,有80余种演唱曲牌,综合运用语调、声腔、表情、手势、身姿等表演方式;蒙古族史诗演唱多用马头琴和四胡伴奏,融汇了好来宝及本子故事的说书风格。藏族史诗演述人按传承方式分为神授、掘藏、圆光、顿悟、闻知、吟诵及智态化等类型;蒙古族史诗演述人多为师徒相传。

《格萨(斯)尔》在多民族中传播,不仅是传承民族文化、凝聚民族精神的重要纽带,也是各民族相互交流和相互理解的生动见证。此外,这部史诗还流传到了境外的蒙古国、俄罗斯的布里亚特、卡尔梅克地区以及喜马拉雅山以南的印度、巴基斯坦、尼泊尔、不丹等国家和周边地区。这种跨文化传播的影响力是异常罕见的。

(资料来源:本书作者根据相关图书资讯整理编写。)

七、整合性

非物质文化遗产是在漫长的历史过程中形成的,有着极为丰富的政治、经济、社会、历史、文化信息。在传承过程中,又积累了历代传承者的智慧、技艺和创造力,成为人类智慧和创造力的结晶。它们本身不仅包含着丰富的历史文化信息,从中也反映出传承者们的思维、情感、价值观等。例如,列入人类口头和非物质遗产代表作的中国古琴艺术,就以其积淀的深厚的文化、历史、情感等信息而著称。古琴是世界上最古老的弹拨乐器之一,有三千多年的悠久历史。古琴艺术以音乐为主要载体,吸收了中国音乐的精华,与文人雅士的生活、情趣和精神创造联系密切,具有丰富的人文内涵,从多方面体现了中国传统文化精神,对于中国音乐史、美学史、文化史的研究也都有重要的价值。非遗中很多民俗项目也具有文化积淀场和文化集约丛的性质,是由文化要素、经济要素、生产要素、社群联系、娱乐交游、信仰祭祀等多种功能集合而成的。

案例/专栏 3-7

妈祖信俗——文化的交融与整合

妈祖,又称"天妃""天后",是中国南方影响最为深远的女神之一。她原系 10 世纪末福建莆田的一位巫女,死后被奉为神,以显灵海上闻名,在与其他神明的竞争中脱颖而出,得到历代王朝敕封。宋代以来,妈祖信俗逐渐沿海岸线传播到粤、琼沿海,此后又沿水路深入珠江水系的东、西、北、韩江流域,深入广东内陆腹地。珠三角地区经济发达,水上交通便利，很早就与福建建立了海上商贸往来关系，加之大量移民从福建迁入，珠三角成为广东妈祖信俗最为普遍的地区之一。800多年来，珠三角社会各阶层创建了数量可观的妈祖庙，仅顺德一地，20世纪初较大的妈祖庙就有62座，由此可以看出妈祖信俗在珠三角地区的兴盛之势。

明中期以前，妈祖庙宇的建立与文武官员、地方士绅关系较大。后来随着市镇、航运及商业网络的发展，商人开始成为妈祖信俗的重要支持者。圩镇发展最迅速的顺德、东莞、南海、新会等县也是妈祖庙宇分布较多的地方。为了适应商品流通的需要，广东的水运初步形成航运网，连接各地港口、津渡和圩镇。商品和人群的流通使得作为航运保护神的妈祖随之流动，传布于沿海与沿河地区。

清代前期，广东地区航道增辟，拓展了水陆转驳的关隘运输，连接各江的航道网形成，作为船家祈祷场所和航道标识物的天后庙大量建立。

珠三角的妈祖信俗具有两个方面的特征：一方面，作为源于福建、传布广泛的一种信仰体系，不同区域存在的妈祖信俗在抽象的文化层次上保持着某种价值和结构上的一致性。妈祖起源神话的叙事框架乃是各地妈祖信俗共同的标准化起源叙事，保障了散处各地的妈祖庙宇和各种表面有着巨大差异的祭祀活动始终指向同一位女神、同一处起源地和同一个纪念日。由宋迄清，妈祖起源神话在传播的过程中逐渐形成了相对稳定的叙事框架，即福建莆田湄洲岛林姓女子，生于宋建隆元年（960年）农历三月廿三日，殁于雍熙四年（987年）农历九月初九日。该女子天生神异，能预言祸福。另一方面，妈祖起源神话的原型化与典范化经历了一个长时期的历史过程，它传入珠三角后经过长时段的演变，已被赋予若干地域化特性，成为当地文化体系的一个构成部分。

妈祖的神职功能也由于地方民众的生活实践经验演绎而呈现出扩大化趋势。历史学者李伯重将妈祖的形象和职能归纳为三个演变阶段，即乡土之神、公务之神与海商之神。在向不同地区扩展的过程中，妈祖的神格不限于保护海上航运之神，更发展成为水神、商业保护神等，逐渐具有了多重神格。

对于珠三角地区来说，妈祖属于外地神灵，但是经过历时性的发展，该信俗逐渐由闽入粤，并形成当地民众的主要民间信俗。这背后呈现的不仅仅是妈祖信俗的传播与落地，而且是闽粤两地之间经济、政治、族群的交往与融入。

（资料来源：周大鸣. 广东珠三角的妈祖信俗与地方社会[J]. 民族艺术，2021（5）：71-80.）

八、系统性

非物质文化遗产的系统性指非物质文化遗产既与其"物质的"手段、载体相联系，又与其"活态的"的技艺相联系，还与其存在、传承、延续、发展所必需的环境相联系，这些环境包括自然生态环境、人文生态环境、经济生态环境。事实上，非物质文化遗产的系统性就是实施文化生态区保护的主要依据。文化生态系统包括文化的自然生态环境、人文生态环境、经济生态环境，它与一定地域的生产方式、社会生活、价值观密切相关，作为一个完整的体系，它具有独立性、整体性、开放性等特点。文化生态环境是文化遗产得以存在、传承和发展的土壤，也是非物质文化遗产保护的应有之义，只有保护了它，才能从根本上保护各个具体的非物质文化遗产项目。例如，流行于中国西部宁夏、青海、甘肃等地的"花儿"以鲜明的乡土色彩和强烈的抒情性著称，作为一种深受回、汉、藏、撒拉等多民族人民喜爱的山歌，它历史久远，内容丰富，歌词生动，曲调感人，集歌唱、文学、艺术于一身，具有极高的艺术价值、文学价值、文化价值、历史价值。它主要在"丝绸之路"周围流行，与那里的生产方式、生活方式和大的环境密切相关，对于这样的文化遗产，不但要关注其自身，也要关注其赖以生存的大环境，从其系统性出发，完整而全面地理解、认识它："这个区域里的自然生态环境、山川河流、四季运转而养成的审美情趣；社会各类族群、群体的结构和跨族际的互动惯例；它的相对稳定的农耕生产（最少也是半农半牧地带）与生活方式的'自给自足'，在精神层面上的'自创自享'的意识；族群之间交流桥梁的创造和交往习俗；约定俗成的观念和各自信仰禁忌的共处……就构成了'花儿'赖以根植、存活繁茂的文化生态链。只有这个文化结构，才是'花儿'与其主人——当地各族群及文化空间的文化植被。"①

案例/专栏 3-8

送王船习俗体现人与海洋之间的可持续联系

送王船是广泛流传于中国闽南和马来西亚马六甲沿海地区的禳灾祈安仪式，既有共性，又有地方性。在闽南，大多每三或四年在秋季东北季风起时举行；在马六甲，则多在农历闰年于旱季择吉日举行。仪式活动历时数日，或长达数月。遗产项目植根于滨海社区共同崇祀"代天巡狩王爷"（简称"王爷"）的民间信俗。当地民众认为，王爷受上天委派定期赴人间各地巡查，拯溺扶危，御灾捍患；而海上罹难者的亡魂（尊称为"好兄弟"）四处漂泊，无所归依。因而，人们定期举行迎王、送王仪式，迎请王爷巡狩社区四境，带走"好兄弟"。届时，人们在海边、滩地迎请王爷至宫庙或祠堂，用供品祭祀王爷；竖起灯篙召唤"好兄弟"，普度"好兄弟"。送王时，人们请王爷登上事先精心制备的王船（木质或纸质的船模），民众以各种艺阵开道，簇拥着王爷巡查社区四境，一路召请"好兄弟"登上王船，随王爷一同出海远行，继续代天巡狩的使命，济黎民百姓，保四方平安。因此，该项目被当地社区民众称为"做好事"。该遗产项目体现了人与海洋之间的可持续联系，被中马两国的相关社区视为共同遗产，长期以来发挥着巩固社区联系、增强社会凝聚力的作用，见证了"海上丝绸之路"沿线的文化间对话，体现了顺应可持续发展的文化创造力。

（资料来源：本书作者根据网络资讯整理编写。）

---

① 郝苏民.非遗保护中从"花儿"的田野考察与"文化空间"引发的思考[M]//王文章主编.非物质文化遗产保护与田野工作方法.北京：文化艺术出版社，2008：445.

以上从整体上对非物质文化遗产的特性进行了归纳和总结。当然，非物质文化遗产内容的繁杂也使得每一类非物质文化遗产都具有不同的特性，如民俗类非物质文化遗产与民间美术类非物质文化遗产既存在共性，也存在差异；民间音乐类与传统体育竞技类、民间美术与口头传说类等，各小类别的非物质文化遗产具有各自的特性。因此，对非物质文化遗产的特性进行考察时，既要注意到其作为非物质文化遗产具有的共同特性，也要注意其自身作为生产、生活、文化、信仰等方面的类别特性，甚至可以细化到个体特性。

本章小结

- 非物质文化遗产现象本身十分丰富且复杂，根据分类主体的研究视角、分类原则和标准，以及目的和需要的不同，形成不同的非物质文化遗产分类体系，通过分类学的梳理和分析，为非遗分类体系的调整和建构提供帮助，丰富非遗分类的内涵和意义。

- 非物质文化遗产的特性普遍存在于各项非物质文化遗产中，它们是各类非物质文化遗产共同具有的特性。非物质文化遗产的特性不是孤立存在的，而是相互影响、相互制约的。

- 非物质文化遗产分类除了掌握非遗自身的分布规律和传承规律，还要考虑不同地域、不同文化对非遗价值的影响，接受文化的差异性现实和多样性选择。明确非物质文化遗产的分类体系，要坚持科学性、真实性、实用性和全面性原则。

综合练习

一、本章基本概念

非物质文化遗产类别　国家级非物质文化遗产名录的分类　非物质文化遗产基本特征

二、本章基本思考题

1. 结合自己对非物质文化遗产的认识，谈谈非物质文化遗产分类的意义。
2. 非物质文化遗产的分类如何既能借鉴国际规范，又能符合中国非物质文化遗产保护实践与理论研究的实际？
3. 比较"非物质文化遗产分类代码表"与"国家级非物质文化遗产名录"的非物质文化遗产分类方法各自的优点和长处。
4. 非物质文化遗产的基本特点有哪些？
5. 非物质文化遗产的性质是什么？
6. 走访自己家乡或学校所在地的非物质文化遗产传承人，了解他们对非物质文化遗产的认识。

第四章

非物质文化遗产研究的历史脉络

学习目标

通过对本章的学习，学生应了解或掌握如下内容：
1. 掌握"非物质文化遗产"这一概念提出之前中国的非遗研究历程；
2. 了解非物质文化遗产研究在各个阶段的研究焦点；
3. 了解非物质文化遗产研究在各个阶段的主要成果；
4. 了解非物质文化遗产研究在各个阶段的重要学者。

导言

"非物质文化遗产"作为一个学术概念，其确立经历了漫长的过程。

日本、韩国等国家，从20世纪中期开始使用"无形文化财""民俗文化财"等术语制定了相关的遗产保护法律，其关注民间的、非实物性的文化遗产的视角与经验对各国产生了一定影响。联合国教科文组织自20世纪70年代构建与"遗产"相关的保护体系，先后提出了"文化和自然遗产"（1972）、"民间创作"（1989）等术语。"1996年，世界文化发展委员会的报告《保护民间创造的多样性》指出，1972通过的《世界遗产公约》无法适用于手工艺、舞蹈、口头传说等表达类型的文化遗产。报告呼吁对此进行深入研究，正式承认这些遍布全球的非物质遗产和财富。"[①]1997年，"人类口头与非物质遗产"正式在联合国教科文组织的文献当中使用，2001年，该词调整为"非物质文化遗产"并沿用至今。

由概念演变的历程便可看出，国际社会对"非物质文化遗产"所指代的边界与内容是在文化遗产保护实践的过程中不断清晰与细化的，中国也并非从一开始就确立了非物质文化遗产保护的内涵与外延，在相关领域的研究大约经历了100年之久。这一研究历程大约可分为2001年非遗概念确立之前的"前非遗"阶段、非遗概念确立后的高热阶段，以及当下更为理性的"后非遗"阶段。

---

① 巴莫曲布嫫. 非物质文化遗产：从概念到实践[J]. 非物质文化遗产保护，2008（1）：7.

第一节 所见到所思——非遗研究的肇始

"非物质文化遗产"这一名词从 2003 年开始使用,联合国教科文组织对该名词的解释为:被各群体、团体、有时为个人视为其文化遗产的各种实践、表演、表现形式、知识和技能及其有关的工具、实物、工艺品和文化场所。根据《保护非物质文化遗产公约》的规定,非物质文化遗产可分为五个领域:① 口头传说和表述,包括作为非物质文化遗产媒介的语言;② 表演艺术;③ 社会风俗、礼仪、节庆;④ 有关自然界和宇宙的知识和实践;⑤ 传统的手工艺技能。从定义与领域就可看出,虽然这类文化遗产并没有强调由民间大众创造、流传于民间等特征,但就中国的实际情况而言,它所指代的范围与民俗民间文化有着较大的交叉,而中国近现代对于民俗文化保护的研究,一般认为是从 1918 年的歌谣运动开始的。这一时期还未使用正式的"非物质文化遗产"一词,因而本书将相关的研究历史概括为"前非遗阶段"。

一、以歌谣运动为起点的"前非遗阶段"研究

(一)歌谣运动

欧洲对民间文学、民间习惯的记录与研究大约始于 19 世纪中期。至 20 世纪初,已经形成了一批较为系统的民俗研究成果,所总结的理论与方法对民间文化留存丰富的中国也有一定影响。中国是一个历史悠久、文化遗存非常丰富的国家,但长期以来,受到文化"二元论"的影响,对"上层文化"的记录较系统,而"下层文化"则基本处于自发传播的状态。"五四"时期,中国的知识分子们率先认识到平民文化是中华文明不可或缺的组成部分,强烈呼吁对正在消散的民间民俗资料进行调查与搜集,将文化研究关注的重心由上层文化、精英文化、典籍文化等拓展到民间文化。

1918 年 2 月,刘半农、沈尹默等在北京大学校长蔡元培的支持下,在《北京大学日刊》上发起了征集民间歌谣的倡议。随后,"北京大学歌谣征集处"挂牌成立,歌谣征集活动正式展开。据统计,至 1920 年 12 月,该刊物征集了 1700 多首民间歌谣,范围覆盖四川、安徽、黑龙江、广东、湖北等诸多地区,在社会上逐渐带动了对民间歌谣进行采集与整理的风气,并得到了众多报刊、学者,甚至青年学生的积极响应。

活动顺利开展后,1920 年 12 月,歌谣研究会在北京大学正式成立,并发行《歌谣》周刊。该刊物除了刊登民间歌谣,还开辟了专题性的研究、讨论等栏目,令歌谣采集活动更具备理论性和专业性,歌谣运动已经具备了学术研究的雏形。

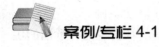

案例/专栏 4-1

《歌谣》创刊号发刊词摘录

本会搜集歌谣的目的共有两种，一是学术的，一是文艺的。我们相信民俗学的研究在现今的中国确是很重要的一件事业，虽然还没有学者注意及此，只靠几个有志未逮的人是做不出什么来的，但是也不能不各尽一分的力，至少去供给多少材料或引起一点兴味。歌谣是民俗学上的一种重要的资料，我们把他辑录起来，以备专业的研究，这是第一个目的。因此我们希望投稿者不必自己先加甄别，尽量地录寄，因为在学术上是无所谓卑猥或粗鄙的。从这学术的资料之中，再由文艺批评的眼光加以选择，编成一部国民心声的选集。意大利的卫太尔曾说："根据在这些歌谣之上，根据在人民的真情感之上，一种新的'民族的诗'也许能产生出来。"所以这种工作不仅是表彰现在隐藏着的光辉，还在引起将来的民族的诗的发展，这是第二个目的。汇编与选录即是这两方面的预定的结果的名目。

（资料来源：《歌谣》发刊词，《歌谣》周刊第 1 号，1922-12-17。）

【思考】《歌谣》在搜集资料时有哪些特点？

中国文化积淀丰富，而长期以来，民间大众所创造、传播的文化或多或少地被贴上"粗俗"的标签，其文化价值并没有被充分地认识到。上述发刊词中提到"投稿者不必自己先加甄别，尽量地录寄"，便体现了对民间文化的开放心态，"从这学术的资料之中，再由文艺批评的眼光加以选择"，则强调了以学术的方法对所采集的资料进行分析，再从中反映"国民心声"，这一号召与提议在当时十分具有启发意义。

由于时局变化，1925 年 6 月，《歌谣》周刊并入《北京大学研究所国学门周刊》，1936 年复刊后，又于 1937 年 6 月 27 日二度停刊，最终出版刊物共计 53 期。《歌谣》创刊的初衷是扩大对文学和艺术的研究范畴，但实际上，这份刊物所影响的不仅仅是民间文艺，它对中国本土化的民俗研究也起到了巨大的推动作用。

第一，"歌谣运动"及周刊向全国各地采集了大量歌谣材料，为之后开展的民俗学研究，甚至为近百年之后的非物质文化遗产普查提供了丰富的依据。"从 1918 年 2 月至 1936 年 6 月，总共采集歌谣至少 16016 首。"[1]歌谣产生自民众百姓的日常生活，反映人们的真情实感，并与民间的习俗、节庆、仪式紧密相关，无论是从音乐、文学创作的程式性与艺术风格来看，还是从当中所记录的民间风俗的形式来看，都为后人研究中国传统文化、平民文化提供了鲜活、庞大的文本。

第二，学者们对民歌中反映的民俗事象进行了地方化归纳。《歌谣》发起了面向全国各地的征集活动，也收到了来自大江南北的作品，其中，以河北、江苏、山东、云南等地

---

[1] 葛恒刚. 北大歌谣征集运动的回顾与反思[J]. 南京师大学报（社会科学版），2017（1）：142.

的作品尤为突出。民歌的主题与内容中反映出不少区域性特征,如方音、方言、地理民俗等,这些地方差异为文化地理学视角下开展的文化比较研究打下了坚实基础。

第三,对民歌中的主题进行挖掘与分类,从中还原了部分真实的社会生活。歌谣的主题与内容集中体现了中国民间社会的方方面面,如家庭结构、婚姻关系、女性角色、年节传统、历史传说等。学者们对此进行了基础分类,从而展现了层次丰富的中国社会生活图景。

第四,唤起了青年学者对本土文化研究的强烈认同感与自觉性。19世纪末以来,德国、芬兰、英国、俄国等欧洲国家的民俗研究取得了长足进步,并涌现了一批著名的民俗学者。中国虽起步较晚,但歌谣运动揭开了国内学者近代民俗研究的序幕。20世纪的中国正经历着社会、文化与国际关系的巨大变革,这一时期将目光投向中国博大精深的民俗民间文化遗产,在历史的脚印中筑牢中华文化血脉的根基,对于振奋人们的民族精神、增强同胞的凝聚力、进一步唤起民众的爱国心,有着不可忽视的影响。

(二)民俗研究运动

歌谣运动的发起学者主要来自文学界,其对文学研究的促进与推动作用是非常明显的。在歌谣运动的影响下,民俗研究又有了更深入的推进。1923年5月,风俗调查会在北京大学正式成立,积极地开展了文献调查、实地调查、器物收集等方面的工作。从各地征集而来的纸马、春联、年画等,都为后续的民俗比较研究提供了充实的材料。1925年5月,顾颉刚等教授对妙峰山庙会开展的田野调查,亦首开高校学者联合进行田野调查的先河。不仅如此,北京大学还开始开设民俗学课程,将民俗学研究引入高等教育和研究。

1926年,顾颉刚、容肇祖等学者赴中山大学任教,沈兼士、林语堂等学者赴厦门大学任教,这两所大学的民俗活动也活跃起来。1926年秋,厦门大学国学研究院组织风俗调查会,以闽南为中心,以覆盖全国为目标,对各处的民情、生活、习惯、风俗等进行田野作业。风俗调查会设置了风俗物品陈列室,在对民俗事象进行记录与学术研究的同时,将相关物件进行展陈,为日后的博物馆建设打下基础。1927年11月,中国民俗学史上的第一个民俗学会——中山大学历史语言研究所民俗学会成立,它创办了民俗学刊物《民间文艺》(后改为《民俗》周刊),发表了大量民俗学的文献资料与研究文章。

1928年,《民俗》周刊的主编钟敬文到杭州任教,并于1930年发起成立了杭州民俗学会,中国民俗学研究的范畴再一次得到拓宽与延伸。从北京大学歌谣运动开始的民俗学运动,有如星星之火在祖国大江南北点燃了学术研究的热情。

有学者曾指出:"人类在成长过程中所经历的、习得的和实践所获得的知识积累,这种民间的和传统的知识与所谓科学知识存在着差别。(利奇和弗里德)"[①]不可否认,20世纪30年代的中国,社会民众与学界对民间文化还存在一些隔膜与偏见,尚有一些声音为民间传统贴上"落后""过时"等标签,将其排除在文化体系之外。在民俗学运动所开

---

① 吉国秀. 知识的转换:从民众的知识到民俗学者的知识[J]. 民间文化论坛,2006(3):38.

展的各类学术活动的持续影响下，诸多散落于民间的艺术、风俗与惯习等，不断在学术研究中获得了重视，中华多元一体文化的画卷得以更完整的绘制，这些成就对于今天非遗保护的方法论、本体论的形成同样具有重大贡献。具体表现在：

第一，对民俗资料进行收集、盘点与整理，充实了相关出版物。"纵览《民俗》周刊的历程，计发表民间故事180篇，传说112篇，歌谣160首，谜语38则，谚语9条，民间趣事27条，风俗130则，信仰37则，研究文章300多篇，通讯26则。"[①]民俗学运动持续向民众征集的各类文字记录、反映民俗事象的相关物件，为民俗类文化遗产的后续研究提供了丰富的材料与依据。以此为基础，《民间故事丛话》《楚辞中的神话和传说》《民间文艺漫话》《中国俗曲总目稿》等书籍，《印欧民间故事型式表》等译本陆续出版，中国文化遗产研究的总结性资料得以扩充。

第二，为非物质文化遗产研究方法的形成奠定了基础。张瑜的《民俗学的性质、范围和方法》，林耀华的《从人类学的观点考察中国宗族乡村》，杨成志的《民俗学之内容与分类》，吴文藻的《民人学与民族学》等，从不同角度和学科背景对研究方法进行了阐释。1936年6月22日的《厦大周刊》曾刊登林惠祥《怎样研究民俗学》的演讲稿，在"实施研究"的部分，提出了比较的研究法、历史的研究法、心理学的研究法、语言学的研究法等，为尚处萌芽期的民俗学运动提供了科学研究的方式与工具，对今天的非物质文化遗产保护也依然具有参考作用。

第三，扩大了民俗学研究的地理范围。民俗运动的重要阵地由北京大学拓展到南方各所高校后，民俗学会对广东、福建、浙江以及西南少数民族聚居的地区投入了大量关注，为地方性民俗研究拓宽了调查区域。

第四，推动了高校的民俗学科建设。各所学校从办刊、成立科研机构等开始，鼓励教师学者依托学校已有的学术研究基础，开展田野调查、史料收集、分类归纳等工作，并陆续开设"民间文学""民俗学"等课程，通过常规教学、开办民俗学传习班等方式，既在校内、校外培训了民俗调查研究的人才，又在教学活动中夯实了将外国理论中国化、本土化的能力，探索了符合中国国情的文化遗产调查与研究方法。

毫无疑问，从1918年开始的歌谣运动对中国非物质文化遗产保护的研究影响是巨大的，有学者将其称为"中国非遗的史前史"[②]。几乎在"非物质文化遗产"这一概念提出前100年，中国一批极具社会责任感与前瞻性的学者已经迈出了中国非物质文化遗产保护的步伐，他们在动荡不安的时局中，一面汲取西方民俗学研究的经验与方法，一面反思中国民间文化习俗在整个文化体系中的地位，对民间文化的价值给予了坚决肯定。早期的学术研究群体从搜索、记录、调查、访问等基础性工作开始，对民间大众生活当中所凝结的中华文明发展脉络——剖析与整理，其间所收集、发表的民俗资料，所探讨的民俗问题，向民众普及的民俗学知识，无论对学者还是对社会大众，都有着重大的启蒙意义。

---

① 方曙.《民俗》周刊与中国现代民俗学运动[J]. 安徽师范大学学报（人文社会科学版），2006（5）：615.
② 董永俊. 民族民间文艺：中国非遗的史前史[J]. 炎黄春秋，2021（6）：58-62.

二、新中国成立后的非遗保护研究

新中国成立后,国家一边着手社会、经济、科技的振兴,一边开展新文艺建设。劳动人民的地位有了极大的提升,民间文艺的地位也发生了变化。1949 年至 1966 年,民间戏剧、美术、文学等在原有表现形式的基础上,进行了大量改编、创新的尝试,形成了诸多既继承了传统又符合新形势需求的作品。1966 年至 1976 年,受政治因素的影响,文化建设工作遭遇了严重的停滞。1978 年改革开放后,文化遗产保护工作重新恢复且蓬勃发展起来。尽管新中国成立后的半个世纪中,"非物质文化遗产"这一名词仍未确立,但在钟敬文等学者的不懈坚持下,文化遗产的研究工作借助着民间文艺、民俗文化等学科建设活动的开展,取得了长足的进步。

(一)树立了清晰的学术理念与科学的研究方法

1950 年,中国民间文艺研究会(后改名为"中国民间文艺家协会")成立,并创办《民间文学》杂志。该研究会对搜集资料、批判继承的工作非常重视,其章程中明确提出:"在搜集、整理和研究中国民间的文学、艺术,增进对人民的文学艺术遗产的尊重和了解,并吸取和发扬它的优秀部分,批判和抛弃它的落后部分,使有助于新民主主义文化的建设。"[①]相较于歌谣运动时期,学者们对民间文艺有了更全面、更深入的把握与认识,但出于对百姓作为创造者、传播者这一身份的尊重,以及对作品"本真性"的重视,《中国民间文艺研究会征集民间文艺资料办法》对民间故事的搜集整理工作提出了规范化记录、忠实记录的要求:"在记录和整理的方法上,也有些地方值得我们考虑。有些故事的记录者,拿当前的思想或政策去改串故事的意思和情节,拿现在流行的或个人爱好的文体去改变它固有的叙述,并且大都连一点声明也没有(有的歌谣的记录者也这样做,但是比较少数的)。记录民间故事歌谣等,必须充分踏实于民众原有的思想和口吻,这是起码的规条。为什么要这样做呢?因为劳动人民的固有创作(至少有些的创作),是有它自己思想上和艺术上的优点和特色的。一般记录、整理的主要目的,是供给文艺工作者、文化工作者以研究、参考或学习的资料。因此,就必须尽量保持原来的精神和面貌。"[②]

中国民间文艺研究会多次举办学术讲座,以杂志为平台发表了大量与歌谣、神话、传统节日、民族艺术、民居建筑等相关的研究类文章,在信息采录方面取得了重大进展,《召树屯》《阿诗玛》《娥并与桑洛》《格萨尔王传》《玛纳斯》《江格尔》等搜集的成果后来都被列入了"国家级非物质文化遗产名录"。

改革开放初期,该研究会大力呼吁推动民俗研究的发展,成立研究机构。"1978 年秋,由钟敬文草拟,由顾颉刚、白寿彝、容肇祖、杨堃、杨成志、罗致平、钟敬文联名,向中国社会科学院递交了关于民俗学的倡议书,1979 年 11 月召开中国民间文学工作者第 4 次

[①] 中国民间文艺研究会. 民间文艺集刊(第一册)[M]. 北京:新华书店,1950:104.
[②] 钟敬文. 民间文艺学上的新收获[J]. 新建设,1951(1):51-56.

代表大会时,以《建立民俗学及有关研究机构的倡议书》为题印发给大家,当年 12 月号的《民间文学》作了全文刊载。"①这份倡议书道出了民俗学推进的意义——推陈出新、移风易俗是新中国文化建设的任务之一,传统文化需要科学地继承,而人们能够"科学地继承"的前提,是这门学科必须建立起科学的、客观的、符合中国文化发展的研究方法与路径。

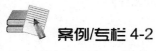

案例/专栏 4-2

《建立民俗学及有关研究机构的倡议书》摘录

也许有的同志要问:这门科学的建立和推进,到底有什么意义和作用(特别是现实的作用)呢?我们以为:它的建立,首先自然是为了扩大和充实我国人民对过去和现在这方面的社会生活的认识——建立在科学基础上的认识。同时,也为了给世界人文科学增添一些这方面的成果。世界的学术宝库,是由各民族的科学成果汇集而成的。

此外,还有两点更现实的作用:

一、我们党和政府,经常号召人民要"移风易俗"。这是历史转换时期国民的一种重要任务。为完成这种任务,民俗学是可以尽一分力量的。民俗研究者能够告诉大家:一般和某些特殊民俗是怎样形成和发展的?它是怎样随着社会形态的变迁而或速或慢地变迁的?它的存在和变化有什么社会意义?……这种科学知识,可以给予改变风俗的活动以理论的根据,也可以使人们更能自觉地适应这种改革。

二、我们现在是社会主义的大国,第三世界和第二世界的广大进步人民,都在睁眼注视着我们。他们迫切需要了解我国社会的历史和现状。我们如果能够向他们提供一些关于本国民俗志和民俗史的著作——科学性较高而又写得引人入胜的著作,那么,不但可以增加各国人民对于我国的理解,还可以赢得他们更多的同情。这是一种有效的国际宣传,也是民俗学的一种现实作用。

(资料来源:钟敬文,等. 建立民俗学及有关研究机构的倡议书[J]. 民间文学,1979(12):53.)

【思考】民俗学的推进对今天非物质文化遗产的保护与研究起到了什么作用?

这份倡议书在研究的眼界上是非常具有前瞻性的。闭关锁国的历史已经一去不复返,未来必然是世界各国的文化交流愈加频繁、文化更迭愈加迅速的时代。"传统文化是一个民族文化的过去,它适应了一个民族生存的需要,同过去的社会发展是相适应的……传统文化虽然在过去发挥了巨大的作用,满足了人们的某种需要,但它未必就是合理的。"②为了适应新的时代,符合新的精神文明需求,对传统文化与习俗进行合理改造几乎是必然选

---

① 王文宝. 中国民俗学史[M]. 成都:巴蜀书社,1995:353.
② 张文勋,施惟达,张胜冰,等. 民族文化学[M]. 北京:中国社会科学出版社,1998:156.

择。剖析民俗背后的文化价值，建立科学的研究范式，对保护、继承、改造提出可行的指导，是民俗学研究者在这一时期的重要研究任务。

1983年，中国民俗学会在北京正式成立，而后，中国故事学会、中国歌谣学会、吉林省民俗学会、浙江民俗学会等学术机构相继恢复或成立，至20世纪90年代中期，"由小到大、由少到多、由慢到快，全国大部分省、直辖市都成立了当地的民俗学组织"[①]。依托着这些机构的力量，中华民族民间文化资源的研究工作得到了组织保障。

（二）用整体的眼光看待下层文化与上层文化的关系

联合国教科文组织对非物质文化遗产的释义反映出，非物质文化遗产所强调的是"非物质"形态，并不特指平民文化、大众文化与下层文化。歌谣运动以来的民俗学研究、民俗学运动等，都较为强调对民间文化、平民文化的重视。1991年，钟敬文提出了创建"民俗文化学"的主张，建议从民俗文化中发掘下层文化对上层文化的作用，寻求上层文化与下层文化之间的融合，以此建立起整体文化观。这一提议与当今非物质文化遗产保护的观念非常接近——上层文化和下层文化并非对立，而是和谐统一的关系。

案例/专栏 4-3

《民俗文化学发凡》摘录

民俗文化学的含义是什么？它是这样一种学问：即对于"作为一种文化现象的民俗"去进行科学研究。这里，我们把民俗研究纳入文化的范畴，是对固有文化观念的扩展。是不是这样做，那结果大不一样。过去学者们谈论"文化"，很少涉及"民俗"，因为他们所注意的文化对象，一般只限于上层文化；对中、下层文化是轻视的。而谈论民俗的，又很少把它作为一种文化现象去对待，似乎民俗算不得一种文化。其实，民俗在民族文化中，不但是名正言顺的一种，而且是占有相当重要的基础地位的一种。我们只有把民俗作为文化现象去看待、去研究，才符合事物的实际；也才能强化我们的学科意识，促进这门新学科的研究成果。

（资料来源：刘铁梁. 钟敬文"民俗文化学"的学科性质及方法论意义[J]. 北京师范大学学报（人文社会科学版），2002（2）：15-23.）

【思考】作为社会文化的缩影，精英文化与大众文化分别体现了哪些特点？

（三）大型普查与出版工程的推进

新中国成立后，政府文化部门连续指导进行了多次大规模民族民间文化调查。有些民族的文化一直以来主要通过口头的方式传播，新中国成立后才首次被详细、全面地以文字、

---

① 王文宝. 中国民俗学史[M]. 成都：巴蜀书社，1995：367.

图片、影片的方式进行记录。大量的神话、史诗在研究机构的努力下，从口头传诵转化成了书面资料，使珍贵的集体记忆得到了更妥善的保护。

自1979年起，由文化部、国家民委、中国文联，以及有关文艺家协会联合开展了十部《中国民族民间文艺集成志书》的编纂及其普查和研究工作。该普查涵盖了戏曲、民间音乐、民间舞蹈、曲艺、民间文学及5个艺术门类的10个领域，搜集的各类资料极其丰富，所搜集的资料陆续被编纂为《中国民间歌曲集成》《中国戏曲音乐集成》《中国民族民间器乐曲集成》《中国曲艺音乐集成》《中国民族民间舞蹈集成》《中国戏曲志》《中国民间故事集成》《中国歌谣集成》《中国谚语集成》《中国曲艺志》十部大型丛书。参加这次历时约25年的民间文艺普查和编纂的学者、基层文化干部，总计约有10万人。①其中，《中国民间故事集成》《中国歌谣集成》《中国谚语集成》（合称"中国民间文学三套集成"）出版工程，至2009年10月完成全部内容的出版。据统计，三套集成"共298卷，440册，计4.5亿余字，加上县级卷、地区级卷本，总字数达40亿字。前后历程28年"②。该套出版物的分类包括艺术学、社会学、民俗学、文学、历史学、民族学、宗教学、美学等学科的内容，其时间跨度之大、涉及范围之广、参与人员之多，都属新中国文化史上少有。因而，该出版成果又被海内外誉为中国的文化长城。

《中国民间诸神》《华夏诸神》《中华民族饮食风俗大观》《中国少数民族风情录》《中国风俗辞典》《中国传统游戏大全》《中外民俗学词典》《中国象征辞典》《中华礼仪全书》等一批著作的出版，对中国民间文化进行了细致的整理、记录与研究，并推动了中国民间文化研究的方法与范式的进一步成熟。

《民间文学工作通讯》《民间文学论坛》《民间文学研究动态》《民间工艺》《中国歌谣报》《民俗》《剪纸报》《剪纸艺术》《中国民间剪纸》《北大民俗通讯》《枫叶》《百花山》《天津民风》《风俗风》《民间文学研究》等百余份报刊蓬勃发展，为文化遗产保护、研究提供了持续、稳定的学术交流与成果展示阵地。

（四）人才的持续孕育

自歌谣运动时期开始参与民俗调查研究的钟敬文，在北京师范大学开设了民间文学课程，并创立"劳动人民口头文学"教研室，招收和培养民间文学专业的研究生。这是民俗学首次正式进入中国的大学学科体系。这一时期培养的学生也为后来非物质文化遗产的专门研究提供了人才保障。

至此，非物质文化遗产这个名词还未正式被提出与使用，学术意义上的非物质文化遗产分类也尚未成形。中国的学者们薪火相传，数十年来坚持不懈地通过对民间歌谣、民间文艺、民俗文化等术语开展相关的文化研究，在多如繁星的民间文化中归纳、总结其蕴含的文化价值与历史价值。尽管在这一时期还未形成统一的、科学的概念界定，但民间文化

---

① 中国艺术研究院中国非物质文化遗产保护中心. 中国非物质文化遗产普查手册[M]. 北京：文化艺术出版社，2007：6.
② 万建中. "中国民间文学三套集成"学术价值的认定与把握[J]. 广西民族大学学报（哲学社会科学版），2010（1）：85.

需要调查与整理刻不容缓，濒临消失的民间文化遗珠需要进行抢救式记录，这一使命已在诸多学者中形成共识。

正是由于钟敬文等一批前辈在研究范式、研究目标与研究方法等方面打下的深厚基础，后辈才逐渐清晰了解了中国传统文化研究的价值与意义，也在日后对非物质文化遗产进行分类、界定，为其制定工作规程与研究体系时提供了宝贵的参考经验。

第二节　保护到生产性保护——非遗研究的高热阶段

1997年，联合国教科文组织与摩洛哥国家委员会组织"保护大众文化空间"国际咨询会，"人类口头和非物质遗产"作为一个遗产概念正式进入联合国教科文组织的文献。随后，联合国教科文组织启动了"宣布人类口头和非物质遗产代表作"项目的遴选，并于2001年5月公布了第一批代表作名录清单。2003年，联合国教科文组织通过了《保护非物质文化遗产公约》，"人类口头与非物质遗产"的术语正式更名为"非物质文化遗产"，并沿用至今。《保护非物质文化遗产公约》及其所公布的保护名录受到了全球性关注，以此为契机，中国的文化保护工作也被推向了新的高潮。

一、非物质文化遗产保护概念的认识

"非物质文化遗产"这一新名词在中国的应用并不是对以往文化保护工作的否定和推翻，而是借助国际社会的共同关注、高度重视的时代机遇，从实践到理论都将这一工作提上了新的高度。一方面，借鉴和学习国际社会的遗产保护经验，对中国优秀的传统文化再次进行系统梳理，并制定相应的保护措施。另一方面，不断增强人们对本土文化的认知与了解，提升国民的文化自觉与文化自信，共同参与文化的传承与保护。

一些学者对联合国教科文组织牵头开展的文化遗产相关概念沿袭历程进行了梳理与阐释。巴莫曲布嫫着重在对联合国教科文组织发布的相关材料的释读上：通过《非物质文化遗产：从概念到实践》《从语词层面理解非物质文化遗产——基于〈公约〉"两个中文本"的分析》《联合国教科文组织：〈保护非物质文化遗产伦理原则〉》《何谓非物质文化遗产？》《非物质文化遗产领域》等，阐述非遗保护体系的由来、覆盖范围、保护重点。《保护非物质文化遗产与环境可持续性——以"藏医药浴法"申遗实践为主线》则以列入世界级非遗保护名录的项目"藏医药浴法"作为范本，剖析了非遗项目价值评估的视角，为中国非遗资源的挖掘与申报提供了宝贵经验。《UNESCO保护非物质文化遗产述论》（钱永平，2013）重点对联合国教科文组织所提倡的文化多样性原则、社区参与原则等进行了评述，将中国的非遗保护工作与国际视域接轨。

一些学者围绕非遗保护本体研究进行了通体概述，所形成的《非物质文化遗产保护概论》（王文章，2006）、《非物质文化遗产学》（苑利、顾军，2009）、《非物质文化遗

产保护研究》（宋俊华、王开桃，2013）等著作，在非遗保护推行的初期阶段，对院校师生、文化部门工作人员明确保护的价值、意义、原则与方法等，提供了基础理论参考。

自新中国成立以来，在政府的指导下，中国开展过轰轰烈烈的民俗文化研究，并大多以调查、记录与出版为主。董晓萍等长期从事民俗学研究的学者对民俗学与非物质文化遗产之间的历史基础与异同点进行了比较分析，指出："二者都致力于建立和谐的环境文化，但非遗理论同时强调有全面保护运行机制和评价标准，这是民俗学所没有的。"①当中道出了非遗保护是对以往民俗、民间文艺、民族文化等挖掘整理工作的一大推进。

二、对非遗保护重要性与紧迫性的研究

进入21世纪的中国，在文化、经济、技术等方面与全球各国有了更频繁的交流与往来，人们有更多的机会接触来自世界各地的文化产品、思想与观念，享受"地球村"所带来的丰富性与便利性。同时，全球文化霸权并未消失，发达国家通过文化产品向其他国家强势输出价值观、世界观的现象并不鲜见，维护国家文化安全的问题尤为重要。《保护非物质文化遗产公约》的提出，正是为各个国家带来了提高文化公平性的机会与空间。学者们围绕着当下中国所面临的全球文化交流与竞争，论述了非遗保护的重要性。

非遗资源的普查及成果宣传是铸牢中华文化自觉性的基石，坚持传承非遗能够促进国家文化软实力提升。梁文达认为："文化（包括非物质文化遗产）作为中国发展的新的增长点，文化话语权将会是推动国家经济、政治、社会发展的新动力。继承非物质文化遗产活态特性，发出'中国声音'、展示'中国形象'、彰显'中国气魄'、宣传'中国特色'，扩大文化影响力、提高文化吸引力、加强文化传播力，才能够破解对中国文化的歪曲和'误读'，树立中国文化自信，增强国际文化话语权，促进国家文化软实力的提升。"②《非遗保护：抢救·唤醒·文化自觉》（马知遥，2005）认为非遗通过产业化的方式得到"复兴"，但商业化不是最终目标，获得民众对自身文化的认可和自觉，让民族精神和优秀文化传统鼓舞人心方是目的。向云驹认为非遗当中蕴含了优秀的中华民族精神，能够为加强国民凝聚力与向心力源源不断地提供养分，非遗的研究成果是社会主义核心价值体系的重要思想来源。"从非物质文化遗产中最大众化、最活态化、最传承化的民族民间文化与中华民族精神的关系发展史来考察，可以发现若干重要的文化定律。比如，民族团结、祖国统一在民间文化生活中是几千年中华各民族文化的优秀传统。"③

中国文化源远流长，许多传统文化的流传时间已达数百年甚至上千年。在过去的社会中，文化变迁所受到的刺激因素比较少，文化惯习相对稳定，改变的速度通常比较缓慢。而今天所生活的现代社会是一个开放的社会，互联网不断向人们传递新内容，高科技不断

---

① 董晓萍. 民俗学与非物质文化遗产保护[J]. 文化遗产，2009（1）：10.
② 梁文达. 中国非物质文化遗产传承对国家文化软实力提升研究[D]. 北京：中央财经大学，2017.
③ 向云驹. 从自在走向自觉——论保护非物质文化遗产在建设社会主义核心价值体系中的作用与地位[J]. 文化学刊，2008（2）：27.

取代旧工艺。"我们忽然会发现，从封闭社会世代积累下来的物质性的东西，消失得很快，而造成这种消失的，正是另一种追逐西化、高消费和速变的精神性诉求。"①《抢救我国非物质文化遗产建言》（林秋朔，2004）等列举了桂剧、壮剧、彩调剧等民间剧种，年画、剪纸、皮影等传统工艺所面临的濒危状况，唤起政府与民众对非遗的保护意识。国家不能失去文化血脉与根基，也不能遗忘民族精神，加强、加快构建年轻一代对本土文化的重视，铸牢人民对中国优秀传统文化遗产的认同，保持自己的文化多样性，成了中国走向世界时必须思考的问题。

三、对非遗保护方式的研究

自 1918 年以来，中国学者围绕着民间文化、民间文艺、民间文学、民俗等开展了大量研究活动，进行了持续、长期的田野调查与记录，积累的成果显著而丰硕。但前期尚未制定在全国范围内统一推行的保护与传承举措，实施的具体方式还有待明晰。2005 年，国务院办公厅印发《关于加强我国非物质文化遗产保护工作的意见》，并提出了"保护为主、抢救第一、合理利用、传承发展"的十六字方针，进一步明确当下的非遗保护不能只是"静态保护"，还应该注重"动态发展"，注重非遗生命力的盘活。围绕着为非物质文化遗产项目注入活力，让其在当下社会发挥作用与价值这一目的，学者们从各个领域展开了个案跟踪与理论研究。在 2005—2020 年，知网平台关于非遗保护方法的文章数量总体而言呈上升形势，其中 2005—2010 年总共收录 104 篇，2010 年之后，随着非遗在各领域的实践案例不断丰富，此类研究成果快速增加，形成了非遗研究方向中极为活跃的热点。

苑利、顾军、刘锡诚等结合国家开展的保护行动，归纳出中国非物质文化遗产的保护方法：① 在全国范围内开展非物质文化遗产大普查，进行登记、立档，建立非物质文化遗产数据库；② 以普查为基础，建立非物质文化遗产四级名录体系；③ 制定非物质文化遗产传承人登记制度；④ 建立传统文化生态保护区；⑤ 保存、保护与展示并重；⑥ 确立非物质文化遗产传承人口述史调查制度等。乌丙安认为应该提高非遗保护工作的规范化和专业性，指出非物质文化遗产保护要遵守科学的操作规程：① 必须在《非物质文化遗产保护法》②和相关政策的框架内进行；② 进行专业人才队伍建设与专业培训；③ 对非物质文化遗产进行符合标准的全面普查、鉴别、认定、筛选等；④ 所有工作用的文本都需要科学、详细地填写与管理；⑤ 及时编写、出版指导作业的《非物质文化遗产保护实用手册》作为工具书。③

中国的非遗保护名录共包含十个类别，保护方法除了共性之外，针对各类别的特点与现实状况，学者们也分别提出了保护的建议。例如，传统技艺要坚持材料的传统性与原生性，要珍惜传统技艺的生活功能（向云驹，2009）；民间歌曲不能以西方音乐、现当代音

---

① 董晓萍. 民俗非遗保护研究[M]. 北京：文化艺术出版社，2016：2.
② 截至 2021 年 10 月，中国未正式颁布《非物质文化遗产保护法》——笔者注。
③ 乌丙安. 非物质文化遗产保护的科学管理及操作规程[J]. 精神文明导刊，2006（12）：10.

乐的标准作为一元制评价标尺（陈宗花，2008）；传统戏曲不仅要适应新时代的观赏趣味适当改革，也要大胆利用各种营销技巧拓展观众群体、到国外进行演出等，扩大其影响力（周凯，田瑞敏，2012）；列入"国家级非物质文化遗产名录"的传统体育项目不能只集中于武术类，各少数民族在古代农耕、农牧社会中孕育出来的体育形式也十分丰富，应当得到关注（黄聪，李妙，2014）。在个案的跟踪与总结方面，也积累了不少颇有价值的学术成果。从内容形式来看，研究对象涵盖了方方面面，如年画、灯彩、蜡染、婚俗、皮影戏、古琴艺术、地戏等；从区域来看，覆盖了全国各省、直辖市、自治区；从非遗保护的过程来看，既有对资源、传承人的前期调查与挖掘的研究，也有对非遗申报的建议，还包括申遗成功后的经验总结等；从保护的具体路径来看，也对各种方法的运用展开了实践与讨论，如数字化、影像传播、设计工艺、表演技巧等。

四、"生产性保护"的提出与实施

（一）"生产性保护"的提出

在多维度、多层次的保护举措与建议中，"生产性保护"是一个意义重大的提议。"生产性保护"这一概念最早由王文章于2006年提出。2009年，在文化部召开的座谈会上，学术界对"生产性保护"展开了深入研究与热烈讨论，将这一思路提升到了更受瞩目的高度。以往对非物质文化遗产的保护更多地体现为记录、调查、研究、保存等"静态保护"，而"生产性保护"则在"动态保护"方面提出了具有突破性与创新性的建议。这一观念与十六字方针相契合，着眼于"保护传承一体化"，并充分肯定了非物质文化遗产继续融入现代社会的可能性。该倡议为非遗传承与保护发展带来了巨大的机会，也丰富和充实了非遗保护研究的内涵和外延，使研究和实践之间形成了良性循环的关系。

案例/专栏 4-4

"生产性保护"的提出

2010年6月，在"留住手工技艺——现代化进程中传统工艺美术保护论坛"上，文化部副部长王文章在会上指出生产性保护是符合非物质文化遗产传承规律的一种积极性保护方式，指出发展传统的手工技艺要以活态流变的传承为基础，追求质量，加强社会和政府的扶持，促进非遗品牌的形成。其演讲整理稿《简谈传统手工技艺的生产性保护》成为代表性的学术成果。2010年11月4日非遗保护工作部际联席会议在北京召开，文化部部长蔡武提出了深入推进非物质文化遗产生产性保护的工作思路。蔡部长重点指出要在全国范围内建立、建设国家级非物质文化遗产生产性保护示范基地，当天《关于开展国家级非物质文化遗产生产性保护示范基地建设的通知》公布并下发。这一阶段的理论研究继续对非遗生产性保护的定义和可行性进行辩论，随着首批国家级"非遗"生产性保护示范基地的公布，开始与保护实践的紧密结合，注重结合案例分析，探索生产性保护的实践模式和发展策略。值得关注的是，该阶段理论界已经有意识地深入探讨生产性保护与产业化的关系问题。但由于"产业化"的界定不够清晰，有些学者以"规模化""工业化"直接定义"产业化"，导致探讨该问题的基础不能一致，形成的认识也有所差异。

2012年1月31日，文化部为41家企业颁发国家级非物质文化遗产生产性保护示范基地的牌匾。2月2日，文化部以文非遗发〔2012〕4号印发《关于加强非物质文化遗产生产性保护的指导意见》。《指导意见》第一次对生产性保护给出了明确定义："在具有生产性质的实践过程中，以保持非物质文化遗产的真实性、整体性和传承性为核心，以有效传承非物质文化遗产技艺为前提，借助生产、流通、销售等手段，将非物质文化遗产及其资源转化为文化产品的保护方式。"[1] 2月5日，文化部主办的"中国非物质文化遗产生产性保护成果大展"在北京开幕。除此之外，2012年之后，全国各地召开了不少以非遗生产性保护为主题的研讨会，各级关注的焦点聚焦在生产性保护和文化旅游开发。其中，11月16日至18日由美国民俗学会、华中师范大学产业研究中心、中山大学非物质文化遗产中心联合主办的"第三届中美非物质文化遗产论坛：生产性保护"引起广泛关注。

2012年以来，非遗生产性保护在国家政策的大力支持下稳步发展，关于生产性保护的理论研究和实践探索也更加深入。生产性保护作为非遗重要的保护途径之一，越来越被学界理解和认可，关于非遗生产性保护的研究愈加走向成熟。学者对非遗生产性保护的研究实现了"什么是生产性保护""非遗能否进行生产性保护"向"如何进行非遗的生产性保护"问题的转变，研究对象涉及政策、法律、传承人制度、旅游化开发以及产业化问题等多个方面。其中，非遗生产性保护的路径研究成为研究热点，以区域性非遗、不同类别的非遗为主的案例研究成为主流，生产性保护的讨论也更加主要地集中在产业化、市场化等一些深刻、务实的领域。

（资料来源：蒋多. 我国非遗的国际化路径探析——基于生产性保护理论与实践的视角[J]. 遗产与保护研究，2016（1）：84-89.）

【思考】 你是否能够结合具体的非遗保护案例说明，生产性保护这一理念对其带来的影响？

关于"生产性保护"的研究文献，知网平台共收录了1736篇文章。[2] 陈华文认为"生产性保护"本质是在保护一种类型，而不仅仅是个例，因此，其模式应该具有可复制的特点。[3] 赵农从非遗具有社会生活属性的角度指出，"生产性保护"体现在三个方面：技术的应用、精神的传承、职业的选择。[4] 通过活态生产的方式保护非遗，不仅仅是对技术的传习、精神的弘扬，也是对民间艺人这一职业的尊重与认可。

---

[1] 文化部关于加强非物质文化遗产生产性保护的指导意见 http://www.gov.cn/zwgk/2011-09/06/content_1941580.htm.
[2] 数据来源：在知网数据库上检索获得。检索时间：2021年10月10日。
[3] 陈华文. 论非物质文化遗产生产性保护的几个问题[J]. 广西民族大学学报（哲学社会科学版），2010（5）：87-91.
[4] 赵农. 非物质文化遗产与生产性保护[J]. 文艺研究，2009（5）：189-200.

从类型来看，这一保护方式前期主要是在传统技艺、传统美术和传统医药药物炮制类领域中实施。①知网平台检索结果显示，传统技艺、传统美术的研究成果较为丰富：与技艺相关的个案研究达 839 篇，与工艺相关的个案研究达 722 篇，与美术相关的个案研究达 242 篇。年画、泥人、漆艺、刺绣、织锦、竹编等转化为产品的实践方式被大量记录与跟踪研究，成功案例被广泛地向民众介绍，为非遗保护工作增添了信心，为传承人群提供了可参考学习的经验。与传统医药相关的文献较少，发表于学术期刊上的研究文献仅 46 篇。②与工艺美术业相比，传统医药的应用有其特殊性，在非遗视域下开展的生产性保护实践较为有限，原因也是与其相关的研究文献较少。《传统医药类非遗保护标准研究》聚焦的是传统医药在标准化、制度化等方面存在欠缺的问题。③张少春通过对医药行业的老字号"潘高寿"的个案进行分析，认为对传统医药进行合理的科学化、去地域化、现代化等，能够使传统医药与现代社会的需要有机衔接，将文化资源转化为文化资本。④

（二）"生产性保护"视野下的法律问题研究

非遗保护工作启动以来，对立法的需求日益紧迫。2007 年就有学者围绕非遗与著作权的应用发表了研究论文。《非物质文化遗产衍生作品的著作权问题》（孙元清，余晖，2007）直言"一般情况下，完成与非物质文化遗产有关的、表现传统文化内容的作品并不能产生著作权，作品完成者也不因此享有排除他人使用并要求赔偿的权利"。主要原因是：

（1）现有的著作权法适用于有明确作者的情况，即"谁有权利来主张保护"。而非物质文化遗产视野下的民间歌舞、民间文学等项目，往往来自大众的共同创造，由个人表现的文化艺术活动实际是一种公共传统。

（2）现有的著作权法所保护的是能够体现个人独创性的成果。非物质文化遗产在一定程度上是一种对前人的学习和传承，难以证明文化持有者对此具有独立、完整的智力创造。

（3）现有的著作权法所保护的是创作者的"私利"，具有排他性。而非物质文化遗产保护工作的初衷在于对优秀文化的弘扬与传承，与著作权法保护的目标有明显差异。

但孙元清、余晖也指出："如果创作者借鉴传统文化所蕴含的表现手法，所完成的作品能让人一眼分辨出与传统文化的不同——例如用电视剧的方式演绎民间传说，并加入了大量的创造性情节，使表达的内容与民间传说有了很大区别，在尊重民间传说来源的前提下，属于一种新的表现形式，则可能享有著作权。"

孙元清、余晖的分析指出了非遗项目在知识产权保护方面所面临的问题。随着"生产性保护"的推进，相关的法律问题持续受到关注与讨论。2011 年《中华人民共和国非物质文化遗产法》公布并实施，根据第六章第四十四条："使用非物质文化遗产涉及知识产权

---

① 文化部. 关于加强非物质文化遗产生产性保护的指导意见 http://www.gov.cn/zwgk/2011-09/06/content_1941580.htm.
② 数据来源：在知网数据库上检索获得。检索时间：2021-10-10。
③ 张寒月. 传统医药类非遗保护标准研究[J]. 文化遗产，2020（6）：37-44.
④ 张少春. 非物质文化遗产的资源转化：一个老字号止咳药的工业化故事[J]. 思想战线，2015（6）：42-49.

的，适用有关法律、行政法规的规定。对传统医药、传统工艺美术等的保护，其他法律、行政法规另有规定的，依照其规定。"需要指出的是，目前在中国尚未出台专门针对非遗项目的知识产权法。因而，法律方面聚焦的依然是非物质文化遗产与知识产权、著作权、专利、商标等之间的关系问题。知网平台检索结果显示，在非遗研究视野下，与知识产权主题相关的文献共1098篇，其中，2009年之前发表的仅有15篇。可见，这一话题的热度是随着"生产性保护"的提出与实施而不断升温的。主要聚焦的方面有：① 非遗保护相关的法律与现行知识产权法律衔接问题，如如何缓解与解决公开与保密、传承与创新、特殊和扶持与公共利益、个人利益与社会价值、所有权与知识产权、传统技艺与商业秘密之间的矛盾（杨红，2014）；② 围绕民间文艺、音乐、舞蹈、工艺美术、传统医药等类型进行的针对性探讨（王学文、张域，2013；施爱东，2018；乔晓光，2018）；③ 针对具有一定社会影响的案例进行法律分析（罗澍，2011；严永和，2014）。

（三）"生产性保护"视野下的跨学科研究

非物质文化遗产不仅是文化传统，也是文化资源，具有带动当地社会经济发展的功能。2010年年底，文化部发布《关于开展国家级非物质文化遗产生产性保护示范基地建设的通知》，指出建立国家级非物质文化遗产保护基地的方式方法，激发非物质文化遗产的内在活力，促进经济社会全面协调可持续发展，对"生产性保护"的合理性进行了客观阐释。田兆元从经济民俗学的视角梳理了非遗与消费行为之间密不可分的关系，并提出：文化认同是非遗实现经济效益的关键；生产性保护要覆盖生产、流通等商业化的全过程；生产性保护不仅仅要在已有的三个领域中推行，也要在民间文学、戏曲、音乐等类型中实施。①一些学者在经济学的视域下，利用经济学理论与工具对非遗项目保护的成本、收益，以及非遗项目的市场效益进行评估。姜弘、曹明福对纺织类非遗项目的产量、税收优惠、补贴方式等要素之间的关联影响进行了测算，提出了政府应当对生产主体进行分级、分层管理的建议。②

随着各地文旅融合发展的趋势不断增强，从文化旅游产业角度研究生产性保护的文献也较为丰富，主要集中在：① 将技艺类非遗项目与旅游体验相结合，使之成为一种旅游服务；② 对非遗项目生产的产品进行包装、升级后，使之成为旅游纪念品；③ 当地居民参与非遗项目运作的方式等。

有些学者在公共文化的视野下研究非遗的生产性保护的同时实现了经济收益和文化传承，突破了"遗留物"的概念，实现了公共文化意义的再生产（张青仁，2016）；也有学者基于设计学探索非遗衍生产品的开发对非遗传承与传播的影响（李军，2019）；李向振从文化资源学的视角归纳了非遗作为生计方式、社交手段、情感载体、地方性知识的表

---

① 田兆元. 经济民俗学：探索认同性经济的轨迹——兼论非遗生产性保护的本质属性[J]. 华东师范大学学报（哲学社会科学版），2014（2）：88-96.
② 姜弘，曹明福. 我国纺织类非物质文化遗产生产性保护补贴方式研究——基于外部性、信息不对称的考量[J]. 中南民族大学学报（人文社会科学版），2018（6）：21-25.

现等，能够转化成为文化资源，缓解少数民族地区的经济困境。[①]

　　生产性保护的健康发展需要社会条件的支持，不少研究结合了管理学、传播学、数字科技等领域的理论知识，探讨促进生产性保护可持续发展的条件。例如，在管理学视域下探讨如何对非物质文化遗产资源进行科学的挖掘、保护、记录与使用、监控，以及不断对工作效用进行反馈与修正。围绕着新媒体的使用，探讨数字技术、互联网平台等如何为非遗保护提供更便利的方法，提高非遗保护的效率，建设全方位的数据库。

　　也有一些学者从社会学角度关注文化资本对非遗介入后所带来的文化持有者地位变化。例如，孙九霞、许泳霞基于纳西族刺绣的发展，认为在文化资本的作用下，当地文化持有人地位下降，而外来经营者成了文化代言人（2018）；邢海燕、谭雪一以土族绣娘的案例阐述了当地非遗项目的日益成熟，令女性的地位有所上升的现象，以此探讨非遗生产性保护背景下，少数民族地区女性社会角色的变迁。[②]

　　总之，中国自成为《保护非物质文化遗产公约》缔约国以来，在保护实践与研究方面可谓硕果累累：非物质文化遗产首次普查工作从2005年开始实施，2009年年底基本结束。据统计，"参与这次普查的有76万人次，走访民间艺人86万人次，投入经费3.7亿元，收集珍贵实物和资料26万多件，普查的文字记录量达8.9亿字，录音记录7.2万小时，录像记录13万小时，拍摄图片408万张，汇编普查资料8万册，非物质文化遗产资源总量近56万项。"[③]在普查结果的基础上，中国有序开展了建立非物质文化遗产保护项目名录体系的工作：明确了非物质文化遗产保护的对象；将保护对象划分为相应的等级，以便制定具有针对性的保护措施，更科学、合理、规范地使用保护资金等。2009年之后，"生产性保护"的全面开展为古老的技艺、民间艺人带来了更多发展的机会。2011年《非物质文化遗产法》的实施使非遗保护有法可依。在2016年全面打响的脱贫攻坚战中，"非遗扶贫"这一方式的践行也帮助众多地区以非遗为资源，实现了社会、经济、文化水平的全面提升。由此可见，无论是作为实践方向，还是作为研究方向，中国非遗保护已经逐渐形成了中国自己的体系与经验。

第三节　传承以魂、利用为器——当下非遗研究的理性思考

　　随着非遗普查、申报工作的快速推进，国家非遗资源的存量与等级情况已逐渐被掌握。早在2012年，研究界就已经出现了对"后申遗时代"的讨论。"'后申遗时期'概念，不仅是指非遗保护工作的阶段性特征，更意味着对前一阶段'非遗热'的重新审视和反

---

① 李向振. 文化资源化：少数民族非遗保护理念转换及其价值实现[J]. 西南民族大学学报（人文社会科学版），2020（10）：31-38.
② 邢海燕，谭雪一. 文化资本视角下土族绣娘的非遗传承与实践赋能研究[J]. 青海民族大学学报（社会科学版），2021（1）：101-109.
③ 中国首次非物质文化遗产普查基本结束 https://china.huanqiu.com/article/9CaKrnJmHud，新华网，2009-11-26.

思——究竟应该保护什么,如何保护,特别是在申遗的轰动效应过后如何使非遗保护获得可持续性等。"①也有学者认为"在'后申遗时代',人们关注的热点,不再是将有代表性的非物质文化遗产进入国家级、省级、市场和县级的目录,人们也不再将申遗成功当作政府部门的工作业绩的唯一体现方式……申遗之后还应当建立国家档案机构,贮存民间创作资料,编制总索引,传播民间创作资料,展示文化遗产的精华、培养新一代非物质文化遗产传人。"②因而,这一阶段研究焦点主要反映在"申遗热"之后应该如何有效传承上,包括社会参与、制度保障、科学管理、学科建设等几个方面。

一、提高非遗的社会参与度

2015年12月,联合国教科文组织通过了《保护非物质文化遗产伦理原则》,明确提出和阐述了非物质文化遗产保护以社区(community)为中心的总原则和具体规定。这一原则将"社区"的意愿和参与放到了较高的地位。一些学者认为社区指的是文化持有群体。"'社区'在某种意义上是可以与'传承人'相互置换的一个概念,二者都是对同一对象不同侧面的表述。"③"社区参与指非物质文化遗产所属社区的民众参与到非物质文化遗产保护工作中来。非物质文化遗产是社区民众的生活方式的一部分,社区民众是非物质文化遗产的主人、拥有者,也是非物质文化遗产的传承者、长久保护者。"④耿波认为,"后申遗时代"的核心问题应该回归到申遗是官方话语还是民众觉醒上。⑤这些阐述都充分肯定了文化形式产生与流传地的民众是重要的传承主体。在非遗保护工作深入推进的阶段,"社会参与"的实现仍需要社会各方面力量的协作,包括政府机构、高等院校、社会团体、地方文化人士、传承人与区域民众等。

鲁春晓认为产业化传承是鼓励社会参与的必要举措,企业对非遗资源进行充分挖掘与转化,政府则提供宏观指导。同时,国家应该逐步建立一套与财政增长相挂钩的传承资金投入机制,并合理引入社会资本。⑥另一些学者则提出了通过"公益式保护"提高社会参与度的建议。"公益式保护"指的是"将非物质文化遗产转化为社会公益资源,对社会弱势群体进行帮扶……弱势群体通过对非物质文化遗产技艺的学习和继承,提升了自身的学识和修养,提高了自身的文化能力,其所学的非物质文化遗产技艺最终将会转化为外在的文化产品"⑦。李昕认为产业和公益可以兼顾——非物质文化遗产兼有公共品和私人品的性质,非物质文化遗产既可以采取纯公共品的提供方式,如国家抢救模式,也可以采取私

---

① 高小康. 走向"后申遗时期"的传统文化保护[J]. 江苏行政学院学报,2012(2):40.
② 覃德清,杨丽萍. "后申遗时代"的非物质文化遗产保护与乡村人文重建[J]. 江南大学学报(人文社会科学版),2012(1):115-118.
③ 安德明. 非物质文化遗产保护中的社区:含义、多样性及其与政府力量的关系[J]. 西北民族研究,2016(4):77.
④ 黄涛,郑文清. 非物质文化遗产保护工作中社区认同的内涵与重要性[J]. 中国人民大学学报,2018(1):27-36.
⑤ 耿波. "后申遗时代"的公共性发生与文化再生产[J]. 中南民族大学学报(人文社会科学版),2012(1):38-43.
⑥ 鲁春晓. 非物质文化遗产传承模式的反思与探讨[J]. 东岳论丛,2013(2):137-141.
⑦ 刘辉,张蕴甜. 文化治理视域中的非物质文化遗产保护研究[J]. 东南文化,2017(2):14-20.

人品的供给方式，如各种社会团体组织、市场、企业等，但必须从制度方面给予保障。①桂胜、谌骁以恩施土家女儿会为例，认为传统节俗的现代化这一路径具有调动各方社会角色共同参与的动力。政府作为引导者，能够通过节庆活动的组织吸引社会资本，塑造当地文化品牌；企业出于对经济价值的追求，能够积极投资与加盟相关的商业活动；民众则出于对文化传统的认同，热烈参与到节俗活动当中。各个角色在无形之中都为非遗的保护和传承贡献了力量。②

二、健全非遗的制度保障

在实践过程中，中国以联合国教科文组织的《保护非物质文化遗产公约》为基础，从概念、类别到保护的理念、措施等，都结合本国的国情进行了制度创新，如建立四级名录制度、提出十六字方针、推行传承人补贴机制、建设文化生态保护区等。这些举措在前期的实践中已经被验证取得了重大成效。本着未来更好地开展非遗保护工作的目的，学者在回顾非遗相关的政策制定与成效时，做出了一些反思。

第一，非遗保护名录与传承人评定机制方面。保护名录与代表性传承人的认定已经成为非遗资源与传承人的一种"社会身份证明"，在市场行为当中，甚至能够作为"品牌溢价"的砝码。一些学者对此表示了担忧：过于推崇非物质文化遗产的等级化，是否会在非遗保护领域带来"马太效应"，评定级别较高的非遗项目得到更多关注与资源倾斜，级别较低的非遗项目则依然处于不被重视、濒临灭绝的境地，从而拉大项目之间的差距（宋俊华，2021）。一些学者认为不能在经济与文化中失衡，必须重视非遗资源的公共文化属性，进一步完善名录制度评级的程序公平机制，包括文化持有者应当参与认定；利益关系者应当回避等（段超，孙炜，2017）。

第二，传承人管理机制方面。传承人是非遗保护中至关重要的角色。非物质文化遗产保护工作的初期，传承人老龄化严重、后继无人等问题十分突出，因此中国对传承人的工作重点主要在抢救性保护上，包括尽快、尽早建立传承人口述史档案，实施传承人补贴制度等，研究内容也集中在上述几个方面。近年来，随着一批又一批传承人被认定，传承人群研培计划顺利实施，传承人的数量有所增加，但也暴露出了这一群体在参与非遗保护工作中质量良莠不齐的问题。针对这一现象，有学者提出了对传承人建立更为立体多元的管理制度，不仅包括鼓励性制度，也包括退出机制、惩戒条例等，突出了对传承人有效参与非遗保护的关注。

第三，利益保障机制方面。如前所述，非物质文化遗产并不适用于一般的知识产权保护法，针对非遗领域知识产权的法律法规一直处于模糊状态。近年来，非遗资源所开拓的市场规模越来越大，相关的企业与从业人员不断增加，商标、著作权等方面的纠纷时有

---

① 李昕. 公民社会参与非物质文化遗产保护的学理性分析[J]. 民族艺术，2008（2）：14-20.
② 桂胜，谌骁. 共谋与协力：节日类非物质文化遗产保护的资源化实践——以恩施土家女儿会为例[J]. 民俗研究，2021（3）：105-114.

发生,社会各界对出台相关法律的呼声也日益高涨。非遗作为一种以弘扬、传承为目的的公有文化,如何在维护"公权"的同时能够在维护"私权"方面得到法律支持是学者关注的焦点。此外,国际社会已形成一些公约与协定,中国也加入了《保护文学和艺术作品伯尔尼公约》《与贸易有关的知识产权协定》《保护世界文化与自然遗产公约》《保护非物质文化遗产公约》等,国内执行的法律如何与国际上的相关条约相衔接,也需要科学的指导。

第四,行政部门的政策协调方面。非物质文化遗产保护是一个庞大的、持续性极强的工程,中国非遗种类繁多,涉及全国各地与各个行政部门。因此,建立合理、高效的行政管理体系也是非遗保护工作跨入新阶段所需要解决的问题。

三、推进非遗的学科专业建设

联合国教科文组织提出"非物质文化遗产"的时候,它还只是一个框架性概念,主要用于指导实践活动。经过在中国的"本土化",这一概念逐渐拓展到了理论研究和学科搭建的领域当中。从 2004 年开始,中国全面开展非遗保护工作,参与非遗保护研究的高校逐渐遍布全国。在区域化研究上,各自发挥了地方优势,对各地的非遗项目梳理、实践案例分析起到了极大的补充作用。学界逐渐搭建了一个跨学科研究的平台,民俗学、文学、戏曲学、工艺美术、设计学、艺术学、人类学等多个学科交融汇合,形成了新的学术领域。中国艺术研究院、中山大学、山东大学、厦门大学、中央美术学院、华东师范大学、华中师范大学、河南大学、浙江师范大学等高等院校依托原有的科研基础、专业人才培养特长,通过技艺技能教学、社会实践平台搭建、科研活动开展、研究机构建设、学术交流活动组织等,培养与带领了不同层次的非遗人才,为国家建设了专业的人才队伍,形成了大量研究成果。知网数据库检索结果显示,截至 2021 年 10 月,知网共收录中国艺术研究院发表文献 274 篇,华中师范大学 211 篇,中央民族大学 157 篇,山东大学 134 篇。[①]中山大学自 2012 年起,每年都对前一年度的非遗保护工作进行总结梳理,出版《中国非物质文化遗产保护发展报告》系列书籍,为政府职能部门及从业者提供参考。因此,一些学者认为,经过长期不懈的努力,非遗保护已经具备了深入推进学科建设的基础。为顺应国际社会对非物质文化遗产的重视,以及建立中国非物质文化遗产研究范式的需要,非物质文化遗产学科建设的必要性愈加突显。有学者强调:"'非物质文化遗产'这一新的对象世界的发现和这一新的概念的熔铸形成,同时也意味着人们对于这一新的对象世界的认识的飞跃,意味着以这一新的对象世界为研究内容的新的学问或新兴学科,即'非物质文化遗产论'或'非物质文化遗产学'诞生的可能和必要。"[②]天津大学文学艺术研究院院长冯骥才教授已经代表文化教育界向党和政府做了《建立国家非遗保护的科学体系》重要汇报,提出当前非遗工作中"科学保护是根本""人才培养是关键"的思考与观点,指出中国高校现

---

① 数据来源:通过知网平台检索获得。检索时间:2021-10-14。
② 王文章. 非物质文化遗产概论[M]. 北京:文化艺术出版社,2006:10.

有的学科设置与非遗保护人才培养之间的问题。①

在学科专业的建设构想方面,学者的观点总体来说分为三类:一是认为非物质文化遗产具有突出的独特性,建议将非物质文化遗产学或文化遗产学新增为学科门类。"非物质文化遗产与文化遗产等,作为一个学术共同体,应该构建教学与科研体系(包括学科知识结构与地方知识及其谱系),以及相关学科的理论与方法体系。"②二是考虑非遗对不同门类学科的交叉性与整合性,建议将其归属于目前13个学科门类之中的"交叉学科"(向云驹,2021)。三是考虑到现行教育体系中,历史学科目下已经开设过非遗相关学科,具有一定基础,建议将其归属在历史学科目下(向云驹,2021)。四是建议设立非物质文化遗产本科专业(黄永林,邓清源,2021)。

在课程方面,学者们积极学习与借鉴国外相关经验。韩国传统文化大学所开设的文化遗产学院中,设置了非物质文化遗产学系,并以培养相关的理论人才、教育人才、管理人才为办学目标。课程包括实践类与理论类。实践类有非遗记录化实习、非遗法、非遗政策论、非遗展示企划论等;理论类有非遗认识论和方法论方面的研习、非遗事象的系统介绍,以及认识非遗和传统文化事象关系的相关课程。③日本极为重视对文化遗产的保存、保护与传承,日本的《博物馆法》规定,除馆长外在博物馆工作的专业职员称为博物馆学艺员,通过大学相关专业课程的学习与履修是获得该资格的途径之一。据统计,截至2020年4月,日本开设学艺员课程的四年制高校有294所,占现有高校的近半数。在非遗专业课程设置时,日本也极为重视与博物馆以及在地文化遗产之间的关系,紧跟社会需求调整课程,为社会培养急需的人才。④也有学者根据法国的文化遗产人才培养特点提出了以下建议:设置人才培养方向多元的职业型学位专业;依据《保护非物质文化遗产公约》搭建课程体系;继承传统学科资源、灵活创新教学模式;重视语言能力的培养。⑤向云驹以天津大学等高等院校的教学与科研经验为基础,建议非物质文化遗产的基础教程包括基础理论类、方法论类、艺术技能类、遗产鉴赏类等;实践课程则以田野作业为主,如传承人口述史调查、传统村落保护调查、民间美术调查、民俗文化调查等。⑥

2021年3月,我国教育部批准将非物质文化遗产保护列入本科专业目录,学科门类为艺术学。这一本科专业的确立意味着非遗保护的学科建设在中国再次进入了新的阶段。

---

① 天津大学新增非物质文化遗产学一级学科硕士点专家论证会召开 http://news.tju.edu.cn/info/1003/53510.htm?from=timeline&isappinstalled=0, 天津大学新闻网,2020-10-13.
② 张举文. 从实践概念"非物质文化遗产"到学科概念"文化遗产"的转向[J]. 民俗研究,2021(5):14-20.
③ 郑然鹤,庞建春. 韩国非物质文化遗产学科教育的现状和启示[J]. 民俗研究,2021(9):21-30.
④ 何彬,马文. 日本高校非物质文化遗产教育的学科构建及其反思[J]. 民俗研究,2021(5):31-38.
⑤ 杜莉莉. 非物质文化遗产保护作为高等教育的新使命:以法国大学为例[J]. 现代大学教育,2016(3):45-51.
⑥ 向云驹. 论非物质文化遗产学学科建设的方向与路径[J]. 中央民族大学学报(哲学社会科学版),2021(3):91-100.

 **本章小结**

- 从歌谣运动算起，中国的非物质文化遗产保护研究工作已经进行了100年左右。在一代代参与者的共同努力下，形成了较为完整的记录档案库，符合中国国情的归类与建档方式，也形成了大量的研究成果与出版物。回顾这100年中国非遗保护与研究所取得的成果，一方面彰显了中国学者的研究能力，另一方面也在国际社会中彰显了中国的学术话语，逐渐形成了中国的研究范式与保护经验。

- 非物质文化遗产保护列入本科专业目录是非遗保护与研究历程上的一个里程碑，它必将进一步推动我国人文教育、社会科学体系的完善，为非遗保护实践提供更充足的人才队伍与科学指导。

 **综合练习**

一、本章基本概念

歌谣运动　民俗学运动　生产性保护　后申遗时代

二、本章基本思考题

1. 在"非物质文化遗产"这一概念正式提出前，中国的学术界为非遗研究奠定了哪些基础？
2. 民俗学运动对非遗保护研究起到了哪些方面的作用？
3. 如何理解"生产性保护"对非遗保护的影响？
4. 如何理解"后申遗时代"，以及后申遗时代的研究重点？

三、推荐阅读资料

1. 钟敬文. 民俗文化学：梗概与兴起[M]. 北京：中华书局出版社，1996.
2. 赵卫邦，王雅宏，岳永逸. 中国近代民俗学研究概况[J]. 贵州民族大学学报（哲学社会科学版），2017（2）：37-58.
3. 王文宝. 中国民俗学史[M]. 成都：巴蜀书社，1995.
4. 宋俊华，王开桃. 非物质文化遗产保护研究[M]. 广州：中山大学出版社，2013.

第五章

非物质文化遗产研究的理论与方法

 学习目标

通过对本章的学习，学生应了解或掌握如下内容：
1. 了解非物质文化遗产研究的几种视角；
2. 掌握非物质文化遗产调查的基本方法；
3. 了解非物质文化遗产调查的几个原则；
4. 了解非物质文化遗产研究的焦点。

 导言

　　自非物质文化遗产这一概念得到确定，中国的非遗保护实践与研究已经推行了 20 年左右。由于这一概念来源于联合国教科文组织，与中国前期开展的文化遗产保护实践中采用的概念并不完全一致，从本体研究到实践路径的探索，再到方法论的构建，中国逐渐实现了"非物质文化遗产"这一概念的中国化，不仅在实践操作的层面积累了丰富的保护与利用经验，在研究方法上，也建立了与中国国情相适应的研究视角与体系。

　　已经形成的一些理论与方法主要有四个方面：从遗产视角切入的基于非遗本体的传承保护研究；基于非遗经济价值的生产性保护和创新利用研究；基于非遗意义与功能的文化与社会研究；基于非遗多样形态的实证观察与理论梳理。

第一节　遗产视角——基于非遗本体的传承保护研究

　　"本体（ontology）最早是一个哲学概念，哲学意义上的本体是对客体的解释说明，是对其内在本质的一个抽象。"[①]遗产视角下，对非遗本体的传承保护研究，所聚焦的是

[①] 邓志鸿，唐世渭，张铭，等. Ontology 研究综述[J]. 北京大学学报（自然科学版），2002（5）：730-739.

对非物质文化遗产这一概念是什么、为什么要保护、保护什么，以及谁来保护等基本问题的研究。

一、非物质文化遗产的概念研究

非物质文化遗产的提出经过了漫长的流变与修正历程。出于集各国协作之力保护优秀的公共文明成果的需要，联合国教科文组织自20世纪70年代开始，先后提出并制定了"世界文化和自然遗产""民间文化""传统文化与民间创作""口头和非物质遗产"等保护方案，并于2003年正式使用了"非物质文化遗产"一词。概念的不断调整显示了联合国教科文组织对遗产保护这一理念与实践运动认识的不断深入，因而，一批学者如苑利（2005）、乌丙安（2007）、向云驹（2008）、萧放（2009）、宋俊华、王开桃（2013）、巴莫曲布嫫（2015）等，结合联合国教科文组织的相关文件，围绕着非遗有关概念的演变历程进行了释读，旨在跟随国际社会的视野，将"非遗"的理解向纵深推进。总体而言，以往所使用的定义都不足以准确地涵盖"非物质文化遗产"所指代的范围，如宋俊华、王开桃（2013）所对比的：① 民间文化也指"物质文化"，并不单指"非物质文化"；非物质文化不只存在于"民间"；民间文化不专指文化遗产。② 联合国教科文组织在使用"传统文化与民间创作"一词时，强调了口头创作，却忽视了非口传类文化遗产；③ "口头和非物质遗产"将二者置于并列短语中，容易产生二者是并列关系的歧义，口头遗产应当归属于非物质遗产范畴。因此，"非物质文化遗产"相较于前期使用的概念，做出了更为准确的界定："被各社区、群体，有时为个人，视为其文化遗产组成部分的各种社会实践、观念表述、表现形式、知识、技能以及相关的工具、实物、手工艺品和文化场所。这种非物质文化遗产世代相传，在各社区和群体适应周围环境以及与自然和历史的互动中，被不断地再创造，为这些社区和群体提供认同感和持续感，从而增强对文化多样性和人类创造力的尊重"。

在非物质文化遗产这一概念得到确定后，中国作为第6个缔约国于2004年加入了《保护非物质文化遗产公约》。由于官方文件以英文写作和发布，其中一些词汇与中文语境、使用习惯存在差异，关键词汇和概念与中国以往所开展的文化保护工作中的词汇有交叉、重叠之处，因此，在"非物质文化遗产"这一名词登上历史舞台时，中国学者们又将其放在中国文化的语境中做出了必要的阐释与说明，从国际语境向本土语境过渡。乌丙安、冯骥才等对非物质文化遗产与中国文化语境中的民间文化、民间文艺、民俗学等概念的差异进行了对比。可以确定的是，非物质文化遗产既不等同于民间、民俗等相关概念，也不与之相矛盾，更不是互相取代的关系。冯骥才指出非遗时代的民间文化与精英文化、"大传统"与"小传统"一同构筑了中华文化的基石。[①]段宝林从非遗与民俗文化之间的联系方面入手，指出"非物质文化遗产主要内涵属于民俗文化的范畴"。《非物质文化遗产精要》

[①] 祝昇慧. 从"非遗前"走向"非遗后"时代的民间文化保护：冯骥才先生民间文化思想研究[J]. 民间文化论坛，2012（4）：59.

（2008）主要从民俗文化的方方面面（如曲艺、口传文学、年画、民间舞蹈等）对非遗的表现形式与特征进行了普及性说明。董晓萍认为民俗学与非遗都重视传统文化的挖掘与保护，但以往的民俗学保护更多地在于记录、整理、存档等，而非遗进一步提出了评价标准，有利于保护实践活动的开展。[1]周星（2011）认为非遗与学术界所称的"小传统"大致相当，主要表现为以口耳相传、心心相授为特点的各类民间民俗文化。

为确保非遗保护工作的顺利进行，国务院办公厅发布《国家级非物质文化遗产代表作申报评定暂行办法》（2005），对"非物质文化遗产"的界定为："各族人民世代相承的、与群众生活密切相关的各种传统文化表现形式（如民俗活动、表演艺术、传统知识和技能，以及与之相关的器具、实物、手工制品等）和文化空间。"针对"文化空间"这一类别，乌丙安也进行了说明："'文化空间形式'是指按照民间约定俗成的传统习惯，在固定时间和场所举行传统的大型的综合性的民族民间文化活动。有了这样的理解，就会自然而然地发现，遍布在我国各地各民族的传统节庆活动、庙会、歌会（或花儿会、歌圩、赶坳之类），都是最典型的文化空间。"[2]

二、非物质文化遗产保护的价值与意义研究

2001年，中国昆曲入选第一批"人类口头和非物质遗产代表作"名录，引起了政府的关注和重视。2003年，文化部、财政部、国家民委、中国文联等八部委联合启动"中国民族民间文化保护工程"；2004年，中国成为第六个加入《保护非物质文化遗产公约》的缔约国；2005年在全国范围内启动首次非物质文化遗产大普查；2011年正式实施《非物质文化遗产法》；2016年调整设立"文化和自然遗产日"；截至2021年，共评审与公布了五批国家级非物质文化遗产代表性项目名录。每一项工程的推进都向全社会明确展示了中国政府对非物质文化遗产保护的重视态度。

一些学者充分阐述了非遗保护的意义，认为它不单单是一场对优秀的传统文化的整理、保存的工作，还关系到中国文化在国际社会中地位的彰显。"就整个国际社会的文化发展格局和走势而言，发展中国家和地区的传统文化的优秀成果一直很少被纳入整个人类文化发展历程的主流话语范围，这影响了他们的国家形象和民族心理，使得其民族平等和民族自豪的心理基础变得越来越脆弱。"[3]向云驹（2008）认为非物质文化遗产作为悠久、鲜活的文化历史传统，是国家和民族文化软实力的重要资源，对民族的向心力、凝聚力都起到了重要的表征作用，非物质文化遗产的研究成果为构建中华民族核心价值体系的重要来源。"中国的非遗保护逐渐从方针政策上升为国家意志，并获得了长期实施和有效运行

---

[1] 董晓萍. 民俗学与非物质文化遗产保护[J]. 文化遗产，2009（1）：10.
[2] 乌丙安. 非物质文化遗产的界定和认定的若干理论与实践问题[J]. 河南教育学院学报（哲学社会科学版），2007（1）：11-21.
[3] 刘魁立. 非物质文化遗产保护的回望与思考[J]. 中国非物质文化遗产，2020（1）：32-40.

的坚实保障。"①

非遗的价值是世界性的、民族性的，具有代表人类共同财富的高度。中国不仅仅是在为自身保护这些遗产，也是在为全球的人类发展史留下深刻的印记。周星（2011）基于对中国各个历史时期文化运动的回顾，认为曾经被忽视的各类民间民俗文化的价值已经被政府充分认识到，对它们的保护实质上是对中国文化多样性、生命力与活力的保护。"从对文化的'破旧立新'到保护'非物质文化遗产'，中国文化政策的此种大转换实具有非常重大的意义。"②客观认识、传承、发展、丰富自己的文化传统和文化遗产，坚守自身文化的根基，铸牢中华民族共同体意识，是新时代不可松懈的命题。

三、非物质文化遗产保护的对象研究

非遗保护不仅仅是一门理论，还是一项规模浩大的工程。中国有着非常丰富而繁杂的文化遗存，为了确定哪些项目符合保护与传承的条件，达到保护与传承的标准，并根据其对应的级别针对性分配保护所需的资金与设施条件，2005年国务院办公厅发布了《关于加强我国非物质文化遗产保护工作的意见》，并发布了非物质文化遗产代表作申报评定暂行办法；2008年，文化部发布了《国家级非物质文化遗产项目代表性传承人认定与管理暂行办法》；2019年，文化和旅游部发布了《国家级非物质文化遗产项目代表性传承人认定与管理办法》，保护工作的操作规程逐渐完善。

上述系列文件的出台为非遗保护与传承的实践提供了指导，但在具体的申请、评审等关键问题上仍存在判断模糊不清的情况。乌丙安（2007）紧扣非物质文化遗产的内涵，针对"是否可以申报为非物质文化遗产"的十大常见疑问做出了解释。这些疑问所包含的对象有：

（1）文化生态保护区、文化之乡。
（2）乡镇里的古寨、古戏楼，古民居建筑群。
（3）表演传统地方戏曲的老剧团。
（4）和地方传说相关的古遗迹。
（5）本地的故事大王、山歌王、著名的手工艺人等。
（6）孝道传统。
（7）技艺已经后续无人的刺绣品。
（8）方言土语。
（9）民间艺人用绝活设计编创的新型艺术品。
（10）老店铺、老作坊、老字号等。

造成这些名词、主体易与"非物质文化遗产"相混淆的主要原因在于：非遗保护工作推行的初期，人们对"物质"与"非物质"的含义区分不清；对于"活态"与"非活态"

---

① 黄永林，邓清源. 中国非物质文化遗产学形成的历史背景与学科定位[J]. 民俗研究，2021（5）：7.
② 周星. 非物质文化遗产与中国的文化政策[J]. 中国研究，2009（2）：210-223.

区分不清；对于"非物质文化遗产项目"与"非物质文化遗产传承人"区分不清；等等。

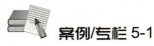
案例/专栏 5-1

关于申报中常见提问的答疑

问：当地有一个传统地方戏曲的老剧团，可以把剧团申报为非物质文化遗产代表作吗？

答：遗产项目的文化或艺术的表现形式、形态是非物质文化遗产，至于文化组织机构、团体，如合唱队、舞蹈团、戏班、鼓乐班等都不属于非物质文化遗产，而是和非物质文化遗产密切相关的组织或团体。例如，昆曲艺术是非物质文化遗产代表作，某某昆剧团则不是。这些团体或组织也可能是遗产的传承单位，也可能是遗产保护责任单位，但无论如何它们本身不是非物质文化遗产。

问：本地有几个村落非常讲究孝道，已经形成了传统，可以申报非物质文化遗产项目吗？

答：我国各民族的传统精神文明中，都有道德层面的优良传统观念流传下来，如孝、悌、忠、信、礼、义、廉、耻等。也应该承认这些都是非物质文化遗产的精神内涵；但是，观念形态的文化是无法直接成为可表现的形式而形成项目的。假如这些观念有各种特定的表现形态，那些形态就可能形成遗产项目。如拜寿礼、祭祖仪礼、传统葬礼或民间纪念母亲节日活动，都可以用来展示孝敬老人的孝道观念内涵。思想道德观念无法立项，思想道德观念的各种文化表现形式当然可以形成项目，有较高价值的也可以申报遗产。

问：当地的方言土语非常有特色，可不可以申报口头遗产项目？

答：中国 56 个民族的语言多种多样，各地方言种类千千万万，自然都是最基本的人类口头和非物质文化遗产的重要表现形态；但是，语言的抢救和保护是一项科学性极强的十分复杂的工作，它需要用语言学、语义学、音韵学等专门学科的方法和记音、标音、翻译、注释等专门手段，还要用现代高科技设备进行操作，才能奏效。鉴于中国目前的非物质文化遗产保护的进程还难以承担这样难度大的工程，所以，民族语言及各地方言土语的普查将在以后的规划中列入日程，目前的口头遗产的保护也只限于口头文学类的语言艺术保护范围。

（资料来源：乌丙安. 非物质文化遗产的界定和认定的若干理论与实践问题[J]. 河南教育学院学报（哲学社会科学版），2007（1）：11-21.）

【思考】你认为古戏楼、古遗迹、山歌王等是否能够申报为非物质文化遗产？

非遗保护涉及大量对具体细节、具体内容的评判，每一份申报书的评审都必须建立在对非遗概念、界定、分类、内涵的熟知与掌握上。《非物质文化遗产概论》（王文章，2006）、《非物质文化遗产学》（苑利、顾军，2009）、《非物质文化遗产保护研究》（宋俊华、王开桃，2013）、《非物质文化遗产保护干部必读》（苑利、顾军，2013）等概论型著作对从事非遗保护工作、教学与研究工作的人员，起到了重要的借鉴作用。

四、非遗保护的主体研究

非遗保护的主体即开展保护工作的主要角色。根据《保护非物质文化遗产公约》的精神，社区既是非遗的承载者，也是非遗的受益者与责无旁贷的参与者。因此，一些学者认为，非物质文化遗产保护的权利应当交还给社区群众，即文化持有人本身。但随着非遗保护工作的推进，它愈加成为社会性的、公共性的文化工程，仅仅依靠文化持有人这一群体，还不足以在资源激活与传播方面发挥较大的效用。因而，主体应该存在于各个社会角色中——除了传承人本身，还包括政府、企业、学界、社会组织、媒体、群众等，他们的区别只是在保护中所发挥的作用不同，这一观点逐渐获得了学者的认同（安德明，2016）、（段友文、郑月，2012）。《非物质文化遗产概论》（王文章，2006）、《非物质文化遗产学》（苑利、顾军，2009）、《本土立场与概念的拓展——非物质文化遗产开发及运作模式中的政府行为》（李浥，2011）等对各个参与主体的不同职能进行了梳理，具体如下。

传承人：非物质文化遗产项目的代表性传承人是掌握相关的非遗项目最核心技艺的群体，《非物质文化遗产法》也对其在保护与传承中所承担的责任与义务做出了相应的规定。

政府：在实施"生产性保护"的背景下，融入社会和市场是非物质文化遗产实现传承的重要方式。为了避免过度商业化而造成对非遗的破坏，政府肩负着坚定导向、监督管理的职责。

企业：将无形的非遗资源转化成为可见的、可感受的文化产品与文化服务，扩大非遗与文化市场相接触的机会。

学界：通过学科、专业建设，构建系统的教学体系，实现非遗知识的传播。

媒体：发挥新闻与传播优势，向广大民众宣传非遗工作的开展、非遗活动的举办、非遗项目的创新等。

社会组织：通过行业协会等形式，在政府、企业、学者、传承人等之间搭建交流、互动与合作的平台，为政府决策提供智力支持。

总而言之，非遗具有共有性、共享性的特征，调动社会各方的积极性投入保护工作，最终是为了实现优秀的传统文化能够活态传承下去这一目的："在此工作中，首先是抓紧抢救濒危的非物质文化遗产，达到举国上下全民一心的效果，在抢救中唤醒民众对自己文化和历史的重视，其最终目的不是商业化、产业化，是为了获得民众对自身文化的认可和自觉。"①

---

① 马知遥.非遗保护：抢救·唤醒·文化自觉[J].艺苑，2011（1）：74.

第二节 发展视角——基于非遗经济价值的生产性保护和创新利用研究

区别于物质遗产的不动性、静态性等特点，非物质文化遗产以人为载体，与人所生活的社会环境一同变化，"保护"并不是将非物质文化遗产项目封存起来，而是挖掘其内在的价值，帮助其活态地在社会中存续下去。2006年，学者王文章首次提出了"生产性保护"这一理念，之后便在国内的非遗保护实践中得到了推行。关于"生产性保护"，文化部的界定是："在具有生产性质的实践过程中，以保持非物质文化遗产的真实性、整体性和传承性为核心，以有效传承非物质文化遗产技艺为前提，借助生产、流通、销售等手段，将非物质文化遗产及其资源转化为文化产品的保护方式。"[1]这一阐释从正面肯定了适度、合理的"商业化"对非物质文化遗产的激活作用，也赋予了"遗产"新的意义：非遗不是落后的、老旧的、濒临淘汰的传统，通过创意、创新为其赋能，探索科学合理的转化路径，无论在当下还是在未来，非遗依然具有发挥价值的空间与可能性。

一、生产性保护的狭义与广义研究

狭义上的"生产性保护"指的是非物质文化遗产投入生产、流通、消费这一市场相关的场域，将人的身体实践转换成为文化产品、文化体验或文化服务，延续其鲜活生命力的同时，实现保护的目的。生产性保护前期主要在传统技艺、传统美术、传统医药炮制技艺这三大领域中推行，之后逐渐延伸到非遗其他门类。最为突出的研究内容是传统工艺作为典型的"地方性知识""小传统"的体现，如何融入主流市场，与"大传统"相适应的问题。从研究焦点来看，一方面集中在具有示范性作用的个案经验梳理上，如剪纸、刺绣、织绣、年画等。另一方面则关注实用性有限或生产环境发生较大变化的"边缘"项目所面临的发展困境及解决策略，如地方小戏、地方性口头传说、少数民族传统体育、土法制盐、牙雕等。

广义上的"生产性保护"指的是非物质文化遗产通过持续融入社会生产生活，推动优秀的中华文化得以存续、帮助传承人群的身份在转型中的社会中得到认同，最终促进社会文化再生产。方李莉基于景德镇传统手工艺的复兴，认为在传统工艺的价值得以实现的社会环境下，人们得到了相应的尊重，文化持有者都是将生产资料、生产技艺以及创造性和知识性化为一体的人。是身体化文化资源的拥有者，是手工技术的载体、文化的载体、知识的载体，甚至是非物质文化遗产的载体。[2]文化持有者能够从中获得自信与自觉，更加

---

[1] 文化部关于加强非物质文化遗产生产性保护的指导意见[N]. 中国文化报，2012-02-27（1）.
[2] 方李莉. 论"非遗"传承与当代社会的多样性发展：以景德镇传统手工艺复兴为例[J]. 民族艺术，2015（1）：71-83.

自愿地探索非遗保护的方式，文化在代际就形成了自然、有效的传递链条。

二、对生产性保护和创新原则的研究

生产性保护是实现非遗价值的一种方式，但并不是唯一的方式，不代表它能够适应任何非遗项目。在实际操作中，应当遵循以下几个原则。

1. 适度原则

由于非遗的特殊性，难以要求其在动态变化的社会中保持技艺、样式、功能的一成不变，适当创新能够帮助传统文化更好地与现代社会相融合，但无论是产品制造的规模、技术创造的程度，还是原有功能的改变，都必须在适宜的范围内。徐艺乙（2012）指出，大量非遗是历史上不同时期的人民群众为了满足自己的需要而创造的，一些事项在今天已经不是人们生活的必需品，市场表现的需求量必然有所下降，因此，生产性保护并不表示一味地产业化。

2. 尊重原则

非物质文化遗产有共享性、公有性的属性。它由社区人群共同创作，又被社区人群所共同使用，但并不意味着在获取、使用非遗资源的时候不必遵守公序良俗。李昕（2008）认为，当地的民间文化团体、文化组织对本土文化生态环境的理解较为深刻，这个群体作为政府、学者的辅助角色，参与当地非遗保护，能够减少外来人员由于不熟悉当地文化而造成的困扰。

3. 利益均衡原则

生产性保护往往不是某个个体就能够完成的。随着市场外延的扩大，非遗的商业化运作逐渐打破了过去自给自足的小规模，产业链覆盖了研发、设计、生产、制作、销售、物流、服务等环节，参与的主体也愈加复杂。各个角色在产业链中所处的位置、投入的成本、承担的风险不同，获得的收益也有差异。因此，根据各地的情况制定科学、合理、公平的利益分配机制，对生产性保护的开展有着重要作用。陈炜（2017）以广西少数民族特色村寨为对象，划分了12类利益相关者，包括地方政府、旅游企业、游客、社区居民、传承人等，并对所有利益相关者的利益诉求、影响因素进行统计，对核心利益相关者、蛰伏利益相关者、边缘利益相关者进行了区分。胡玉福（2020）以山东鄄城鲁锦项目为例，关注的是女性在参与非遗生产时的受益情况。桂胜、谌骁（2021）以湖北恩施土家女儿会为例，关注的是政府、企业、游客、民众的和谐关系，促进了多方利益共赢的实现。文永辉（2013）总结了贵州各少数民族地区所实施的几种利益分享模式："公司+农户"模式即由公司对外签订刺绣工艺品合同，再分解到各个家庭中；"工分制"模式即所有村民均可参与旅游接待，按贡献大小计工分，再进行收入分配；"民族文化保护资金"模式主要运用于西江千户苗寨，雷山县政府每年将景区门票收入的一定比例作为奖励基金，并针对苗寨的民族文化保护制定了评级奖励办法，对每户家庭的建筑、环境、行为进行考核，再依考核结果发放奖励金。通过种种方式，兼顾了各个参与角色的利益，充分调动了社会积极性。

三、对生产性保护和创新路径的研究

党的十九大报告提出："推动中华优秀传统文化创造性转化、创新性发展。"2020年9月，习近平在十九届中央政治局第二十三次集体学习强调："我们要加强考古工作和历史研究，让收藏在博物馆里的文物、陈列在广阔大地上的遗产、书写在古籍里的文字都活起来，丰富全社会历史文化滋养。"这些都为非遗保护事业指明了方向。随着各地实践的开展，对生产性保护和创新路径的研究主要集中在以下几个方面。

（一）"非遗+旅游"研究

一些学者关注的是非遗资源的空间分布与旅游发展之间的关联。韩荣培（2020）、李亚娟（2021）、郑雪莲（2021）、高彩霞（2021）等对不同的区域、旅游带、城市等开展了定量分析，认为影响当地旅游发展的不仅仅是非遗资源的密集程度，还包括现代基础设施的完善程度、旅游服务的便利程度、与其他旅游区的临近程度等。因此，以整体的视野梳理包括非遗在内的旅游资源，实施多行业、区域化的旅游管理，是促进"非遗+旅游"融合发展的必要手段。

自国家实施乡村振兴战略以来，非遗与乡村旅游结合，从而提升经济水平、助力乡村脱贫的实践经验也引起了学者的关注。研究重点主要集中在四个方面：一是非遗技艺有效转化为旅游展演服务的经验；二是非遗技艺有效创新为旅游纪念品、文创产品的方式；三是非遗技艺有效增进民众就业的路径；四是在旅游经济刺激下，市场对非遗传承与保护的负面影响。总体而言，各地政府能够依据非遗资源的特色、类型，给予乡村发展指导性意见，从培训、设备、资金等方面为乡村开展非遗旅游提供支持，不仅在一定程度上解决了当地的就业问题，也增强了村民的技能与自信。但由于村民的受教育程度、自主开发产品的水平、实施旅游项目管理的能力参差不齐，下一阶段防止返贫现象的出现、保障非遗可持续保护与传承，也是学者们所关注的研究方向。

（二）"非遗+文创"研究

文创产品的附加值高，能够发挥创新创意优势，并有效延长产业链，研究非遗资源与文创产品之间的融合路径也是当下的研究热点之一。从设计学方向切入的研究成果较丰富，主要体现在以各类非遗项目为灵感或基础，对其文化内涵与典型元素进行提炼后，加入创意设计后，呈现出符合现代审美与消费市场需求的产品。《非物质文化遗产特征的文化经济学阐释》从经济学的角度切入，认为非物质文化遗产具有物质性、生活性、在场性、经典化和多样性等特征，能够为非物质文化遗产资源的产业转化提供丰富的优质资源、潜在的经济价值、广阔的市场前景和优质的品牌支撑。[①]因此，一些学者关注的是非遗从一般的生活实践，向文化产品、文化品牌转型的策略（徐滢洁，2021）。江伟、周敏（2020）

---

① 黄永林. 非物质文化遗产特征的文化经济学阐释[J]. 文化遗产，2018（1）：5-13.

以无锡灵山小镇这一国家 5A 级旅游景区为例，研究非遗手艺为主题的衍生产品在景区中的嵌入，对旅游景点文化内涵提升所起到的作用。

随着非遗保护实践与教育教学的不断融合，近年来也产生了不少与文创设计教学相关的研究文献。从教学对象的层次来看，研究范围贯穿了从学龄前、中小学到高等教育各个阶段。总体而言，学者们认为非遗的教学应该覆盖各个年龄层，针对低龄儿童，可以从培养工艺美术兴趣、普及非遗知识等角度入手；针对青少年阶层，可以适当开发更注重创意能力、动手能力的教学课程；而针对高等院校的设计类专业，则应当兼顾非遗理论知识、田野调查方法、设计学理论、艺术设计技能等综合能力的培养。

（三）"非遗+工坊"研究

2018 年 7 月，文化和旅游部办公厅、国务院扶贫办综合司共同发布《关于支持设立非遗扶贫就业工坊的通知》，明确提出："支持设立非遗扶贫就业工坊；组织传统工艺手艺培训，帮助当地建档立卡贫困户学习传统工艺，掌握相关技能；组织专家团队，对传统工艺产品进行专业设计和改造提升；搭建平台，支持电商企业等通过订单生产、以销定产等方式，帮助销售非遗扶贫就业工坊生产的传统工艺产品，形成扶贫就业、产业发展和文化振兴的多赢格局。"非遗扶贫工坊的建立为各贫困地区带来了发展契机，据统计，"2019 年全国共设立非遗工坊 2310 个，带动 46.38 万人参与就业，带动 20 万建档立卡贫困户脱贫"[①]。

非遗扶贫工坊这一模式初期有着明显的"政府主导，企业帮扶"色彩，当地居民处于"应召参与"的角色。因而，学者们研究的主要方向在于如何建立长效机制，培育居民的内生动力，将"输血式"援助有效转化为"造血式"自助。王雪丽、彭怀雪（2020）基于行动者理论进行了分析，并提出：① 为推动非遗扶贫项目的可持续发展，政府应在合适的时间"让出核心行动者身份"，避免真正的核心行动者——民众对政府形成长期依赖；② 政府与民众之间形成良好的、及时的信任关系；③ 核心行动者应满足几个条件：自身的利益诉求与合作网络强烈相关、有足够的公信力、具备强大的动员能力和话语权。

案例/专栏 5-2

乡里有个非遗扶贫就业工坊

云南省福贡县鹿马登乡阿路底安置点的傈僳族非遗工坊里，有张桌子上放了块"党员先锋岗"的牌子，39 岁的余李妹和 4 个工人正在缝制傈僳族传统服装，穿针引线非常熟练。

"我是残疾人，13 岁时得了肌肉萎缩症，没有了力气。" 9 月 16 日，余李妹告诉《工人日报》记者，2010 年他去广东打工两年，在一家制包场缝拉链，后来身体越来越弱，就回到了家乡。刚开始他摆了个补鞋摊，去年 8 月这个非遗工坊挂牌后，他来到这里，担任

---

① "非遗+扶贫"须强化"造血"功能 https://baijiahao.baidu.com/s?id=1655756469889356522&wfr=spider&for=pc，央广网，2020-01-15。

技术员。"我是党员,我要跟党走,依靠共产党,还要带着大家一起好好干!"

这个40多人的扶贫车间里,带头人此路恒也是一位残疾人。挂着单拐的他,硬是凭着毅力与努力,带着村民闯出了一条脱贫致富的路子,被评为云南省残疾人自强模范。

他告诉记者,他从2007年开始种草果,2012年收入6万多元,"2013年,我是全县最早脱贫的人之一"。

此路恒还想着带更多人一起脱贫,琢磨如何让村民们有自己的技能和产业。他所在的赤恒底村是传统的傈僳族村寨,家家都有纺线织布、服饰加工的手艺,他的妻子娜丽沙便是一把好手。此路恒觉察到了商机——手工织出来的麻布卖布匹利润少,但成品却能在市面上卖到好价。

2013年,此路恒发动身边会纺织的村民,组建福贡群发民族服饰加工专业合作社。"我是残疾人,刚开始别人怀疑我,我就跟他们交朋友,只要肯来,干一个小时也给钱,冬天还送衣服给他们。我还带着他们唱歌,我们傈僳族人爱唱爱跳,慢慢就把他们吸引过来了。"他说,村民们大多都没摸过缝纫机,脚一踩,机器"呜"地转起来,还把人吓一跳,"我就手把手地教他们,慢慢踩"。

当年合作社就实现了户均收入2万元,后来还建起了自己的品牌"纱兰颜"。现在,合作社每年的生产能力达到了4万套,产品除在怒江州本地销售,还远销缅甸、新加坡、泰国、日本等地。

为进一步推进文化扶贫工作,文化和旅游部、国务院扶贫办以深度贫困地区"三区三州"为重点,在少数民族地区国家级贫困县,支持设立非遗扶贫就业工坊。2018年,这个合作社也变成群发民族服饰非遗扶贫就业工坊。

2019年,工坊实现总收入460余万元,脱贫218户412人,其中残疾人66人。2020年上半年,脱贫人数110户200人,其中残疾人30人。

"传统服装做起来难,穿在身上也不舒服,但我们要把这项传统传承下去,要让下一代还能穿上我们的传统服装,不能让民族文化丢了。"此路恒说。

最近,此路恒忙着打理线上销售平台——中国民族服饰商城。"看得更远些,想得更多些,才能发展得好。"他信心满满地说,"脱贫就得上有政策,下有行动,才能有效果。"

(资料来源:乡里有个非遗扶贫就业工坊[N].工人日报,2020-9-25.)

【思考】你认为非遗扶贫需要哪些社会条件?防止返贫又需要从哪些方面制订预防措施?

第三节 社会视角——基于非遗意义与功能的文化与社会研究

非遗的功能是一个多元、多层的复杂系统,研究界关注的角度包括:从历史文化方面研究其记忆功能;从艺术审美方面研究其美学功能;从科学技术方面研究其蕴含的特殊技艺对人们生活环境的改造功能;从经济方面研究其对社区民众的生活改善功能;等等。但

非物质文化遗产传承与保护发展

非遗的意义与功能并不仅仅体现在上述几个方面，2021年8月中共中央办公厅、国务院办公厅发布的《关于进一步加强非物质文化遗产保护工作的意见》明确提出下一阶段的目标："到2025年，非物质文化遗产代表性项目得到有效保护，工作制度科学规范、运行有效，人民群众对非物质文化遗产的参与感、获得感、认同感显著增强，非物质文化遗产服务当代、造福人民的作用进一步发挥。"《非物质文化遗产法》也将"为了继承和弘扬中华民族优秀传统文化，促进社会主义精神文明建设"等列入"立法目的"。这些表述都强调了非遗在铸牢中华民族核心价值观、提升人民的幸福感、加强人民对国家文明的自信心等方面具有重要作用。

一、"以人为本"视角的研究

从联合国教科文组织的系列文件来看，非遗保护工作的实践始终强调"社区民众"在非遗保护当中的地位与作用。国内也非常重视围绕"以人为本"理解非遗保护的意义。

（一）后工业时代背景下的"以人为本"

后工业时代，越来越多的机器进入文化生产场域。人工智能的出现与运用也极大地改变了人们获取信息、交流与储存记忆的方式。不能否认这是技术与文明的进步，也是社会生产力提高的表现。但同时，也带来了"人的创造性和独特性是否可以被取代"等技术时代的伦理问题。王文章、方李莉、冯骥才、乌丙安等学者认为，非遗保护相较于之前的遗产保护概念，一大创新就在于它并不强调"物质"的传承，而强调通过"人"的身体实践，通过人与人的交流、人与人之间的心领神会而完成实践。"非物质文化遗产的'活态性'，注重的是可传承性（特别是技能、技术和知识的传承），突出了人的因素、人的创造性和人的主体地位。"[①]在非遗保护的精神方面，"人"的创造性、实践能力，人的价值都受到极高的尊重与关注。在机器生产全面渗透社会生活方方面面的当下与未来，非遗时刻强调对"人"的认可，也是对后工业时代的一种回应。

（二）社会变迁背景下的"以人为本"

关于"本真性""原真性""真实性"等原则在非遗保护与传承中是否适用也引起过多位学者的讨论，如王巨山的《非物质文化遗产保护原则辨析——对原真性原则和整体性原则的再认识》，刘魁立的《非物质文化遗产的共享性本真性与人类文化多样性发展》，刘鑫、苏俊杰的《非物质文化遗产真实性的内涵辨析与实现路径》等，都表达了非物质文化遗产尊重"人"作为文化创作主体的身份这一观点。乌丙安提到："非物质文化遗产的实践往往是通过艺人本身的身体实践、艺术构思、行业规矩、信仰禁忌等，往往是人们难以看到和触摸的。"[②]也就是说，它不是从祖辈手中继承过来的静态物质，它是通过一代

---

① 王文章. 非物质文化遗产概论[M]. 北京：文化艺术出版社，2006：49.
② 乌丙安. 中国文化语境中的"非物质文化遗产"界定[M]//文化部民族民间文艺发展中心. 中国非物质文化遗产保护研究（上）. 北京：北京师范大学出版社，2007：23-41.

又一代人的身体实践与口口相传,将技艺、诀窍、规则、程式等不断继承至今,并且将继续传递下去的优秀的文化形式。它的根本载体是人。人的生活、思想、行为都是动态的,人所携带、所传递的文化遗产的具体表现也必然是动态的。以人为本,即不能抹杀了人的特性谈非遗保护。

(三)中华民族多元一体格局下的"以人为本"

最早提出"中华民族多元一体格局"的是社会学家费孝通。他通过追溯中华民族的形成历史,强调各民族单位不断融合、相互依赖的事实,并指出:"汉族和55个少数民族同属于一个层次,他们互相结合而成中华民族。"①中国有56个民族,其中55个是少数民族。与汉族相比,他们生活的区域比较分散,人口比较少,所保留的一些文化习俗流传的范围不广。但从已经公布的五批"国家级非物质文化遗产代表性项目名录"来看,包括大量来自少数民族的文化记忆。在已经开展的非遗保护工作中,各民族在保护方针、政策、法律方面也享有同等地位。即便是那些边缘地区的民众所创造的,在其他地区几乎不为人知的技艺,也不会因为目前知道的人比较少,而将其排除在保护与传承的计划之外,任由其消亡。高丙中认为,非遗制度的设计是文化标准的多样化,打破了精英阶层、经济发达国家与地区享有更高的文化话语权的评价权的状态,最大程度给予了普通人文化尊重,让所有地区、所有民族都有机会向全世界展示自己文化的特殊性。②

二、"文化共享"视角的研究

(一)全球化背景下的"文化共享"

高丙中(2017)从《保护非物质文化遗产公约》的核心精神入手,认为公约所提倡的观念相较之前的遗产保护,一大进步在于"共享性"。"非遗保护的制度设计带给世界的理念是,我们因文化不同而相互欣赏与共享。"③以往的文化调查、文化记录让我们了解各国家、各民族之间存在的文化差异,而公约则在承认差异的基础上,将观念转向"和而不同"的"共享性"文化。高丙中直言非遗"'不否认私人性而共有',是一个了不起的文化创新"④。

(二)中华民族背景下的"文化共享"

2019年9月,习近平在全国民族团结进步表彰大会上提出了"四个共同"中华民族历史观:"我们辽阔的疆域是各民族共同开拓的""我们悠久的历史是各民族共同书写的""我们灿烂的文化是各民族共同创造的""我们伟大的精神是各民族共同培育的"。费孝通著名

---

① 费孝通. 中华民族多元一体格局[M]. 北京:中央民族大学出版社,1999:13.
② 高丙中. 《保护非物质文化遗产公约》的精神构成与中国实践[J]. 中南民族大学学报(人文社会科学版),2017(4):56-63.
③ 高丙中. 《保护非物质文化遗产公约》的精神构成与中国实践[J]. 中南民族大学学报(人文社会科学版),2017(4):57.
④ 高丙中. 《保护非物质文化遗产公约》的精神构成与中国实践[J]. 中南民族大学学报(人文社会科学版),2017(4):59.

的16字箴言"各美其美，美人之美，美美与共，天下大同"也能够阐述非遗保护的意义：各美其美，即正视不同文化的差异性，承认彼此的独特之美；美人之美，意为愿意成就他人文化之美；美美与共，即文化的共享，最终达成的是"天下大同"的文化和谐与社会和谐。

（三）非遗保护的"成果共享"

共享性也反映在非遗保护的"成果共享"上。2016年，中国确定每年6月第2个周末为"文化和自然遗产日"（以下简称"遗产日"），以遗产日为主题开展宣传与展示活动已经成为一项"新传统"。民众不仅仅是非遗的创造者、非遗保护的参与者，也是文化成果的享有者。工艺展览、文创产品集市、影像戏剧的展演等极大地丰富了人们的休闲娱乐生活。刘魁立等对21世纪以来的中国非遗保护历程进行回顾与思考时，再次对"非物质文化遗产"的重点进行了强调："它指向的是我们自己的生活方式，这种生活方式是老祖宗留给我们的，一代一代传承下来的……非遗是历史传承的、共同创造的，被今天的人们共同视作文化财富的生活方式。这种生活方式体现着我们的价值观，同时丰富着我们的生活，也承载着我们对生活的热爱、我们的幸福感。"[①]

案例/专栏5-3

全国将办6200余项活动，2022年"文化和自然遗产日"拉开非遗大幕

6月11日是2022年"文化和自然遗产日"，文化和旅游部今天召开新闻发布会，宣布在遗产日前后组织全国各地集中开展非遗宣传展示活动。

文化和旅游部非物质文化遗产司副司长李晓松介绍，今年的活动主题为"连接现代生活 绽放迷人光彩"，口号是"人民的非遗 人民共享""激发非遗活力 创造美好生活""乡村振兴 非遗同行"。重点活动有"云游非遗·影像展""非遗购物节"等。

"云游非遗·影像展"由中国演出行业协会联合腾讯视频、爱奇艺、优酷、抖音、快手、哔哩哔哩、酷狗、微博8家网络平台共同承办。各视频平台开设视频专区，汇集2300余部非遗传承纪录影像、非遗题材纪录片等进行公益性展播。

各平台还将推出"赏中国精彩技艺""非遗藏品季""焕新非遗计划""非遗奇遇记"等主题活动，向大众展示传统美食、传统手工艺、传统音乐等丰富的非遗资源，相关活动将一直持续到6月20日。

文化和旅游部会同有关部门支持阿里巴巴、京东、抖音、快手、唯品会、腾讯、万达、中国手艺网等参与单位，和各地开展"非遗购物节"活动。"非遗购物节"以非遗工坊、老字号作为重点对象，以"享传统文化 购非遗好物"为口号，弘扬中华优秀传统文化，提振社会消费，做好巩固拓展脱贫攻坚成果同乡村振兴有效衔接。

遗产日期间的非遗系列活动，还包括国家图书馆举办的"年华易老 技忆永存"国家

---

① 刘魁立. 非物质文化遗产保护的回望与思考[J]. 中国非物质文化遗产，2020（1）：32-40.

级非遗代表性传承人记录工作成果展映月暨工作回顾展、2022 年非遗讲座月活动等。

据统计，全国各省（区、市）在今年遗产日期间，将举办 6200 多项非遗宣传展示活动，其中线上活动达 2400 多项。

天津将举办"健康生活"传统中医药文化互动展、"美好生活"振兴传统工艺展活动；河北将举办 2022 河北非遗购物节活动；江苏将举办"牢记初心使命·赓续匠心传承"迎接党的二十大非遗主题展活动；四川将举办"千村万户，非遗圆梦"——四川省非遗助力乡村振兴成果展、"非遗新实践，献礼二十大"系列非遗社区实践活动；湖北将举办湖北非遗产品优惠展销季暨首届非遗时装秀活动等。

（资料来源：蒋肖斌，全国将办 6200 余项活动，2022 年"文化和自然遗产日"拉开非遗大幕。中国青年报 https://baijiahao.baidu.com/s?id=1734429557154480557&wfr=spider&for=pc .2022-6-1.）

【思考】在互联网时代，"文化和自然遗产日"还能够在线上开展哪些活动？

三、"资源均衡"视角的研究

近 20 年来，中国的社会发展取得了长足的进步。但必须承认的是，由于民族众多、疆域辽阔，各个地方的资源禀赋并不相同，发展程度也存在速度差异。例如，广东、浙江一带的商业较为发达，信息技术发展迅速；北京、南京具有深厚的历史文化积淀，文化艺术气息浓厚。而西部地区在人才、资金、技术等方面发展水平有限，与东部地区的优势形成了鲜明对比。自然，长期以来，东部地区、沿海地区在经济发展、文化发展、社会发展等方面自信心更强，也就进一步造成了中西部地区的人口不断向东部迁移的不均衡局面。非遗的提出，以及近 20 年国家对非遗保护工作的不懈推进，对这种明显的资源不平衡现象起到了重要的缓解作用。

（一）对"资源"分布的认识

王立阳认为，传统的民众生活方式在很长时间内处于灰色地带，其"文化资源"的属性在过去未被充分认可，非物质文化遗产运动在其获得"合法性"（legitimacy）的历程中给予了重要一推。[1]一直以来被认为"资源有限"的中西部地区，尤其是西部少数民族聚居的地区，经过普查和四级保护名录认定后，被证明非遗项目的保有量是巨大的。一些学者从空间地理的角度对国内非遗资源的分布进行了研究分析。马勇、周毓华概括出中国国家级非遗分布呈现南多北少、西多东少的特点。[2]"生产性保护"等理论的提出，"非遗扶贫工坊"等工程的实施，充分肯定了非遗项目具有有效转变为市场资源的潜力，从这个角度来看，非遗恰好可以弥补西部少数民族聚居的地区在现代产业条件方面的不足，以非遗为纽带，通过政府引导、企业参与、人才培训等路径，能够有效发挥资源优势，推进公

---

[1] 王立阳．"传统"之合法性的构成——中国非物质文化遗产保护的话语分析[J]．清华大学学报（哲学社会科学版），2016（3）：182-191．
[2] 马勇，周毓华．历史地理视阈下我国国家级"非遗"的整体分布[J]．通化师范学院学报，2017（11）：38．

共文化服务的建设，促进传统文化振兴，反哺传统文化传承。这给中西部地区的民众带来了极大的文化自信和发展自信。许珂、郭可冉（2021），邢海燕、谭雪一（2021），蒙涓、黄翅勤（2021），栾轶玫、张杏（2020）等学者通过对各民族地区的个案调查，阐述了非遗对缓解当地劳动就业、提升民众幸福感所起到的重要作用。

（二）加强区域合作

非遗作为历史上流传下来的文化形式，随着人们的居住空间移动、社会生活交往等，自然地延伸到各个区域。"由古至今，非物质文化遗产在整合族群关系、建立和谐社会的过程中，一直都在发挥着重要作用。"①例如，"花儿"在西部地区，"妈祖信俗"在沿海地区，"格萨（斯）尔王"在藏族、蒙古族等群体中的流传等。非遗作为一种文化认同的符号和共有的文化资源，能够为人们的跨民族、跨区域合作奠定较好的心理基础。学者们基于不同的地理区域，对非遗资源与其辐射的文化带、文化圈、文化廊道之间的关联进行了分析，并提出了跨区域协作促进社会发展的策略。从研究的范围来看，包括"一带一路"（付文尧、蔡德明，2018）、岷江上游（王瑛，2019）、丝绸之路（刘吉平、宋涛，2020）、长三角（肖刚、肖鸿云，2021）、西部少数民族地区（陈海玉等，2021）、河北运河文化带（肖潇等，2021）等。可见，非遗可以在国际合作、国内各区域之间的合作中促进文化的交融与流动，以非遗旅游线路的逐渐成熟为契机，各地还将进一步在人才、资金、技术等方面取长补短，促进产业要素的合理流动与调配，形成合作共赢的局面。

总而言之，非遗对社会平衡发展起到的作用极为重要。非遗这一概念的提出，让原本资源相对贫瘠的地区转变成了资源富集型地区，培育、孵化了许多文化创意型商业模式，加强了区域合作，缩小了区域差距，对社会关系起到了不可替代的调和作用。如张举文所提出的：非物质文化遗产经历20年的发展，在中国已经不仅是一个实践概念，而且是一个学科概念，甚至是一个特定政治经济概念。②

第四节　方法视角——基于非遗多样形态的实证观察与理论梳理

非物质文化遗产保护是一项巨大的工程。从分布上看，它覆盖了全国各地；从行政层级上看，它贯穿了省、市、县，直至各个乡镇、村落；从类型上看，《中国非物质文化遗产普查手册》中将非遗普查工作分为民族语言、民间文学、民间美术等16个门类，类型极为丰富；从技术手段上看，各级文化部门、研究群体熟练采用文字、图片、音频、视频等档案管理的方法，对非遗的存续形态进行记录；从活态展示上看，有歌、舞、乐、演等

---

① 苑利，顾军. 非物质文化遗产学[M]. 北京：高等教育出版社，2009：40-41.
② 张举文. 从实践概念"非物质文化遗产"到学科概念"文化遗产"的转向[J]. 民俗研究，2021（5）：14-20.

不同的表现形式。因此,形成科学、高效、合理的方法对非遗保护工作至关重要。民俗学、社会学、人类学等所积累的研究方法对非物质文化遗产研究提供了基本技巧,但非物质文化遗产作为一项系统工程,已经逐渐显示出自身的独特性,因此研究界一直在试图建立针对非遗的研究方法,并已形成了一定的经验。

一、普查视角下的方法技巧

非遗资源的普查是一项特殊而又必需的工作。只有对所有非遗资源的存在状况逐一进行彻底、清晰、客观的普查,才能够开展后续的申报、认定、登记等工作,以及针对项目对应的级别给予适当的扶持与补贴。2007年出版的《中国非物质文化遗产普查手册》[1]是配合中国的非物质文化遗产普查工程的顺利推进而制定的工具书,与人类学、民俗学、社会学等学科的田野调查相比,该手册的针对性更强。首先,该手册对非遗保护工作的由来、概念、方针、原则等相关知识进行了简明扼要的介绍,目的是帮助工作人员对非遗形成全盘、整体的认识。在具体操作规程中,该手册将中国非物质文化遗产分成了民族语言、民间文学、民间美术、民间音乐、民间舞蹈、戏曲、曲艺、民间杂技、民间手工技艺、生产商贸习俗、消费习俗、人生礼俗、岁时节令、民间信仰、民间知识、游艺、传统体育与竞技17个类别,并针对每一类别的调查提纲制定了规则与要求,提供了调查表、登记表等标准化模板用于信息记录。此外,为便于存档和资源管理,该手册明确了资料编码的方式与原则。

(一)田野调查方法

一般认为,马林诺夫斯基最早确立了人类学领域的田野调查方法。他在《西太平洋的航海者》当中提出:"田野调查是指研究者自身在原住民中生活,以直接的观察、详细充分地验证的资料为基础,参照专业的规范来确立法则和规则性,进而论证这一民族生活的实态和规律。"[2]非遗资料的采集工作中也沿用了人类学进行田野调查的基本方法。

田野调查的准备工作主要包括了解当地民风民俗、设计调查提纲、制订调查行程与时间计划、确定调查工作小组与辅助工作人员、进行人员分工、准备调查工具与设备等。

田野调查的方式一般包括结构式访谈、开放式访谈、问卷调查法、参与观察等。结构式访谈即按照提前设计的问题逐一进行交流,对回复的内容有一定限制;开放式访谈指的是根据双方交谈的内容、状态随机展开谈话,交流具有较大的弹性空间;问卷调查法指的是将提前设计的问卷发放给调查对象,对方填写完毕后收回并对信息进行统计分析的方式;参与观察是民俗学、人类学中最常用的方法之一,指的是访问者与被访问者同吃、同住、同生活、同娱乐、同劳作等,实际参与田野调查点的社会生活、家庭生活,获取一手资料与体验。在非物质文化遗产调查工作中,调查者可以根据实际情况与需要,灵活采用不同的方法与技巧采集信息。

---

[1] 中国艺术研究院中国非物质文化遗产保护中心. 中国非物质文化遗产普查手册[M]. 北京:文化艺术出版社,2007.
[2] 中根千枝. 田野工作的意义[J]. 麻国庆,译. 思想战线,2001(1):73.

案例/专栏 5-4

传承人访谈问题（示例）

1. 出生、成长于什么样的家庭环境？
2. 从什么时候开始接触这门技艺？出于哪方面的原因学习了这门技艺？
3. 是否从师？跟随的老师是谁？
4. 有无拜师仪式？有哪些学艺规矩？
5. 师傅共有多少名徒弟？其他人是否仍在这个行业？他们的发展状况如何？
6. 这门技艺是否有特定的口诀、技巧、图谱、乐谱等？
7. 需要使用哪些工具（道具）？共多少件？
8. 工具（道具）是购买的、传承的，还是自己制作的？
9. 使用工具（道具）是否有相应的仪式或规矩？
10. 这门技艺共包含多少个流程，分别需要学习多长时间？
11. 流程中难度比较大的是哪些部分？是否还有其他人掌握？
12. 传承谱系相关问题：各代传承人的姓名、性别、年龄、民族、文化程度、社会评价等。
13. 是否参与过竞赛？是否获得过荣誉、奖项？
14. 是否接受过媒体报道和采访？是否接受过学者、研究机构的访谈？
15. 可否介绍一下自己的代表作？有什么创作心得？
16. 是否对师傅传给自己的技艺进行过改造？如有，哪些方面进行了改造？改造的原因是什么？改造后受到了什么样的评价？自己对它的评价如何？
17. 从业以来的收入情况如何？
18. 家中共有几人从事同行业？如除自己外无人从事该行业，原因是什么？
19. 该行业目前的市场情况如何？
20. 与本地从事相同或相近行业的其他人员是否有交流？
21. 是否到过其他省、市进行表演或参加文化交流活动？是什么样的活动？有什么感受？
22. 目前是否招收了徒弟？如何选择徒弟？
23. 是否参与过政府部门组织的传习、教学活动？是什么样的活动？有多大规模？教学情况如何？
24. 当前传承面临的问题是什么？
25. 当前正在进行创作的作品是什么？有什么样的目标或计划？

（资料来源：本书作者编写。）

【思考】请参考以上访谈列项，围绕某一地区、某一技艺或某个传承人，列出你的访问计划。

非物质文化遗产的田野调查往往需要将局部和整体、表象和内在、主观感受和客观历史结合起来,从中得到相对完整、翔实的材料。因此,研究者在调查访问的过程中,要时刻关注受访者所提供的信息,及时调整提问的方式与先后顺序,对不同的受访者采用不同的语言风格和词汇等,由浅入深、由表及里、层层递进地掌握有效信息。

(二)田野调查原则

《中国非物质文化遗产普查手册》中规定:调查过程中应当秉持全面性、代表性、真实性三项原则,根据不同的情况,采用重点走访、抽样调查、小型调查会等方式,对文化持有者所掌握的材料标准化、规范化地记录和存档。全面性指的是要对调查区域的传承人群、传承项目进行全面、详细的信息采集;代表性指的是要适当采用"抽样调查"的方法,对其中具有典型性、独特性的对象进行深入了解。非遗保护工作是否应当遵循"真实性"原则,或怎样体现"真实性"原则在国内曾引起了较广泛的讨论。经知网平台收录、发表于核心期刊的,在遗产保护视野下探讨"原真性""本真性""真实性"等主题的文献超过 200 篇。[①]不少学者认为"原真性"是非遗保护应当坚守的原则,但在尊重"人"的动态生活视野下,不能过于刻板地理解"原真性"。王巨山(2008)等则对"原真性"等词进行了辨析,并指出:"原真性"一词(authenticity)自 20 世纪 60 年代开始用于文化遗产保护中,主要针对的是古代遗迹,即物质形态的遗产。非物质文化遗产的传承与存续都依赖于人的实践,并反映每一时期人类生存与发展状态的变化,所以"原真性""真实性"在非遗保护当中,适用于遗产的确认、立档、研究、保存、宣传、弘扬、传承等,这些环节应当真实、准确、客观地反映遗产项目的情况。在《中国非物质文化遗产普查手册》中,从职业道德的角度对"真实性"原则进行了解释:"按照民间文化作品和民俗表现形态,真实地、不加修饰、不加歪曲地将其记录和描述下来,更不要以自己的想象或凭自己的知识和爱好去窜改民间文化作品。"[②]当然,无论是非物质文化遗产的传承人,还是所属社区的居民,或是执行调查工作的研究人员,在传达信息、接收信息时,都有可能受到个人经验、教育经历、他人评价、理解偏差等方面的影响,产生"信息失真"的结果,这就需要学者在访谈时多求证内容的真实性与可靠性,对文化的特殊性与珍惜性保有专业认知与辨析能力。

《非物质文化遗产保护研究》也提出了非遗调查时应遵循的几个原则,分别是:① 客观原则。在进行非物质文化遗产的调研时要实事求是,客观地看待、记录和描述调研对象的特点,不人为地夸大和缩小。② 全面原则。调研者在调查某种具体的非物质文化遗产时,材料一定要全面,既要了解历史,又要了解其现状;既要重视文献、文物资料的搜集,又要重视对非物质文化实践的记载。③ 准确原则。调研者在进行非物质文化遗产的调研时,对材料的记录一定要准确。④ 设身处地原则。调研者在进行非物质文化遗产调研时,

---

① 数据来源:由知网平台检索获得。检索时间:2021 年 10 月 22 日。
② 中国艺术研究院中国非物质文化遗产保护中心. 中国非物质文化遗产普查手册[M]. 北京:文化艺术出版社,2007:8.

在保持局外人视角的客观冷静前提下，要能够站在局内人的角度去观察、理解调查对象，探索这种非物质文化遗产存在的内在原因和机制。⑤ 本质探索原则。调研者在进行非物质文化遗产调研时，在重视非物质文化遗产的历史和现实形态的前提下，要重视对其本质的挖掘，揭示非物质文化遗产的根源和发展的规律及未来发展趋势。①

（三）田野调查伦理

联合国教科文组织于2015年通过了《保护非物质文化遗产伦理原则》，当中提到的12条原则为各国政府以及地方部门提供了工作指导和依据。《民族文学研究》期刊邀请了民俗学、民间文学、人类学、社会学、历史学等领域多位学者就田野调查中的伦理问题展开了笔谈讨论。笔谈主持人巴莫曲布嫫介绍了美国学者卡伦·米勒所归纳出的伦理问题清单，其中与口述史关联较大的问题包括：保护信息提供者以及集体社区的利益；是否所有情况下都应当从调查对象处获得知情同意；是否应该允许调查对象查看和编辑调查资料；研究人员以何种方式回馈与他们共事的社区、个人或家庭等。②这些问题对当下的非物质文化遗产传承人的口述史调查也具有重要的参考价值。在上述笔谈中，受邀的学者陈泳超、施爱东等，基于田野调查的经验提出"'无害'即道德"③"学者是田野调查中的弱势群体"④等观点，指出作为访谈人员的学者和作为受访对象的文化持有人之间存在着十分微妙的"人际关系"，除了田野调查的理论方法，学者在与传承人交往时，还必须回归到"人与人"之间和谐相处的层面，才能获取有效的材料与信息。

二、抢救性记录视野下的调查方法

抢救性记录指的是针对那些生存情况危急、传承困难突出的项目与传承人专门开展的记录工作。2015年，国家级非物质文化遗产代表性传承人的抢救性记录工作列入《文化部"十二五"时期文化改革发展规划》。按照工作计划，"十二五"时期，文化部将组织完成至少300名年老体弱的国家级代表性传承人的抢救性记录。为保障这一工作的顺利实施，文化部非物质文化遗产司发布了《国家级非物质文化遗产代表性传承人抢救性记录工作规范（试行稿）》，提供了传承人基本信息登记表、工作方案及预算表、抢救性记录工作小组成员表、工作人员保密协议、搜集资料清单、资料搜集与使用授权书、伦理申明（传承人）、伦理申明（记录者）、著作权授权书、资料采集、收藏与使用协议、传承人口述访谈问题、拍摄日志、场记单、采集及整理资料清单、验收报告等基本操作规范和标准，使各地抢救性记录的成果具备统一的规范格式和体例，以便于数据统一保存、传输和使用。

由于这类记录工作比较紧迫，存在着由于传承人身体状况较差而无法继续实践的可能性，记录通常更为全面，记录工具也更为多样。一般来说，要求采集和记录的资料包括：

---

① 宋俊华，王开桃. 非物质文化遗产保护研究[M]. 广州：中山大学出版社，2013：131-132.
② 巴莫曲布嫫. "田野调查伦理原则"笔谈：民俗学伦理与非物质文化遗产保护[J]. 民族文学研究，2016（8）：6-7.
③ 陈泳超. "无害"即道德[J]. 民族文学研究，2016（4）：10-13.
④ 施爱东. 学者是田野中的弱势群体[J]. 民族文学研究，2016（4）：13-16.

① 纸质资料：包括正式出版物和非正式出版物，例如与传承人相关的文献、报道、报告、论文、申报材料、社会荣誉证明等。② 数字资料：包括与传承人相关的图片、音频、视频，基于互联网传播的内容等。③ 实物资料：包括传承人所使用的道具、工具、服装等，原则上不要求搜集，但需要对实物拍摄记录，并进行数字化存档。从各类资料所涵盖的内容来看，采集重点包括：① 传承人的生平介绍、从业经历等口述内容；② 传承人对所从事项目的动态演示过程；③ 传承人的教学过程、技巧讲解等。

三、资料分析与应用方法

在完成资料收集之后，要以客观、中立、理性的态度对调查资料加以分析与研究，对调查工作有所总结。在分析的环节，通常采用以下几种视角。

（一）整体分析视角

整体论是人类学、社会学、民俗学等学科中普遍运用的一种方法。在整体视野下，每一民族单位、社区、村寨的文化都是系统、有机关联着的。整体分析要"将人类社会及人类的活动视为整体，注重全方位地考察人的活动、考察各种不同活动之间的联系"①。例如，地戏演出的意义并不限于戏剧表演本身，它往往在特定的时间、地点、场合中表演，与某些特殊仪式或心理追求相关。观演者也不完全是出于"欣赏"的目的而聚集在台下，他们的行为中还存在地方文化认同、追随传统惯习、生产方式特征等方面的影响。整体分析视角主张研究者挖掘传承人或社区民众外在的行为表现与社群传统之间的隐含关系，从而判断该项非遗是否对社区文化具有代表性，是否具有传承或保护价值。

林耀华在对福建省义序村的田野调查中得出了四个经验："第一，社区基础。对宗族乡村的基础条件，如地貌、地名来源、人口、物产、职业等做全面考察。第二，社会结构。社区内的宗族社会组织，叙述生活的法则和规条……第三，实际生活。有了整个宗族结构的形式，尚须逐一予以充实，如祠堂的功能和活动，亲属关系的作用，戚属朋友的往来等……第四，心理状态。即族人精神或心理活动，主要指他们的态度、意见、理解习俗的方式和形态。从功能论的角度看，这些习俗必有意义。"②

（二）历史发展视角

非物质文化遗产是由历史上沿袭、传承而来的文化形式，研究者需要关注到这一事象随着时间流逝、社会变化而发生的变化，从中"还原"社区的风俗、习惯、审美、生产等方面的演变的过程，在特定历史进程的背景下剖析非遗的符号意义。吴文藻曾谈道："社区本是文化在时间上和地域上的一个历史的和地理的范围……时间性的认识，较之地域性的认识尤为重要，因为文化原为历史的产物。社区生活如果离开了时代背景，是无从了解

---

① 董建波. 史学田野调查：方法与实践[M]. 上海：上海辞书出版社，2013：181.
② 林耀华. 社会人类学讲义[M]. 厦门：鹭江出版社，2003：366-367.

的。"①苗族古歌、仫佬族古歌、酉阳古歌等都已经列入国家级非物质文化遗产保护名录。它们所吟诵的内容离不开由远古传唱而来的开天辟地、战争迁徙、神话传说、爱情故事、丧葬礼仪等古老的话题。尤其是在文字不普及的时代，人们通过口耳相传的歌谣来指导社会生活的节奏与规范，在一次次的唱念与聆听中重温、巩固对同胞和祖先的情感，不断加强认同感与凝聚力。古歌等口头文学在社区历史发展中对人们的社会心理产生了不可替代的影响。如果脱离了历史的眼光，单从时下的文学创作风格、流行音乐标准来评判，极有可能抹杀这些口头文学遗产的价值。

在历史发展的眼光下对资料进行分析与判断，从方法上又可分为三个微观视角：一是追溯其历史发展脉络，以研判这一非遗项目在当下社会所处的位置与角色；二是通过对其历史变化的规律观察，推测其未来发展和变化的趋势；三是对同一非遗事象或传承人群展开多次调查，在时间维度中对比观察其产生的变化。

（三）功能分析视角

吴文藻指出："每一种社会活动，都有它的功能，而且只在发现它的功能时，才能了解它的意义。在研究任何'风俗'或'信仰'时，必须将社区看作一个统一的体系，然后来定它在整个社会生活中所占的地位。"②非物质文化遗产能够反映社区的文化习惯，但并非所有社区的文化习惯都具有保护与传承的必要性。必须承认的是，在社会发展过程之中，一些社区、民族、村寨曾由于特殊的时代环境，形成过一些陋习，或是对社会发展没有促进作用的集体行为与观念等。在进行资料分析的时候，研究者必须用客观、冷静的眼光，对其社会层面上的功能加以判断。截至 2021 年 11 月，全国已分 5 批次，认定国家级非物质文化遗产代表性项目 1557 项。除此之外，各省、市、县还分别认定了大量不同级别的代表性项目。面对日益成为社会关注热点的"申遗"活动，一些学者提出了"冷思考"。赵迎芳认为，并不是所有的"非遗"都要进入保护名录，都要永远地传承下去。对于确实不适应社会发展、与人们的生活关联度不高的项目，能做的就是将其记录在档，收入博物馆。另外，非遗的名录应该是动态的、变化的，设置退出机制。③谢中元认为要警惕"机会主义"的出现。机会主义即"一种基于追求自我利益最大化而采取的狡诈式策略行为，尤其是因信息的不完整或受到歪曲的透露，造成信息方面的误导、歪曲、掩盖、搅乱或混淆的蓄意行为"④。在非遗项目管理环节，主要表现为受非遗的资本价值及利益诱导所导致的认定结果的不公平。例如，在现行的四级名录体系制度下，非遗申报的"层级"、数量与其产生的经济利益存在较大关联性，有可能造成各个申报部门的"政绩焦虑"，而引发重申报、轻保护、重数量、轻文化等现象。在"机会主义"观念的误导下，反而为非遗工作带来了负面影响。总而言之，为确保名录的示范意义，可适度控制入选的数量，甚至

---

① 徐平. 文化的适应和变迁——四川羌村调查[M]. 上海：上海人民出版社，2006：8.
② 同①：9.
③ 赵迎芳. 新时期非物质文化遗产记录和保护的实践与思考[J]. 民俗研究，2019（6）：48.
④ 谢中元. 非物质文化遗产保护中的机会主义批判[J]. 探索与争鸣，2014（3）：79.

实施退出机制。而判断事象是否具备列入保护名录的方法之一，即可从其社会功能、社会意义来进行分析，那些能够对社会整体形成正面的、积极的感化作用，愈发唤起民众的自豪感与自信心的非遗项目应该给予优先保护，如耿波所指出的："'后申遗时代'的核心问题，在于如何尊重并葆育遗产持有者的文化觉醒。"①

四、非遗保护成果的传播与展示方法

非遗来自全社会的共同创造，保护所形成的阶段性成果也应当向全社会反馈、展示与传播，使全体民众都可以享有丰富、珍贵的文化遗产所带来的自豪感与获得感。非物质文化遗产与文物不同之处在于，它依然活态地存在于人们真实的社会生活之中，与人们的"身体实践"息息相关，非遗保护与研究的步伐也并不止于田野调查的完成和学术资料的撰写。在现代媒介技术的参与、创新创意理念的引导下，非遗保护成果的传播与展示方法也十分灵活多样。

从成果类型方面的研究来看，非遗的调查与保护实践可以形成学术论文、著作、影视作品（包括通过互联网传播的短视频）、与非遗技艺相关的文创产品、展览活动、演出活动等。

从表现手段方面来看，可以分为身体呈现类，如歌、舞、工艺、体育、游戏等；媒介技术呈现类，如照片、音频、视频、实物艺术品、出版物、虚拟演示等。

从表现场域方面来看，可以分为公共文化场所类，如非遗展示馆、博物馆、文化馆、美术馆等；互联网场域类，如网站、手机应用软件等媒介；文化活动场域类，如自然和文化遗产日、传统节日、社区活动等；文化旅游场域类，如旅游小镇、特色村寨、景区景点、非遗主题线路等；教学场域类，如针对大、中、小学的主题活动、教学活动，以及社会培训、非遗传习等。

非遗保护是一个动态、持续、全民性的文化工程。它的展示方法和理念还将随着技术的进步、社会的发展而不断更新。中国已经全面普及 4G 网络，5G 商用也正逐渐铺开，一些地区已经率先开始运用人工智能、人机互动、VR 等技术手段，以多姿多彩的风格将非遗鲜活地呈现在人们眼前。无论哪种展现的方法与手段，只要能够实现将非遗活态传承下去，实现大力弘扬中国优秀传统文化的目的，就可以积极引入、尝试与探索。

本章小结

> 《"十四五"非物质文化遗产保护规划》中明确指出："非遗是中华优秀传统文化的重要组成部分。保护好、传承好、弘扬好非遗，对于延续历史文脉、坚定文化自信、推动文明交流互鉴、建设社会主义文化强国具有重要意义。"

---

① 耿波. "后申遗时代"的公共性发生与文化再生产[J]. 中南民族大学学报（人文社会科学版），2021（1）：39.

▶ 非遗的保护不仅仅是从精神上筑牢文化自信的观念，还需要用科学的理论与方法指导实践工作。继续向纵深推进非遗调查、运用数字化技术，对非遗项目与传承人群实施全面记录，鼓励更多学者投身于非遗的学术研究工作，将更有利于非遗得到全面、有效、活态的保护。

综合练习

一、本章基本概念

遗产视角　发展视角　社会视角　方法视角

二、本章基本思考题

1. 与以往的遗产保护概念相比，非物质文化遗产的关注点有何不同？
2. 你如何看待非物质文化遗产的"真实性"原则？
3. 非物质文化遗产的社会功能体现在哪些方面？
4. 非物质文化遗产田野调查应该注意哪些方法？

三、推荐阅读资料

1. 宋俊华，王开桃. 非物质文化遗产保护研究[M]. 广州：中山大学出版社，2013.
2. 中国艺术研究院中国非物质文化遗产保护中心. 中国非物质文化遗产普查手册[M]. 北京：文化艺术出版社，2007.

第六章

非物质文化遗产保护发展的实践

 学习目标

通过对本章的学习,学生应了解或掌握如下内容:
1. 了解联合国教科文组织的《非物质文化遗产公约》及其国际行动;
2. 了解日本和韩国的"无形文化财"及"人间国宝"保护实践;
3. 了解澳大利亚的文化景观及原住民遗产保护实践;
4. 了解欧洲国家的生态博物馆和文化创意产业发展;
5. 了解中国的非物质文化遗产创新保护理念和实践。

 导言

非物质文化遗产既是各个国家、族群、社区延续下来的活态传统文化,也是联合国教科文组织制定国际公约以后在世界范围内形成的一套新的文化保护理念和实践。本章将从国际和国家(地区)两个层面来讲解非物质文化遗产不而不同的保护发展理念和实践方法。一是以联合国教科文组织为例,非物质文化遗产保护如何在国际层面形成了统一共识,形成了具有全球普遍影响力的《保护非物质文化遗产公约》和名录体系;二是以世界上具有典型代表性的几个国家(地区)为例,说明世界上不同的非物质文化遗产保护理念和实践,尤其是其中影响到联合国教科文组织保护理念和实践的有益经验,如日本、韩国的"无形文化财"和"人间国宝",澳大利亚的文化景观,欧洲国家的生态博物馆等;三是中国具有创新性的非物质文化遗产保护理念和实践,尤其是文化生态保护区、"非遗+"、文化遗产日的设立等。

第一节 联合国教科文组织的实践

联合国教科文组织(UNESCO)是联合国系统内唯一主管文化事务的政府间组织,自1946年成立之日起便致力于自然和文化遗产的保护工作。最初,UNESCO关注的是物质

形态的文化遗产，直到20世纪80年代末才开始有针对性地关注非物质形态的文化遗产。1972年《保护世界文化和自然遗产公约》（以下简称"1972年公约"）和2003年《保护非物质文化遗产公约》（以下简称"2003年公约"）的发布使得"世界遗产"和"非物质文化遗产"两个概念逐渐在世界各国产生影响力。2003年公约及《实施〈保护非物质文化遗产公约〉的业务指南》对非遗相关的概念做出了界定和阐释，各项条款逐一阐明了保护措施、运行机制及缔约国保护责任等。从世界遗产到非物质文化遗产，文化遗产名录体系成为UNESCO实施文化遗产保护与发展的重要工具，相继发布了"世界遗产名录"和"人类非物质文化遗产代表作名录"。

一、《保护非物质文化遗产公约》的提出

UNESCO以国际公约的形式进行遗产保护，对世界各国都产生了重要影响。1972年，UNESCO通过《保护世界文化和自然遗产公约》，但该公约主要关注不可移动的物质文化遗产的保护。1973年，玻利维亚政府建议《世界版权公约》中加入"保护各国大众艺术"和"文化遗产"的条款，虽然该建议并未被采纳，但是使人们注意到了文化遗产中"非物质"的方面。在这一时期，"非物质"的遗产在UNESCO依旧是一个边缘保护对象。

1989年，UNESCO发布了以保护"非物质"的遗产为宗旨的里程碑文件《关于保护传统文化与民俗的建议案》（也译为《保护民间创作建议案》，以下简称"1989年建议案"）。相较于1972年公约，1989年建议案最特别的地方就是确立了不同于以往UNESCO所关注的文化遗产类型——民俗。但由于1989年建议案属于软性法律，并未在UNESCO成员国中产生实际效果。UNESCO对于非遗的保护实践探索并未停止，1993年在韩国的提议下制订了"人间国宝"（Living Human Treasures）计划，鼓励各个国家对拥有杰出非遗成就的传承者予以官方认可，借此增强传承者们自觉传承的动力。

1997年，UNESCO与摩洛哥国家委员会在摩洛哥马拉喀什组织"保护大众文化空间的国际咨询会"，正式将"人类口头和非物质遗产"作为一个遗产概念写入UNESCO的文献。该会议也成为推动2003年公约通过的转折点。其后，UNESCO启动"人类口头与非物质遗产杰出代表作"（Masterpieces of the Oral and Intangible Heritage of Humanity，即"1998年杰出代表作"计划），作为一个奖励项目来提高非遗相关利益者对非遗重要性的认识，鼓励社会各方参与到非遗保护活动中来，这也是UNESCO对"世界遗产名录"的继承。1999年召开的"华盛顿会议"为UNESCO制定一个全新的非遗保护国际法律文书开启了理论探讨之路。该会议主要批评了1989年建议案中对"传统文化和民俗"的定义、范围和保护理念的弊端，认为该建议案中"民俗"的定义不适应全球价值认知，文件精神也不适应当时政治、社会和文化的发展状况，建议制定一份新的国际法律文书。

2001年至2003年，UNESCO举办了多次会议来商讨和起草新的非遗保护公约，并于2003年10月最终通过了《保护非物质文化遗产公约》。2004年，阿尔及利亚成为该公约的第一个缔约国，同年，中国成为第六个公约缔约国。2003年公约是目前国际非物质文化

遗产保护领域最重要的国际法律文件，该公约阐明了非遗保护的普遍观念，出现了非物质文化遗产、文化多样性、可持续发展、人权、社区、认同感等关键术语，其各项条款规定了保护措施、运行机制及缔约国保护责任等。该公约使全世界意识到非遗保护的重要性，这种重要性关系到与攸关人类生存的文化多样性和可持续发展，为世界各国对于非遗的保护提供了一套具有可操作性的框架。

案例/专栏 6-1

人类口头和非物质遗产代表作

马拉喀什会议后，摩洛哥等国提交给 UNESCO 第 29 届成员国大会建议其设立标题为"人类口头遗产代表作"的计划草案。随后许多国家声援该项计划，经过数次修改后，1998 年，UNESCO 执行局第 155 次会议正式通过了标题为"UNESCO 宣布人类口头与非物质遗产杰出代表作"的计划，该计划旨在奖励口头和非物质遗产的优秀代表作品。代表作的范围包括：口头传说以及作为文化载体的语言；传统表演艺术（含戏曲、音乐、舞蹈、曲艺、杂技等），民俗活动、礼仪、节庆；有关自然界和宇宙的民间传统知识和实践；传统手工艺技能；与上述表现形式相关的文化空间。该计划也让许多国家开始认识非遗这一概念。中国就是一个很好的例子。正因为该计划，非遗这一术语才进入我国学术界和国家层面。2001 年，昆曲入选联合国教科文组织"人类口头和非物质遗产杰出代表作"，这一世界性的荣誉在我国公众中产生了较大影响，推动着国人开始重新认识如昆曲等源自民族传统的文化遗产形式。

（资料来源：宣布人类口头和非物质遗产代表作条例（1998），https://www.ihchina.cn/Article/Index/detail?id=15719.）

【思考】2003 年公约与 1989 年建议案相比有什么区别？

二、非物质文化遗产概念的演进

如今被广泛使用的"非物质文化遗产"（intangible cultural heritage，ICH）这一概念的提出经历了长达数十年的曲折过程，在用词或术语上出现过几次明显的变化，其中既有民俗（folklore）、无形遗产（non-physical heritage）、文化传统与民俗（cultural tradition and folklore）、口头遗产（oral heritage）、口头和非物质遗产（oral and intangible heritage），以及非物质文化遗产（intangible cultural heritage）这一类总称性术语，也有后来在"代表作"申报指南中解释为"非物质文化遗产"两种基本类型的"文化表达形式"（cultural expression）和"文化空间"（cultural space）。

1972 年，UNESCO 第 17 届大会在讨论世界遗产公约时，提交了一份关于非物质文化遗产的提案，这是"非物质文化遗产"这一名称首次出现在 UNESCO 会议文件中，但遗憾这一概念并未被接受。在 1989 年建议案中，UNESCO 给出了"传统文化和民俗"的定义，明确了传统文化和民俗传承群体应有的地位，改变了之前传统文化和民俗保护中"见物不见人"的不足。但"民俗"这个术语在某些领域中可能带有的"片面性"[①]也引发了争议。1997 年的马拉喀什会议上用"口头遗产"来概括"各种各样的民间文化表达方式"，随后执行局第 154 次会议认为"口头遗产"和"非物质遗产"不可分，于是产生了"人类口头和非物质遗产"的名称，这也直接促成了"非物质文化遗产"这一概念在国际上的广泛传播与认可。

2003 年，UNESCO 第 32 届大会通过了《保护非物质文化遗产公约》，该公约统一使用"非物质文化遗产"这一术语，非遗的名称和概念在国际法律文件中被正式确定。该公约中界定"非物质文化遗产"为："被各群体、团体、有时为个人视为其文化遗产的各种实践、表演、表现形式、知识和技能及其有关的工具、实物、工艺品和文化场所。各个群体和团体随着其所处环境、与自然界的相互关系和历史条件的变化不断使这种代代相传的非物质文化遗产得到创新，同时使他们自己具有一种认同感和历史感，从而促进了文化多样性和人类的创造力。在本公约中，只考虑符合现有的国际人权文件，各群体、团体和个人之间相互尊重的需要和顺应可持续发展的非物质文化遗产。"

总的来看，非遗概念涵盖了"非物质形态"的遗产，如民俗活动、表演艺术、传统知识和技能等；"物质形态"的遗产，如与非遗相关的工具、实物、工艺品等；非遗得以存在和发展的文化空间（或文化场所），全面拓展和界定了非遗的保护范围与研究领域。

案例/专栏 6-2

非物质文化遗产概念在中国

UNESCO 对于非遗概念的界定考虑的是整个国际社会且侧重于非遗的保护。而当非遗概念落地于中国，我国则从具体情况出发，规划了非遗的保护门类，为国内非遗理论研究和实际应用提供了框架范围。2011 年颁布的《中华人民共和国非物质文化遗产法》中所称非物质文化遗产，是指各族人民世代相传并视为其文化遗产组成部分的各种传统文化表现形式，以及与传统文化表现形式相关的实物和场所。包括：① 传统口头文学以及作为其载体的语言；② 传统美术、书法、音乐、舞蹈、戏剧、曲艺和杂技；③ 传统技艺、医药和历法；④ 传统礼仪、节庆等民俗；⑤ 传统体育和游艺；⑥ 其他非物质文化遗产。

（资料来源：中华人民共和国非物质文化遗产法（中华人民共和国主席令第四十二号），https://www.ihchina.cn/zhengce_details/11569.）

【思考】非物质文化遗产这一概念的提出和确定经历了哪些阶段？

---

① 民俗，在当代的研究和表述中，指向"民众的风俗习惯"。但是在民俗研究发轫及发展的很长一段时期中，民俗概念的边界和内涵都不清晰，有的人认为民俗是属于乡村的、农民的口头传说和风俗习惯。

三、非物质文化遗产名录的构建

非遗保护理念的实现依赖于保护措施的实施。在具体保护方式上，从 20 世纪 70 年代以来，UNESCO 所发布的一系列保护文件、倡议和决议等，多以"名录制度"的设计为核心。"名录制度"来源于 1972 年 UNESCO 通过的《保护世界文化与自然遗产公约》。1997 年"人类口头和非物质遗产代表作"决议通过，UNESCO 以成员国的申报为基础，每两年宣布一次入选"人类口头和非物质遗产代表作名录"的项目，各成员国每次可入选一个申报项目。2001 年首批 19 个项目入选"人类口头和非物质遗产代表作名录"。

2003 年公约确立了三类名录的设立，除了"人类非物质文化遗产代表作名录"，还有"急需保护的非物质文化遗产名录"，针对正在消失或濒临消失的非遗文化对象的抢救，以及"优秀实践名册"，强调经验推广、国际合作与地域平衡原则，侧重对已实施保护措施且成效显著的非遗对象的评估和肯定。

进入"名录体系"需要由 2003 年公约的缔约国提交申请，由 UNESCO 指定的评审委员会进行评审。名录评审排除了杰出性价值，以突出非遗对文化认同、文化多样性及国家社会和平发展的重要性。当前全世界文化遗产保护的通行做法是以国家政府为核心展开，对各类文化遗产形式以一定的价值标准进行评估、选择、登记，形成名录，并运用国家力量、资源对其展开保护，改变其当下生存状态，影响其发展。这个过程不可避免地会造成文化遗产价值的层级化。在文化遗产保护实践中，如何评估、认定价值，为谁而解释、管理、利用文化遗产等，都是复杂且持续的文化遗产社会构建过程，而价值评估是这一过程中的关键步骤。

非遗的价值可以略分为三大类：非遗的内在价值，即认定为文化遗产前已存在的历史、艺术等价值；非遗的社会价值，即与传承个人、社区、族群、国家等主体的情感、记忆、认同有关的价值；非遗的功能价值，即通过认定成为文化遗产后衍生出的经济、休闲、教育等当代价值。理解文化遗产价值的核心在于：是什么力量主导了文化遗产的价值认定、不同利益相关者如何认知这些价值。对于非遗不同方面的价值评估决定其是否能被认定为遗产、具有哪个等级的价值属性、进入非遗名录体系的哪个层级。

非遗的认定主要有两个层面：一是文化遗产持有者的自我认定；二是社会的认定。只有在这两个层面达成一致，在 2003 年公约框架下展开的非遗保护才具有现实意义。文化遗产持有者即社区群体，在其"自由事先知情权"前提下参与申报文化遗产名录，突出了文化遗产持有者在申报、保护过程中享有的权利；社会认定则通常指以学术专业为基础的外部评估。专家与文化遗产持有者共同决定哪些传统文化表现形式可以进入非遗名录体系是一个理想的认定机制。

案例/专栏 6-3

UNESCO 非遗名录体系与中国

中国作为履行《保护非物质文化遗产公约》缔约国义务的重要国家之一，积极推进向联合国教科文组织申报非物质文化遗产名录项目的相关工作，以促进国际一级保护工作，提高相关非物质文化遗产的可见度。截至 2022 年 12 月，中国列入联合国教科文组织非物质文化遗产名录（名册）项目共计 43 项（见表 6-1），总数位居世界第一。

表 6-1 中国列入联合国教科文组织非物质文化遗产名录（名册）项目（截至 2022 年 12 月）

	入选年份	具 体 项 目	总计（项）
人类非物质文化遗产代表作名录	2008	昆曲、古琴艺术、新疆维吾尔族木卡姆艺术、蒙古族长调民歌	35
	2009	中国篆刻、中国雕版印刷技艺、中国书法、中国剪纸、中国传统木结构建筑营造技艺、南京云锦织造技艺、端午节、中国朝鲜族农乐舞、妈祖信俗、蒙古族呼麦歌唱艺术、南音、热贡艺术、中国传统桑蚕丝织技艺、龙泉青瓷传统烧制技艺、宣纸传统制作技艺、西安鼓乐、粤剧、花儿、玛纳斯、格萨（斯）尔、侗族大歌、藏戏	
	2010	中医针灸、京剧	
	2011	中国皮影戏	
	2013	中国珠算	
	2016	二十四节气	
	2018	藏医药浴法	
	2020	太极拳、送王船	
	2022	中国传统制茶技艺及其相关习俗	
急需保护的非物质文化遗产名录	2009	羌年、黎族传统纺染织绣技艺、中国木拱桥传统营造技艺	7
	2010	麦西热甫、中国水密隔舱富川制造技艺、中国活字印刷术	
	2011	赫哲族伊玛堪	
优秀实践名册	2012	福建木偶戏后继人才培养计划	1
总计（项）			43

43 个项目的入选，体现了中国日益增强的履约能力和非物质文化遗产保护水平，对于增强遗产实践社区、群体和个人的认同感和自豪感，激发传承保护的自觉性和积极性，在

国际层面宣传和弘扬博大精深的中华文化、中国精神和中国智慧,都具有重要意义。

(资料来源:中国入选联合国教科文组织非物质文化遗产名录(名册)项目,https://www.ihchina.cn/chinadirectory.html.)

【思考】 非遗保护名录体系的设立有什么利弊?

第二节 日本、韩国的实践

东亚国家的非物质文化遗产保护起步较早,作为第一个提出"无形文化财"概念并率先开始立法保护非遗的国家,日本无论在立法和实践方面均走在东亚国家乃至世界的前列,并在长期的管理实践中形成了一套较为完善的保护体系。韩国也是开展非遗保护较早的国家,其非遗保护工作在很大程度上受到了日本的影响。

一、日本的实践

(一)日本文化财保护的制度法规

日本在亚洲范围内首开先河,针对文化遗产的传承保护出台了许多行之有效且具有开拓性的法律法规。日本的文化遗产保护立法始于19世纪明治时代早期。明治维新使得西方思想在当时的日本影响力很大,日本的传统文化受到极大挑战。[1]明治政府颁布了"祭政一致"政策,神佛分离令下"废佛毁释"风潮兴起,全国范围内掀起大肆毁坏寺院及神社内佛像、佛器的浪潮,激荡的社会风潮带来民族意识的觉醒。由于珍贵的文物陷入被毁损、遗失的危险境地,催生了日本国内对于传统文化采取法律保护的需求。在此基础上,日本开始着力推进各类文化财的相关保护活动,并建立起相关的制度体系。博物馆最先发起古器旧物的调查、收集与展览活动,随后日本政府分别于1897年、1929年、1933年颁布《古社寺保护法》《国宝保存法》《重要美术品保存法》,加大对艺术品及文物的保护力度。

1949年,以法隆寺金堂突发性火灾为契机,日本政府开始讨论修订《国宝保存法》,5月提交了"文化财保护法案"(文化遗产在日本被称作"文化财"),1950年正式颁布《文化财保护法》,在全国范围内对有形文化财进行甄选,并对"重要文化财"予以指定,其中具有突出价值的被评为国宝。《文化财保护法》的颁布意义重大,不仅仅出于对文化财的单纯保护,更是将遗产保护与传承赓续相结合,以此为日本文化建设提供支持。该法在不同时期的修订和补充不仅扩大了被纳入保护文化遗产的认定范围,也在制度细节上不断得以调整完善。新制定的《文化财保护法》是将之前《国宝保存法》规定的保护对象以及《史迹名胜天然纪念物保存法》规定的保护对象都包含在"文化财"概念中,同时把在历史上、艺术上有很高价值的无形文化作为"无形文化财"列入保护对象。但对于无形文

---

[1] 周超.日本对非物质文化遗产的法律保护[J].广西民族大学学报(哲学社会科学版),2008(4):45-50.

化财的保护，仅限于国家对其采取补助措施，当时并没有建立指定制度。

1954年，日本在第一次修订《文化财保护法》过程中单独列出了"民俗资料"文化遗产类型，并创建"无形文化财"的指定制度。在这次修订后，该法提出了针对无形文化财及相关技术持有者的指定与确认工作。由于指定的是无形技能本身，所以为了将其具体化，在指定时，规定必须与体现其技能的自然人持有者的认定同时进行，将能够展示、承载或传承"无形文化财"的表演者及传统技能持有者在法律上纳入"无形文化财"的范围。随着1968年日本文化财保护委员会被日本文化厅所取代，以及日本城市化迅速发展带来的生活方式的变化，日本政府于1975年5月第二次修订了《文化财保护法》，不仅明确扩大了"无形文化财""有形文化财"的所指范围，将"民俗资料"修改为"民俗文化财"，并对有形民俗文化财与无形民俗文化财实施国家指定，同年还增设关于传统建筑物群和文化财保存技术项目。至此，日本文化财的保护范围确立为六个类别与两个保护对象的分类体系。1996年，日本在《文化财保护法》第三次修订之际，提出并创建了文化财登录制度。经过多年的修订与完善，《文化财保护法》已经具备较为完善的保护框架与政策体系。

（二）日本无形文化财的内容

日本在文化财的分类上较为细致与具体，其文化财类型大致包含六个类别和两个保护对象。六个类别分别是有形文化财、无形文化财、民俗文化财、纪念物、文化景观、传统建筑物群；两个保护对象为文化财保存技术及埋藏文化财。根据日本《文化财保护法》中对无形文化财概念的相关规定："无形文化财主要代表了艺能（戏剧和音乐）、手工艺技术等在历史和艺术上价值较高且需要特定个人和团体进行传承的无形技艺。"[①]其中艺能具体包含雅乐、能乐、文乐、歌舞伎、组舞、音乐、舞蹈、演艺、人形净琉璃等；手工艺技术包括陶艺、染织、漆器、金器、竹木、玩偶、象牙雕刻、手工造纸、截金等。民俗文化财是指关于衣食住行、生产、信仰、节日等反映风俗习惯、民俗艺能等方面的活动，以及这些活动所使用的服装、器具、房屋等，是认识日本国民生活的承袭和发展不可欠缺的文化载体。民俗文化财分为无形民俗文化财和有形民俗文化财。无形民俗文化财主要指衣食住、手艺、信仰、每年例行庆典的风俗习惯、民俗艺能、民俗技术；有形民俗文化财指用于有形民俗文化财的衣服、器具、家具等。

根据上述分类，日本无形文化财主要包含无形文化财和无形民俗文化财以及文化财保存技术。在这三个类别中，无形文化财和无形民俗文化财属于文化财的范畴，而文化财保存技术则是保护文化遗产所需的必要技能。关于"无形文化财"的保护范围，日本学者的观点基本统一，如七海由美子认为，根据1950年的《文化财保护法》，其中有两个方面相当于"无形文化财"：其一是无形文化财（戏剧、音乐、工艺技术）；其二是无形民俗文化财（风俗习惯、民俗艺能、民俗技术），在此基础上再加上文化财保存技术。[②]因此

---

① 依据日本现行《文化财保护法》（2020年6月新修订版）第二条规定。
② 七海由美子. 什么是无形文化财[M]. 东京：彩流社，2012：60.

如果按照日本的分类方式，日本的非物质文化遗产包含无形文化财和无形民俗文化财以及文化财保存技术，从内容上看则主要包括表演艺术、工艺技术及民俗习惯、民俗艺能、民俗技术以及文化遗产保存技术。

《文化财保护法》不仅对具有极高价值的建筑、绘画、雕刻、工艺品、书籍、古文书等有形文化遗产进行指定，还对无形文化遗产进行指定。日本文化遗产的指定工作是在国家主导下进行的，无形文化遗产也不例外。日本文化厅按照相关法律规定，不定期地从无形文化遗产中甄选出具有代表性的项目并指定其为国家级"重要无形文化财"或"重要无形民俗文化财"。根据日本文化厅的统计，截至 2021 年 10 月 1 日，日本政府共指定了 110 项"重要无形文化财"、323 项"重要无形民俗文化财产"和 92 项个人和团体持有的"文化财保护技术"[①]。

（三）无形文化财的管理体制

首先，日本在保护无形文化财的管理体制上形成了以政府为主体的管理方式。与中国普遍实行的以政府为主导的非物质文化遗产管理方式类似，日本也强调了国家在无形文化财保护上的主导作用。但日本在保护无形文化财的管理体制方面更加注重形成多元化的主体模式。日本在无形文化财的保护上已经步入真正意义上没有利益驱动的文化自觉时代，形成了对无形文化财保护的全民共识化和常态化。[②]现有的日本无形文化财保护体系已基本形成了以国家和政府为主导，文部大臣主要负责，文化财保护审议会监督，地方政府贯彻执行，文化遗产持有者及民众积极参与的多元化管理模式。

其次，日本在无形文化财的保护方面更加注重人与技术的传承，重视"人"的作用与价值。早在 1950 年颁布的《文化财保护法》中便明确界定"有形文化财""无形文化财""民俗文化财""史迹名胜天然纪念物"类别。其中重要"无形文化财"的传代人、继承人、最优者，被称为"无形的国宝""活的文物"，即"人间国宝"。日本政府认定重要的无形文化财持有者为"人间国宝"，并逐步形成了有利于其传统文化延续及发展的政策体系及有效机制。被认定的"人间国宝"享有极高的社会地位，可获得政府部门提供的每年高达 200 万日元的补助金。同时，他们需要履行自己重大的社会责任，并努力将自身技术传习给传承人以实现传统文化的延续与传承。"人间国宝"不仅仅是名誉与地位的象征，更是文化传承的责任。

除了对少数掌握技艺的传承人的保护，日本也重视对群体传承人的培养与认定。在"无形民俗文化财"方面，因其鲜明的群体传承属性，法律规定并不设个人认定制度，认定的持有者通常是地方公共团体。对于被指定的无形文化财持有者，不论是个人还是团体，均负有传承和普及该项无形文化财的责任和义务。这些认定措施针对不同的项目进行不同的指定，操作性较强，既有利于个人性较强的项目传承，也有利于群体性较强的项目传承，

---

① 数据来源：日本文化厅官方网站 https://www.bunka.go.jp/seisaku/bunkazai/shokai/shitei.html.
② 白松强. 中日非物质文化遗产保护制度的比较研究[C]//中日韩非物质文化遗产保护比较暨第三届中国高校文化遗产学学科建设学术研讨会论文集.[出版者不详]. 2011：115-124.

非物质文化遗产传承与保护发展

对非物质文化遗产的保存和发展起到了良好的促进作用。

二、韩国的实践

（一）韩国非物质文化遗产保护的背景

韩国也是开展文化遗产保护较早的东亚国家，其非物质文化遗产的保护工作在很大程度上受到日本的影响。20世纪60年代以来，韩国传统的社会结构发生重大转变，尤其是在经济全球化浪潮的冲击下，以农业为主导经济的社会形态发生了剧烈变化，传统的非物质形态文化资源（如仪式、舞蹈、戏剧、音乐等）面临着流失甚至消亡的危险。在现代化浪潮的席卷之下，韩国的社会结构急剧变化，国内的生活方式不断受到西方文化的冲击与挑战。韩国各类与传统农业社会相关的非物质文化和艺术形态的生存空间受到严重的挤压。基于此，在借鉴日本的经验与实践的基础上，韩国基于本国国情展开了对非物质文化遗产保护的立法工作。1962年韩国颁布了《文化财保护法》，该项法案为文化保护项目奠定了法律基础，并经数次修订，通过对文化财不同类别的范围界定、持有者认定制度以及国家主导传授教育制度的建立，逐步完善了包括《文化财保护法》在内的相关法律体系。该法案将文化财的范围分为有形文化财、无形文化财、纪念物、民俗文化财四个部分，借鉴日本的保护实践，韩国也将无形文化财列入文化遗产的范围进行保护。

（二）"人间国宝"体系

在韩国非物质文化遗产的保护实践中，重点是其实行的传承人认定制度，即通常所说的"人间国宝"体系。与日本文部科学大臣认定"人间国宝"类似，韩国文化遗产部的文化遗产委员会通常会将在某项文化遗产中拥有最高成就的人认定为"人间国宝"，而被认定的人，被要求对该项文化遗产进行持续的传承，这是针对个人持有者进行的认定。韩国也有针对团体的认定，韩国学者强调："对于戏剧、仪式和其他集体性活动，因为其艺术和功能特性无法通过个体展示出来，所以这个群体就会被认定为该项文化遗产的'人间国宝'。"①这说明韩国"人间国宝"的认定，不仅面向个人，还面向团体。不论个人还是团体，通过了"人间国宝"体系的认定，都会获得韩国政府给予的各项优待政策以确保其能够享有较高的社会地位和身份。韩国学者指出，韩国政府给予"人间国宝"每月10万韩元（相当于1100美元）的额外补贴，还有免费医疗和其他特权。②

韩国非物质文化遗产体系的另一个特点是，它并不将文化遗产项目的认定作为其唯一的目标，而是致力于提供一个有助于文化遗产传承的体系。这个传承体系是高度结构化的。那些被认定为"人间国宝"的人，被要求将他们的技艺传授给年轻人。为此，韩国政府还配套启动了相关非物质文化遗产项目传承传播体系。该体系管理严格而规范，把青年群体

---

① 韩国学者任敦姬2015年4月3日于北京师范大学"民俗学与文化人类学研究所系列学术讲座"之《人间国宝与韩国的非物质文化遗产保护：经验与挑战》的观点。
② 同①。

技艺传授分为初级教育、高级学员教育、助理培训员三个阶段。初级教育阶段是指"人间国宝"寻求初学者,并对其进行初步培训。高级学员教育指那些达到初级水平的学员,由一个或一组"人间国宝"在适当的领域中对其进行考核。其中,那些被判定为具有高级功能性或艺术性技艺的学员,将被选为高级学员。助理培训员阶段是指具有出色技艺的高级学员,帮助"人间国宝"培训初级学员以及其他高级学员。

接受培训的人员等级认定划分为初级人员、高级学员、助理培训员、"人间国宝"候选人、荣誉"人间国宝"五个级别。① 认定的"人间国宝"负有传承和发展其技艺的责任与义务。韩国政府会出资修建专门的演出场所,要求"人间国宝"不定期进行公开表演和展示,同时通过录音、录像以及文字记录进行保存和存档,以便让社会公众了解其所传承和延续的非物质文化遗产,并参与到保护工作的实践中。

通过"人间国宝"认定体系,韩国强化了对非物质文化遗产持有者重要性的认识,对于传承和振兴本国的非物质文化遗产具有重要意义,在相关概念的厘清、举措的规范以及问题的应对等方面在一定程度上为联合国教科文组织和国际社会提供了有效的政策框架及措施借鉴。1993 年,韩国向联合国教科文组织推广其"人间国宝"制度的经验,在此基础上进一步建议保护世界文化的多样性。联合国教科文组织认为韩国实行的"人间国宝"体系是一种有效的制度,在非物质文化遗产保护方面有其独到之处,因此从 1993 年到 2003 年在世界范围内实施了"人间国宝"项目。

案例/专栏 6-4

日本"狂言"人间国宝——野村万作

2001 年,日本能乐与中国昆曲同时入选联合国教科文组织首批"人类口头与非物质文化遗产代表作"。能与狂言合称"能乐",产生于距今约 600 年前的日本室町时代。能是以歌舞为主要表演的假面戏剧,故事多为悲剧;狂言则是以道白与动作为主的小喜剧,讲述日本中世纪生活中的有趣故事,狂言演员也称"能乐师"或"狂言师"。按照狂言师所属流派,日本现存和泉流和大藏流两大流派,狂言现在仍然保持了家族传承的方式。

野村万作(のむら まんさく),本名野村二朗,是日本狂言艺术的著名代表人物之一,1931 年 6 月 22 日出生于日本东京都狂言世家,2007 年被日本政府指定为日本重要无形文化遗产指定保持者,即"人间国宝",2009 年被中国艺术研究院授予"名誉教授"称号。通过几十年的舞台艺术实践,野村万作为狂言艺术的创新和发展做出了突出贡献,其子国宝级狂言师野村万斋承袭家族衣钵,承前启后地探寻狂言艺术的当代形态,为提高狂言的知名度做出了贡献。

(资料来源:野村万作,https://ja.wikipedia.org/wiki/野村万作.)

---

① 涂丹. 全球文化保护视野下的武汉市非物质文化遗产传承保护与开发利用研究[D]. 武汉:华中师范大学,2017.

【思考】与狂言的家族传承相比，中国戏曲的传承很大程度由"师带徒"转变为学校教育，如何看待两种传承方式的利弊？

第三节　澳大利亚的实践

一、澳大利亚的非遗概念

澳大利亚政府没有签署联合国教科文组织的《保护非物质文化遗产公约》，因此官方没有采用联合国教科文组织的"非物质文化遗产"概念，而是沿用"民俗"（folklore）、"民间生活"（folklife）或使用"非物质遗产"（intangible heritage）来代替。在澳大利亚，"民俗"的概念带有负面的含义[1]并且容易与"过去"和"口头"联系起来，因此既不受澳大利亚原住民的喜欢，也因为不能涵盖多元文化而存在缺陷。[2]因此，澳大利亚常用"民间生活"和"非物质遗产"来指代我们常说的非遗。

在澳大利亚，不同于充满争议的"民俗"，"民间生活"因能够表达文化遗产的持续性而更受青睐。"民间生活"被定义为"在一个社群内被重复和分享的基于传统及/或当代的表达文化，它被该社群接受为其文化和社会身份的充分体现。民间生活包括各种创造性的符号化形式，如习惯、信仰、神话、传说、仪式、庆典、文学、技巧、游戏、音乐、舞蹈、戏剧、故事、建筑、手工等"[3]。民间生活的定义大致能反映出澳大利亚对非遗内涵的理解。

澳大利亚是一个移民国家，这决定了其社会对于非遗的一个关注重点是原住民的文化遗产。大陆原住民和托雷斯海峡的岛民在澳大利亚繁衍生息的历史可以追溯到6万多年前。在漫长的与自然相处的过程中，原住民不仅对当地的自然环境有了充分的认识，而且在生产与生活中创造了形式多样、历史悠久的文化遗产。他们对林火管理和季节轮作的认识和经验对今天的土地及森林管理仍然有着重要的借鉴意义。他们创造的岩画、自然聚居地以及圣地景观反映出原住民的生活观念、精神追求和信仰习俗。因此，在澳大利亚原住民的文化传承中，"灵魂"与"精神"总是与土地联系在一起。[4]这些"灵魂"与"精神"既是澳大利亚文化遗产的重要组成部分，也与我们今天谈论的非遗相契合。因此，可以说澳大利亚的非遗有很大一部分是由"原住民遗产"（indigenous heritage）构成的。

---

[1] 巴莫曲布嫫. 非物质文化遗产：从概念到实践[J]. 民族艺术，2008（1）：10.
[2] 曹德明. 国外非物质文化遗产保护的经验与启示[M]. 北京：社会科学文献出版社，2018：1169.
[3] 同[2]：1170.
[4] 彭兆荣. 物·非物·物非·格物：作为文化遗产的物质研究[J]. 文化遗产，2013（2）：11-16.

二、澳大利亚的非遗管理机构及法案

澳大利亚政府并非不考虑非遗的保护。20 世纪 80 年代中期，受国际非遗保护的影响，澳大利亚开始关注非遗的保护。1984 年在墨尔本举办的首届全国民间文艺大会上，联邦参议员约翰·巴顿指出："澳大利亚拥有丰富的民间文化遗产，而政府却长期忽略了对这部分文化遗产的保护。这些非物质文化遗产的分享塑造了澳大利亚人的国家意识，是构建和发展和谐多元文化社会的重要支柱。"之后，澳大利亚联邦议会专门成立了澳大利亚民间生活保护调查委员会（the Committee of Inquiry into Folklife in Australia），负责对非遗保护现状进行调查研究，在全国范围内征集各界民众和机构针对非遗保护和管理提交的报告，并对非遗的保护和管理提出建议。但是，由于澳大利亚的非遗保护涉及原住民文化，尤其是基本权利等敏感政治问题，委员会提出的立法和管理建议在联邦层面并没有顺利得以采纳。[①]因此，虽然澳大利亚在联邦政府、州政府、地方政府间建立起了层级分明的遗产管理体系，政府与非政府组织在遗产领域合作良好，但是政府关注的重点主要集中在环境、历史建筑物、物质文化遗产等有形文化遗产上，并没有在国内建立起专有的非遗保护与管理体系或通过专门的非遗法案。

（一）联邦政府及法案中的非遗保护

澳大利亚遗产委员会（Australian Heritage Council）是联邦政府中的独立专家咨询机构，委员会主要为农业、水和环境部（Department of Agriculture, Water and the Environment）的遗产工作提供建议和咨询。这些建议涉及遗产的命名、保存和保护以及遗产政策、捐款、促进等事项。在 2018—2021 年战略规划中，澳大利亚遗产委员会将"帮助农业、水和环境部改进对原住民文化遗产和文化遗产价值的识别、评估、保护和监测"列为优先事项之一。这有助于联邦政府用更专业的方式对原住民文化遗产进行保护和管理。

在联邦法案方面，1984 年通过的《原住民和托雷斯海峡岛民遗产保护法案》（*Aboriginal and Torres Strait Islander Heritage Protection Act* 1984）是对原住民文化传统保护尤为重要的法案。该法案的目的是保存和保护澳大利亚大陆和水域的地区和物品不受伤害或亵渎。根据原住民传统，这些地区和物品对原住民特别重要。它表现出联邦政府对原住民遗产及依附其上的文化传统及文化意义的关注。该法案对"原住民""原住民传统""原住民遗骸""重要原住民地区"等概念做出了定义，并规定了法案的适用范围以及具体的保护方法。例如，该法案将原住民界定为"澳大利亚土著种族的成员，包括托雷斯海峡群岛原住民的后裔"。根据该法案，澳大利亚政府可以发出特别命令，按照原住民传统，保护对土著人特别重要的传统地区和物品，使其免受伤害或亵渎的威胁。但是，除非原住民（或原住民代表）提出要求，否则政府不能发布命令。

---

① 曹德明. 国外非物质文化遗产保护的经验与启示[M]. 北京：社会科学文献出版社，2018：1168.

（二）州政府及法案中的非遗保护

在一些原住民较为集中的地区，州（地方）政府会设立专门机构或颁布专门法案以解决原住民文化遗产保护中存在的问题，这些机构和法案也会涉及对非遗的保护与管理。以新南威尔士州为例，州政府在 2006 年成立了原住民文化遗产咨询委员会（Aboriginal Cultural Heritage Advisory Committee），负责就原住民文化遗产问题提供咨询意见，包括识别、评估和保护原住民文化遗产、管理计划和立法改革。该委员会成员既包括由州政府遗产委员会指定的人选，也包含原住民社区举荐的人选。他们在推动原住民社区参与管理、监督原住民遗产保护计划的落实、帮助州政府与原住民社区进行沟通、颁布原住民文化遗产保护法案等方面发挥了积极作用。2018 年，新南威尔士州发布《2018 年新南威尔士州原住民文化遗产法案（草案）》（the draft Aboriginal Cultural Heritage Bill 2018〈NSW〉）以调解原住民、托雷斯海峡岛民、私人土地所有者、开发商、公众、环保组织和政府间可能产生的利益冲突。但是由于没有充分尊重原住民的文化遗产，该法案受到批评与审查。①

（三）非政府组织与非遗保护

在澳大利亚众多遗产类非政府组织中，国际古迹遗址理事会澳大利亚委员会（Australia ICOMOS）与非遗的关系最为密切。国际古迹遗址理事会（International Council on Monuments and Sites，ICOMOS）是致力于文化遗产保存和保护的全球性非政府组织，是联合国教科文组织世界遗产的专业咨询机构。ICOMOS 在全球 100 多个国家设有委员会，澳大利亚是其中之一。国际古迹遗址理事会澳大利亚委员会对非遗的保护主要表现在它对"具有文化意义的地方"的关注，以及其为保护这些地方制定的《巴拉宪章》（The Burra Charter）。除此之外，该组织将"积极参与到与原住民的和解工作中，并作为理事会工作的组成部分""影响包括原住民遗产在内的文化遗产关键领域的立法"列入 2017—2022 年战略规划。这些工作构成了澳大利亚非遗保护的关键内容。

三、从"具有文化意义的地方"到"文化景观"

（一）"具有文化意义的地方"与《巴拉宪章》

在澳大利亚，与原住民和原住民遗产紧密联系的一个概念是"具有文化意义的地方"（places of cultural significance），又称为"文化遗产地（cultural heritage places）"。原住民在长期与自然共处的过程中创造了丰富的非物质文化遗产，而许多自然景观也因与原住民生产生活的密切关系而被赋予丰富的文化意义。这使澳大利亚的遗产组织认识到必须要对地方及其蕴含的文化意义一同进行保护。

1979 年，国际古迹遗址理事会澳大利亚委员会首次批准《巴拉宪章》，以指导"具有

---

① Kylie Lingard, Natalie P. Stoianoff, Evana Wright, et al. Are we there yet? A review of proposed Aboriginal cultural heritage laws in New South Wales, Australia[J]. International Journal of Cultural Property, 2021(28):107.

文化意义的地方"的保护。《巴拉宪章》力求适用于所有具有文化意义的地点类型，包括具有文化意义的自然地、原住民活动地点、历史纪念地点等，并成为保护这些地点的实践标准。该宪章明确定义了"地方"和"文化意义"等概念，并解释了保护这些地方的重要意义。"地方（place）"指的是地理上确定的区域，但对"地方"的认识应当从更广阔的视角来看，即它包含了自然和文化的特征，具有有形和无形的双重维度。它既可以是一棵树、一个纪念碑、一个单体建筑，也可以指一个城区、一个与精神和宗教相关的遗址。"文化意义（cultural significance）"指的是对过去、现在和将来的人具有美学、历史、科学、社会或者精神方面的价值。并且，"文化意义"会随着时间和利用而不断变化。"文化意义"体现在"地方"本身，以及它的构件、环境、用途、关联、内涵、记录、相关地点和相关实物之中。

保护"具有文化意义的地方"，表现出澳大利亚对遗产地的自然和文化因素的双重关切。这种关切既源自当地原住民在长达 6 万年的聚居生活中形成的与自然长期共处的经验，也是对这些森林、土地等地点中蕴含的与人相关的精神和意义的尊重。《巴拉宪章》对保护这些地方的原因做出了解释：具有文化意义的地方丰富了人们的生活，常常提供与社区和景观、过去和生活经验相联系的深刻且鼓舞人心的感觉。它们是历史的记录，这段记录对澳大利亚人的身份和经验的表达十分重要。具有文化意义的地方反映了我们的社区的多样性，告诉我们自己我们是谁，以及造就了我们和澳大利亚景观的那段过去。它们是不可替代且弥足珍贵的。

（二）国际视野中的文化景观

《巴拉宪章》是在参照《雅典宪章》（1931）和《威尼斯宪章》（1964）等相关国际文化遗产领域的基础上，结合澳大利亚遗产的实际情况形成的遗产保护指导准则。它采纳了《雅典宪章》中形成的历史纪念物保护的原则，如尊重过去的样式、小心地修复或保护、谨慎地运用现代技术材料等，同时吸收了《威尼斯宪章》中将古迹与其周边环境一同保护的思想。但是，《巴拉宪章》最重要的贡献是它结合澳大利亚的遗产特点对上述文件做出的调整和发展。《威尼斯宪章》源于欧洲，针对的是欧洲对古迹遗址及历史建筑的保护，而澳大利亚独有的原住民历史、欧洲殖民历史以及特殊的地貌和植被使当地的遗产呈现出自然与文化的高度融合性。[1]最终，《巴拉宪章》形成了独特的保护理念：尽最大必要保护好具有文化意义的地方，使其可加以利用，但这种改变又要尽可能少，以求保留其文化意义。这种独具澳大利亚特色的遗产保护经验对世界遗产保护理念的转变产生了深远影响。

直到 20 世纪 90 年代，国际遗产领域几乎只关注具有纪念意义、有名望的物质因素。[2]非物质的因素没有得到应有的重视，为此《世界遗产公约》饱受批评。而澳大利亚对于"具有文化意义的地方"的保护及对自然遗产地中的文化因素的重视可以很好地弥补《世界遗

---

[1] 珍妮·列农，韩锋. 澳大利亚景观保护史[J]. 中国园林，2016，32（12）：64.
[2] Blake J. Development of UNESCO'S 2003 Convention Creating A New Heritage Protection Paradigm? // THE Routledge Companion to Intangible Cultural Heritage[C]. New York: Routledge, 2017.

产公约》的不足。在此背景下，联合国教科文组织在1992年组织了一次专家会议，对"文化景观"及其类别进行定义，并提议将"文化景观"纳入"世界遗产名录"。①此后，"文化景观"成为世界遗产的类别。根据《实施〈世界遗产公约〉操作指南》（2019年版），文化景观是"人类与大自然的共同杰作"。文化景观见证了人类社会和居住地在自然限制和/或自然环境的影响下随着时间的推移而产生的进化，也展示了社会经济和文化外部与内部的发展力量。文化景观可以被分为人类有意设计及创造的景观、有机演进的景观、关联性文化景观三类。无论哪种文化景观，都包含了人类与其所在的自然环境之间的多种互动表现。

将文化景观引入世界遗产领域，使人们意识到这些地点并非孤立存在的，必须要放到生态系统中，看到它们在时空上的文化联系已经超越了单体的纪念碑和严格意义上的保护区。这一概念对于保护区思想的发展以及遗产的整体保护具有示范意义，反映了《世界遗产公约》的发展以及保护、管理的方法和经验的多样性。②

（三）遗产管理中的社区参与

随着文化景观成为世界遗产的类别以及联合国教科文组织对传统文化和民俗的关注，《实施〈世界遗产公约〉操作指南》在1992年到2005年间多次修订，结果是与非物质相关的因素成为"世界遗产名录"的列入标准，联合国教科文组织也更大程度地鼓励当地社区参与遗产地管理计划的制定和执行。③这种转变也影响了澳大利亚的遗产管理方式。乌卢鲁—卡塔曲塔（Uluru-Kata Tjuta）国家公园在1987年以地质遗迹列入"世界遗产名录"，强调的是它壮观的地质构造，以及澳大利亚中部广阔的红砂土平原的主要构造。1994年，它又作为文化景观再次被列入"世界遗产名录"，但此时是作为当地的阿南古部落社会传统信仰体系的重要部分而闻名。④随着乌卢鲁—卡塔曲塔国家公园从自然遗产向文化景观的拓展，对该遗产地的管理就不能仅限于对其自然因素的保护，而必须考虑文化意义的保护，因此需要将这些文化意义的创造者——原住民纳入遗产保护与管理中。

作为回应，1999年修订的《巴拉宪章》加入了社区参与的部分："对于一个地方的保护、解释和管理，应当向那些对该地方有着特殊情感联系和意义，或对该地方有社会的、精神的或其他文化责任感的人们提供参与的机会。"由于原住民最为熟悉和了解当地自然环境，关于旅游、各类自然资源的开发对环境造成的影响，他们可以很快发现被外界忽视的变化。因此，他们的参与对于这些文化遗产地的文化意义的保护与阐释有着积极的作用。⑤

但是，尽管有联邦政府颁布的《原住民和托雷斯海峡岛民遗产保护法》以及非政府组

---

① Rodney Harrison. Heritage: Critical Approaches[M]. New York: Routledge, 2013:123.
② Mechtild Rössler. World Heritage Cultural Landscapes: A UNESCO Flagship Programme 1992–2006[J]. Landscape Research, 2007(31):340.
③ Blake J. Development of Unesco's 2003 Convention Creating A New Heritage Protection Paradigm? // The Routledge Companion to Intangible Cultural Heritage[C]. New York: Routledge, 2017.
④ 珍妮·列农，韩锋. 澳大利亚景观保护史[J]. 中国园林，2016，32（12）：65.
⑤ 钱永平. UNESCO《保护非物质文化遗产公约》述论[M]. 广州：中山大学出版社，2013：154.

织倡导的《巴拉宪章》等文件，澳大利亚的社区参与，尤其是原住民的参与仍然存在种种问题，核心原因在于遗产具有塑造身份与认同的作用。由于独特的殖民历史，移民社会的遗产管理必须移除原住民占有的痕迹，以强调现代国家地位，维护国家统治。[1]因此，澳大利亚政府在保护原住民遗产及其文化意义时必然会担忧其是否会影响到国家身份、记忆与认同的构建，政府权威的维护以及国家统一。这种考虑成为澳大利亚至今没有签署《保护非物质文化遗产公约》的重要原因，也使澳大利亚政府没有对非遗的保护采取相应措施。

在此背景下，各遗产地的原住民社区参与仍然进展缓慢。例如，卡卡杜国家公园花费了近20年时间才建立起原住民与非原住民平等参与管理的联合管理体制。由于存在对原住民团体及其利益的协调、政府和商业利益集团的抵制、相关保护管理团体对原住民参与保护重要性的认识不足、管理事务中决策权分配的分歧等因素，原住民参与文化遗产保护管理经历了一个极其困难而漫长的过程，直到1999—2004年，卡卡杜国家公园管理计划才正式承认原住民的权利在保护管理中的优先地位。[2]因此，政府是否有意愿承认文化遗产管理中权利关系的转变，并适当立法和制定政策，使遗产所有者和使用者之间产生更公平的权利关系成为澳大利亚遗产部门必须面对的问题。[3]

案例/专栏 6-5

乌卢鲁—卡塔曲塔国家公园

乌卢鲁—卡塔曲塔国家公园（见图6-1）坐落在澳大利亚中部的广阔的红砂土平原上，以其壮观的地质构造和阿南古人（Anangu）的信仰体系闻名。它的名字是由两处独特的地理特征组成的。乌卢鲁是一座周长9.4公里的砂岩独石，而卡塔曲塔则是乌卢鲁西部的穹顶形巨石。乌卢鲁的砂岩巨石和卡塔曲塔的砾岩圆顶高300余米，高于周围相对平坦的沙质平原和林地。它们不断变化的颜色为游客提供了戏剧性的景观。随着阳光、阴影和雨水的冲刷，呈现出红色、紫色和橙色的不同色调。

乌卢鲁和卡塔曲塔共同构成了世界上最古老人类社会传统信仰体系的一部分。数万年来，这里是阿南古人的家园，包含着世界上最古老且延续至今的文化之一的物证。朱库尔帕（Tjukurpa）是传统的阿南古法律，也是与乌卢鲁—卡塔曲塔国家公园相关的阿南古活态文化景观的基础。朱库尔帕是传统法律与精神的突出典范，它通过口头叙述、冗长的仪式与歌曲（Inma）、艺术和景观进行表达，反映了人、植物、动物和土地间的关系。朱库尔帕诞生于拥有人类和动物特征的阿南古祖先在这片土地上露营和旅行时。这些祖先建立

---

[1] Rodney Harrison. HERITAGE: Critical Approaches[M]. New York: Routledge, 2013:22.
[2] 钱永平. UNESCO《保护非物质文化遗产公约》述论[M]. 广州：中山大学出版社，2013：154.
[3] Jonathan Prangnell, Anne Ross & Brian Coghill. Power Relations and Community Involvement in Landscape‑based Cultural Heritage Management Practice: An Australian Case Study[J]. International Journal of Heritage Studies, 2010: 140-155.

了一套流传至今的行为准则，涉及生活的各个方面：从食物采集、景观管理到社会关系和个人身份。

图6-1　乌卢鲁—卡塔曲塔国家公园（摄影：埃马纽埃尔·皮瓦德）

（资料来源：联合国教科文组织 http://whc.unesco.org/en/list/447.）

【思考】乌卢鲁—卡塔曲塔国家公园两次列入"世界遗产名录"的原因分别是什么？这为遗产地管理带来了哪些挑战？

第四节　欧洲代表性国家的实践

欧洲是世界文化遗产保护的先行者，拥有较长的遗产保护历史和丰富的遗产保护经验。长期以来，欧洲国家的遗产保护实践以有形的物质文化遗产为主，如建筑、遗址、文物、艺术品等，专门针对非物质文化遗产采取的保护实践较之物质文化遗产的保护实践少且弱，甚至像英国、法国等一些国家对非物质文化遗产暂时还没有明确提出具体的保护措施。然而作为欧洲遗产资源的重要组成部分，非物质文化遗产的保护实践伴随着物质文化遗产的保护实践在欧洲大陆早已开始，依托于物质文化遗产的保护实践，非物质文化遗产也得到了很好的保护与发展。本节总结和提炼出欧洲国家非物质文化遗产保护的重要实践经验，同时选取欧洲具有代表性的两个国家——法国和英国，介绍其具有本国特色的非物质文化遗产保护实践案例，即法国生态博物馆和英国创意产业。

一、欧洲非物质文化遗产保护概况

拥有丰富遗产资源的欧洲是遗产保护最早的实践者之一。在世界"非物质文化遗产"概念确定之前，欧洲部分国家就已经开始了遗产保护的实践，许多国家通过立法、建立专门的政府组织机构和依托民间力量等方式来保护和发展包含非物质文化遗产的各类相关事物。例如，早在1516年，巴伐利亚颁布了《啤酒纯净法》，对啤酒酿造的原材料和工艺流程做出相关规定，这一法案对啤酒酿造技艺的传承和保护产生了积极的影响，被视为德国非物质文化遗产保护的开端。[①]18世纪，法国国民议会专门设立遗产保护机构保护国内古迹遗址；德国出台相关的文物保护法保护国内文化遗产。此后与遗产保护相关的法律法规和政策不断完善，与遗产相关的国家机构、社会组织也不断涌现，共同推动遗产保护实践。然而，关于"遗产"的概念直到20世纪下半叶才逐渐发展成为"祖先留给全人类的共同的文化财富"，其外延也由一般的物质财富发展成"有形文化遗产"、"无形文化遗产"和"自然遗产"三类。[②]但即便如此，长期以来，欧洲国家的遗产保护实践一直以有形的物质遗产为主，尤其是建筑、遗址类遗产，关于非物质文化遗产的保护实践暂未成为欧洲遗产保护与发展中的重点。

1972年，联合国教科文组织通过了《保护世界文化和自然遗产公约》，此后关于文化遗产的概念和实践活动被迅速普及和推广开来。伴随着遗产研究的深入和遗产理念的普及，越来越多的人意识到了遗产保护的重要性且逐渐注意到过去的遗产保护重视物质遗产而轻视非物质遗产的情况。2003年，联合国教科文组织通过了《保护非物质文化遗产公约》，进一步完善了文化遗产保护体系。尽管在欧洲，一些国家没有加入《保护非物质文化遗产公约》，但它的通过无疑提高了世界各国和地区对非物质文化遗产的关注度，促进了各国政府和民众对遗产的保护实践，此后各个国家开始更加积极地采取行动保护国内非物质文化遗产。例如，法国在2006年加入《保护非物质文化遗产公约》，促进非物质文化遗产的保护，积极开展非物质文化遗产相关研究工作，同时推动成立了非物质文化遗产保护中心。德国在2012年加入《保护非物质文化遗产公约》，2013年便启动了"联邦非物质文化遗产名录"编纂工作，对国内非物质文化遗产的数量、形式和多样性进行盘点。[③]英国虽然没有加入《保护非物质文化遗产公约》，但其非物质文化遗产实践在无形中也受到世界非物质文化遗产保护热潮的影响，同时结合国内实际，英国也正在以自己的方式积极开展非物质文化遗产保护实践。欧洲的其他国家，如意大利、瑞典、西班牙、荷兰等也在积极响应《保护非物质文化遗产公约》，在沿袭本国传统发展经验的同时，积极吸取和践行《保护非物质文化遗产公约》，结合本国新的发展趋势开展科学、有效、全面的非物质文化遗产保护与发展实践。

二、欧洲非物质文化遗产保护的实践经验

欧洲国家开展遗产保护的历史悠久，积累了丰富的经验。这些经验为欧洲非物质文化遗产保护的实践奠定了基础，并不断扩展延伸成为新的非物质文化遗产保护方式。欧洲国家的遗产保护实践普遍具有以下几个特点。

---

① 张翼. 德国非物质文化遗产保护机制研究[M]//曹明德. 国外非物质文化遗产保护的经验与启示. 北京：社会科学文献出版社，2018：36-37.
② 顾军，苑利. 文化遗产报告 世界文化遗产保护运动的理论与实践[M]. 北京：社会科学文献出版社，2005：1.
③ 张翼. 德国非物质文化遗产保护机制研究[M]//曹明德.国外非物质文化遗产保护的经验与启示. 北京：社会科学文献出版社，2018：36-37.

（一）注重立法保护与国家参与

欧洲遗产保护注重立法保护与国家参与。相关法律、政策的出台为遗产保护实践提供了合法化依据，国家通过设立专门的领导管理机构为遗产保护与实践提供了权威性参考。

在立法方面，针对文化遗产保护，欧洲的很多国家都制定了与遗产保护相关的各类法律法规和政策，并已经建成了类型多样、体系完善的遗产保护法律制度和政策制度。然而由于受欧洲遗产保护历史经验与非物质文化遗产概念不确定等因素的影响，欧洲国家中专门为非物质文化遗产保护立法的国家较少，涉及非物质文化遗产保护的规定主要包含在其他遗产保护的法律中，或是出现在地方法律中，或是以遗产项目的形式出现。例如，英国现有体制下没有出台非物质文化遗产保护法，在国家层面上并未对非物质文化遗产进行全面的保护，但英国地方政府采取相关措施把地方的非物质文化遗产保护起来。[1] 苏格兰和威尔士针对本民族的特色手工艺和语言颁布了相应立法文件，如《2009年苏格兰威士忌条例》《2008年苏格兰格子注册法》《2005年苏格兰盖尔语法》《2011年威尔士语措施》。[2]

在国家政府管理机构设置方面，许多欧洲国家都设立了文化遗产保护专门部门和机构，负责管理和指导国家层面或地区层面的遗产保护工作，如法国的文化与宣传部下设文化遗产总署与科学研究和政策领导司，负责具体实施联合国教科文组织《保护非物质文化遗产公约》。同时，还有其他的部门涉及非物质文化遗产保护的相关工作，如艺术创作总署（向传统音乐和舞蹈艺术中心提供支持，也为传统技艺、手工艺保护传承提供支持）、法语与法国境内其他语言总署（为地区语言提供支持）、媒体与文化产业总署（通过法国国家图书馆联合了众多传统音乐和舞蹈艺术中心），以及文化与宣传部总秘书处（参与国际性事物并为世界文化之家提供支持）。[3] 德国专门设立联合国教科文组织委员会，下设非物质文化遗产专家委员会负责落实《保护非物质文化遗产公约》。

（二）注重遗产教育与全民参与

欧洲遗产保护注重教育培养与全民参与。一方面通过遗产教育培养遗产保护与实践的专业人才，另一方面通过遗产教育的氛围熏陶，培养全民遗产保护意识，从而提高全民参与的积极性。例如，在英国、法国、德国等国家既有专业性遗产教育课程，也有普及性遗产教育活动。专业性遗产教育课程主要由学校设立，专业性较强，主要针对未来从事遗产保护相关行业的人员。普及性遗产教育活动则由社会组织机构、政府、学校等多方面组织，针对的人群更广，目的在于普及遗产知识，提高公众对遗产的关注度和保护意识。

---

[1] 李阳，李冠杰. 英国的非物质文化遗产保护及其启示[M]//曹明德. 国外非物质文化遗产保护的经验与启示. 北京：社会科学文献出版社，2018：29.
[2] 郭玉军，司文. 英国非物质文化遗产保护特色及其启示[J]. 文化遗产，2015（4）：1-12.
[3] 李阳，李冠杰. 英国的非物质文化遗产保护及其启示[M]//曹明德. 国外非物质文化遗产保护的经验与启示. 北京：社会科学文献出版社，2018：61-64.

英国遗产教育注重对儿童艺术性的培养。2013 年，英国政府文化、媒体与体育部（Department for Culture, Medial and Sports，DCMS）制定了一项"支持充满活力和可持续性的艺术文化"的政策，并于当年 7 月发布了《文化教育、项目与机遇概要》报告，其中第五类"纪念国家的文化和历史"一项下就有许多促进非物质文化遗产传承的活动，体现了英国对非物质文化遗产保护教育的重视态度与积极工作的成果。[1]此外，英国也提倡在基础教育和专业教育中的文化素养的培养，其中就有不少内容涉及文化遗产的部分。在法国设立有相关的文化遗产研究机构以培养专业的文化遗产保护与管理人才，如古迹保护与历史研究高等研究中心、国家遗产研究所、卢浮宫学校、古迹保护研究中心、法国国家博物馆修缮与研究中心等。[2]另外，法国还创立了"文化遗产日"，以此来向民众展示和传播非物质文化遗产文化，从而激发民众对非物质文化遗产文化的兴趣，培养民众对非物质文化遗产的保护意识。

（三）注重民间力量

民间团体力量是欧洲非物质文化遗产保护的重要力量。通过民间各团体、组织、机构和个人力量的发挥，一方面能够有效连接政府、民众和企业，对非物质文化遗产形成合力保护，另一方面，各股民间力量借助自身优势，能够灵活开展对非物质文化遗产的保护和开发活动。欧洲非物质文化遗产保护的民间力量广泛分布于欧洲的众多国家之中。在法国，文化遗产的保护工作绝大多数都是通过民间社团组织托管的形式实现的。[3]而在意大利，由于其文化遗产的分散化和高度私有，所以与文化遗产保护有关的民间组织很多，如"我们的意大利""意大利艺术品自愿保护者协会""意大利古宅协会""意大利古环境协会"等。[4]在英国，民间团体积极组织有关非物质文化遗产的活动，包括建立博物馆、组织学术会议、开展志愿活动、创作文学作品、拍摄电影、筹集保护资金等，以此来促进非物质文化遗产的保护。

三、欧洲非物质文化遗产保护的实践案例

（一）法国生态博物馆

生态博物馆的出现不仅增添了世界博物馆类型的新样式，也为非物质文化遗产及其赖以生存的自然与社会环境在地保护创造了一种新的方式。法国是最早提出并践行生态博物馆的国家。生态博物馆的定义随着研究和实践的深入不断丰富，其中较具有代表性的是由被誉为"生态博物馆创始人"的法国人乔治·亨利·里维埃（Georges Henri Riviere）于 1980

---

[1] 李阳，李冠杰. 英国的非物质文化遗产保护及启示[M]//曹明德. 国外非物质文化遗产保护的经验与启示. 北京：社会科学文献出版社，2018:2-3.
[2] 彭兆荣. 联合国及相关国家的遗产体系[M]. 北京：北京大学出版社，2018:65-71.
[3] 顾军，苑利. 文化遗产报告世界文化遗产保护运动的理论与实践[M]. 北京：社会科学文献出版社，2005:47.
[4] 同[3]：26.

年提出的:"生态博物馆是由公共权力机构和当地人民共同设想、共同修建、共同经营管理的一种工具。公共机构的参与是通过有关专家、设施及机构所提供的资源来实现的;当地人民的参与则靠的是他们的志向、知识和个人的途径。"[1]从该定义中可以看出,生态博物馆在建设管理上强调公共权力与当地居民的共同参与。1981年3月4日,法国政府发布了生态博物馆的官方定义:"生态博物馆是一个文化机构,这个机构以一种永久的方式,在一块特定的土地上,伴随着人们的参与,保证研究、保护和陈列的功能,强调自然和文化遗产的整体,以展现其有代表性的某个领域及继承下来的生活方式。"[2]从该定义可以看出,法国政府强调生态博物馆的文化属性、民众参与以及对文化遗产的整体性保护,后续的实践也证明了这一点。1974年,法国建立了第一个生态博物馆——索勒特索生态博物馆,此后,这一经验做法被不断复制和发展,更多的生态博物馆建立起来,中国贵州、广西等地的生态博物馆就汲取了国外生态博物馆建设的经验。

生态博物馆的成功经验可以总结为以下几个方面。

第一,关注社区,重视当地社区居民的广泛参与。2005年,法国诺曼底民族艺术博物馆和鲁昂工业遗产博物馆馆长阿兰·茹贝尔(Alain Joubert)在中国贵州访问交流时介绍了法国生态博物馆。他将法国的生态博物馆分为三类,分别是存在于中心地带的生态博物馆、与区域经济发展项目有关的生态博物馆、区域性科学研究和动植物保护生态博物馆。[3]这三类博物馆尽管在功能上各有侧重,但都强调当地居民的参与,如居民可参与组织管理、表演活动,甚至是科学研究等。

第二,强调人与自然的整体性保护。传统博物馆把文化放在建筑物中进行定点保护,生态博物馆跳出了建筑物的限制,将保护空间扩大至其所保护的文化事物的整体环境中,保护内容也由具体的文化事物扩大到与之相关的一切,包括人物、环境及其活动,其中人物以当地社区居民为核心。建立于1984年的阿尔萨斯博物馆是法国保存最好、规模最大的生态博物馆。该博物馆复原了当地的居民生活与自然景观,并将传统建筑和当地自然的美景、生态结合,而社区的居民仍然穿着传统服饰,并继续从事传统手工艺和其他传统职业,如煤矿工、木工、陶瓷工等,甚至还使用当时的钱币,游客购物时要先兑换钱币。[4]历史场景的还原和生活动态的展示再现了当地的非物质文化遗产形态,当地人在复原和展现非物质文化遗产的过程中通过与游客的互动建立了过去与现在的联系,实现了遗产价值的再生,促进了文化遗产的传承和延续。同时,游客获得了更加多元和鲜活的旅游体验,当地居民也在旅游业的发展中直接受益。

---

[1] 乔治·亨利·里维埃. 生态博物馆——一个进化的定义[J]. 中国博物馆, 1986 (4): 75.
[2] 苏东海. 国际生态博物馆运动述略及中国的实践[J]. 中国博物馆, 2001 (2): 2-7.
[3] 阿兰·茹贝尔, 张晋平. 法国的生态博物馆[J]. 中国博物馆, 2005 (3): 54-55.
[4] 熊思婷. 世界遗产与博物馆(大字版)[M]. 北京: 中国盲文出版社, 2015: 32-33.

案例/专栏 6-6

法国阿尔萨斯生态博物馆

阿尔萨斯生态博物馆位于法国东北部的翁格斯海姆镇,是法国最大的露天博物馆,也是保存较为完整的生态博物馆,包含有农舍、工坊、车站、学校、教堂等70多座建筑物,集中展示了法国阿尔萨斯地区传统的乡村文化风貌。

阿尔萨斯生态博物馆的前身是一座具有200年历史的矿场,是法国工业革命历史发展的重要见证者。20世纪初期,伴随着城市化的发展和城市更新,该地区的工业逐渐荒废,大量的工业建筑被闲置,并且受到了破坏。之后,这一情况受到来自相关研究者和当地居民的关注,相关的拆除和重建工作逐渐展开。

1917年,由马克·格罗德沃尔领导的团队在阿尔萨斯南部的一个村庄做了恢复废弃房屋的工作。1973年,阿尔萨斯农民房屋协会(Maisons Paysannes d'Alsace)成立,该协会组织参与了房屋拆建工作。1980年到1984年,共重建了19座建筑物,在1984年对公众开放后,相关的重建工作仍在继续。在阿尔萨斯生态博物馆建设的过程中,当地村民的参与是其中重要的一环。村民们捐赠了大量的实物参与重建建筑物的布置,如家具、日用品、衣柜、农具和农业机械等。同时,村民们在村庄中都有明确的角色,他们共同延续着传统乡村知识,演绎着传统乡村生活的场景。目前,阿尔萨斯生态博物馆已经成为当地著名的旅游景点,游客到此处可以感受传统乡村的建筑样貌、生活场景和民俗文化,同时可以亲身参与体验。除了有传统乡村的活动体验,博物馆还在不断创新活动内容以增加遗产凝聚力和吸引游客。

(资料来源:艺术助力乡村国际案例库:法国阿尔萨斯生态博物馆 https://mp.weixin.qq.com/s/t8ZU248LUTsQ8z3YbUYxTw.)

【思考】
1. 生态博物馆的建设会给当地带来怎样的影响?
2. 如何考量村民在生态博物馆建设中的角色定位和作用?

(二)英国创意产业

非物质文化遗产保护与文化创意产业存在高度的联结性。一方面,非物质文化遗产资源作为一种活态文化,与人的生产生活具有高度的契合及同构性,而要保持这种文化的生命精神就需要不断通过创意赋予其新的内涵与形式,以适应社会变革与人的审美需要的变化。[1] 创意产业的发展刚好为非物质文化遗产的保护和发展提供了多样化的途径和渠道,不仅赋予了非物质文化遗产新的生命力,也扩大了民众对非物质文化遗产的接触面,从而

---

[1] 李西建. 以文化创意激活非物质文化遗产资源的旅游美学效用[J]. 旅游学刊, 2019, 34(5):9-11.

有效促进遗产的保护和发展。另一方面，具有文化属性与经济属性的非物质文化遗产为创意产业的发展提供了重要的资源支撑，是生产创意产品和服务的重要素材库。因此，积极促进非物质文化遗产与创意产业的结合不失为一条激发非物质文化遗产保护与发展活力和丰富创意产业内容的有效途径。

英国是创意产业发展的提出者和践行者，其创意产业的发展在世界范围内长期处于领先地位。同时，英国拥有各类传统手工艺、民俗节庆、故事传说、表演艺术等丰富的非物质文化遗产资源。在非物质文化遗产与创意产业的结合方面，英国较早地做出了具有代表性的良好示范。

第一，积极出台创意产业政策，通过政策保障促进非物质文化遗产的发展。英国作为老牌工业国家，在工业发展进入衰退期后积极将发展文化创意产业作为国家产业发展的重点，积极制定一系列推动文化创意产业发展的相关法律法规和政策文件，其中就有涉及非物质文化遗产保护的内容。传统手工艺是英国文化创意产业的重要组成部分。英国手工艺就业人数在整个创意产业人数中排第四位，从英国国家统计局统计的数字来看，自 1997 年至 2007 年，英国从事工艺品生产人数一直保持在 9.5 万～12 万人。①英国传统工艺的复兴与英国政府为促进创意产业发展而制定的一系列的政策和采取的措施息息相关。例如，政府通过举办相关教育培训活动提高手工艺人的市场参与能力和生存水平；通过组织相关展览会、推介会、研讨会等扩大传统手工艺的影响力和关注度。②

第二，积极创新非物质文化遗产传承传播的内容和方式。随着经济社会的快速发展，人们拥有了更加多元的生活娱乐选择，对传统非物质文化遗产需求的降低致使其面临被替代、被淘汰的可能。如何赋予珍贵的非物质文化遗产新的内涵、新的功能或新的呈现方式，重新唤起人们对它的关注和热爱成为新的挑战。英国通过创意产业的发展丰富传统非物质文化遗产项目，使之满足当下人们的需求。例如，起源于 1000 多年前的英国传统节日圣火节，在发展的过程中其内容也在不断丰富和变化。圣火节的主要活动是人们高举火把游行，最终到达港口点燃维京长船。在 19 世纪 80 年代以后，人们把圣火节、圣诞节与新年的庆典活动结合在一起，活动中被点燃的长船也被换成了当地一种装饰有龙头的小船。此外还加入了模仿维京人的表演活动，二战后在庆典活动中加入了表演方阵。如今，圣火节已经逐渐发展成为英国乃至欧洲最大的庆典之一。③

非物质文化遗产资源为创意产业的发展提供了丰富的素材，英国创意人才充分取材于非物质文化遗产，将遗产内容与创意作品和服务相融合，进而创生出各种文创商品、文创活动、含有各种非物质文化遗产元素的电影剧目等。这样的做法既增添了创意作品和服务的文化内涵，也实现了非物质文化遗产的创新与发展。欧洲国家结合自身文化遗产保护的悠久传统，发挥文化创意产业的创新性理念，不断探索非物质文化遗产保护与发展的新经

---

① 梁永峰. 韩、日、英传统工艺复兴经验借鉴价值研究[J]. 美术研究，2020（3）：64-66.
② 唐璐璐，向勇. 西欧传统手工艺的传承与当代探索[J]. 新美术，2019（4）：86-91.
③ 李阳，李冠杰. 英国的非物质文化遗产保护及其启示[M]//曹明德. 国外非物质文化遗产保护的经验与启示. 北京：社会科学文献出版社，2018：6.

验。他山之石，可以攻玉，学习和借鉴欧洲遗产保护的实践经验对于促进中国非物质文化遗产保护具有积极意义。

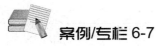
案例/专栏6-7

英国的创意产业与苏格兰格子

从20世纪90年代开始，英国政府积极推动创意产业发展。1998年，英国发布了《英国创意产业路径文件》(Creative Industries Mapping Documents, CMD)，该文件明确了"创意产业"的概念，并指出"创意产业是源于个人创造力、技能和才华，通过知识产权的生成与利用具有创造财富并增加就业机会的活动"。目前，英国仍然是全球极具影响力的提供创意产品和服务的生产商之一。同时，作为非物质文化遗产资源丰富的国家之一，非物质文化遗产自然成了英国发展创意产业的重要资源。

作为英国非物质文化遗产的苏格兰格子是英国传统的格纹图案，至今已有1700多年的历史。"苏格兰格子，等于一部大英帝国的历史"表明了苏格兰格子对于英国民众的意义。如今，苏格兰格子不仅仅是英国文化的传统符号，也成为时尚经典的流行元素。例如，一些时装品牌设计了专属于自己的苏格兰格子图案，以苏格兰格子纹艺术文化为品牌设计理念，设计出创意与时尚相结合的格子服饰。苏格兰格子在现代的创意设计下不断涌现出新的样态，其价值内涵得到丰富的同时也实现了传统非遗文化的活态传承。

（资料来源：《英国创意产业路径文件》https://www.zgbk.com/ecph/words?SiteID=1&ID=86555&Type=bkzyb.）

【思考】非物质文化遗产与文化创意产业结合具有哪些优势？应该注意哪些问题？

第五节 中国的实践

如果将2001年昆曲入选联合国教科文组织"人类口头和非物质遗产代表作"作为中国非物质文化遗产保护运动的起点，那么这场保护运动已经持续了20余年。在这20余年间，中国的非遗保护经验不断丰富，管理体制不断完善，逐步形成了从中央到地方的完善的管理层级，形成了抢救性保护、生产性保护与整体性保护相结合的工作理念和工作方式，形成了从学者、政府主导到全社会积极参与的保护模式。国际文化遗产保护理念对中国的非遗保护产生了诸多影响，如整体性保护、设立名录制度和"文化遗产日"。但同时，中国也结合自身实际进行创新和丰富，形成了非遗保护的"中国经验"。

一、中国的非遗管理体制

根据《关于加强我国非物质文化遗产保护工作的意见》，我国的非遗保护采取"政府主导，社会参与"的工作原则。各级政府尤其是文化行政主管部门在非遗保护中占据主导地位，发挥主要作用。如图 6-2 所示，我国十分重视组织领导机构的设立，以确保非遗保护工作能在全国范围内系统、有序地展开。

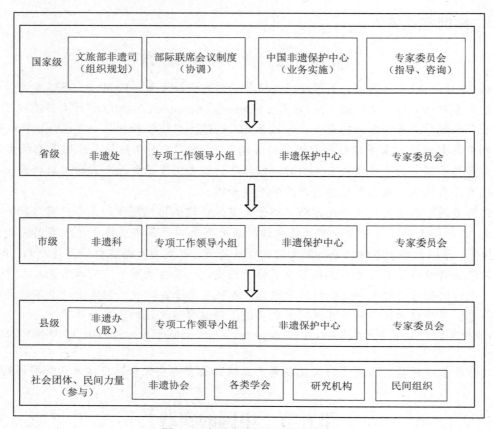

图 6-2　中国非遗保护的管理体制

国家一级的工作框架由文旅部非遗司、部际联席会议制度、中国非遗保护中心和专家委员会共同构成。非物质文化遗产司是中国非遗保护工作的主管业务司局，主要负责拟定非遗保护政策和规划并组织实施；组织开展非遗保护工作；指导非遗调查、记录、确认和建立名录；组织非遗研究、宣传和传播等工作。部际联席会议制度是指由文旅部牵头，发展改革委、教育部、国家民委、财政部、建设部、宗教局、文物局参与组成的工作机制，负责统一协调非物质文化遗产保护工作。中国非物质文化遗产保护中心负责全国非物质文化遗产保护的相关具体工作。此外，专家、学者也以专家委员会的形式参与到全国的非遗保护工作中，发挥指导、咨询作用。

在地方，各级政府通常会根据中央的机构设置来配置地方工作机制，如成立相应的非遗主管单位、非遗中心以及专家委员会。此外，地方政府会配合国家的专项政策，成立对应的工作小组。例如，为配合实施民族民间文化保护工程而成立的领导机构，为推行文化生态保护区成立的领导小组等。

此外，诸如协会、学会、高校、科研机构、民间组织等社会团体和社会力量同样在非遗保护中发挥着积极作用。例如，2012年成立的中国非物质文化遗产保护协会，是由从事非遗保护工作的企业、事业单位、社会组织和个人自愿结成的全国性、行业性、非营利性社会组织。业务范围包括调查研究、信息收集、举办展览、专业培训、咨询服务和国际合作等方面。在地方，各级政府也会相应地组织、支持地方非遗保护协会的成立。

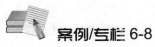

案例/专栏 6-8

中国非物质文化遗产保护中心

中国非物质文化遗产保护中心于2006年在中国艺术研究院挂牌成立。中心承担着全国非物质文化遗产保护的相关具体工作，履行非物质文化遗产保护工作的政策咨询；组织全国范围普查工作的开展；指导保护计划的实施；进行非物质文化遗产保护的理论研究；举办学术、展览（演）及公益活动，交流、推介、宣传保护工作的成果和经验；组织实施研究成果的发表和人才培训等工作职能。现设有办公室、管理保护部、理论室、数字化保护中心4个内设机构。

自成立以来，中心全面参与了中国非物质文化遗产保护的各项工作，发挥了重要作用。参与《中华人民共和国非物质文化遗产法》立法调研和法律文本论证工作，并承担了《非物质文化遗产法》贯彻落实情况评估工作；积极开展我国申报联合国教科文组织非物质文化遗产名录（名册）申报材料的评审组织实施，以及履约报告的编撰工作；全面承担国家级文化生态保护实验区的考察、论证及评估验收工作；组织实施"'十三五'时期非物质文化遗产保护传承研究课题"等学术研究工作；承担非物质文化遗产保护成果及非物质文化遗产理论研究成果出版工作。

中心承担的"中国非物质文化遗产数字化保护工程""非物质文化遗产数字化保护系列行业标准制定"等数字化保护项目建设，利用数字技术全面、真实、系统地记录非物质文化遗产代表性项目的相关情况，为全国非物质文化遗产资源互通共享奠定坚实基础。

（资料来源：中国非物质文化遗产保护中心 http://www.ihchina.cn/jigou_desc_details/175.html。）

【思考】你认为中国的非遗管理体制有哪些优势？有哪些不足？

二、非遗保护发展实践

（一）四级名录制度

在非遗保护运动的起步阶段，我国非遗的存续情况不容乐观。大量的非遗或处于濒危状态或已经消亡，还有数量众多的非遗由于传承群体不断缩减，面临"人亡艺绝"的困境。为此，我国确立了"保护为主、抢救第一"的保护原则，提出"建立国家级和省、市、县级非物质文化遗产代表作名录体系"。

1. 非物质文化遗产代表作名录体系

建立国家级和省、市、县四级非遗代表作名录体系，不仅是为了适应当时非遗的存续情况，也是对联合国教科文组织倡议的回应。①联合国教科文组织于 1998 年设立"人类口头和非物质遗产代表作"，将名录制度引入非物质文化遗产领域。之后，通过编制清单、名录以保护非遗、提高社会意识的方式在中国得到推行。2006 年，中国公布第一批共 518 项国家级非遗。截至 2021 年，中国已公布五批国家级非遗名录，共计 1557 项国家级非遗，604 项扩展项目②，包括 3610 个子项目③。全国各地政府也先后公布各级非遗代表作名录，逐步在全国建立起国家级和省、市、县四级非遗代表作名录体系，为全面、系统地保护非遗奠定基础。

2. 代表性传承人制度

传承群体的规模关乎非遗项目的存续。为此，我国推行代表性传承人的认定与管理制度，将代表性传承人纳入保护与管理范围。这一理念源自日本于 1950 年颁布的《文化财保护法》中对"重要无形文化财保持者"的有关规定。2008 年，我国公布第一批国家级非遗项目代表性传承人名单。截至 2021 年 9 月，我国已公布五批共 3068 名国家级非遗代表性传承人。各地也相继公布省、市、县级非遗代表性传承人名单，形成了从国家级到省、市、县级的传承梯队。此外，由于部分项目属于群体性传承，仅认定少数的代表性传承人不能满足传承需要。因此，对于集体传承、大众实践的项目，我国从 2021 年开始鼓励探索认定非遗代表性传承团体（群体），并在具备条件的地区，试点开展非遗代表性传承团体（群体）认定工作。

（二）"非遗+"

非遗作为人们生产生活实践的产物，并非静态的、等待保护的"对象"。非遗的活态性特征使它可以进入经济社会的方方面面，为社会议题提供解决方案。在我国，非遗在众多领域行业中的合理利用和融合发展多以"非遗+"的形式呈现。

1."非遗+文化产业"

非遗所蕴含的丰富文化可以成为发展文化产业的文化资源，为文化产品的符号价值的生产提供原材料。④这是通过非遗的"创造性转化和创新性发展"实现的。具体而言，就是要按照时代特点和要求，对非遗中至今仍有借鉴价值的内涵和表现形式加以创新，赋予其新的时代内涵和表达形式。同时，按照时代的新进步、新进展，对非遗的内涵加以补

---

① 孔庆夫，宋俊华. 论中国非物质文化遗产保护的"名录制度"建设[J]. 广西社会科学，2018（7）：205.
② 为了对传承于不同区域或不同社区、群体持有的同一项非物质文化遗产项目进行确认和保护，从第二批国家级项目名录开始，设立了扩展项目名录。扩展项目与此前已列入国家级非物质文化遗产名录的同名项目共用一个项目编号，但项目特征、传承状况存在差异，保护单位也不同。
③ 对 1557 个国家级非遗按照申报地区或单位进行逐一统计，共计 3610 个子项。
④ 李昕. 非物质文化遗产：文化产业发展重要的文化资本[J]. 广西民族研究，2008（3）：164.

充、拓展、完善，增强其影响力和感召力。①最后借助生产、流通、销售等手段，将非遗转化为文化产品，在与市场结合的过程中创造经济价值与社会价值。

2. "非遗+旅游"

非遗是重要的旅游资源，它可以通过丰富旅游内涵、增强旅游地吸引力的方式带动旅游业的发展。一方面，非遗来源于日常生活，能够反映一个民族、地区特定时期的思想观念、风俗习惯和生活方式。将非遗作为旅游的吸引物，既可以满足外来游客探知、追寻异文化的需要，也为本民族、地区的游客提供了追忆过往、建立文化认同的渠道。另一方面，非遗具有提升游客参与度和体验感的潜力。大众旅游由观光游向体验游的转变要求旅游项目具有更强的参与性和体验感。非遗天生就是民众日常生活的一部分，这使游客可以轻易参与到歌舞、民俗、手工艺制作等过程中，通过提升游客的参与度、体验感，从而提高游客的满意度和旅游地的吸引力。

3. "非遗+扶贫"

非遗对"脱贫攻坚"的助力作用建立在非遗资源可以转化为商品的基础上。我国从2018年开始在全国范围内建设非遗扶贫就业工坊，目的是通过扶贫工坊带动社区民众参与到非遗产品的生产销售中，从而促进就业、增加收入、助力精准扶贫。主要方式是通过非遗扶贫就业工坊，组织开展传统工艺培训、发展提升传统工艺产品、扩大传统工艺产品销售渠道。核心方式是将非遗资源转化为可以创造经济效益的商品。

随着脱贫攻坚取得全面胜利，如何做好巩固拓展脱贫攻坚成果与乡村振兴的有效衔接成为新的国家议题。非遗也随之进入乡村振兴领域，成为政府促进乡村产业、人才、文化、生态、组织全方位振兴的重要资源。

4. "非遗+教育"

非遗向教育领域的拓展与文化自信密切相关。早在2005年，国务院办公厅《关于加强我国非物质文化遗产保护工作的意见》提出："教育部门和各级各类学校要逐步将优秀的、体现民族精神与民间特色的非物质文化遗产内容编入有关教材，开展教学活动。"如今，"非遗进校园"已经成为各地非遗保护工作的重要组成。非遗逐渐深入幼儿园、小学、中学、高等院校，成为校园内的"新风景"。"非遗进校园"有利于增进各年龄段学生对优秀传统文化的了解、增强文化自觉、坚定文化自信。同时，"非遗+教育"还与培育传承群体紧密联系。许多地区的高校、职业学校相继开设非遗相关的专业和课程，鼓励学生参与其中。这不仅是为了将青年劳动者留在家乡就业，也有培育和壮大非遗传承群体的考虑。

---

① 王艺霖. 习近平对中国传统文化的创造性转化和创新性发展——以知行关系为例[J]. 党的文献，2016(1):19.

贵州黔东南：非遗助力乡村振兴

学会一门手艺，全家有望脱贫致富。包括剪纸、刺绣、绘画、金属锻制、建筑营造等在内的传统工艺类非物质文化遗产，具有带动城乡就业、促进脱贫增收的作用。从 2018 年 7 月以来，文化和旅游部支持地方建设非遗扶贫就业工坊，截至 2020 年 11 月，全国已建设超过 2000 所工坊，带动项目超过 2200 个，带动近 50 万人就业，助力 20 多万贫困户实现脱贫。[①]

贵州省黔东南州鼓励各县、市（区）因地制宜地推进非遗扶贫就业工坊建设，广泛吸纳就业。据统计，"十三五"期间，黔东南州非遗扶贫就业工坊获得财政专项扶贫资金 2033 万元，覆盖贫困户 5620 户 12333 人。2018 年 7 月，黔东南州雷山县入选全国十大"非遗+扶贫"重点支持地区。以此为契机，黔东南州乘势而为，通过发展非遗乡村旅游、非遗扶贫就业工坊、非遗商品展销等方式助力乡村振兴。

雷山县西江镇麻料村将村里废弃的小学改造成银饰加工坊，并采取"合作社+工坊+贫困户"的方式，大力发展银饰制作、研学旅游、乡村旅游等产业。丹寨县成立了多个非遗手工技艺合作社，通过"合作社+订单+村民"的方式，带动当地苗族村民从事苗族百鸟衣传统刺绣、古瓢琴等手工制作工作。还有石桥村的古法造纸，台江塘龙村、雷山麻料村的银饰锻造技艺，雷山猫猫河村、台江红阳村、长滩村的刺绣、织锦技艺，黎平黄岗村、从江小黄村的侗族大歌等一批非遗研学基地、传习所。

截至 2020 年 11 月，黔东南州已建成 105 个非遗扶贫就业工坊。2019 年，黔东南州非遗扶贫就业工坊产值超过 2.5 亿元，吸纳就业人数超过 2 万人，其中贫困人口 5000 余人。

（资料来源：贵州黔东南：非遗助力乡村振兴，http://www.ihchina.cn/Article/Index/detail?id=22641.）

【思考】 你还能想到哪些"非遗+"，举例说明。

（三）文化生态保护区

1. 背景与定义

随着经济全球化趋势的增强和现代化进程的加快，我国的文化生态环境正发生急剧变化。为加强非物质文化遗产区域性整体保护，维护和培育文化生态，传承弘扬中华优秀传统文化，坚定文化自信，满足人民日益增长的美好生活需要，我国在 2007 年开始设立国家级文化生态保护区。"国家级文化生态保护区"是指以保护非物质文化遗产为核心，对历史文化积淀丰厚、存续状态良好，具有重要价值和鲜明特色的文化形态进行整体性保护，并经文化和旅游部同意设立的特定区域。[②]

---

① 郑海鸥. 非遗扶贫：让日子更有奔头（新数据，新看点）[N]. 人民日报，2021-11-08.
② 《国家级文化生态保护区管理办法》，http://www.gov.cn/xinwen/2018-12/25/content_5352070.htm.

2. 理论来源与实践基础

文化生态保护区强调"整体保护"的理念，即"既保护非物质文化遗产，也保护孕育发展非物质文化遗产的人文环境和自然环境"。整体性保护与文化生态密切相关。1955 年，朱利安·斯图尔德（Julian Steward）在《文化变迁论：多线进化方法论》中提出"文化生态学"，借此研究"社会适应其环境的过程"，强调自然环境、技术和经济因素间的相互关系。罗伯特·墨菲（Robert Murphy）将文化生态进一步丰富为自然—经济—社会环境三个层次组成的复合结构。由此，文化被视作一个具有系统性、各个要素间相互影响的结构。保护文化生态就成为对各个要素的整体保护。

文化生态保护区并非非遗整体性保护的最初形式，它是我国在总结国内外的"生态博物馆""民族文化生态村""民族传统文化保护区"等实践经验的基础上创新形成的。1971 年，法国博物馆学家乔治·亨利·里维埃和雨果·戴瓦兰（Hugues de Varine）最先提出"生态博物馆"的概念。生态博物馆的一个基本理念是：文化遗产应该被原状地保存和保护在其所属的社区及环境之中。所以，生态博物馆强调对社区内的自然和文化遗产全部进行保护。1998 年 10 月，我国与挪威合作建立的我国第一座生态博物馆——梭嘎苗族生态博物馆建成。该博物馆将唆嘎乡等 12 个村寨包含其中，并建有资料中心展示当地的生活、生产习俗和民间艺术。

同年，尹绍亭等学者在云南倡导、推进"民族文化生态村"的建设。与生态博物馆一样，民族文化生态村强调社区居民的参与和受益。不同的是，民族文化生态村不必按照博物馆的规范进行建设和运作，而是根据各地区的情况，创造性地进行自然遗产和文化遗产的研究、保护、发展、创造和利用。①2006 年，云南省响应中央政府"建立少数民族文化生态保护区"的号召，公布了 27 个省级民族传统文化保护区，这可以视作文化生态保护区的早期地方实践。

2007 年，我国第一个国家级文化生态保护区——闽南文化生态保护实验区建立，标志着我国进入了系统、规范建设国家级文化生态保护区的阶段。保护范围从村寨扩展至县、市甚至跨越多个省、市，与之相配套的设施、人员、资金、政策都达到前所未有的程度。

3. 文化生态保护区的主要工作

除了完成非遗项目保护、代表性传承人保护、传承场所建设、教育宣传展示等基础性保护工作，国家级文化生态保护区还需要开展如下工作：① 将国家级文化生态保护区建设经费纳入省市级当地公共财政经常性支出预算，并作为重要评估指标。② 开展非遗代表性项目存续状况评测和保护绩效评估，制定落实分类保护政策措施，优先保护急需保护的非遗代表性项目，不断提高非遗代表性项目的传承实践能力。③ 尊重当地居民的意愿，保护当地居民权益，建立严格的管理制度，保持重点区域和重要场所的历史风貌。④ 整合多方资源，将非遗保护知识纳入当地国民教育体系。⑤ 推动国家级文化生态保护区建

---

① 尹绍亭，乌尼尔. 生态博物馆与民族文化生态村[J]. 中南民族大学学报（人文社会科学版），2009，29（5）：28-34.

设与乡村振兴战略相衔接，促进地方经济社会文化协调发展。（6）依托国家级文化生态保护区内独具特色的文化生态资源，积极探索将文化生态保护区与乡村旅游、全域旅游发展相结合，推出一批非物质文化遗产精品旅游线路，利用展示场馆、传习中心、传习所和传习点等开展研学旅游和休闲体验旅游等多种形式的旅游活动。

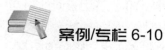

案例/专栏6-10

大理文化生态保护实验区

大理文化生态保护实验区（以下简称"保护区"）于2011年1月由原文化部批准设立。保护区范围与大理白族自治州的行政区域范围一致，涵盖全州的12个县（市）。自2017年5月批准实施后，保护区形成了四级非遗代表性项目名录的"金字塔"结构，建立了非遗资源跟踪调查机制，明确了对濒危项目和特殊代表性传承人的抢救性保护机制，初步形成了文化生态保护区保护管理制度，非遗产生与传承的文化生态空间保护状况也得到较明显的改善。

与2011年保护区获批成立之时相比，保护区内的非遗代表性项目由227项增加到719项，其中国家级代表性项目由11项增加至18项，省级代表性项目由17项增加至57项；保护区内四级代表性传承人由534人增加到2344人，其中国家级代表性传承人由5人增至12人，省级代表性传承人由68人增至134人。在非遗保护利用设施方面，保护区构建起由265个非遗保护利用设施组成的非遗馆、综合传习中心、传习所（点）和工作站、生产基地、示范学校、工坊、示范点联动的传承利用设施体系。

在非遗的宣传、展示、传播方面，保护区相关机构有计划地在各县（市）开展定期的非遗进校园、非遗进社区、非遗项目展示与展演等活动，年均开展非遗进校园活动40场以上、非遗进社区活动40场以上，年均进行非遗项目展示与展演活动50次以上。

在非遗存续环境的改善方面，保护区贯彻整体保护的理念，以8个重点保护区域为核心，形成了保护实验区建设的总体框架：以民族传统文化生态保护区（省级11个、州级11个）、中国民间文化艺术之乡（10个）以及鹤庆新华村（银匠村）、剑川狮河村（木雕村）、大理周城村（扎染村）等非遗特色村寨为支点，以鹤庆银器小镇、剑川木雕小镇等特色小镇为突破点，以白族扎染、剑川木雕、鹤庆银器、弥渡花灯、彝族跳菜等非遗项目为依托，形成点面结合、特色鲜明的整体保护良好态势。

（资料来源：大理文化生态保护实验区保护工作总体情况，https://www.dalidaily.com/wenhua/content/2022-03/09/content_25135.html.）

【思考】查阅资料，了解家乡是否有国家级文化生态保护区？展开了哪些有特色的保护措施？

（四）文化和自然遗产日

2005年，国务院下发《关于加强文化遗产保护工作的通知》，要求进一步加强文化遗产保护，决定从 2006 年起，每年六月的第二个星期六为我国的"文化遗产日"。设立"文化遗产日"是受到法国等欧洲国家的启发①，目的在于提高公众的文化遗产保护意识，应对全球化和现代化进程加快带来的文化遗产保护问题。从 2017 年起，为更好地保护自然遗产，"文化遗产日"调整为"文化和自然遗产日"。

"文化和自然遗产日"每年设定主题与主场城市，围绕主题举办系列宣传展示活动，通过各种方式全面展现文化和自然遗产魅力和优秀保护成果，宣传文化和自然遗产保护理念，动员全社会广泛参与保护工作。例如，2021 年"文化和自然遗产日"主场城市活动在重庆市红岩革命纪念馆开幕。在国家文物局倡导下，各地文物部门围绕"文物映耀百年征程"主题，聚焦革命文物保护传承、文物科技创新等内容组织开展活动。2021 年，非遗宣传展示活动的主题是"人民的非遗 人民共享"，口号为"非遗惠万家 关系你我他""保护人民非遗 共享美好生活"。五项重点活动包括："百年百艺·薪火相传"中国传统工艺邀请展，非遗法颁布实施十周年座谈会，非遗购物节，云游非遗·影像展，红色非遗资源寻访活动及革命故事、红色歌谣新书发布。截至 2021 年，"文化和自然遗产日"已举办 16 年，有效地提升了全社会的遗产保护意识，为中国的物质文化遗产、非物质文化遗产和自然遗产创造了良好的社会环境和保护氛围。

 **本章小结**

- 联合国教科文组织对于非物质文化遗产的实践主要有两个方面：非遗公约的提出与非遗代表作名录的构建。2003 年通过的《保护非物质文化遗产公约》让非遗进入全球民众视野，并对非遗等相关概念进行了界定和阐释，规定了各项具体保护措施。非物质文化遗产代表作名录的构建成为 UNESCO 在保护非遗实践中的重要工具。
- 东亚国家的非物质文化遗产保护起步较早，尤其日本和韩国在非物质文化遗产的立法和实践方面均已走在了东亚国家乃至世界的前列，并在世界上首先实施了对非遗代表性传承人"人间国宝"的认定制度。
- 通过颁布《巴拉宪章》保护"具有文化意义的地方"，提出"文化景观"遗产类型，澳大利亚表现出对遗产地的自然和文化因素的双重关切，以及对人与遗产之间的非物质遗产价值的重视。
- 欧洲国家对于非物质文化遗产的定义看法不一，但是能够依托自身特色进行保护与发展实践，尤其注重立法保护、遗产教育、全民参与和民间力量的功能发挥。欧洲国家探索出了各具特色的非物质文化遗产保护方法，如法国的生态博物馆和英国的创意产业。

---

① 冯骥才. 文化遗产日的意义[J]. 中国文物科学研究，2006（3）：1-7.

▶ 中国形成了完善的非遗管理体制。横向上，职能部门、非遗保护中心、专家委员会和社会团体有机结合；纵向上，形成了从国家到地方的四级管理层级。此外，还发展出四级名录制度、"非遗+"、文化生态保护区、"文化和自然遗产日"等非遗保护利用创新实践。

综合练习

一、本章基本概念

《保护非物质文化遗产公约》　非物质文化遗产名录　无形文化财　"人间国宝"　"具有文化意义的地方"　文化景观　生态博物馆　文化生态保护区

二、本章基本思考题

1. 简述联合国教科文组织非遗保护的历程。
2. 简述日本、韩国的无形文化财定义与类别。
3. 日本、韩国在"人间国宝"的认定与非物质文化遗产代表性传承人方面有何异同？
4. 澳大利亚和法国对非遗的保护在做法上有何异同？
5. 你如何理解中国在遗产保护中提出的"创造性转化和创新性发展"理念？

三、推荐阅读资料

1. 王文章. 非物质文化遗产概论（修订版）[M]. 北京：教育科学出版社，2013.
2. 宋俊华，王开桃. 非物质文化遗产保护研究[M]. 广州：中山大学出版社，2013.
3. Smith L, Akagawa N. Intangible Heritage[M]. London: Routledge, 2009.
4. Akagawa N, Smith L. Safeguarding Intangible Heritage: Practices and Politics[M]. London: Routledge, 2018.
5. Stefano M, Davis P. The Routledge Companion to Intangible Cultural Heritage[M]. New York: Routledge, 2017.

第七章

传统与现代——文化急遽变迁与非物质文化遗产保护发展

 **学习目标**

通过对本章的学习，学生应了解或掌握如下内容：
1. 认识非物质文化遗产与传统日常生活的联系与断裂过程；
2. 了解非物质文化遗产在现代社会文化生产中的重要价值；
3. 掌握非物质文化遗产保护发展的基本原则；
4. 思考非物质文化遗产保护的有效路径。

 导言

非物质文化遗产是日常生活的产物，与人们的活动息息相关。伴随着现代化进程，传统社会发生了巨大变迁，传统的日常生活成为改造的对象，蜕变为民俗学所称的文化遗留物，其中珍贵而最有价值的文化资源建构成为非物质文化遗产概念。近 30 年的社会进程在一定领域内把传统的文化遗留物复兴到日常生活当中，非物质文化遗产在流变中成为现代公共文化的重要组成部分，经历了传承、创新、转化的现代化过程。

第一节 作为文化遗存的非遗保护

非物质文化遗产的保护与发展，一方面是世界遗产保护发展的国际潮流，是世界遗产保护实践发展的要求，从非遗概念的产生历程到保护的具体内容的变化，乃至非物质文化遗产学的兴起与发展，与世界进入工业革命时期，现代化和全球化的历史进程紧密相关，另一方面也受到民间文艺学、民俗学、历史学、民族学等传统学科的滋养，伴随着非遗保护专业化、系统化的过程，非物质文化遗产保护发展面临的一些困境和问题也逐渐得到讨论和解决。

一、从"遗留物"到"非物质文化遗产"

英国人类学家泰勒分别于1865年和1871年发表了《人类早期历史研究》和《原始文化》，他认为早期人类的心智和思维特征保留在游戏、信仰、谚语和故事当中，他把这些遗存称为"遗留物"（survial）。泰勒在《原始文化》一书第三章"文化中的遗留物"提出了"遗留物"学说，把野蛮人的信仰和行为与现代农民的民俗联系起来，他认为各种类型的民俗都是原始文化留存在现代社会的残余，因此，他认为每一个民俗现象都可以帮助人们恢复原始文化的本来面目。泰勒作为文化人类学的奠基人之一，他的"遗留物"学说认为，在现代文明社会中很多风俗不可理解，这是因为它属于原始文化，只有通过分析与它们同时存在的神话传说，并通过相应的风俗和神话传说才能解开这些风俗文化的秘密。[①]"遗留物"学说后来在民俗学界流行，形成了民俗研究的人类学派，通过考察边缘地区和边缘群体的文化现象搜集并探索古代族群遗留下来的民俗知识的文化意义，重点在于考察和比较非实体的遗存的风俗、仪式、神话、故事，进而探索那些见之于当代却又不具有时代性的思想观念。换言之，遗留物研究致力于那些极少受到现代教育教化、极少取得文明上规训的民间群体、大众和中下层阶级的传说、风俗和信仰。英国民俗学家布兰德在《大众古俗之观察》一书中特别强调古俗的"口头传统"（oral tradition）[②]。这里的"口头传统"后来被进一步定义为"民众的知识"，将古老年代的风俗、习惯、仪典、信俗、歌谣、寓言等作为民俗研究的主要内容。纳特认为民俗的遗留物就是社会中民俗的知识，而文明是城市生活的产物，民俗是乡村生活的产物，他认为民俗像庄稼一样，只能生长在乡土里，民俗是农民所特有的。[③]综上所述，从早期的文化人类学，到随后的民俗学人类学派，把遗留物视为原始无文字民族的精神文化遗存，以及现行社会下层民众，主要是农民群体的知识，对后来的民间文化研究起到了巨大的影响。

第二次世界大战结束后，世界各国都进入了以工业化为主要特征的现代化进程，尤其是大量发展中国家为了加速进入现代化，大多选择了积极的工业化发展道路，一方面促进了经济社会的发展和文化的扩张，另一方面严重挤压了许多弱小民族的传统文化生存空间，甚至有大量文明古迹、优秀文化遗产遭到破坏，在保护文化和自然遗产倡议的基础上，"非物质文化遗产"保护的观念逐渐得到强化，与上述民俗学的思想和理论贡献关系十分密切。尤其是日本、韩国的民俗学界在遗产保护领域的实践中最早提出"无形文化财"的概念，直接推动了联合国教科文组织"非物质文化遗产"概念的产生。不难看出，非物质文化遗产无论从概念、内容、类别，还是从观念、认识、范畴领域，都与民俗学对民众知识的研究理论及观点有诸多重合之处，包括口头传统、风俗习惯、仪式节庆等精神文化的承载，都与民俗学相关研究领域呈现同构现象。当然，非物质文化遗产保护扩大了"财产"

---

① 泰勒. 原始文化神话、哲学、宗教、语言、艺术和习俗发展之研究[M]. 桂林：广西师范大学出版社，2005：57-90.
② 高丙中. 民俗文化与民间生活[M]. 北京：中国社会科学出版社，1994：46-47.
③ 高丙中. 民俗文化与民间生活[M]. 北京：中国社会科学出版社，1994：17.

的内涵，强化了"遗产"的资源和价值观念，为非遗保护和发展明确了其在现代社会的地位和空间。

在中国，1923年北大歌谣研究会在中国开展的风俗调查也受到相关理论学派的影响，认为"风俗（民俗）为人类遗传性与习惯性之表现，可以觇民族文化程度之高下；间接即为研究文学、史学、社会学、心理学之良好材料"①。1949年新中国成立之后，党和政府高度重视民间文艺。1950年，成立了中国民间文艺研究会（后改名为"中国民间文艺家协会"），组织进行民间文学的收集、整理和研究。1958年，开展了大规模收集民歌运动；20世纪50年代还进行了少数民族民间文学调查工作。改革开放初期，中国民间文艺研究会、中国民俗学会、中国故事学会、中国歌谣学会等学术机构相继恢复或成立，开始系统地收集、整理和研究中华民族民间文化资源。这些机构自1979年开始民族民间文艺调查，最终形成上百亿字的基础资料，出版298卷、400册、4.5亿字省卷本的"十大民族民间文艺集成志书"，涉及艺术学、社会学、民俗学、文学、历史学、民族学、宗教学、美学等学科的内容，为这些学科的研究提供了基础性资料和基本的理论。②随着研究的推进，有学者认识到静止的、物质性的"古老文化遗留物"的传统观点有很大的局限性，认为当代关于民俗学的范围和内容已经扩展到整个社会生活的方方面面，应该研究现代社会中的"活世态"，把一般民众的"生活相"作为研究对象。③钟敬文提出："民俗研究所涉及的范围总的来说随着时间的推移越来越广泛。如果说它初期在收集和研究的范围上是比较有限的，那么，今天在有些国家里，它已经扩展到全部的社会生活、文化领域了。具体地说，如过去各种劳动的组织、操作的表现形式、技术特点和所附着的信仰；又如过去社会中，有各类团体活动像宗教的庙会，有村落和宗族的各种习惯、规例等，这些都是民俗现象。至于各地年节风俗，每人自出生到老死所奉行的诞辰、成年式、结婚、丧葬等仪礼，以及各种民间赛会、民间文学艺术活动，它们从来就被算在风俗、习尚里面，这自不必细说了。"④基于一系列理论认识和实践进程，非物质文化遗产这一新的对象世界的发现和这一新的概念的熔铸形成也意味着人们对于这一新的对象世界的认识的飞跃，意味着以这一新的对象世界为研究内容的新的学问或新兴学科，即"非物质文化遗产论"或"非物质文化遗产学"诞生的可能和必要。

21世纪以来，国际社会越来越重视对非遗的保护，加强非遗保护不仅是国家和民族发展的需要，也是国际社会文明对话和人类社会可持续发展的必然要求。在中国，自从"非物质文化遗产"一词进入大众视野后，伴随着专业化、系统化的非遗保护工作的展开，中国的非物质文化遗产保护、发展与研究工作都取得了显著成效。在党中央、国务院的高度重视下，中国的非遗保护工作逐步走上一条综合性、整体性保护道路。在第一次全国非遗普查活动中，共查出非遗资源总量约有87项，比较全面地了解和掌握了中国非遗资源的

---

① 容肇祖. 北大歌谣研究会及风俗调查会的经过[J]. 广州中山大学《民俗周刊》，第15-16，17-18期.
② 张志勇，周巍峙：筑起中国民间文艺的万里长城[N]. 中国艺术报，2009-09-29.
③ 钟敬文. 话说民间文化[M]. 北京：人民日报出版社，1990：6-9.
④ 高丙中. 民俗文化与民间生活[M]. 北京：中国社会科学出版社，1994：3-4.

数量、分布和传承情况等。在此基础上，中国建立了从国家、省、市到县四级非遗名录保护体系和传承人名录认定制度。为了强化对非遗及其孕育发展环境的区域性整体保护，中国设立了 7 个国家级文化生态保护区、17 个国家级文化生态保护实验区，涉及 17 个省份。文化和旅游部在 2011 年 10 月和 2014 年 5 月公布了两批国家级非遗生产性保护示范基地，非遗保护意识日益深入人心。目前，中国入选联合国教科文组织非遗名录（名册）项目达到 43 项，总数居世界首位。其中，有 35 项"人类非遗代表作名录"（包括昆曲、古琴艺术、新疆维吾尔族木卡姆艺术和蒙古族长调民歌名录）、7 项"急需保护的非遗名录"和 1 项"优秀实践名册"。43 个项目入选体现了中国日益增强的履约能力和非遗保护水平。这对于增强遗产实践社区、群体和个人的认同感和自豪感，激发传承保护的自觉性和积极性，在国际层面宣传和弘扬博大精深的中华文化、中国精神和中国智慧，都具有重要意义。

二、非物质文化遗产保护的"日常生活"取向

非物质文化遗产是各国各地区、各民族人民世代相传的精神财富，是他们传统文化中最优秀的组成部分，也是他们精神世界最真切、最典型的表现形式。非物质文化遗产本身就来源于生活实践，为人们的生活而存在，并且随着人们的生活方式改变而不断地被创造和转化，人们的生产和生活环境是非遗产生和发展的基础。近代以来，社会不断发展导致人们的生活方式发生了巨大变化，一方面影响了某些非遗项目的存续状况，另一方面也为很多非遗项目营造了现当代存续环境。虽然很多非遗项目因为经济发展、时代进步、生活方式改变等逐渐走向需要"被保护、被抢救"的境地，甚至逐渐走向濒危和急需保护的状况，但不代表这些项目的社会功能和重要价值就不存在了，只是因为其所依附的生活方式不再是主流，但是这些非物质文化遗产内在蕴含的文化观念和精神财富依然会长期发挥着作为优秀传统文化的重要价值和社会功能。

非物质文化遗产随着生活方式的改变而变化的过程，一方面是生产力、生产关系的变化带来的经济发展和时代进步的必然反映；另一方面是文化多样性逐渐快速化、趋同化的过程。中国在非遗保护实践工作中形成了民间文学，传统音乐，传统舞蹈，传统戏剧，曲艺，传统体育、游艺与杂技，传统美术，传统技艺，传统医药，民俗十大类别国家级非物质文化遗产代表性名录项目。众多不同类型的项目作为中华民族优秀传统文化的重要表现形式，归根结底是来源于各民族生产生活的传承与积淀，也是个人乃至各社区群体真实生活的反映。很多项目都是依托生产的需求才产生并逐渐传承下来，在生活中占据重要地位，一旦生产生活方式发生改变，这些非物质文化遗产的存续就有可能出现危机。以传统的制陶技艺为例，随着陶瓷技术的提高和机械化大生产的逐渐减少，新的更便捷、实用、廉价的替代产品出现之后，古老又低效率生产的陶器逐渐减少，退出日常生活的需要，少部分以工艺品的形式存续，其文化价值逐渐超越了实用价值。这样的例子十分丰富，如竹编、草编、柳编、藤编等手工制品，最初是生活中实用的，后来被大量的木材、塑料、金属制品取代，这类技艺的传承人随之越来越少。民族刺绣、织锦等制作精美的服饰也被现代化

服装生产冲击而日渐濒危。因此，人们的日常生活方式是非物质文化遗产存续和传承的重要原因。其中也不乏积极的例子，如随着文化交往交流的增加、人们生活范围的拓展，优秀的非物质文化遗产的影响力也随之扩大。泼水节从傣族最重要的节日，逐渐演变为周边其他民族共同欢度的节日，包括汉族、布朗族、德昂族等，因为各民族对泼水节这一节日的认同，继而成为云南南部区域各民族以及相关社区、群体生活中的重要内容，扩大了项目传承人群。广西壮族自治区京族独弦琴的发声装置，最初是利用竹或木质琴体的共鸣发出声音。但由于其声音微弱，很多传承人为了使独弦琴的声音放大便于欣赏，给独弦琴加装拾音器和扬声器，或者外接扩音设备。独弦琴加装的发声装置更符合现代人的听觉需求，更适于演奏和听众所需，现代科学技术弥补了传统非遗的弱点，使之更具有实用性。在现代化进程中自我改良、自我创新本身就是非物质文化遗产在日常生活中具有非凡生命活力的一种体现。

高丙中先生在 2008 年曾提出："非物质文化是活态文化，也就是生活方式所承载的文化。非物质文化与日常生活是联系在一起的。它们是被学者发现并表述出来的那部分日常生活，它们被选中是因为它们符合特定的体裁或文化形式。"[①]他提出"非物质文化是活态文化，也就是生活方式所承载的文化"这一重要观点。非物质文化遗产生活化保护应该成为其他保护方式的必要补充，纳入保护工作和传承实践视野。"日常生活"（everyday life）是现代哲学社会科学的一个核心概念，是自胡塞尔以来学术能够指向普通人、生活常态从而让凡人琐事具有意义的研究取向的出发点。赫勒把"日常生活"界定为个人再生产自身时使社会再生产得以实现的要素的集合，也就是使个人仍然是自己的活动及其过程和发生条件。通俗地说，日常生活是过日子的平常、通常的过程与状态。围绕这个概念有两个相反相成的立场，一个是追求现代化的"日常生活批评"，另一个是对日常生活受现代化影响的反思，海德格尔和列斐伏尔致力于批判现代工业文明条件下日常生活世界的深层异化就具有反思性立场。批判日常生活是近代以来的现代化进程中思想领域的思维定式，它在相当长的一个时期仍然具有实践工具意义，但是从知识创新的角度考虑，我们对日常生活的批判并不一定是彻底终止它，而是要把另一种可能性呼唤出来：那就是反思日常生活在消解现代性的异化，提供人类精神生产滋养和土壤的作用，创造条件让被批判者具有自我反思的能力和条件并自愿采取优化日常生活的态度。

哲学的日常生活面向为我们提供了对非物质文化遗产传承困境的解决方案，虽然非物质文化遗产来自传统和民间，存续于民众普通的日常生活之中，当日常生活发生巨大变化时，传统非遗也面临着存续的巨大压力。这种压力的消解依然要回到当下的日常生活中，让传统接驳现代，激发非遗自身的生命活力，创造性地继续发挥其在日常生活中的功能和价值，而不是将非遗固化在静态的保护体系内，成为标本一样的文化。非遗是活在人们的生活里的。只有丰富而热烈的生活，才能孕育出美而温暖的民间文学、诗歌、绘画、音乐、舞蹈；只有被普通民众愿意学习、研究、探索并运用于生活中的知识和技能，才能持续地

---

① 高丙中. 作为公共文化的非物质文化遗产[J]. 文艺研究, 2008（2）: 80.

传承和传播；也只有生发于人群中的观念与信仰、道德与规仪，才能生动地传递人们对于自然、宇宙、空间、时间的态度。非遗从来不应该只在名录里、展会里、博物馆里、印刷品里、数字影像里……非遗只有在生活中，才真正能成为社会的财富、人类的财富。

三、非物质文化遗产的当代性

非物质文化遗产从传统走向现代，其基本演化路径揭示出非遗具有明确的当代性。非物质文化遗产必须面对"此地"和"现在"、面对工业革命、面对现代化、面对城市中心、面对城市化进程。传统的凋敝和乡村、乡村文化的变迁是非物质文化遗产要面对的时代问题。通常人们习惯于把"传统"与古老的事物等同起来，即将传统作为一个"过去"的时间概念来理解。事实上，传统是一个开放的动态系统，它是在时空中延续和变化的，它存活于现在，连接着过去，同时包蕴着未来；传统是现代过去的凝聚，现代将是未来的传统。以探讨现代性及现代社会变迁著称的英国社会思想家吉登斯把当今生存于其中的社会表述为"后传统"社会（Post-triaditional Society），他指出："现代性，总是被定义为站在传统的对立面；现代社会不一直就是'后传统'的吗？"他认为，现代性在消解传统的同时重建了传统。现代性摧毁了传统，然而现代性未能（也不可能）完全摆脱传统，或者说传统在现代社会中依然延续着并按其原有逻辑生长着，而现代性发展的后果，即进入所谓"后现代"以来，社会才以前所未有的方式呈现出断裂的特性，从而使我们中的大多数人都面临着大量我们不能完全理解更无法控制的现象和过程；同时使我们的行为陷入无常规可循的境地。这种情形或许是吉登斯将现代社会称为"后传统"社会的主要原因。

非物质文化遗产是群体生活文化的呈现，有生活的地方就有非物质文化遗产，有群体的地方也就有非遗的存在。非物质文化遗产对人们生活和群体存在如此重要，是因为非遗包含着人们相处、互动以及相互理解的最基本的文化指令，包含着人生最基本的行为方式。一方面要注意非物质文化遗产具有的传统性和传承性，另一方面更要注重它的演化和流变。作为"传统"的非物质文化遗产，常常在变化的压力下，通过新发展以重建维持。传统的非遗，有些已经淡出人们的日常生活，但是可以作为重要的文化资源和财富加以数字化和静态整理、搜集留存。非遗中的大多数正在演化，在当下的社会生活中重整、调适、新生。尤其是当一个民族处于历史转折的重要时期，经济、文化、政治的迅速发展必然带来社会生活和人们心理的急剧变化，非物质文化遗产体现出来的那些传统生活中的行为方式和思想观念在当下依然有重要的疗愈作用，因此非遗的当下性不仅是一种文化传承，更是一种文化建构。

项目化保护非物质文化遗产往往会将非遗割裂于鲜活的现实日常生活之外，使得非遗的当代性和现实取向难以实现，我们应当将非物质文化遗产保护和发展的领域扩展到广阔的社会领域和延伸到丰富复杂的现实社会关系当中，直面当下的社会变迁，关心作为非遗载体的人，关心人生，关心生活，通过非遗阐释社会，理解现实生活的意义，让以"遗留物"为开端的学问，转向以研究现实社会生活为主的当下性工作，这是非物质文化遗产当代性的现实要求。非物质文化遗产作为民俗文化的重要组成部分，是民间社会具有代表性的文化。实施主体主要是广大的人民群众，行为特点具有高度的世俗化特征，遵奉着在传统社会里形成的道德秩序，在交往关系上看重亲缘和地缘关系，文化传播的方式通常是口传心授和日常生活中形成的民俗规约和惯例，其本身具有较强的传统性和封闭性。从非物质文化遗产保护的角度来看，已经和即将列入国家非物质文化遗产保护名录的大多都是中国各地方、各民族的民俗文化，它们被认为是国家的文化瑰宝，在全球化和市场经济大潮的冲击下却面临着失传和濒于灭绝的危机。如何保护这些民俗文化，关系到民族文脉的传承，尤其是广大民众世代传承的人生礼仪、岁时活动、节日庆典以及有关生产、生活的其他习俗，有关自然界和宇宙的民间传统知识和实践，传统的手工艺技能等，对于这些非物质文化遗产来说，最好的方法或者长久的发展之道莫过于把它们保护在基层社群之中，保护在这些珍贵的遗产所产生和发展的当下的社会环境、生活空间和文化土壤之中。

第二节 融入现代文化生产的非遗

非物质文化遗产作为一种重要的文化资源，不可避免地会被现代社会和文化生产消费领域开发和利用，围绕这些"征用"和"创生"，也产生了很多争议和论战，就非物质文化保护发展的现实境遇而言，与其加入无休止的争执，不如更切实地探讨如何"以更好的方法和目的利用这些文化资源"，这需要我们不断调查和挖掘非物质文化遗产最具特色的文化内涵，对那些适应现代社会的理念和方法加以积极而有效的利用，进而触发非遗在现代社会多样化的生命形式。

一、现代化进程中非物质文化遗产保护的基本立场

非物质文化遗产是一种"动态"的存在，不应该只局限于抢救式、收藏式保护，虽然在各地具体的实践操作中还存在着类似的现象，但生活性保护在非遗学术界和行政管理系统中已经形成共识，从承认非物质文化遗产是一种活态存在的角度，以及认识到非物质文化遗产与人们生活之间的关系等角度都可以理解。现阶段正在探讨的是如何保护非物质文化遗产、如何看待保护和利用的关系等问题。可以从以下两个侧面来思考保护和利用的关系：一是从理论上来理解一项非物质文化遗产的收集、申报、评定工作，即从地方管理部门和文化人士对非遗内容和形式的确定，到国家主管部门和专家、学者对非遗文化价值的认定等，其实都是对文化的一种选择过程，都包含了对非物质文化遗产的新的诠释、新的创造，也就是说非物质文化遗产已经处于一种被利用的状态。二是从实际操作来说，无论是为了弘扬一个国家、一个民族的传统、精神，还是为了发展一个地区、一个村落的经济、旅游等，非物质文化遗产保护活动或多或少都带着一种利用的目的。民俗文化的被利用、非物质文化遗产的被利用已是一种不可避免的现象，保护总是和利用分不开的，保护的实践

中蕴含了利用，而利用的过程也成为一种保护，保护和利用没有先后之分。①

在现代化进程中，传承保护和发展非物质文化遗产要坚持以下基本立场。

第一，要保护非物质文化遗产的动态过程和完整体系。对非物质文化遗产要进行动态化和丰富价值的全面保护，要加强非物质文化遗产文化空间和完整系统的保护，并非单一地保护某个流程、某件物品、某种技术。非遗的动态性是其项目传承的重要特征，非遗一旦成为固化下来的物质呈现，就是物质文化的表现形式了。许多非遗项目的活态性、动态性特征只有在生活中才能得到全面呈现。宣纸制作、徽墨制作等技艺需要几十甚至上百个步骤，有些步骤是现代机械不能取代的，需要人的精湛技艺，有些耗时费力的简单步骤完全可以采用新兴技术来加以改良以提高生产效率，技术的革新本身就是非遗生命活力的一种体现。一些传统美食的制作需要特殊的气候、季节条件，如果科技的手段能够最大限度地满足相应条件，还能更加安全、健康、高效，则同样是有益的探索。

第二，保护非物质文化遗产的核心价值认同。在非物质文化遗产保护的语境下，建立非遗产品生产与民众日常生活需要的深度关联，探索构建弥补技艺价值认同缺憾的有效途径。例如，"生产性保护"是实现江苏传统服饰手工技艺价值认同的重要方式之一，在一定程度上对技艺的传承发展起到了积极的作用。然而，随着"生产性保护"工作的深入展开，生产实践中出现了因追求市场利益最大化而忽视技艺"生活化"特质的现象，导致民众对文化产品技艺价值认同不足，无法完全实现文化产品自觉自信的消费认同。在非物质文化遗产生产性保护实践中，民众虽然较好地了解与意识到传统服饰手工技艺具有价值，使绵延数千年的民族文化传统血脉不为当代人所忘怀，却没能形成民众对技艺文化价值内心自觉的高度认同，并外显为实践自觉的消费行为，表现出"有价值不认同"的窘境。②

第三，要保护非物质文化遗产为载体形成的人与人之间的互动关系。一些艺术类非遗，核心价值是在人与人之间通过传递与接受的过程中形成互动关系，那么艺术的形式是否符合传统的规范就不是首先要考量的，而是作为文艺产品，如何联结百姓生活，成为人们生活中的滋养，观演过程是艺术家或传承人和观众之间的互动，而不是艺术家和传承人的自我艺术释放。观众的喝彩与叫好贯穿表演过程中，是项目形式的整体呈现。这和其他表演艺术一样，这种互动和后续留给观众内心的愉悦可能会是很长时间的，这也是演艺类项目活态性的表现。这类表演艺术在风格形式上产生变化、传播手段多样化、表演内容现代化，如果有利于这样的互动关系建立，就是良性的发展方向。

第四，要保护非物质文化遗产在现代生活中有价值的文化基因内容。例如，传统少数民族祭祀山神、水神、天地等民俗活动，其文化基因是传达对自然的敬畏，具有生态保护的现代价值理念，应该提炼这些民俗内容中优秀的部分，使之与现代文明观念有效耦合，运用传统文化基因的积淀，规范现代性可能滋生的一些问题，如过度消费主义、资源因无

---

① 陈志勤. 论非物质文化遗产在现代社会中的应用——以"绍剧"为例[J]. 文化遗产，2009（2）：111.
② 靳璨，梁惠娥. 江苏传统服饰手工技艺的价值认同路径研究——从"生产性保护"到"生活化传承"[J]. 艺术百家，2020（36）：77.

序攫取而被破坏、人与自然关系的紧张等情况。再如，年画、祈福等非物质文化遗产体现的是人们对生活的祈愿和祝福，是最朴素和真实的愿望，本身不具有高下、优劣之分，基于文化多样性和可持续发展的考虑，也应该包容其在新时代的新表现，进而获得社区、群体甚至是个人的文化认同。

第五，要保护非物质文化遗产中蕴藉的社会认同秩序。例如，中国乡土社会中注重对祖先的祭祀与敬仰，在民间祭祀仪式中，先辈的功德被不断地重复和颂扬，有些行业领域类的杰出人物也被推上神坛，成为保佑弟子的神灵，传统社会中运用这样一些阶序来维系地方社会的秩序，形成良性的运转功能。麻国庆认为，与传统的家族、里坊制度相应的仪式、规程、信仰等民间文化，经历了短暂的潜伏期后，又顽强地延续到了现代。在这样的历史与社会发展脉络中，重新思考、定位那些被国家话语体系认定为非物质文化遗产的传统民俗事象，就会发现：这些文化形式的存在与某个地域、族群乃至社会结构体系的建构和延续有着必然联系，非物质文化遗产的发展与地方社会的发展脉络是同步的。庙会、龙舟竞渡习俗、飘色巡游、灯会习俗等，无一不与地方社会有着密切关系，从而成为当地社会宣示权力、巩固认同的重要场域和手段。①因此，在非物质文化遗产现代保护的进程中，我们要挖掘非遗中蕴含的行为制度文化里那些传统社会里人们对于稳定、和谐生活的理想追求，保护那些与道德要求和社会公平观念相联系的社会认同秩序。

第六，要保护非物质文化遗产的民族性和地域归属。有一些非遗项目的关键价值是民族性和地域归属，因为这些项目流布于不同民族和不同地域环境，也是自我民族文化和地域文化认同的反映，是各族人民在长期的历史实践中，在民族间交流、交往、交融中共同创造出来的，是中华民族优秀文化的重要组成部分。中国 56 个民族各有其起源、形成与发展的历史，文化和社会也各有差异性，因此，各民族非物质文化遗产也呈现出不同的内容与形式，中国入选联合国教科文组织"人类非物质文化遗产代表作名录"的 43 个项目中，就包括新疆维吾尔族木卡姆艺术、蒙古族长调民歌、侗族大歌、格萨（斯）尔、玛纳斯、蒙古族呼麦歌唱艺术、热贡艺术、藏戏、花儿、羌年、黎族传统纺染织绣技艺、麦西热普、赫哲族伊玛堪、藏医药浴法、中国朝鲜族农乐舞等，保护各民族的优秀非物质文化遗产，保留其项目的本真性，传递其优秀文化基因，对于铸牢中华民族共同体意识、维护民族团结进步、促进社会稳定发展具有重要作用。

第七，要保护非物质文化遗产所呈现的时序关系。在现代化进程中，保护非遗不是一成不变地对非遗表现形式的坚持，而是在时序关系中保持其客观存在的过程。就像春节、端午节、二十四节气一样，很多民俗类项目的表现形式会随着生活方式的改变而发生改变，这也是由非遗流变性的特征所导致的。就像春节不吃年夜饭仍然是春节，京剧不"扮上"只清唱也仍然是京剧一样。最核心的非遗保护需要的是认同其时间节点的存在，感受其因为时间流逝而"度过"的过程，这能够让很多民俗类项目在其周而复始的时间节点上充分唤起人们的回忆，意识到时空存在的具体方式，并且强化其存在的印象，增进现代人对既

---

① 麻国庆，朱伟. 文化人类学与非物质文化遗产[M]. 北京：生活·读书·新知三联书店，2018：50.

往历史的认知，继而激发其主动传承非遗的积极性。

二、非物质文化遗产在现代文化生产中的应用

全球化时代中，非物质文化遗产已经成为地方性文化表述迈向世界的一种通道和方式，非物质文化遗产在现代文化生产中，夹杂着作为文化生产者和持有者的"地方性"与文化消费者的"全球化"的互动与博弈，现代生产促成的不仅是文化趋同的"全球地方化"，也包括地方文化延伸后的"地方全球化"。地方性的"日常生活"与世界市场的"现实需求"相互交织，在世界范围内形成了一个完整的系统，传承人、中间商、消费者、文化行政人员等多种角色同在，催生了非物质文化遗产与其他行业和领域的深度交融和界限模糊。非物质文化遗产作为传统生活方式的代表，在与文化创意、文化旅游等产业相互适应的实践中，越来越多地被纳入当代世界体系，而且往往超越传统文化的界限，成为文化与艺术市场中的"宠儿"，这正是现代世界经济与文化体系相结合的体现。在这种框架之下，非物质文化遗产大多有意识或者无意识地成了"生产者"，而其消费者则遍布世界各地——正是这两者之间的互动将全球化与地方性连接起来，并且逐渐消解了彼此之间的界限。①在现代文化生产中，非物质文化遗产在以下几个领域表现不俗。

（一）传统民间文学的"再创作"

非物质文化遗产类别中的民间文学，数量众多、文化价值突出。在中国国家级非物质文化遗产民间文学代表性项目当中，最为人们熟知的包括四大民间传说和三大史诗。四大民间传说是梁山伯与祝英台的传说、白蛇传说、孟姜女的传说和牛郎织女的传说。三大史诗是《格萨（斯）尔》、《江格尔》和《玛纳斯》，此外还有十分丰富的民间传说、故事、歌谣、谚语、谜语等民间文学类非物质文化遗产都具有重要的历史、文化、语言、学术价值，通过族群、个人口传心授的方式传承，并且当代还在一定群体中有较大规模的传承和流传，具有鲜明的传统性特点且影响较为深远，在广泛的地区或某个族群中有着突出的文化代表性或标志性。历史上早有通过编辑、出版、展演等方式，将民间文学中蕴含的经济价值充分释放出来的做法，"五四"运动以来，特别是 1978 年改革开放以来，中国出版的数以万计的民间传说故事集、神话集、歌谣集等，都是通过出版这种大规模图书的生产方式将这类遗产推向市场的。此外，以民间传说、故事、神话为元素，对它们进行改编、再创作，也是国际社会流行的做法。对民间文学资源宝库进行挖掘和创造，使民间文学转化成新型文化产品，以一种更符合当代人口味的形式展现出来，在新文学的创造过程中，从民间文学中汲取营养，不但可以增强文学作品的人民性，使文艺作品更加通俗，同时可以加入更多的现代元素，使传统获得更多的当代认同。

---

① 麻国庆，朱伟. 文化人类学与非物质文化遗产[M]. 北京：生活·读书·新知三联书店，2018：148.

（二）生活娱乐的"商业化经营"

在传统音乐、传统歌舞等生活娱乐性非物质文化遗产中，很多精湛的歌唱和舞蹈原本只是用于民众生产生活中的自娱自乐，一些祭祀性、仪式性歌舞则有酬神娱神、侍奉鬼神的意味，在现代文化生产中，这些艺术从自娱走向表演，经过专业艺术家的整理、编排、包装之后进入艺术演出市场，成为相对固定的演出演艺项目。云南省南涧彝族自治县的彝族跳菜，在 1991 年以前，还"藏"在无量山的村寨里，是乡亲们举办宴会时为敬重宾客而举行的民间舞蹈。一次偶然的机会，跳菜成为大理白族传统节日三月街上的舞台表演节目，县文工队的杨一忠从村寨里找来 18 个彝族汉子，重新编排了舞蹈，设计了具有舞台效果的羊毛披毡、光头、大耳环等服装道具，将跳菜搬上了舞台。南涧跳菜在三月街的表演舞台上一炮而红，随后又在省里的文艺会演中获得了一等奖，成为南涧的一张名片。具有演出效果和演艺性质的南涧跳菜不仅成为地方政府宣传、接待时的保留节目，也在大理洱海游轮和昆明的餐馆、饭店等多个经营性场所演出，古老而传统的上菜礼仪在更大的空间场域里传播。

（三）手工技艺的"产业化开发"

在纯粹以美的创造为目的的艺术产生之前，器物的制造和美的创造是合而为一的，传统工艺就处在这样一个功能性的器物和纯粹审美性的艺术之间，因而包容了最为丰富的民俗文化内容和民间艺术因子，具有丰富的可以无限创意的文化因素。向建水紫陶器皿上填泥的妇女并不认识太多的字，当然也不会去领会气韵流转、意在笔先的专业艺术境界，但是她们日复一日地劳作，不断重复刻槽填泥的过程，笔画的深浅、泥料的颜色配比、干湿程度、硬度和黏度都变成了她们身体的一种习惯，不需要刻意思考，她们就能创作出最美的艺术作品，这一切都仰赖手工带来的精致与美好。民间工艺的产业化开发是基于对民族工艺的正确认识，应当杜绝两种倾向：一是极端保护主义，即认为民族工艺必须保持原生状态，反对一切技术变革和文化创新。这种封闭式、博物馆、化石性质的民族工艺保存方式只会加速民族工艺的消亡。二是被经济利益驱使，急功近利，盲目扩大产量、忽视文化内涵提升，实施破坏性、掠夺性、无序开发，只重数量不重质量的产业化方式。这样的做法必然会戕害传统手工技艺非遗的健康发展。我们必须珍惜传统，但这并不意味着单纯地回归过去，而是要寻找让过去活在当今的方法和途径。通过传统手工艺的技艺传承、文化内涵的挖掘，形成以点带面，以重点产区为中心、优势产业为支柱、核心产品为骨干的民族手工艺文化传承和产业发展机制，形成产业带动行业，延伸产业链、扩大产值，凸显特色产业、壮大主体产业、联动相关产业，最终实现民族手工艺文化保护与传承的可持续发展态势。

（四）创意设计中的"新形象"

创意设计就是在非遗原有的基础上发掘、提取以及整理，并从多方位、多角度利用现代艺术手段和科技手段，通过再构造和再设计，对非遗元素进行创造性开发，以崭新的创新产品形式融入现代产业发展进程,这是最为常见且成功案例较为丰富的非遗创新实践。例如,在工艺美术领域,传统的纺织、印染、挑花、刺绣等图案元素往往成为新产品、新设计的重要灵感来源,传统美术的色彩、造型、质料等审美内涵,经过创意设计的加工,往往会收获意想不到的市场效果,能活化这些造型艺术载体的新功能,让濒临失传的技艺重现光彩。湖南省长沙市的轻茶饮品牌"茶颜悦色"在充分挖掘传统文化、地方文化资源的基础上,顺应现代年轻人的消费理念和消费习惯,推出了一系列国潮古风、茶饮文化、长沙方言等产品,并在概念店设计、奶茶包装、袋泡茶产品等多元化产品中探索传统文化的新表达和新形象。作为中国内地第一家中国风的鲜茶店,茶颜悦色创立于2013年,2014年在长沙黄兴广场开了第一家奶茶店。截至2021年6月30日,茶颜悦色共有门店463家,其中长沙417家、常德17家、武汉29家,频频登上微博热搜的它已经成了"网红"。从产品命名到包装设计,再到门店设计,茶颜悦色都明显地走高颜值、中国风路线,促使消费者自发拍照分享,提高"成图率"。茶颜悦色的饮品有"幽兰拿铁""声声乌龙""烟火易冷"……每一个产品都充满了中国味道。不仅如此,茶颜悦色还花费百万重金购买了《百花图卷》《千里江山图》等水墨名画的使用权,并将这些名画绘制于杯身,给杯子增添了几分诗意,甚至有消费者以收集不同类型的杯子为爱好。茶颜悦色也重视消费者的建议与反馈,在社交媒体中与网友保持着密切的联系,让网友参与到新品的研发、取名等环节中,通过"用户共创"提高消费者的参与度。

(五)传统乡土生活方式"景观化"

非物质文化遗产来自传统民间乡土社会,在现代化进程中,传统生活方式逐渐变迁,传统生境发生了翻天覆地的变化,但是人们的精神文化生活在现代社会中面临挑战,如人的异化、人际关系疏离、功利主义盛行等,怀旧和乡土回归成为一种艺术审美思潮,在现实生活中也表现为一种对乡土生活的重访与寻根。在这样的文化消费领域,那些后发展还保留着一定传统生活气息的地方就成为一种现代生活向往的景观,对传统生活方式的消费潮流使得非物质文化遗产成为其中重要的组成部分。2011年,艺术家左靖和欧宁以"碧山丰年祭"的活动为载体,在安徽省黟县碧山村开展艺术介入乡村建设行动,将碧山的传统生活接续进入现代社会成为一种"文化景观"。他们在碧山引入了先锋书局、黟县百工调查、百工坊、《百工》杂志书社、碧山工销社、理农馆、牛圈咖啡馆等艺术载体,并带领学生在黟县展开为时两年多的民间手工艺调查,共记录90项安徽民间手工艺,于2014年出版《黟县百工》图书。2015年,左靖和友人在碧山原供销社旧址上,设计修复成立"碧山工销社",在功能上既保留历史记忆,也陈列展示民间工艺品和设计师作品、布置金工、木工、织染、陶瓷等工坊,同时在碧山工销社保留了为社区和村民服务的日用品销售、物流、电信等功能。左靖在碧山计划中,虽然面临地方政府、村民、游客、文化学者、艺术家等多重角色的拉扯,很难有效协调出各方共同满意的成果,但碧山计划中立足本土文化根脉的"黟县百工"系列做法及尝试在一定程度上弥合了这条现代和精英艺术介入乡村的裂缝。

（六）现代社会的"城市文化名片"

非物质文化遗产记载了地方文化发展的历史印记和线索，将非遗元素融入城市文化建设，使其作为城市名片，通过公共空间来实现为人类社会的今天及未来发展服务的最终目的。在当前世界各国以城市作为文化交流与互动地域空间和合作平台的前提下，各大城市都在深入挖掘自身独有的特色地域文化以及非遗传统文化基因来打造城市名片、展示城市魅力，进一步提升城市地位和国际影响力，实现跨地域、跨国界的文化发展与共荣。近年来，各地方政府在国家大力宣传与弘扬传统文化的号召下，高度重视非物质文化遗产的开发、保护、传承和利用工作，通过资金扶持、开展文物展览、实施"文化惠民"工程、建立非遗数据库、开发文创产品等多种形式扩大非遗文化的宣传，使市民近距离地了解非遗，保护和传承非遗文化。在非物质文化遗产资源非常丰富的云南，随着城镇化进程的快速发展，钢筋混凝土结构的住宅逐渐代替传统民居，瓦猫逐渐走下房檐，走出日常生活必需的行列。为保护和传承瓦猫文化，也为了给地铁站公共空间增加设计感，云南昆明地铁4号线的一辆列车被设计成了瓦猫主题列车。列车内部利用贴膜工艺，使四个形态各异、外形萌化的卡通瓦猫形象跃然于列车的各个角落。车厢厢顶与地面、车门、拉手处等都能看到瓦猫图案。它们的名字也很有云南方言特色，分别是"子弟""喏喏""朵朵""板扎"。此外，车厢内还有很多非遗图案，如板凳龙舞、大三弦等，萌态十足。人们在车厢内被萌萌的瓦猫引得"少女心"爆棚的同时，更加深了对本土历史、风俗的了解，自然引发了对所在城市的热爱。

三、"征用"与"创生"——非物质文化遗产的新生机

自乡土、民间种种的非物质文化遗产进入人们的视野以来，立足于传统元素的诸多文化创意已经在社会生活中屡见不鲜，诸如白先勇的青春版《牡丹亭》《印象·刘三姐》《云南映象》等一大批带有地域文化传统的艺术作品涌现出来，不断刷新着人们对非物质文化遗产等社会文化传统的认知。如今，这些基于非物质文化遗产的文化创意在创造着一种新的文化风尚的同时，也为诸多的非物质文化遗产资源带来一种新的、别样的生机与活力。

现代文化生产带有强烈的创意特性，以征用文化、知识等丰富的资源为基础，提供以文化创意价值为主的产品和服务，而文化与知识产品具有非损耗性的特点。非损耗性，简言之就是在使用过程中不会因使用而发生损耗的特点。文化产品的消费方式更多地表现为欣赏，人们所消耗的是文化符号的物质载体，其文化价值不但不会损耗，反而通过人们的欣赏和传播，更能重复彰显出其价值。例如，依托非遗歌舞艺术生产的演出演艺产品，虽然有现场性特点，但同一产品可重复上演，这意味着其中的创意内容可重复使用。并且当复制的创意内容被附着于物质载体，并通过法律认可拥有知识产权后，每次的复制与传播既不会对原有文化符号造成损害，也不会受到物质资源的制约。这类进入现代文化生产的产品，其固定成本并不随着上演场次或者再版数量的增加而增加，而营业成本也是相对稳定的，因此这类产品和其他一些可复制的创意产品都具有一致的特性：内容创意部分的成本不会随着

复制数量和上演场次的增加而增加。这意味着，这些产品被复制的数量越大，利润越高。

现代文化生产从单一以艺术本体为核心的艺术创意，不断外化直到经济活动创意，现已进入艺术创意与文化创意以及经济创意相互配合、多重交融的创意时代。在今后的非物质文化遗产开发与设计中，应该选取具有魅力性、知识性、传统性和娱乐性的精粹非物质文化内容作为主题，要突出魅力性、知识性、传统性、娱乐性和真实性，在文化创意上下功夫，增强非遗相关文化产品的魅力、吸引力和娱乐性，同时要加强对非物质文化遗产知识性和传统性的挖掘，展现非遗的文化特色和真实内涵，提升现代文化生产的品位。

本章小结

- 非物质文化遗产在流变中经历了传统的变迁与发展，逐渐成为现代社会重要文化资源，经历了传承、创新、转化的过程。

- 将非物质文化遗产保护和发展的领域扩展到广阔的社会领域和延伸到丰富、复杂的现实社会关系当中，直面当下的社会变迁，关心作为非遗载体的人，关心人生，关心生活，通过非遗阐释社会，理解现实生活的意义，让以"遗留物"为开端的学问转向以研究现实社会生活为主的当下性工作，是非物质文化遗产当代性的现实要求。

- 在现代化进程中，传承保护和发展非物质文化遗产，要坚持保护非物质文化遗产的动态过程和完整体系、保护非物质文化遗产的核心价值等基本立场。在开发和利用非物质文化遗产时，要加强对非物质文化遗产知识性和传统性的挖掘，展现非遗的文化特色和真实内涵，进而激活非遗在现代社会多样化的生命形式。

综合练习

一、本章基本概念

文化变迁与文化重构　非物质文化遗产保护　现代文化生产

二、本章基本思考题

1. 当代中国非物质文化遗产保护的发展趋势是什么？
2. 如何理解非物质文化遗产与"日常生活"的关系？
3. 结合实际，谈谈非物质文化遗产在当代社会发展中的价值和意义。
4. 在现代文化生产过程中，保护和利用非物质文化遗产应当坚持哪些基本立场？
5. 你认为目前非物质文化遗产传承面临的主要问题是什么？应该怎样解决这些问题？

第八章

生存与生活——社会生境转换与非物质文化遗产保护发展

 学习目标

通过对本章的学习,学生应了解或掌握如下内容:
1. 传统社会中非物质文化遗产的功能;
2. 进入现代社会之后,与传统、传承相关的非物质文化遗产的存续环境发生的改变;
3. 非物质文化遗产在现代社会中价值的转变。

 导言

作为"遗产",非物质文化遗产从名称上就被标记了"传统"身份。这一身份鲜明地彰显了非物质文化遗产来自传统社会,并且在传统社会中具有人类生存要素的重要功能。随着社会发展,非物质文化遗产作为传统沿袭下来为现代人所"继承"的财产,其功能和价值都在新的时代背景下发生了变化。这些变化和当下对非物质文化遗产的保护有着密切的关系,值得了解和研究。

第一节 生存要素:非物质文化遗产的传统功能

非物质文化遗产承载着丰富的历史,是过去时代和传统社会流传下来的珍贵财富。它反映着人类在长期的集体生活中,世代传承的文化活动及其成果,人类可以从中认识、了解历史及其文化。非物质文化遗产不仅给人类提供了认识世界、改造世界的知识、技能,还能起到增强群体凝聚力和文化认同、维系社会结构的作用。

反映人类长期以来生产生活体验的非物质文化遗产,是人类智慧和经验的结晶,是一个群体乃至一个民族精神和文化内涵的体现,也是后代获取资料信息、掌握文化技能的

基本途径之一。在传统社会中，非物质文化遗产具有重要的功能，构成了人类的生存要素。

一、人对自然规律的认识和经验的积累

非物质文化遗产创生、积淀于传统社会，首先表现为人在自然界中求得生存的重要经验的积累。口头文学中对人类不可知超自然力量的描述，在神话传说、史诗和民间故事中，赋予了自然法则神的特性和人的视角，其中也体现出人对自然世界的认识。非物质文化遗产中的口头传统大量地记录了人类社会早期对自然世界朴素的哲学观念、认知方式，同时体现了人类对规律逐步掌握、日渐熟练以及融合或者对抗的过程。民间口述神话、传说、民歌、史诗等是非物质文化遗产中最具代表性的内容，凝聚了各个地区、各个民族群体的历史变迁和集体记忆，在人类文化发展史上占据着重要的位置。

（一）书写记录社会历史百科

从中国的盘古开天辟地、希腊罗马神话、北欧神话、荷马史诗《伊利亚特》和《奥德赛》、印度史诗《罗摩衍那》和《摩诃婆罗多》、古巴比伦美索不达米亚苏美尔王朝史诗《吉尔伽美什》、古罗马的《埃涅阿斯纪》、德意志民族史诗《尼伯龙根之歌》到中世纪法兰西的《罗兰之歌》、西班牙的《熙德之歌》，世界上所有的古老文明都在人类历史变迁的洪流中留下了他们的故事和歌谣。这些民族史诗、神话故事和歌词谚谣及传说中，创世神话、人类事物起源传说、祖先崇拜和英雄崇拜都体现着古代人类通过观察自然现象、社会现象总结出的哲理性认识，代表着先民的原始宇宙观。这些传说中，有些来源于代代相传的个人经历和故事，有些来源于后人对于历史的演绎，有着明显的本土特征和民族特色。在长期传承过程中，这些神话传说和当地的山川地理、自然气候、村落建筑、社会风俗习惯、特定的历史事件及历史人物有机地联系在一起，流传覆盖面大，呈现出充分的完整性和独特性，具有较高的历史价值、文学价值。每一个神话传说、每一部史诗就是传承群体的一部社会发展史，就是他们世代因循的、汲取生活智慧的百科全书。正如马克思所言："（神话）是通过人民的幻想用一种不自觉的艺术方式加工过的自然和社会形式本身。"① 由于它们携带着民族文化的普及性和神圣性，许多优秀的生产生活经验得以保护和传承下来，使后人从它带有隐喻性的叙事中感知到劳动的快乐与人生的价值。

中国三大英雄史诗之一《格萨尔》是对以藏族为主的群体社会发展的历史呈现，共有120多部、100多万诗行、2000多万字，篇幅远远超过了世界其他著名史诗的总和。整部史诗分为三个部分：降生、征战、返回天界。通过讲述藏、蒙民族英雄格萨尔凭借自己非凡的才能和诸天神的保护，降妖伏魔、锄强扶弱，给人间带来幸福与安宁的传奇故事，展示了古代藏族社会从以血缘关系为纽带、以部落联盟为核心组成的部族向以地缘关系为纽带的民族共同体演变的历史面貌，是关于古代少数民族社会历史、民族交往、道德观念、

---

① 马克思.政治经济学批判·导言[C]//马克思恩格斯全集（第12卷）.北京：人民出版社，1962（1）：761.

民风民俗、民间文化等的百科全书,这部口头传承了千年的宏伟史诗,被国际学术界称作"东方的《伊利亚特》"。[①]

丹纳在《艺术哲学》中指出:艺术的起源和发展,与所处的地域关系密切。一般来说,某一区域人们的生产生活方式常常受到当地自然地理环境和气候的影响,从而形成与之相适应的文化形态,当这种文化形态潜移默化到该区域民众的精神和心理层面时,独特的区域色彩和别致的人文风貌便油然而生。世界上每一个民族或人群的非物质遗产中,都深深蕴含着该民族或人群的传统文化的精髓,质朴而丰富地反映着人们的思维方式、发展历程、文化形态。

(二)构建完整的文化生态系统

任何一项非物质文化成为"遗产"的一个必要条件就是必须具有相适应的文化生态系统。从民间民俗活动的田野调查资料来看,史诗神话的许多主题在日常生产生活中保留了相对稳定的文化生态系统,如节日祭祖、婚丧禁忌、铜鼓崇拜等,都可以找到与之对应的史诗母题阐释。其中,作为非物质文化遗产内部重要组成部分的一些传统口头文学,大都源自历代民间民众的口头创作,经历了一代代的口耳相传,其中蕴含着丰富的思想、情感和文化,反映了人们的生活经验和习俗观念,这当中有很大一部分民间文学则直接源于远古时代的神话传说、歌词谚谣,而大量的神话原型具有民族群体经验和古老记忆总结的性质,反映出各民族早期自然崇拜、万物有灵信仰以及神人合一等观念,是远古神话流传至今的宝贵财富。传统的手工技艺、医药和历法等非物质文化遗产创生于人们的日常生产生活,经过一代代人的完善,对人们的生产生活具有重要的实用价值和科学价值,在一定程度上推动了人类社会科学技术的发展。非物质文化遗产中口头传说、关于自然界和宇宙的知识和实践的传承正是将传统社会中人对自然规律的认识和积累的经验一代代传承下去,为后代人创造更好生活条件的过程。

(三)记录、传播科学知识

湖北省恩施州巴东县土家族历法就是当地先民在古代巴人物候历法、汉民族夏历(即阴历)和当地土著人经验积累基础上所创造出来的一种用于社会生活实践的记时系统,巴东土家族民间历法主要通过谚语歌谣来传播、继承历法知识,其体系庞大、内容丰富,涵盖了大量的天文、地理、气象、农学、水利、医药学、生物学等相关知识,春种秋收、诸事宜忌,无不涉及。世世代代的土家族人应用这些知识春种秋收、出行择期,开展红白喜事、修造动土、新居乔迁、祭祖上坟、庆典开业等日常事务。土家族历法谚语对农业气象、自然灾害、农业年景等都进行了预报,如:"久晴必有久雨,久雨必有久晴""一黑一亮,大雨三丈""早晨有雾,中午晒布""今年冬天干,明年夏必涝"等谚语中便涵盖了对各种农业气象的描述,这其中既有短期预报,也有中长期预报。对异常大灾或地震,土家族

[①] 东方的《伊利亚特》:《格萨尔史诗》[N]. 人民日报(海外版),2006-02-27(7).

先民也有预报的谚语，如"狗哭鸡不宿，三冬蛇出洞，不是灾祸来，就是天地动"。而每年的农业年景如何，历法谚语也能做出预报，如"头伏漏，干死豆""今年好大雪，明年收不彻"，这两句话的意思分别是：进入农历三伏天中的头伏天就下雨，那么后期会非常干旱，黄豆都会干死，颗粒无收，意味着将有秋旱；如果今年下雪多，那么来年将会丰收。此外在土家族民间历法中，还有"农暴日"的说法，据说是用来推断、预报风暴和天地大灾等。随着社会的发展，如今以传统农业为根基的土家族民间历法知识失去了一定的传承基础，但仍流行于巴东县的一些地区，其中包含的许多知识是珍贵的重要非物质文化遗产。

湖南省土家族的"茅古斯"也体现出土家族人民在长期的社会生活生产实践中总结、创造出的一套与自然和谐相处的准则，具有科学与民俗交织、艺术与生活共存的特点。"茅古斯"是土家族人民的一种祖先祭祀活动，土家族语称为"古司拨铺"，意为"祖先的故事"，汉语多称为"茅古斯"或"毛猎舞"。它是土家族人为了纪念祖先开拓荒野、狩猎捕鱼等创世业绩的一种原始表演形式，流行于湘西永顺、龙山、古丈等土家族聚居的地区。"茅古斯"以近似戏曲写意、虚拟、假定等技术手法，表演土家族祖先农耕、渔猎、生活等内容，既有戏剧的表演性，又具有舞蹈的雏形，两者杂糅交织，形成别具一格的祭祀性舞蹈。"茅古斯"具有重要的传承价值：首先，"茅古斯"是土家族人纪念、祭祀祖先，传承祖先的开拓精神的载体；其次，"茅古斯"采用道白、舞蹈等方式模拟远古先民传统的农耕、渔猎等劳动和生活的故事情节，传承了本民族生产和生活的知识、技能、艺术审美。

如土家族民间历法、"茅古斯"等非物质文化遗产形态包含的传统神话、历史叙事所涉及关于人类生活、人与自然的关系等内容且在各种内容间又存在着文化叙事结构上的逻辑关系的基础上，形成了关于特定民族文化传统相对完整的记录。从人类史诗、神话等的叙事关联性而言，它们集中呈现了天地日月的形成、人类与自然万物的产生、大地山河的传统治理、稻作文化的发明、族群迁徙的轨迹、安姓分宗的历史、族内族外的矛盾冲突等与人类的发展密切相关的重大事件，勾勒出一幅完整的历史画卷。

此外，这些非物质文化遗产因具有文化上的持续性，使得其成为民族独特的文化根脉和载体，它们具有多元化的传承渠道，除了传统意义上的师徒传承，还有聚会盘唱时的诗体传承以及祈愿祭祀活动时的宗教性传承等，包含着广泛的互动形式。这些相互关联且具有清晰逻辑关系的民族史诗、神话传说或故事类非物质文化遗产，可以从微观、宏观以及不同的时空视角审视人类漫长的历史，构建出一个反映人类生存与发展历史的信息平台。直至今日，绝大多数民众对历史、生产生活经验和重大事件的认知仍来源于许多口耳相传的史诗、传说，它们已积淀为后世赖以生存的群体意识。

二、传统生活方式和群体关系的协调

非物质文化遗产中一些代表作明显地凝结了传统社会中人类群体生活的方式和关系协调、平衡的内容，如婚丧嫁娶的习俗、节事等，都记录和传播着族群共同的生活方式，对内发挥着凝聚族群认同的作用,对外发挥着文化标志的作用。

(一)集体文化和价值的生产与再生产

非物质文化遗产是指各族人民世代相承的、与群众生活密切相关的各种传统文化表现形式和文化空间。它与人们的生活和整个社会息息相关,各民族人民在不同的历史时期、不同的自然条件和物质条件下,创造了丰富多样的非物质文化遗产,形成了"十里不同风,百里不同俗"的景象和风貌。这些品类齐全、形式繁复的非物质文化遗产是人类文明的结晶与共同的财富,是人类社会得以延续的文化命脉,它们包含了人类淳朴、浓厚的情感,也包含着难以言传的意义和不可估量的价值。非物质文化遗产既为人们提供了文化与美的享受,又规范制约着人们的社会行为且因非物质文化遗产产生、存在于特定的历史背景和社会环境中,深深根植于人所处的时空、周围环境和社交活动之中,所以具有对内凝聚社会力量、对外展示文化特性的功能。

从非物质文化遗产的历史传承角度来看,非物质文化遗产承载着特定历史时期的社会文化印记,它在被继承流传的过程中活态地汲取了不同历史时期的文化养分且伴随着其传承谱系的延续而不断发展。从这个方面来看,非物质文化遗产不是某个具体历史时刻的定格,而是一个动态传承的历史沉淀系统。正因为这样,非物质文化遗产可以在特定的族群和场域里持续发生作用,直至其消亡,伴随此过程的受非物质文化遗产影响的人群和场域可能随着时间的流变而有所减少或增加。在这层意义上,非物质文化遗产有着"延伸的场景"的本质特征。所谓"延伸的场景",提出此概念的德国学者扬·阿斯曼认为,指的是某些文本具有"超过空间和/或时间的远距离效应也可以发挥作用,人们可以跨越距离对其进行追溯"①的作用。在他看来,正是由于文化具有生成"延伸的场景"的作用和机制,才使得人们能够对"易逝的世界"赋予一种相对稳定的、可流传的、可再次接收的简明形态和意义的表达。非物质文化遗产作为一种特殊的文本,人们也可以从它的现存状态和流传过程追溯其历史形态和作用机制,可以获得过去时代的场景延伸,也可以借由其现时意义和价值导向未来世界。更重要的是,人们正是通过这些鲜活的社会实践和文化,在感知过去、导向未来的同时构建了族群认同和文化认同。所以,非物质文化遗产在传承和传播社会记忆的同时,更深层次地呈现社会集体文化与价值认同的生产与再生产的机制和过程。

当这种对记忆的社会诉求,与对文化的生产、实践整合在一起时,人们对某一特定族群的文化、价值认同就有了共时性建构的基础。最有代表性的例子就是神话故事对人的影响,人们关注神话故事文本时,除了认知和感受族群起源的特殊记忆,还将族群凝聚在一起的血缘关系、祖先的价值、文化认同渗透到每一个族群成员心中,从而坚固族群凝聚的纽带,人们还会通过举行特定的仪式或活动来不断强化并反复再现这种意义。人们以这些

---

① 扬·阿斯曼. 文化记忆——早期发达文化的文字、回忆和政治同一性[M]//甄飞,译. 冯亚琳. 文化记忆理论读本. 北京:北京大学出版社,2012:9.

特定的仪式活动为媒介进行特定的意义表达，以此建构、表达族群认同的动机，生产着共同体的集体想象空间。此时，仪式不仅构成了人们建构认同、维系认同的对象化实践，也构成了人与文化之间，在"意义在场"和"身体在场"的双重在场的共生空间。

（二）社会记忆和文化认同体系

从非物质文化遗产的本质属性上来说，非物质文化遗产是一种特殊的社会记忆和文化认同体系。从特定的族群认同来看，安德森在《想象的共同体》一书中指出，"民族"是作为"想象的共同体"产生的，他指出"想象"的内在影响机制——即使再小的族群，"其成员之间不可能全部互相认识，但在每个人的脑海中，却觉得与其他成员有亲密的关系"。进而，"各共同体之间没有什么明确的真假条件去区别，而是以成员想象出来的框架去区别"[①]，这个想象的框架构建共同的族群文化的价值体系，而非物质文化遗产作为一种特殊的族群文化，也起着构建族群认同的作用。费孝通先生也曾说："一个民族的共同心理状态是表现在他们的共同文化上的，因此，我们可以看到各个民族的文化有他们不同的风格，最显著的是他们的艺术。"[②]

文化不一定构成民族识别的决定性因素，却可以构建一种共同的、集体性心理状态，这些共同的历史文化记忆、文化心理结构特征以及个体对群体属性的识别、权衡等因素成为人们对族群身份和文化认同的心理来源。这其中，非物质文化遗产作为人们具体的生活或文化生产方式，也被很多群体确认为其族群识别的外显性依据，并以此表征着这个群体区别于"他者"的独特性文化或价值。

（三）形成集体文化心理结构

从非物质文化遗产作为记忆载体的角度来说，非物质文化遗产也是一种人们用于记录族群或民族集体文化记忆的特殊载体，这些文化记忆具体化为口头传说、音乐、舞蹈、服饰标识以及民俗仪式、行为禁忌等。通过非物质文化遗产事象的传承与维系，人们将对族群集体文化的认知与确认，以历史、文化记忆的特殊叙事代代相传。例如，在秧歌、社火表演的盛大集会中，人们在共同舞蹈、歌唱时彼此沟通交流，共同且强烈的情感将人们牢牢地团结起来。人们平时为了生计奔波忙碌，这种集会的举办为人们平时忽略了的共同情感提供了再次分享与加强的条件，维系了群体关系的协调，增强了情感的纽带，使得拥有共同情感和文化的族群的团结不至于破坏或消失。此外，一些神话传说故事，如《盘瓠传说》《苗族古歌》《布洛陀》《始祖传说》《格萨尔王》《创世纪》《牡帕密帕》等各民族特殊的文化内容也内在地增强了族群整体的凝聚力，加深了族群的文化认同感。它们不仅是民间文化的宝库、民族精神的标志，更是一个民族的心灵记忆的延续，成为一个民族或一个国家文化的象征和文明的丰碑。

---

① 安德森. 想象的共同体：民族主义的起源与散布[M]. 增订版. 吴叡人，译. 上海：上海人民出版社，2016：6.
② 巫达. 论费孝通先生的族群认同建构思想[M]//李友梅. 文化主体性与历史的主人——费孝通学术思想研究. 上海：上海人民出版社，2010（1）：95.

沉淀在各种非物质文化遗产事象中的人们的集体性文化心理结构，对于人们的族群认同发挥着重要的基础性作用，具有规范性和导向性意义。曼纽尔·卡斯特在谈到认同形成的来源时指出，因为行动者的意义赋予是认同形成的本源，它是行动者经由个别化的过程而建构的；虽然认同也可以基于制度而产生，但是只有在行动者将之内化，并且将它们的文化意义环绕着内化的过程建构时，才会真正形成认同。

此外，在联合国教科文组织对非物质文化遗产的定义中，文化空间形式也是重要的非物质文化遗产形式之一。文化空间既可以定义为一个可集中举行流行和传统文化活动的场所，也可以定义为一段通常定期举行特定活动的时间，这一时间和自然空间是因时间和空间中文化表现形式的存在而存在的。中国彝族的火把节、白族的绕三灵、蒙古族的梅日更召信俗和节日等，就属于非物质文化遗产中的文化空间，这些文化空间保存着人类各种形态的历史文化，往往体现出神秘的宗教色彩或原汁原味的民族特色，表现出族群特有文化的生机和活力。这些文化空间类型的非物质文化遗产，作为人类淳朴、纯真、天然思维的产物，形象地展现了人类的历史与文化，反映了在特定文化空间里人们的共同生活习俗、文化信仰，与该民族或族群的历史、文化紧密相联，具有重要的历史学、民族学、民俗学价值，也为凝聚族群认同、彰显族群文化建构了必要的群体心理结构。

三、传统社会制度的维系

非物质文化遗产中的一些代表作，如民俗、节事、一些传说故事、神话等，都隐藏着传统社会结构和制度表现。在一些口头文学中，神话体系与人间社会有同构性。从神话故事中可以清晰地看到某个特定族群在一定历史阶段中社会制度建构和变迁的轨迹。对于在历史中形成的非物质文化遗产，没有一种不提供特定的历史信息，没有一种不具有特定的历史价值。从根本上来说，非物质文化遗产是"一种团体或个人的创造，面向该团体并世代流传，它反映了这个团体的期望，是代表这个团体文化和社会个性的恰当的表达形式"[①]。由于非物质文化遗产是反映了某个特定时期民众的集体生活，并长期得以流传的人类文化活动及其成果，对维系当时社会制度具有重要价值和作用，因而具有不容忽视的历史意义。

（一）集体仪式和社会制度的有效性与合理性

非物质文化遗产确保了集体仪式和社会制度的有效性与合理性。这是非物质文化遗产的历史、文化、精神等历时性的基本价值。功能主义学派代表人物马林诺夫斯基认为："它（神话）的功能就是在于它能用往事和前例来证明现存社会秩序的合理，并提供给现存社会以过去的道德价值的模式、社会关系的安排以及巫术的信仰等。"[②] "……（神话、宗教、巫术等）在于追溯到一种更高尚、更美满、更超自然的及更有实效的原始事件，在于

---

① 中芬民间文学联合考察及学术交流秘书处. 中芬民间文学搜集保管学术研讨会文集[M]. 北京：中国民间文学出版社，1987（1）：18.
② 马林诺夫斯基. 文化论[M]. 费孝通，译. 北京：中国民间文艺出版社，1987：17.

作为社会传统的起源而加强这传统力量，并赋予它以更大的价值和地位。"①

中国神话传说中有许多内容表现出对传统孝道的赞美和弘扬，这是千百年来中国社会维系家庭关系的道德、行为准则，它确保并强化了长幼有序、尊卑有别的社会伦理和道德。中华民族始祖黄帝的传说讲述了黄帝经过两次战争成功统一华夏族的故事，歌颂了黄帝为人类创造和平生活的巨大贡献，寄寓着民众对其无比敬仰之情，同时表达了人们作为炎黄子孙的自豪感，是传承中华民族优秀传统文化和先祖精神的历史延续。站在全球化的时代背景之下，其中所蕴含的艰苦奋斗、自强不息的精神能够使人们更加深刻地理解中华民族人文精神，增强民族自豪感和凝聚力，对民族的复兴将产生重要的推动作用。所以说，作为非物质文化遗产的中国古代神话所表现出来的文化内涵和文化精神，制约规范着民族的思维方式、行为习惯，影响着民族的精神性格、生存方式、文化走向和社会发展。非物质文化遗产同其他民族文化一起，通过捍卫强化道德信仰确保了社会仪式的有效性与合理性。

除了神话传说，那些通过历代民众口耳相传和艺人口传心授而形成的民歌谣谚、民族民间技艺、文学等活态的民俗文化等珍贵的非物质文化遗产，也是人类社会发展重要的精神食粮。无论是何种非物质文化遗产总有其产生的特定的社会背景和历史条件，总带有着特定的时代特征。这些非物质文化遗产是特定历史时期和社会背景下的生产发展水平、生活方式和社会组织结构、人与人之间接触的彼此关系以及特定情感世界、道德习俗和思想禁忌等的体现。

（二）维系族群、稳定社会结构

非物质文化遗产作为一种代表性文化形态，在特定历史阶段，它标识着族群制度文化，有着重要的道德教化、维系族群、稳定社会结构等作用，传承到今天，它作为各类文化形态中最珍贵、最精粹的部分，在现代人的视角中可以与"艺术品"比肩。"格尔在阐述艺术品时，提出'技术魅力'，他认为任何可以称得上'艺术品'的东西，或者经过时间考验证明是'艺术品'的东西，它的生产和产生过程都具有'专属性'，是某一个特定的民族、确定的时代经过'技术程序'制造出来的。其'魅力'既存在于艺术品本身，也存在于技术系统之中。这个系统不仅表现出特殊的族群背景和地方知识，也表现出在同一个知识系统中的权力叙事。"②非物质文化遗产正是这样一种在特殊的族群背景下的地方性知识通过习惯、技能和经验等"技术程序"制造并延续下来成为人类共同财富的"文化艺术品"。

族群和地域共同的"文化艺术品"一旦形成，其呈现、传承、传播的每一个过程都在发挥着维系族群、稳定社会结构的作用。非物质文化遗产中所凝聚的知识体系、行为模式、道德规范等都是民众约定俗成的，相较于外来力量对人们思想和行为的规制，约定俗成的

---

① 马林诺夫斯基. 巫术科学宗教与神话[M]. 李安宅，译. 上海：上海社会科学院出版社，2016：127-128.
② 此为 A. Gell 的观点. 转引自：彭兆荣. 遗产：反思与阐释[M]. 昆明：云南教育出版社，2008：95.

文化规约更能够深入人心，发挥作用。民族地区广为流传的"三月三""六月六"歌会等民间习俗活动是民族群体相互认同的文化标签和行为实践。对于相应的族群来说，内部成员每年重复举行的节庆活动，不断强化着彼此之间的认同；对于其他群体来说，通过参与特定的节日活动，形成了不同文化之间的对话交流，维护了民族团结、宣扬了和谐共荣和文明互鉴，在很大程度上确保了社会的稳定和团结。虽然进入现代社会后，这些非物质文化遗产的某些作用可能已经有所淡化或不适应今日社会，但我们仍旧可以从中清晰地看到在某个特定历史阶段的人群的生活特征。

（三）道德教化与社会规范

许多非物质文化遗产之所以久传不衰的一个重要原因就是它本身在传承实践中具有其他文化产品难以代替的社会教化与规范功能。这个功能与一个族群或地域社会组织的自我管理的需要密切相关，都是民众在长期的生产生活中形成的约定俗成的思想观念和行为模式，这些非物质文化遗产具有规范社会成员日常行为的律法性质。这种性质一般又与非物质文化遗产的特定传播语境和公众化的群体认知息息相关。人的许多行为规范被巧妙地融入史诗叙事、风俗习惯，非物质文化遗产内部所蕴含的约定俗成的规则成为稳定社会秩序的重要依据和心理基础。无论是对自然秩序的解释，还是对社会规则的描述，其本质均统一于文化的教化功能，以高度的一致性维系着文化在规范人们的行为时不可撼动的重要作用。

彝族的神话史诗《查姆》中叙述到：仙人儿依得罗娃造了第一代人"肿眼睛"人，仙姑罗塔纪姑娘促使第二代"直眼睛"人诞生，这两代人都没能存活下来，到了第三代人，即"横眼睛"时代的人才作为真正的人类在大地上存活繁衍。"横眼睛"人之所以存活下来，最关键的在于他们拥有前两代人所没有的"好心"。"好心"使"横眼睛"人不像前两代人那样"不管亲友、不管爹妈"。实际上拥有"好心"即拥有了善的品质，人只有遵守神的"规则"，行为合乎神的意愿，才能存活和繁衍。通过分析可知，虽然天神在创造人的时候并没有一开始就赋予他们最完美的品性，但为人类存活做出了"道德"上的限制和要求，只有符合这些标准和要求的人才算得上是真正的人，才具有"善"的品质。如果没有达到这些标准，即是"恶"，作为"恶"的惩罚，就是使其消失和毁灭。① 彝族史诗《查姆》中关于人类得以生存繁衍的叙述，明确地构建了一个善与恶的世界观，以此框定了后世善恶观念和相应行为方式的体系，通过一代一代的传承，人要善良、做善事的观念和行为方式不断被强化，由此形成了群体成员内部不可随意破坏的道德教化和社会规范。

---

① 探讨彝族民间故事的道德教化功能，行知部落 https://m.xzbu.com/9/view-4593089.htm.

第二节　生活旨趣：非物质文化遗产的现代效用

人类社会进入工业文明时代后，生产生活方式的迅速变革使非物质文化遗产的存续环境发生急剧的变化，非物质文化遗产作为创生和传承于传统社会中的文化形态，在现代社会的存续和传播状态也发生了极大的改变。但是在现代社会中，非物质文化遗产也发挥着人类文明历程中不可或缺的重要作用。

一、文化符码：意义的维系

作为人类文明历程的重要记录，非物质文化遗产的存续是关系着人类社会存在和持续发展的重大命题。非物质文化遗产担负着记录、呈现和传播某个族群、某个地区文化历史的重要使命，发挥着维系文化多样性、推动人类文明进程的功能。非物质文化遗产是人类代际文化传承的结果，有着历时性的特点，它们不仅保存了人类过去的文化知识，是人类追忆过去、缅怀历史的载体，还展示了人类文化在时间长河里经历的演化、变迁之路，是人类文化的符号与媒介。

（一）文化突显与展示传播

非物质文化遗产与物质文化遗产最大的不同在于，非物质文化遗产作为一种代际传承的正在进行的活的文化实践过程，与物质文化遗产所表现的过去完成的固定的文化实践结果不同，非物质文化遗产主要通过重复参与前人的"代表某种精神的实践"来传播、承接和发展前人或祖先的"某种精神与文化"。人们通过重复参与前人或祖先从事过的某些相同或相似的文化实践，能更加充分地感受到他们在从事这一文化实践时的心情和体验，从而形成一种源于内心的认同感和归属感，这种认同感或归属感正是一个具有共同祖先或历史的群体、民族或国家凝聚力的具体体现。大量关于村落、社区、民族、地区和国家非物质文化遗产传承的个案考察都表明了非物质文化遗产的文化显示与传播功能。

今天，通过整理非物质文化遗产名录，传统文化所携带的民族情感记忆正在从沉默的历史中被突显出来，以更加完整和崭新的状态呈现在人们面前，通过这些非物质文化遗产，一个国家和民族的过去、现在和未来被紧紧连续起来，并由此构造出"中华民族优秀文化传统""中国史诗"等一系列宏大叙事体系，使不同群体都能在这个宏大叙事空间中找到一定的历史文化"主体"位置，形成强烈的民族归属感。

非物质文化遗产呈现的特殊性和实践性为重塑民众的传统记忆提供了"合法性""正当性"，也是国家培育人民文化认同感的重要内容。以清明节等相关的非物质文化遗产符号为例，清明节在进入我国国家级非遗名录后，也成了我国法定的公假日。到了清明节假期，各地都会出现大规模返乡祭祖活动，使清明节这一传统民俗在人们的言行中被更为广泛地传承，成为民众日常生活层次上的经验与记忆，进而重组社会生活，其重要性和保护理念也不断深入人心，这对优秀传统文化的传承有着积极的影响。刘晓春认为："我国近年把与阴历有关的传统节日设为国家公共假日，是民族文化认同在时间文化制度上的一种反映，发挥了积极的影响。保护阴历制度对于保障文化延续是一个开始。"①

对于藏族和相关的一些族群而言，传颂民族史诗《格萨尔》就是传承藏族的民族精神。果洛甘德县德尔文部落的人认为自己是格萨尔的后代，他们家乡的山山水水都有格萨尔的风物传说，而且这个部落的人从几岁的孩子到 80 多岁的老人，都会说唱一些《格萨尔》的内容，这个部落也出现了几个优秀的说唱艺人，其中一个说唱艺人昂日在 2004 年曾经去北京在纪念《格萨尔》千年大会上给大家演唱。这个部落的人认为他们有一种责任、一种使命，要说唱《格萨尔》、弘扬格萨尔的丰功伟绩，要把传统的《格萨尔》延续下去。②在今天，尽管我们对于神话及传说等的笃信崇拜可能会减弱，甚至消失，但它们依然以恒久的精神魅力，让我们依恋和珍视，"虽然我们登上了月球，但嫦娥永远活在我们心中"。

（二）文化象征与整合凝聚

从非物质文化遗产建立名录、立法、得到制度性保护的角度来看，非物质文化遗产是国家和地区用以凝聚民族认同的象征性资本，具有象征性的符号意义，就象征性而言："它是一个特定社会主观约定的结果，象征意义与载体之间可以没有相似性或直接联系。黑格尔指出，象征是用外界存在的某种具体事物，当作标记或符号，去表现某种具有不同抽象程度的思想内容。象征首先是一种符号，要使人们通过它意识到它所要暗示的背后隐藏的那种普遍性的意义。"③非物质文化遗产以不同的方式被表述为民族文化的象征。在 UNESCO 的推动下，中国将非遗与增强民族认同感、归属感，建构和谐社会的目标联系起来，成为国家文化建设理念，这种转变有效地把文化认同感与政治认同感整合在一起，使非物质文化遗产能够真正地成为维系民族团结、促进文化多样性发展的重要载体。非物质文化遗产是社会认同的一个重要方面和促进尊重文化多样性和人类的创造力。非物质文化遗产促进了个人成长与成熟及其对社会的认同，协调了个人与社会的关系，从而促成了个人与社会的和谐。

将本民族、本族群创造的传统文化实践录入文化遗产名录，既可以保证传统文化的延续，也是国家在建构现代民族国家过程中构塑的重要象征符号，是一个民族用以整合社会力量、增强文化凝聚力的精神支撑，同时是将文化遗产的民族认同和象征意义价值作为与其他民族文化抗衡的利器之一。非物质文化遗产是连接民族情感的纽带和维系民族团结的基础，也是维护民族文化身份和文化主权的基本依据，它承担着彰显文化特色、构建文化

---

① 刘晓春. 中日韩非物质文化遗产保护比较暨第三届中国高校文化遗产学学科建设学术研讨会会议发言，发言时间：2011 年 8 月 3 日上午，地点：广州白云山。
② 杨恩洪. 千年绝唱——藏族英雄史诗《格萨尔王传》概览，北京大学百年讲堂讲座[EB/OL].(2009-07-05)[2022-07-06]. 中国西藏网西藏文化讲堂，http://www.tibet.en/10whj/10/index.htm.
③ 高宣扬. 当代社会理论[M]. 北京：中国人民大学出版社，2014:366

多样性态势的责任。

（三）文化多样与文明进程

非物质文化遗产除了具有记录、展示和传播某个族群精神思想、集体记忆的作用，还担负着促进文化多样性、推动人类文明进程的使命。保持生物多样性是生物可持续发展、人类社会可持续发展的条件。为此，人类制定了一系列的法规来保护生物基因的多样性。同样，人类文化也存在可持续性发展的问题，而且这种多样性可持续发展对于人类来说也十分重要。2000年5月4日，联合国教科文组织总干事松浦晃一郎在日内瓦"瑞士国际政治论坛"上发表演讲——《多元文化的保护和开发》，说道："全球化趋势可能成为世界各民族密切关系的一个有利因素。但是不应因此而导致世界文化的一体化发展，不应该让一种或几种文化去支配其他文化，也不应该导致文化肢解性或同一性的重合。我主张要把人类文化多样性的保护和开发摆在一切工作的首位。"[①]

要促使人类文化的多样性可持续发展，必须保护"文化基因"的多样性。现代社会是一个全球化社会，经济、资本垄断的迅速发展和扩张也在不断威胁着人类文化多样性的存在。与经济全球化发展过程中遇到的"国家堡垒""地区堡垒"一样，在文化面临全球化冲击的过程中，许多国家和地区纷纷发起"民族文化保护"运动。借鉴生物多样性保护的经验成果，人类认识到了文化多样性保护的重要性。而在所有的人类文化中，既能体现多样性又具有持续活力的文化，就是非物质文化遗产。非物质文化遗产为人类提供了丰富的、可持续发展的文化基因。非物质文化遗产的本质特点就是不脱离民族、地区特性的文化生活生产方式，不脱离特定的民族历史和社会环境，是民族个性、民族审美的"活"的体现。

二、差异想象：精神的满足

蕴含着丰富历史、文化内涵的非物质文化遗产，适应现代社会发展的需要，也成为"被展示的文化"，在全球化的文化交流中成为强有力的"话语权利"。现代社会中的非物质文化遗产更多作为被欣赏的文化形态，作为"使者"发挥着促进不同文化之间的交流、满足人们对异文化想象和追寻的作用。

（一）不同文化交流的使者

在全球化趋势日益明显和增强的当今世界，文化信息逐渐成为国际交流的重要内容。从世界范围看，大众文化配合着传播媒介的发展向全球范围扩张，观念文化在感官文化的压迫下节节后退，古典的、合乎传统规范的、理性的文化形式受到了极大的冲击。在"乡土价值观"与"全球价值观"的碰撞中，显然会不可避免地存在着冲突或矛盾，特别是某些西方国家凭借着先进的科技手段和强大的综合国力，利用发达的文化传播媒介，企图引领世界文化的潮流，在文化上推行"单边主义"，造成了一定的"文化趋同"现象，使人

---

① 转引自王彦达，魏丽，马兵. 民族文化的现代化是少数民族文化传承的趋势[J]. 满族研究，2005（2）：29-33.

类文化的多样性和丰富性受到了严重威胁。在这种环境下，非物质文化遗产作为一种"被展示的文化"的地位愈加重要，它是维护民族文化的独特性、保护和发展民族文化的重要载体，也是促进各民族文化交流的使者。

非物质文化遗产是一种源于群众的日常生活，将人们的智慧传习下来，具有适应性和长久生命力的内源性文化。因此，它也是各个民族、国家文化倾向、精神意志和审美偏好的体现，代表着各个民族、国家的精神内涵。利用好非物质文化遗产的内源性动力，能更好地从非物质文化遗产内部形成长足的发展驱动力，同时能拓宽自己的视野，形成多元文化交流模式，非物质文化遗产这两个层面的作为意味着潜移默化地向"他者"彰显"我者"的形象和价值。

（二）实现文化创造性转化的要素

非物质文化遗产在构建文化认同、提升文化自信方面的作用也不容小觑。回顾中国民族文化的传承之路，从一开始对民间民俗文化的单纯记录，到有意识地保护、弘扬其蕴含的文化精神，到现在的非物质文化遗产传承体系的全面建立，再到非遗文化资源在新的时代背景中发挥的巨大作用，并不断实现创造性转化。这一过程不仅使非物质文化遗产幸免于被时代的洪流所淘汰，还得到有效的传承和发展，保存了非物质文化遗产本身的价值，使其在新时代背景下发挥重要的作用，助力现代化建设，实际上也体现着我们从文化自觉走向文化自信。非物质文化遗产在不断嵌入主流话语的同时，也成为新的话语资本。

在助力现代化建设、形成文化自信的过程中，将中国非物质文化遗产的生产性保护和文化旅游开发有机结合的非遗传承形式便是一个成功的实践。《中华人民共和国非物质文化遗产法》指出："国家鼓励和支持发挥非物质文化遗产资源的特殊优势，在有效保护的基础上，合理利用非物质文化遗产代表性项目开发具有地方、民族特色和市场潜力的文化产品和文化服务。"

（三）融入旅游、创新保护方式

将中国非物质文化遗产的生产性保护和文化旅游开发有机结合的非遗传承形式是一种将非物质文化遗产及其资源转化为文化产品的保护方式，是充分发挥非物质文化遗产的文化内涵和蕴含的价值的创新尝试；是一个将中华优秀传统文化在现代社会的结构转型大背景下，进行创造性转化和创新性发展，用于现代社会经济结构下的生产生活的过程；更是一种在全球化语境中，不断增强民族自信，在文化交流中掌握话语权的积极探索。非物质文化遗产作为中华优秀传统文化的一部分，虽然具有各民族独具的特殊性，但作为中华民族文化的重要组成，存在和其他中华民族文化相似的一般性。对于现行已然验证有效的经验，将非物质文化遗产与文化旅游相结合，在一些地区必然存在能够推而广之的可行性。非物质文化遗产在现代社会中表现出的新功能，不但能够在已经成熟完整的现代文化产业链中"锦上添花"，也能够在文化产业基础薄弱的地区中"雪中送炭"，甚至发挥更大的作用，以新功能形成新态势，激发地区、民众的积极性和创造性，以创新求发展，推进当地文化产业结构的现代转型和成熟发展。在这个过程中,非物质文化遗产不仅能够带动地区群众就近就业、居家就业,还是助力地区经济、文化发展的重要推动力。这些标志着非物质文化遗产的文化价值和经济属性都在不断地被深入发掘和大力融合,还能在与旅游文化市场结合的过程中,向他人展示自己独特的魅力和重要的价值。

三、美学追求:审美的诉求

现代社会的人们将非物质文化遗产作为审美对象,对非遗代表作中的某些元素进行提炼、展示、欣赏和创造,导入现代的生活,与当下生活中的审美诉求相结合,如中国传统服饰(民俗类非遗)与当下年轻人喜好的"汉服潮流"、非遗研学活动的开展等,都体现了现代社会中非遗所具有的传统文化不断延续的特别的美感和文化价值。

非物质文化遗产具有共时性审美价值以及社会和谐价值,主要体现在传统艺术或表演方面,如非遗中包含的传统音乐、舞蹈、服饰、雕刻、建筑、戏剧、游艺活动等。非物质文化遗产的某些部分有着艺术的形式和特点,这部分具有艺术审美情趣的非物质文化遗产具有满足人们审美诉求的功能。

非物质文化遗产体现了人们的审美情趣,它们不仅是一种文化的象征,也是一种艺术形象的展示。在《文化论》一书中,功能主义学派的马林诺夫斯基对艺术进行了专门探讨。他指出,从表面来看,艺术好像没有什么用处,不过,"游戏、游艺、运动和艺术的消遣,把人从常轨故辙中解放出来,消除文化生活的紧张与拘束。即以此而言。这一方面的文化已有了它的功能,使人在娱乐之余,能将精神重振起来,再有全力去负担文化的工作"[1]。马林诺夫斯基对艺术功能的认识不仅于此,而是复杂而广阔得多。他还说:"艺术的基础也是确定它在于人类的生物需要方面。一切对于声、色等感官上的刺激和反应都有有机的基础。一个常态的人应当对声、色、形的调和,有浓厚的情感反应。艺术的要求原是一种基本的需要,而从这方面看,可以说人类有机体根本有这种需求,而艺术的基本功能,就在于满足这种需求。"[2]

伽达默尔说:"艺术的神奇和奥妙之处正在于,这种特定的要求对于我们的情绪来说不是一副枷锁,而是正确地为我们认识能力的活动开启了自由的活动空间。"[3]非物质文化遗产中,不仅雅俗共赏的民族民间文学和表演艺术有审美价值,而且民间大众文化、社风民俗、喜丧礼仪等也普遍涉及美的内涵,具有重要的艺术审美价值。这是因为物质文化遗产与非物质文化遗产在审美形式和价值上有显著的差别:物质文化遗产的审美对象是事或物本身,人类通过对物来关注凝聚其中的美,审美者不参与美的创造活动;非物质文化遗产的审美对象是整个活动过程及产生的结果,人类通过对活动过程的整体(包括其中的人与物)的把握来体验其中的美,审美者参与美的创造和继承活动。从这个层面上看,非

---

[1] 马林诺夫斯基. 文化论[M]. 费孝通,译. 北京:中国民间文艺出版社,1987:3.
[2] 同[1]:35.
[3] 伽达默尔. 真理与方法:哲学诠释学的基本特征[M]. 洪汉鼎,译. 北京:商务印书馆,2013:79.

物质文化遗产反映和体现了不同时代、不同地区、不同民族的审美智慧和艺术创造,是这些民族或族群的艺术存在的鲜活见证,它们也是民族文化、民族艺术的活态瑰宝,乃至全人类值得骄傲的活化石。

作为具有独特艺术审美的非物质文化遗产的功能还包括诸多方面,除了之前提到的缓解精神压力,其符号化功能还可以标示社会地位或族群身份,如少数民族独有的装饰品、私有的歌曲和舞蹈都可以显现一个人的文化身份和其在所属群体中的地位。此外,非物质文化遗产与知识之间也有很大的关联。一方面,在写实的艺术中,含有许多正确地观察和研究周围环境的动机,很多艺术家借用歌谣、诗歌传颂着一代又一代积累的知识与文化;另一方面,艺术的象征和科学的图解也常常联合在一起,如谚语、谜语、神话故事以及历史的叙述,无论在原始文化还是在现代文化中,往往都是艺术和知识的混合物。因此,艺术和科学、巫术、宗教一样,都是文化中不可或缺的一部分,都间接地满足着人们基本的需要。非物质文化遗产中的艺术元素与宗教信仰都是人类情感的深邃表达,如宗教仪式中的图腾的雕刻、油画,以及泥塑的偶像,是人们的愿望所寄托的对象和一切信念的源泉。在巫术和宗教仪式中,人们都必须诉诸最有效和最有力的方法,以形成强烈的情感经验,而很多艺术往往正是产生这种强烈的情感经验的文化活动,如丧葬的礼节和仪式化的哭泣、殡殓、送灵等,经常与戏剧性的表演和奏乐关联在一起。

案例/专栏 8-1

汉服的服章之美

近几年来汉服文化经历了从"鲜为人知"到开始"出圈",再到加速"破圈"的过程,同时与之相关的汉服礼仪、汉服节日等活动如雨后春笋般蓬勃盎然。据不完全统计,截至2019年年底,全球汉服社团数量超过2000家。直至2020年,天猫汉服品类年成交量同比增长将近500%,某两家主要的汉服品牌销售破亿元,超过1200家服饰品牌新增了汉服类目商品。截至2020年10月,微博"汉服"话题阅读量41亿,抖音上排位第一的汉服话题累计播放422.9亿次,包括海外在内的潜在汉服用户达4.15亿人。与此同时,汉服品牌正通过跨界联名新品吸引更多受众,中国国家博物馆、苏州博物馆、国家宝藏、敦煌、三国、陕西省历史博物馆等成为广受欢迎的汉服设计元素。而《王者荣耀》《梦幻西游》等游戏IP也采用了许多大热的汉服元素。

汉服,又名华服。狭义上,是中华民族的传统服饰;广义上,是以衣物为物质载体,以中华优秀传统文化为内核的综合文化符号系统。汉服整个服装体系包含着衣裳、面饰、头饰、鞋履等,融合了纺织、刺绣、蜡染、缬草等中国文化的优秀工艺和美学。与汉服相关的非物质文化遗产,包括蚕桑习俗、南京云锦木机妆花手工织造技艺等入选联合国教科文组织非遗名录的服饰类项目达12项,列入国家级的则达225项,它们皆为非遗门类的美学范式。这些范式内容丰富、特色鲜明、寓意美好,可谓百色争艳、百技夺巧,形成百花争鸣的态势。苏轼曾在《浣溪沙·方响》中描述"花满银塘水漫流。犀槌玉板奏凉州。顺风环佩过秦楼",给人以无比美妙的触觉享受、视听享受和精神享受。

汉服历史悠久,《周易》里就有"黄帝尧舜垂衣裳而天下治"的说法。历经数千年变更,汉服是民族历史、文化和精神的表征,是中华民族独有的文化宝藏,与中华传统饮食、建筑和汉字汉语等共同构筑成恢宏的中华文化大厦。《春秋左传正义》有言:"中国有礼仪之大,故称夏;有服章之美,谓之华。""人靠衣装",身着一袭得体的汉服,就像把厚重的传统文化穿在身上。

"头上倭堕髻,耳中明月珠。缃绮为下裙,紫绮为上襦。"微风袭来,衣袂飘飘,仿佛形成一幅流动的国画。汉服除了极具审美价值,其中蕴含的天人合一、道法自然、阴阳五行、以右为尊等核心概念所构筑的中华话语体系,具有浓郁的中国特色,彰显了鲜明的中国风格,体现着中国人追求随心所欲不逾矩、蕴藉含蓄守太和的审美理想。

钟敬文先生说,服装在中国社会中不仅是生活文化的一部分,往往同时蕴含着很多象征性和意识形态的理念或背景。一件汉服,可以读出穿衣人的性别、年龄、性格、修养、精神等多方面信息。

作为非物质文化遗产的传统汉服,其丰富的艺术内涵是民族服饰艺术创作之源,是各个时代民族艺术、文化、审美融合的成果,彰显着各民族的审美观念和艺术情趣。

(资料来源:唐建军,杨娜. 汉服的服章之美[N]. 光明日报,2022-02-11(16).)

【思考】你还想到哪些非物质文化遗产可以给人们带来审美享受?

第三节 重塑价值:再造非物质文化遗产的现代生境

传统社会和现代社会有着明显的差异,存续环境的变化让非遗的表现形态、传承传播方式、功能价值等都发生了极大的变化。但传统社会与现代社会并不是截然分隔或对立的,两者之间有着千丝万缕的各个层面的脉络联系。非物质文化遗产作为人类最宝贵、最具代表性的文化形态,无论人类社会演进到哪个阶段,都需要不遗余力地对其进行保护和传承。面对不断变革的社会环境,对非物质文化遗产的有效保护关键在于重塑非遗在现代社会中多方面的价值,再造非遗的现代生存环境。

一、人本:回归民众生活

追溯非遗创生的源头,其来源于普通民众,集体创造、族群认同等是其本质属性所在。在现代社会中,非遗(动态的、活着的)保护传承的核心是"人",虽然非遗传承人命名制度的推行为非遗的传承保护建立了制度保障,但是创生于群体的非遗,依靠为数不多的被命名的传承人是远远不够的,需要激发民众对非遗传承的热情,尤其是非遗传承"我者"群体的积极性,让他们认识到非遗的价值,引导他们将非遗所具有的经济、社会、文化价值转化成为效益，帮助非遗传承群体建立文化自信和文化自觉。

随着现代化进程的突飞猛进和信息技术的全覆盖，大量非物质文化遗产的生存环境正面临着前所未有的挑战，不仅口头传统类非遗挣扎于传承人人亡歌息的边缘，而且其他很多遗产同样难以摆脱"只遗不产"的困局。要真正发挥非物质文化遗产的价值和社会功能，更应关注的是其内在的本质精神，而不是看似热闹的外在形式，因而保护非物质文化遗产工作中最重要也是最首要的任务就是关注非物质文化遗产的"人本"价值。

就非物质文化遗产的人本价值而言，它具有特殊性，又有普遍性，普遍性价值以特殊性价值为基础。特殊性价值是非物质文化遗产传承人自觉传承和创新非物质文化遗产的内在动力，普遍性价值则是地区、民族、国家乃至世界等层面开展非物质文化遗产保护和发展的依据。非物质文化遗产的人本原则中最核心的内容就是"人"，这个"人"既指作为非遗的传承人，也指非遗传播所涉及的民众，是一个族群或民族里所有的人。

（一）非物质文化遗产传承人的主体性

从传承的特殊性角度来看，非物质文化遗产是在历史的长河中留存下来的，证明非物质文化遗产具有传承性的特点，这是由非物质文化遗产的本质决定的。在早期，非物质文化遗产的传承主要是依靠家族或师徒传承的方式，这时的非物质文化遗产是祖先留给特定的后代具有一定价值的文化遗产，并由这个特定的家族或族群一代一代传承下去。虽然到了后期，许多非物质文化遗产打破特定的疆域或族群界限，传承路径明显增多，但无论如何变化发展，非物质文化遗产传承的核心和关键还是在于"人"。

非物质文化遗产一旦停止了传承活动，也就意味着"死亡"。非物质文化遗产的存在与传承之间就体现出这种休戚与共的状态，而每一项历史悠久的非物质文化遗产能够传承至今，正是因为非物质文化遗产被打上鲜明的家族或民族烙印，并在一个家族或民族内部由前辈以言传身教的方式传授给后辈，生生不息。

从非物质文化遗产的存在与发展而言，传承人具有本体的意义。从"死一个人，亡一门艺""人因戏而活，戏因人而传"这些俗语中也可以看出，人是非物质文化遗产保护的核心，提到人本问题首先离不开非遗传承人，与物质文化遗产不同，传承人不是单纯的遗产接受者和传递者，同时也是非物质文化遗产的创造者、生产者和革新者。因此，尊重传承人的价值诉求，保护非物质文化遗产的特殊价值，是非物质文化遗产传承发展的基本出发点。保护非物质文化遗产只有通过保护传承人，才能有效地保证其内在精髓的完整性，才是其传承下去的本源。可以说，非遗能够成功传承下去，必不可少的条件就是传承者在不同的社会情境下，面对不同的社会历史因素，根据其既有的集体知识，做出选择性、修正的应对，实现自我发展。

（二）非物质文化遗产传承需要激发民众自发性

从发展的普遍性角度来看，非物质文化遗产在每个历史发展时期以不同的传承方式延续不断地发展，使得非物质文化遗产不断焕发新的活力并传承至今，这也是非物质文化遗产能成为人类文化活化石的重要原因。非物质文化遗产是动态的、活着的文化，而其充满活力的生命力源泉不仅存在于档案、音像数据和博物馆展览等保存形态中，更存在于在民众自发的基础上，实现代代传承和持续创新。

从非物质文化遗产概念中的"适应周围环境""互动"的动态联系角度考虑非物质文化遗产与地方群众的关系，可以看到非物质文化遗产的生命力和活力并不限于已经形成的非物质文化遗产本身，还存在于非物质文化遗产与人的活态关系之中。因此，在现代语境中，重塑非物质文化遗产的价值不只在于单纯地保护非物质文化遗产项目，更重要的是联结好人与非物质文化遗产的关系，调动"我者"传承保护非物质文化遗产的主动性和积极性，让现代人充分汲取前辈们的智慧，并在此基础上创造革新，使民众的生活更加美好。

保护非物质文化遗产不是发思古之幽情，也不是文物式的收藏把玩，而是要使非遗保护传承工作更具开放性，尤其是面向大众的开放性和互动性。因此，从非物质文化遗产所关联的社区民众的角度出发，最应注重培育的是社区民众对非物质文化遗产的相守传承、创新创意的能力。要充分发挥政府支持力量，通过举办各种群众非遗活动，激发群众的积极性，借此重建或凝聚地方族群意识，使人们主动参与和关注地方文化，明确表达自己对非遗的感受、看法和意见，并开放、共享这些意见和感受，在社区营造出一种宽松、开放的社会氛围，让非物质文化遗产逐渐成为民众经历、生活的一部分，成为联系民族与地区的纽带。这样做还有利于自由释放民众关于非物质文化遗产的想象力，使承载和展示非遗的公共文化空间充分发挥其社会效用，使社会个体通过文化活动发现并实现自我价值。

（三）非物质文化遗产传承要突出人本理念

非物质文化遗产作为民间文化的凝聚，它的存在必须依靠传承主体的实际参与。一切现存的非物质文化事象都需要在与自然、历史、现实的互动中，不断生发、变异和创新，这也使它注定处在永不停息的流变过程之中。只有依靠这些与非物质文化遗产息息相关的人，坚持非物质文化遗产的"人本"价值，其保护和发展才能有可靠的保障。中国民俗学会理事长、中国非物质文化遗产保护专家委员会副主任刘魁立先生在一次关于非物质文化遗产保护的国际研讨会上指出："从根本意义上说，无形文化遗产的保护，首先应该是对创造、享有和传承者的保护；同时也特别依赖创造、享有和传承这一遗产的群体对这一遗产的切实有效的保护。"这也充分体现了"人本"价值的重要性。联合国教科文组织深知这一点，因而在《保护非物质文化遗产公约》中明确强调："应努力确保创造、保养和承传这种遗产的群体、团体，有时是个人的最大限度的参与，并吸收他们积极地参与有关的管理。"把传承主体视为中坚力量是非遗保护中不可忽视的重点。

总之，我们必须坚信，只有人才是非物质文化遗产保护的无可替代的能动主体，他们拥有绝对的聪明才智以及守护民族文化的责任感。无论是非物质文化遗产的"生命""生态"的活力，还是"创新""发展"的动力，都来源和存在于族群和民众之中。一个特定的社群，作为一种非物质文化遗产的创造、享用和传承主体，他们的情感和精神是与他们的文化结为一体的。

非物质文化遗产保护与发展的终极目标是实现人类文化的多样性和可持续发展，进而促进整个人类社会的可持续发展。在实现这个终极目标的同时，要处理好终极目标与传承人、族群、民族、地区、国家等关于保护非物质文化遗产的阶段性和长久性目标的关系，既要立足现时，又要展望未来。

二、文市：被展示的文化形态

结合现代社会文化需求、文化消费的态势，合理利用非遗文化形态进行展示，和文化旅游、研学、文博服务等多文化业态联动发展，能有效提升社会群体对非遗的关注，激发社会参与非遗保护和传承的动力。在社会从生产型向消费型转变的过程中，迎来了一个标榜独特性与个性的时代。各个地方孜孜以求的是以何形象"出位"并获得"他者"的关注和认可，以赢得更多的发展机遇，由此各地积极呼应 UNESCO 的非遗保护条例，通过把源自地方的传统文化表达形式申报为非遗，使非物质文化遗产作为地方文化象征标志，以文化展示地方形象，促进地方经济增长。

在将非物质文化遗产作为"被展示的文化"的过程中，中国政府也采取了许多措施，并开展了一系列相关工作，如收集并整理了中国少数民族的三大英雄史诗——蒙古族《江格尔》、藏族《格萨尔》、柯尔克孜族《玛纳斯》，以及整理了维吾尔族大型传统经典音乐套曲《十二木卡姆》；编撰、出版了民族民间文艺《十大集成》；从 1979 年以来评选了七次共 533 名国家级工艺美术大师；建立了云南民族村、民族文化传习馆、大研古乐会，贵州民族文化生态博物馆等民族文化博物馆群。在文化遗产立法方面也做了大量工作，如在《中华人民共和国宪法》《中华人民共和国民族区域自治法》中制定有相关条款；全国人大常委会于 1982 年通过实施《中华人民共和国文物保护法》，1990 年通过实施《中华人民共和国著作权法》；1997 年国务院发布《传统工艺美术保护条例》；以及在 2011 年 2 月 25 日第十一届全国人民代表大会常务委员会第十九次会议通过，自 2011 年 6 月 1 日起施行的《中华人民共和国非物质文化遗产法》等，都对继承和弘扬中华民族优秀传统文化，促进社会主义精神文明建设，加强非物质文化遗产保护、保存工作做出了贡献。

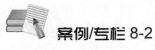

案例/专栏 8-2

从"南宁国际民歌艺术节"看非遗作为"被展示的文化"

壮乡人民的民歌艺术、歌圩文化是传承了千年的民族文化瑰宝。自 1993 年"三月三"传统歌节成为"广西国际民歌节"，壮族民歌就开始打出"国际牌"，旨在海外"以歌传情、以歌会友、以歌促商"，这不仅促进了国际文化交流，而且促进了广西经济的发展。从 2004 年起，"南宁国际民歌艺术节"在连续服务中国-东盟博览会的实践中，成功开启了中国与东盟文化合作的新篇章，也成为广西与全国各地、世界各地文化交流的重要平台。

"南宁国际民歌艺术节"以浓郁的民族性、鲜明的现代性、广泛的国际性和高雅的艺术性及大众参与性赢得世界范围内越来越多的关注,形成了以民歌会盟,使南宁因民歌而被传唱,民歌因南宁而得以弘扬的局势,这不仅继承和弘扬了壮族文化艺术,也加强了与世界各民族文化的交流和发展。"南宁国际民歌艺术节"是汇聚世界文化艺术精品的视听盛宴,举办20多年来,已邀请了俄罗斯、美国、泰国、法国、奥地利、巴西、菲律宾、文莱等39个国家和数百名艺人及演出团体参加,100多个优秀的国外节目在历年民歌节中精彩亮相,尽展风采。

民歌节筑巢引凤,不仅每年来参加民歌节的全国各地、各民族的代表团逐年增多,而且来自世界各地、各民族的代表团也逐年增多。世界各地的民歌和民族文化通过民歌节进行广泛而友好的交流,既增进了民族间的感情和友谊,又增进了艺术和文化创新发展的活力。因此,民歌节的创新意义已远远超越民歌本身的创新和发展的意义,而具有文化交流、民族交流、扩大对外开放渠道、增强民族团结和增进世界各国人民友谊等更为深远的意义。

"南宁国际民歌艺术节"自首届举办以来,一直都以挖掘、保护、传承、弘扬中华优秀传统文化为己任,先后将马山三声部民歌、龙州天琴、丰收8字舞、京族独弦琴等一批民族文化艺术瑰宝向世界进行推广,同时让《壮族大歌》《大地飞歌》《大地之约》等一批原创新民歌通过民歌节亮相发布,以时尚青春的新民歌潮流赢得广大年轻歌迷的喜爱。最令人瞩目的"民歌新唱"例子就是重新整理和编创《山歌好比春江水》《藤缠树》等脍炙人口的经典歌曲,民歌新唱不仅迎合了新一代听众的审美需求,也符合传统民歌自由流变的特征,是非物质文化遗产流变发展过程中体现的在尊重传统、保持其文化内核的基础上进行创新、重构的典范,显示出有意识的文化变迁。

同时,"南宁国际民歌艺术节"也是中外文化交流的重要平台,展现着广西人民的"对外推广使者形象",如将"刘三姐故乡"的绣球抛向全国、全世界,使壮乡的铜鼓响彻全国、全世界。艺术节的演出音频、视频、节目和音像制品在全世界广泛传播,取得了良好的社会反响,有力地推动了中国文化在世界的传播。

"南宁国际民歌艺术节"的另一个重头戏"绿城歌台"群众文化活动也唱出了别样风情。"绿城歌台"节目内容丰富多彩,既有特色浓郁的本土节目,也有充满异域风情的表演,每个歌台以各地区文化特色为基础设置主题内容,彰显民族文化的绚丽色彩,如上林歌台向观众展示"世界长寿乡·壮美新上林"的独特魅力;马山县歌台突出马山文化元素,以三声部民歌、壮族扁担舞、壮族会鼓等本地原生态民族民间文艺为主要内容,体现马山特色文化;隆安歌台凸显"那"文化元素……"绿城歌台"每年共设置近20个歌台,并设置不同的活动主题和内容,每年观众约有20万人次。因此,"绿城歌台"在吸引众多群众徜徉在歌的世界、舞的海洋,感受民族魅力的同时,还起到了积极宣传本地旅游文化特色的作用。

此外,"南宁国际民歌艺术节"还将传统的线下演出模式与新媒体相融合,形成新的推广中华优秀传统文化的"云"模式,利用新媒体元素,积极融入各类大型艺术活动"云端"化趋势,提出了打造"云上民歌节,网红打卡地"的全新理念,在"云端"与海内外朋友相约,以推动经典文艺作品的"云上传播",通过发挥辐射带动作用让中华民族优秀传统文化得到保护、传承,用海内外优秀民歌架起文化交流与合作的桥梁。

（资料来源：甘霖. 浪漫选择：民族地区文化经济发展研究[M]. 南宁：广西人民出版社,2005. 根据第八章第二节"南宁国际民歌艺术节"及《南宁日报》"广西国际民歌艺术节"等相关新闻报道整理。）

【思考】为什么说非物质文化遗产可以成为"被展示的文化"？

三、资本：创造、创新、创意的基础和富矿

非物质文化遗产是珍贵文化形态凝聚的精华。人类社会无论进入哪个阶段,都在不断地进行创造、创新和创意,这才是人类文明不断演进、向高阶发展的动力所在。人类持续的创新、创造都以传统社会、历史中的某些积淀为基础,都在从传统中汲取养分和动能。非物质文化遗产是现代社会文化创意、创新、创造的基础和富矿。非物质文化遗产作为表现人类文明形态的载体,它是在一定历史时期和一定地域环境下的一定数量的人类族群生存状态、生活方式和思维方式的外化表现形式,是世代长期传续下来的历史记忆和情感追求,是生活实践与文化创造的统一,归纳和凝结着古人的智慧。它绝对不是空想的,而是实际和真实的,是在人类的生活实践中形成、总结并不断接受创新、改造的文明形态。这些珍贵的文明形态以某些具体项目和与之相关的传承者、群体和空间一起,构成了社会发展的重要资本,无论是通过创新、创意转化出的文化的经济价值,还是人类文明发展所立足的文化价值,都充分体现了非物质文化遗产进入现代社会之后成为资本、不断创造新价值的重要特质。

（一）精神财富的积累和文化创新的源泉

非物质文化遗产本是人类生活的一部分,它绝不是前人刻意制造出来的艺术品。即便如音乐、舞蹈、戏剧等现在看来是艺术表演类的"非遗"项目,这些非物质文化遗产产生的初期大多和先民的信仰祭祀、纪念活动密切相关,它们随着时间的推移不断被完善和"艺术化",直至发展到戏剧的黄金时期,它们成了人们生活中必不可少的陶冶情操、享受生活的艺术成品,就像豫剧之于河南,粤剧之于广州,秦腔之于陕西,川剧之于四川、重庆,都是当地民众文化生活的有机内容。

而在早期的音乐类项目中,南方的山歌、民歌,西北的花儿等往往都是信息交流、表达爱情、社会交往的独特方式。舞蹈则是对人们生产、生活动作的模拟,同时是一种祭祀仪程和情感宣泄方式。在非遗创生和传播的过程中,创造者、参与者和传承人也是欣赏者、传播者。上古有孔子闻韶乐而"三月不知肉味"；到了现代,东北俗语仍有"宁舍一顿饭,不舍二人转"之说,这两种民间说法遥相呼应,形象而具体地说明了非物质文化遗产与人们日常生活"血肉相连"的密切关系。

其他如体育竞技、各类手工技艺、中医药、民俗、历法、书法等类型的非物质文化遗产,原来都是先民们用于生产、生活的实用性很强的生存手段,它们在传统社会相对隔绝

的环境中自然地产生并生长着，经历了一代又一代的传承和革新，在现代社会实现广泛的交流和传播，给予后人经验和想象的能力，构成了人类社会发展、进步的基础和动力。

同时，非物质文化遗产体现的是人类文明的各种形态。人类文明不是割裂的，而是呈现出连续的、一脉相承的、前后相继的、具有清晰的历史逻辑的形态。从更长的历史跨度来看，非物质文化遗产是传统文化与人类生活相结合的文明形态，是人类社会文化创造的基石和源泉。联合国教科文组织前任总干事马约尔在《文化遗产与合作》的前言中写道："保存与传扬这些有历史性的见证，无论是有形文化遗产还是无形文化遗产，我们的目的是唤醒人们的记忆……事实上，我们要继续唤醒人们的记忆，因为没有记忆就没有创造，这也是我们对未来一代所肩负的责任。"①联合国教科文组织在其发展纲要中指出："记忆对创造力来说是极端重要的，对个人和各民族都极为重要。各民族在他们的遗产中发现了自然和文化的遗产，有形和无形的遗产，这是找到他们自身和灵感源泉的钥匙。"非物质文化遗产是祖先留给后人的宝贵精神财富，也是人类文化的真正源泉。

（二）知识经验的承袭和社会发展的基石

非物质文化遗产对生产生活经验的传承功能，不仅传递人生经验和文化观念，其流传下来的生产生活的丰富性和世代相传的经验也成为人类文化创造的土壤。特别是相对于其他文化产品而言，许多非物质文化遗产以其巨大的时间跨度和重要的民间文化地位，往往承担着一个特定族群的百科全书的功能，为民众的创造力提供了基石和源泉。

社会物质生产与文化发展的不平衡决定了经济全球化背景下文化呈现多样性的可能，非物质文化遗产来源于不同的传统，有着不同的赖以生存的土壤，它们是人类文明发展和呈现多样性的基石。因而，非物质文化遗产还具有维系文化多样性、促进文化创造性发展的功能，从非物质文化遗产本身来看，非物质文化遗产因地域、民族等的不同而表现出差异性，呈现出地域性、民族性等特点，从非物质文化遗产的表现形式上看，非物质文化遗产既可表现为民族心理、风俗习惯、信仰、宗教、思想等精神观念的形式，又可表现为美术、曲艺、音乐、舞蹈、戏剧等艺术形式，还可表现为杂技、手工技艺、体育竞技、中医药知识等应用性知识或技能的形式。非物质文化遗产从本质特征和形式表现上都呈现出多种多样、千姿百态的特点，是人们从各种不同的传统中汲取养分和动能，促进现代社会文化创意、创新、创造的基础和富矿。

本章小结

> 非物质文化遗产生成于传统社会，在传统社会中具有十分重要的功能。具体表现在人对自然规律的认识和经验的积累，协调传统生活方式和群体的关系，维系传统社会的制度。进入现代社会后，大多数非物质文化遗产已经难以像过去一样在

---

① 王彦达，魏丽，马兵. 民族文化的现代化是少数民族文化传承的趋势[J]. 满族研究，2005（2）：30.

人们的生产生活中无处不在并发挥功能。

▶ 在新的时代背景中，非物质文化遗产转变为民众的新的生活旨趣，成为维系一个国家、民族共同记忆和文化意义的重要符码，通过文化表现形态的转变满足现代人对文化想象和追寻的精神需要，成为文化艺术审美的对象，引领着现代人美学生活的朝向和时尚。

▶ 在现代社会发展日新月异的驱动下，非物质文化遗产的保护集中在重塑价值方面，具体的手段是再造非物质文化遗产的现代生境，主要包括推动非物质文化遗产回归和融入民众的日常生活，充分地展示和弘扬非物质文化遗产的形态和价值，通过合理利用，激发非物质文化遗产的资本属性，为文化创造、创新、创意提供内生动力。

综合练习

一、本章基本概念

非物质文化遗产的传统功能　非物质文化遗产的现代效用　现代生境

二、本章基本思考题

1. 在现代社会，如何突出来自传统的非物质文化遗产的重要价值？
2. 从传统到现代，非物质文化遗产在社会发展中的功能发生了哪些方面的转变？

第九章

媒介与传播——文化科技融合与非物质文化遗产保护发展

 学习目标

通过对本章的学习，学生应了解或掌握如下内容：
1. 了解非遗数字化的基本原理、内涵和合法性；
2. 了解非遗数字化存储和传输的主要技术手段与应用；
3. 了解非物质文化遗产的文化空间的内涵、特征与核心价值；
4. 了解现实与虚拟非遗文化空间的应用。

  导言

非物质文化遗产在数字科技中发生了存储和传播的重要革新，这带来了新的传承、保护和发展方式。非物质文化遗产的开发与利用、保护与传承都进入了一个新的阶段。在实际应用中，数字技术解决了非物质文化遗产所面临的很多问题。其中，非遗数字化促进了虚拟文化空间的开发。文化空间作为文化实践活动发生的场所，它对于非物质文化遗产的传承和保护有着重要的意义。在虚拟文化空间的发展中，展现了与现实文化空间的差异性。因此，我们在考察非物质文化遗产的虚拟文化空间时，既要注意到其作为非遗数字化的合法性，也要注意到虚拟文化空间的内涵、特征和价值，以及在实际应用中可能会带来的弊端。

第一节 互联网、数字化到智慧万物——非物质文化遗产存储、传播的革新

非物质文化遗产所指的社会实践、观念表述、表现形式、知识、技能以及相关的工具、

实物、手工艺品和文化场所，均可以用数字化方式加以存储、呈现与传播。这样可以让非物质文化遗产脱离其原本的载体，以数字化内容的方式达到永久且完好地存储与传播的目的。

一、非遗数字化的内涵、原理与合法性

非遗数字化是随着现代科学技术的发展而兴起的保护、利用和开发的手段，以避免传统非物质文化遗产形态在文化流变中的散失。科技与文化的融合不断加强，它带来的不再是简单的非物质文化遗产内容的存储，而是非物质文化遗产与科技的多方面、多层次的深度融合，形成了多种创新业态。从非物质文化遗产的现状与未来发展来看，非遗数字化主要包含了内容与成果的存储与传播，有助于非物质文化遗产的传承与发展。

（一）非遗数字化的内涵与原理

非遗数字化是指采用数字采集、数字存储、数字处理、数字展示、数字传播等数字化技术将非物质文化遗产转换、再现、复原成可共享、可再生的数字形态，并以新的视角加以解读，以新的方式加以保存，以新的需求加以利用。[①]此定义来自非物质文化遗产的定义。首先，在非遗数字化含义界定中，非物质文化遗产的有形与无形的边界界定作为首要前提。而同样对于文化遗产数字化定义中，界定了文化遗产的范围，规定了其有形与无形的边界。这使得非遗数字化的定义能对有形或是无形特征的对象和元素认知和甄别，并且排除了在数字化过程中可能带来的模糊性与不确定性。非物质文化遗产与物质文化遗产在数字化界定上所展现出的差异性，还区分了两者在数字化上不同的方法、原则和工作偏重。其次，由于技术的快速发展，技术革新为非遗数字化带来了不同，新的技术在存储与传播上发挥差异性作用。当技术的发展得到突破，它所提供的新的手段也会使得非遗数字化发生革新，并且对其内涵和特征产生影响。当非物质文化遗产作为内容进入技术的领域后，内容的载体与形式都将随技术建立的标准而改变。技术为非物质文化遗产提供了更好更全面的保护和更多的开发可能性，但非物质文化遗产也将受到技术标准的规范和影响。因而，非遗数字化包含了三层含义：第一，数字技术是非遗数字化的核心支撑，也是非物质文化遗产在数字时代历久弥新的保障；第二，数据的生成、存储与应用贯穿非遗数字化的始终，是非遗数字化开发与发展的基本内容，数据发挥的作用和价值是非遗数字化成果的重要内容；第三，非遗数字化是非物质文化遗产适应新的时代需要、谋求新的发展机遇的必然选择，必须顺应形势，引领发展。在技术规范与标准下对非遗数字化概念展开讨论会发现，不仅是非遗数字化的核心部分还包括其外延，这是非遗数字化实践与理论研究的基础。当我们讨论非遗数字化与文化遗产的数字化时，尽管非物质文化遗产属于一种文化遗产，但两者之间存在不同点，具体表现在，非遗数字化的重点是利用数字技术实现全面且完整的记录与传播文化内涵。例如，非物质文化遗产中陶瓷传统工艺的数字化，首先需要建立材

---

① 王耀希. 民族文化遗产数字化[M]. 北京：人民出版社，2009：8.

料的数据库,这其中包含了不同材料的温度要求与窑洞的温度变化。其次,需要对绘制、釉色配比、制坯等手工操作进行准确和完整的记录。同时,现在的数字建模、3D 打印等技术可以为陶艺的制作提供更低成本、更便捷的模型对比与分析方法,其中还包含了对于色彩、图案等元素的分析。这将种类繁多的陶瓷进行了数字化记录,再通过网络或者 AR/VR 等技术,人们可以远在千里体验陶艺工作,也能够在虚拟现实下感受制作过程的氛围。除了以上陶艺制作,陶艺工艺的数字化还应该包括此陶艺文化中的人、物、社会之间的关系,它们与陶瓷制作工艺共同组成了文化生态。在这种生态语境下,物质层面的陶瓷材质、造型等与非物质层面的制作流程、工艺特点、人物关系与器物间关系等,都是陶艺中非常重要的部分。在数字化过程中,除了要完整且全面地保存物质载体、工艺特点、制作流程,还需要展现出传统技艺与人们生活之间的相互关系,以及工艺中所包含的知识、价值。非物质文化遗产的人文价值与意义是数字化存储与传播中的重点,同时,这对非遗数字化与普通信息数字化进行了区分。所以,非遗数字化需要结合其历史文化与人文意义,实施合理、科学、完整、全面的抑或非物质两个层面的数字化。

(二)非遗数字化的合法性

非遗数字化是基于对非物质文化遗产的保护与开发,以数字技术的标准与规范,在保证非物质文化遗产的完整性与人文价值的前提下,实施数字化存储与传播。非遗数字化对于非物质文化遗产的传承与保护是重要的变革,同时如何在数字化背景下传承和保护成为重要命题。但当数字化成为非物质文化遗产发展中的核心时,随之而来的是对非遗数字化必要性和合法性的思考,同时是对数字化技术在非物质文化遗产中应用的合理性探究。2001 年,联合国教科文组织公布首批"人类口头和非物质文化遗产代表作名录",非物质文化遗产保护开始受到各个国家的重视,其后通过的《保护非物质文化遗产公约》《保护和促进文化表现形式多样性公约》"急需保护的非物质文化遗产名录""优秀实践名册"等赋予非物质文化遗产保护正当性、合法性和急迫性。而对非遗数字化的合法性讨论,其出发点就是非物质文化遗产保护。然而,传统手段对于非物质文化遗产的保护已经表现出了局限性,体现在三个方面:一是非物质文化遗产内容包含了精神层面的生产、经验和技能,这些都是传统手段不易保护的;二是由于非物质文化遗产大多依赖口述、身传、心授等方式进行存储和传承,传统手段并不能有效地为非物质文化遗产的存储与传承提供保护;三是由于传统手段不同,提供全面、完整的记录会使得非物质文化遗产在认同上产生自认者与他认者的差异,将对非物质文化遗产的发展造成影响。传统手段已不再适应非物质文化遗产保护的需求,而数字化手段的出现将为非物质文化遗产保护提供更符合现阶段需求的手段。

非遗数字化合法性具有自然法则与社会法则两层内涵。第一层内涵是自然法则,技术发展所带来的变化正好为非物质文化遗产保护提供了新手段。在联合国教科文组织发布的《保护非物质文化遗产公约》中,表明了非物质文化遗产是一种受到其传承者与所有者、群体与社会共同认可的不断创新的文化形式,并体现出非物质文化遗产代际传承与创新发展的基本规律。而数字化技术的出现是科学发展到一定阶段的产物,是技术史上从物理信号到数字信号的重大创新。数字技术为重现非物质文化遗产的场景内容与抽象内容提供了可能,它在很大程度上打破了传统手段的局限性。

案例/专栏 9-1

从粤剧发展角度看非遗数字化是必然趋势

2009 年,作为汉族传统戏剧之一的粤剧被列入了联合国教科文组织"人类非物质文化遗产代表作名录"。粤剧在其发展过程中不断地通过吸收新的元素、形式、技术来丰富自己的内容,同时不断地完善其传承与自我认定的方式,这使得粤剧逐渐成为戏曲中独特的存在。粤剧的不断更新与突破,与它受制于不同时代下的技术与理念的变化有着密不可分的关系。具体体现在,班底从外江到本地,语言从官方到大白话,场景从民间祭祀到城市剧院,服装从传统到胶片和灯泡,形式从舞台剧到电视剧、电影和动漫等。粤剧不仅不断受到电灯、电视、电影、动漫等外部技术的影响,同时也自觉运用其更新自身。这是粤剧为适应不同时代的要求追求内容创新,也是传承方式对于当下新技术所能带来的新模式的需要,更是粤剧拥有者、传承者、自我认同者与外在认同者相互之间影响的结果。在当下数字化技术盛行的时代,粤剧与数字化技术的结合成为非物质文化遗产在保护、传承与表演中的必然趋势。

(资料来源:王馗. 粤剧艺术遗产的十年保护经验[J]. 中国非物质文化遗产,2020(1):80-88.)

【思考】粤剧数字化后有着哪些方面的差异?

非遗数字化合法性的第二层内涵是社会法则。联合国教科文组织认为,数字化技术为非物质文化遗产在保护与传承中所提供的实际手段是被需要的,并且在其发布的一系列文件中,对非物质文化遗产传承与保护有着正面效应的理论思考与实践应用予以反复强调。因而,要正确地理解数字化技术传承与保护非物质文化遗产的应用的合法性,需要先正确和深入地理解非物质文化遗产保护的精神理念。联合国教科文组织在 2003 年通过了《保护非物质文化遗产公约》,此公约在 1989 年《保护民间创作建议书》、2001 年《世界文化多样性宣言》和 2002 年《伊斯坦布尔宣言》的基础上,进一步明确了文化多样性和可持续发展与非物质文化遗产的关系,强调了非物质文化遗产作为载体与保障的重要性。进而,此公约指出非物质文化遗产保护的基本出发点与最终目的都是维护人类文化多样性的存在。承认社区、原住民、各群体、个人在非物质文化遗产的生产、保护、延续和再创造方面发挥着重要作用,从而为丰富文化多样性和人类的创造性做出贡献。非物质文化遗产是人类文化多样性的体现,也是多样性内容的维护,而人类文化多样性是基于人类文明的可持续发展以及不同地区、民族、国家的差异性特征需要。因而,非物质文化遗产的保护就脱离了简单的外力干预,而需要采取更为科学合理的手段。让人们能够意识到人类文化多样性存在对于人类与世界的重要意义，是联合国向世界各国倡导与宣传非物质文化遗产保护的首要目的。同时，促进人们自发地以非物质文化遗产自身规律为基础传承和发展非物质文化遗产。

所以，当我们正确地认识了《保护非物质文化遗产公约》中非物质文化遗产保护的精神理念，再看待数字化技术与非物质文化遗产的关系，数字化技术将不再是单纯的外在手段，它所提供的数据保存和信息传输手段使得人们更便利地获取非物质文化遗产信息，并且更容易地认识到非物质文化遗产存在和保护的意义。数字化技术为非物质文化遗产提供的保护符合《保护非物质文化遗产公约》中的非物质文化遗产保护精神。日本、法国、美国等国家在利用数字技术对非物质文化遗产保护方面进行了探索，分别开展了日本非物质文化遗产资源数据库、法国"加利卡"文化数字化工程、"美国记忆"工程等，并取得成功。

二、非遗数字化的技术需求及其创造的价值

（一）非遗数字化的技术需求

非遗数字化作为一个涵盖广泛的系统性工程，从目前国内外的实践经验来看，表现出以下三个方面的技术需求。

一是非物质文化遗产内容的全面数据采集。非物质文化遗产之所以能成为人类文化多样性的重要体现，是由于非物质文化遗产本身具有多样性的特点。中国的"国家级非物质文化遗产代表性项目名录"将非物质文化遗产分为十个大类，包括传统戏剧、传统美术、曲艺、民俗等，大类在发展中又不断地衍生出大量的子门类，这让整个非物质文化遗产门类体系变得复杂，同时有些不受关注的子门类在传承上遇到阻碍。因此，数字化技术手段所能够实现的基础数据收集成为非物质文化遗产所迫切需要的。通过建立相应的技术标准和数据库，实现非物质文化遗产基础数据的规范、科学和全面采集，将为非物质文化遗产的传承和传播奠定基础。

二是非物质文化遗产成果的数字化存储。在传统的非物质文化遗产传承主要方式中，受限于技术发展，活态传承与纸质记录都表现出极大的局限性，不能使非物质文化遗产成果得到全面且有效的保护。但是非物质文化遗产成果作为人类千百年来对于自然与精神的探索所形成的知识与智慧结晶，它是人类文明中重要的部分。因而，如何安全、可靠和系统地保存非物质文化遗产成果，是非物质文化遗产传承与人类文明发展的重要问题。基于数字技术的存储手段是目前最安全有效且能够实现长期记录的非物质文化遗产成果保护手段。

三是非物质文化遗产作品的数字化展示。非物质文化遗产成果除了需要被保护，还需要以作品的形式向人们展示。因此，顺应时代发展且能够为非物质文化遗产提供存储与保护工具和手段的数字化技术成为非物质文化遗产成果展示的重要方式，并且数字化技术还能促使年轻人参与到非物质文化遗产作品展示中来。

从当前非物质文化遗产发展的现实需求来看，大力促进数字技术的应用，实现非物质文化遗产基础数据采集、成果存储和作品展示的全面数字化已成为一项重要且迫切的任务。

（二）非遗数字化创造的价值

非遗数字化不是简单的数字技术应用，而是从更高水平、更深层次、更大范围上为非物质文化遗产发展创造以下四个方面的价值。

一是历史价值。非物质文化遗产是人类社会活动中遗留下来的文化瑰宝，具有不可替代的历史意义和传承价值。非遗数字化能更有效地展现非物质文化遗产的历史印迹，尤其是通过声、光、电融合的多媒体手段重现非物质文化遗产的历史场景，记录非物质文化遗产演进的过程，充分展现非物质文化遗产的历史底蕴和传承价值。

二是文化价值。非物质文化遗产是劳动人民在长期生产生活实践中创造出来的文化的积淀，既十分珍贵，又极为脆弱，一旦失传，就会导致文化脉络中断。利用数字化手段保护、传承和传播非物质文化遗产成果，既可以丰富非物质文化遗产的呈现形式，又可使文化脉络得以延续，展现非物质文化遗产成果独特的文化价值。

三是社会价值。非物质文化遗产作为世代相传、兼收并蓄的文化形态，包含着广泛的社会认同和丰富的社会价值，是社会记忆的集中体现。利用数字化手段，使非物质文化遗产得到更充分的展现和传承，既能让社会各界都有机会共享文明成果，又能让非物质文化遗产在更加广阔的社会空间获得生存和发展。

四是经济价值。大多数非物质文化遗产成果具有天然的使用价值，在商业领域里表现出明显的经济属性，如南京的云锦制品、苏州的缂丝织品等。这些非物质文化遗产成果有着十分悠久的商业开发历史，在当今的数字时代，其商业开发正面临数字化转型的迫切需求。数字技术的应用不但可以实现非遗数字化开发、设计，还可以实现个性化定制、专业化服务和人性化交流，非物质文化遗产的经济价值将得到更高的体现。

总体而言，非遗数字化所创造的价值远不止历史价值、文化价值、社会价值和经济价值四个方面，其在审美艺术、科学认识以及教育研究等其他方面的价值也将得到更为全面的彰显。

三、非遗数字化存储与传输应用现状

（一）数字影音技术在非物质文化遗产中的应用

数字影音技术是非遗数字化中较为基本与常见的技术之一，在非物质文化遗产保存与展示中发挥着重要作用。在数字影音技术的实际应用中，需要根据技术的适配性与非物质文化遗产的实际需求进行部署。

1. 数字影音技术的相关概念

数字影音技术是指利用数字化技术制作音频和视频，以满足数字化展现的需要。数字影音可分为数字音频和数字视频。数字音频是指使用二进制数字编码来记录音频信息，即将电平信号转换为二进制数据存储，然后通过播放设备将数据转换为模拟电平信号播放。数字视频是指用二进制编码记录视频资料数字信息，与模拟视频信息转换为数据保存，然后通过数据转换在视频播放设备上播放的方式相同。

一个与数字影音技术相对应的概念是流媒体技术，这种技术允许视频、音频和其他多媒体元素实时地在互联网上播放，而不需要等待下载。流媒体需要以流式传输的形式来实现，具体来说，就是通过特殊的压缩，将音频、视频等多媒体文件从服务器连续、实时地发送到用户的计算机。用户无须下载完整的音、视频文件，而只需经过短暂的启动延时即可播放压缩后的音、视频等流式媒体文件，可以做到边下载边播放，直到播放完毕。随着具有高带宽、低时延、大容量特点的 5G 技术逐渐得到普及，数字影音和流媒体技术将得到广泛应用，并且使用体验将得到显著提升。数字影音技术具有存储方便、存储成本低、在存储和传输过程中不会失真、编辑和处理非常方便等优点。

2. 数字影音技术的应用案例

皮影戏也称为"影子戏"或"轻戏"，是一种民间艺术形式，用燃烧的酒精或蜡烛照亮兽皮或纸板的轮廓来表演各种故事。皮影戏起源于西汉，发展于唐代，盛行于清代。这种独一无二的光影艺术使得皮影戏受到了大众喜欢并有着一定的文化影响力，皮影戏也因此被称为"最早的卡通动画"和"电影的鼻祖"。但是，随着数字技术的发展和新媒体的普及，传统皮影表演艺术面临着空前的冲击。在新时代下，数字影音技术作为非物质文化遗产保护、展示与传承的关键性技术之一，成为皮影戏发展的新选择。

2017 年，国家艺术基金"中国皮影网络传播平台建设"立项。该项目依托中国美术学院民艺博物馆皮影资源，通过数字影音皮影戏视频等形式，生动展示皮影作为物质文化遗产和非物质文化遗产形象，为传统皮影戏在数字时代拓展生存和发展空间提供有力支撑。经过几年的探索，该项目已采集 4.8 万余件皮影图像资源，涵盖全国各地、各流派的皮影造型；同时，还录制了各地具有代表性的 700 多个皮影表演节目，其中既有饱含历史记忆的传统剧目，又有深受小朋友喜爱的寓言剧，还有颇受年轻人追捧的摇滚皮影。[1] 除了丰富的皮影图像和表演节目，该项目还收集了民国时期皮影名角等珍贵的音频文件，为皮影戏的传承与传播贡献了宝贵的非物质文化遗产资源。

（二）虚拟现实技术在非物质文化遗产中的应用

虚拟现实作为一种新兴的数字技术，在各行各业的应用越来越广泛，与非物质文化遗产的结合正在成为新的趋势。

---

[1] 彭建波. 皮影数字博物馆[EB/OL]. (2017-11-22)[2022-04-22]. http://shadow.ca.edu.cn.

1. 虚拟现实技术概念

虚拟现实（VR）技术也被称为"灵境技术"，由美国公司 VPL 的创始人杰伦·拉尼尔（Jaron Lanier）在 20 世纪 80 年代提出。它起源于美国军方的作战模拟系统，进一步发展后被应用于商业领域。虚拟现实技术是指综合运用传感技术、计算机仿真学、人工智能技术、计算机图形学和网络并行处理，形成交互式三维动态视景，给人一种沉浸在环境中的感觉。虚拟现实所创造的虚拟环境主要是视觉感受环境，也包括可以通过听觉和触觉感知的人工环境，使体验者能够在一定程度上与虚拟环境进行视觉、听觉、触觉的无缝互动，产生"身临其境"的感觉。

2. 虚拟现实技术的主要特点

虚拟现实技术具有四个特点，这四个特点的英文单词都以"i"开头。①

第一，融合性（integration）。虚拟现实不仅要实现对各种相关技术的充分集成，还要实现人与虚拟环境的有机结合。只有实现科学合理的融合，才能实现虚实结合。

第二，沉浸性（immersion）。尽管计算机生成的环境是虚拟的，虚拟现实技术能够让体验者有一种深度的沉浸感，这与真实世界的体验非常一致。

第三，想象性（imagination）。虚拟环境可以激发人们在特定状态下的想象力，如想象自己在高空、深海的状态，使人们可以体验在不同环境或状态下的感觉。

第四，交互性（interaction）。人们可以使用特定的传感器在计算机生成的虚拟环境中进行交互，获得真实世界的体验。例如，在现实情境中，我们用拳头击打一个物体，会产生痛感和打击感，并感觉到相互作用的反击力。虚拟现实技术可以通过压力传感器的应用模拟类似的情况，让人能够体验触痛、兴奋等感觉。

虚拟现实技术被广泛使用，是因为它模拟了现实生活中很难创造的环境。例如，房地产商可使用虚拟现实技术让客户体验完工后的居住环境；飞行员可使用虚拟现实技术体验高空飞行；服装设计师可使用虚拟现实技术让客户体验到制作完成后穿上服装的感觉；等等。

3. 虚拟现实技术在非物质文化遗产发展中应用的实例

非物质文化遗产与特定历史时期和特定发展环境密切相关，当前的现实世界与其发展所处的历史环境又存在差异性。因此，利用虚拟现实技术对相应场景进行"还原"，对于人们体验、传承和传播非物质文化遗产具有特殊的意义。

《昆曲涅槃》于 2019 年由中央电视台拍摄完成，是中国首部以世界非物质文化遗产为主题的 VR 纪录片。《昆曲涅槃》不仅充分展现了昆曲曲词典雅、行腔婉转、表演细腻的独特魅力，还展现了书法艺术的流畅奔放、园林景观的自然流畅和视觉设计的传神生动等艺术之美，让昆曲焕发出了现代的气息。②观众可以戴上 VR 眼镜"看"江南水榭楼台，

---

① 张凤军，戴国忠，彭晓兰. 虚拟现实的人机交互综述[J]. 中国科学：信息科学，2016，46（12）：1711-1736.
② 汪欣蕊. 世界非遗昆曲首部 VR 纪录片《昆曲涅槃》来了[EB/OL]. (2019-02-19)[2022-04-23]. http://news.cri.cn/20190219/78141be1-b06f-1e3b-29c7-7ecde32189a1.html.

"看"姹紫嫣红开遍,听悲欢离合如烟。此外,该纪录片还摘录了由新一代昆曲舞台剧艺术传人张军领衔主演的昆曲,通过虚拟与现实的结合,实现传统非物质文化遗产和现代技术的完美融合。

(三)增强现实技术在非物质文化遗产中的应用

虚拟现实为人们构建虚拟空间提供了可能,同时虚拟现实技术的应用也促使人们思考如何增强现实。因此,虚拟现实技术为增强现实技术提供了技术和应用基础。增强现实技术所能应用领域和技术功能更加全面,在非遗数字化中的应用越来越深入。

1. 增强现实技术概念

增强现实技术(AR)是指将虚拟信息与真实世界相结合的三维建模、多媒体、智能交互和传感技术的结合,它将计算机生成的文本、音频、视频和三维模型结合到真实世界中。早在1992年,Time-Warp Sound部门的两位技术人员汤姆·考德尔(Tom Caudel)和戴维·米泽尔(David Mi-Zel)就为铺设电缆设计了辅助软件,将增强信息叠加在布线位置上。增强现实由此诞生。1994年,加拿大研究员保罗·米尔格拉姆(Paul Milgram)和日本研究员岸信文雄(Fumio Kishino)发表了一篇题为《混合现实视觉显示的分类》①(*A Taxonomy of Mixed Reality Visual Displays*)的理论文章,其中重新定义了现实和真实之间的过渡,从而可以对增强现实进行进一步的理论研究。其后,增强现实技术变得更加普及,其应用更具有成效。

目前,增强现实技术不仅可以有效地反映真实世界的情况,还可以使虚拟信息出现,这两种信息相互补充、叠加,使真实世界的场景和虚拟信息相互融合,让人们体验更丰富多彩的虚拟世界。

2. 增强现实技术的主要特点

增强现实技术有三个主要特点。②

第一,现实世界与虚拟世界的融合集成。增强现实将现实世界和虚拟世界的不同信息整合在一起,创造一个全新的、独特的体验环境。

第二,具有实时交互性。由于虚拟信息和现实世界的同频共振,增强现实可以实现无缝的实时连接和交互。

第三,在三维空间中添加虚拟物体。增强现实可以将虚拟物体添加到物理世界中,并将现实与虚拟现实相结合,以达到极致的真实的效果。

3. 增强现实技术在苏州刺绣发展中的应用

苏州刺绣是中国四大名绣之一、首批国家级非物质文化遗产。为了让更多人了解和认识苏绣,苏绣创始人、苏绣非物质文化遗产继承人刘昭艳女士将Top Smart的增强现实技

---

① Paul Milgram, Fumio Kishino. A Taxonomy of Mixed Reality Visual Displays[J]. IEICE Transactions on Information and Systems, 1994, 77(12):1-15.
② 乔秀全,任沛,商彦磊. 关于增强现实技术潜在发展方向的思考[J]. 中兴通讯技术,2017,23(6):37-40.

术应用到苏绣中，让人们通过增强现实智能眼镜体验刺绣老师的"手把手"教学。增强现实智能眼镜可以使刺绣这一古老手工技艺更加真实、生动地展现在人们面前，绣娘通过第一视角展现刺绣精湛的工艺和技艺深度，让学习者真正感受到一针一线的大千世界，感受到刺绣艺术的非凡魅力。

（四）3D扫描与重建技术在非物质文化遗产中的应用

3D扫描与重建技术在非遗数字化记录和传播中发挥着重要作用，相关应用也越来越普遍。

1. 3D扫描与重建技术的原理

3D是3-dimension的首字母缩写，代表三维空间。3D扫描与重建技术是利用3D扫描设备对现实世界中的物体或环境的形状和外观等数据进行检测和分析，用于三维重建计算，建立与数字世界中的实际物体相对应的数字模型。3D相关的概念非常丰富，被应用在绘画、电影、打印、视觉效果等方面，可以说已经渗透到人们生活的各个方面。3D技术于1838年首次出现在英国，当时查尔斯·惠斯通发明了一种体视镜，它可以观察立体图像，通过两侧45°的反射镜和分裂图像产生强烈的立体视觉感受，为人类3D视觉体验的发展开辟了道路。3D扫描与重建技术既可以用于故宫博物院"虚拟紫禁城"等物质性文化遗产的重建，也可以用于非物质文化遗产的传承与保护，具有广阔应用前景。由于3D技术的广度和影响力，《经济学人》杂志将其称为新的工业革命技术之一。①

2. 西藏泽帖尔非物质文化遗产传承3D应用

羊毛纺织品在西藏已有千年的历史。其中，哗叽是最昂贵的一种，制作技术难度大，工艺也很复杂。素有"泽当哗叽"之称的"泽帖尔"以韧性较好、纹路清晰、经久耐用、冬暖夏凉、质地柔软享誉海内外。泽帖尔经纬线编织技术十分精细，即使是该地区最熟练的纺织工，一天也只能织出20厘米的织物。泽帖尔编织包括18道手工制作工序，从采摘木材到捻线、染色和经纬织造等。正是因为泽帖尔的选材成本高昂、技术机密，以及受现代纺织技术的影响，这种编织技艺一度面临失传的危险。为了不失去这一宝贵的技能，当地政府与专业技术公司合作，利用3D技术将传承人的整个文化状态和整个工艺流程转化为3D动画的全媒体数字形态，使得人们可以更好地了解制作过程，学习羊毛纺织技能，并且在促进泽帖尔文化的传播方面取得了积极的效果。

（五）动作捕捉技术在非物质文化遗产中的应用

许多非物质文化遗产项目与人类的动作密切相关，特别是舞蹈、杂技等，在一定程度上可以说是一种动作艺术，因此，推动动作捕捉技术的应用对于非物质文化遗产的发展具有重要意义。

---

① 叶雪洁. 3D技术的前世今生[N]. 光明日报，2015-02-06（10）.

1. 动作捕捉技术概念

动作捕捉技术又称"动态捕捉技术",是指记录、分析和处理人体、动物和机器设备运动的技术。动作捕捉技术广泛应用于游戏娱乐、人体工程学运动捕捉、影视表演真人动作捕捉、医疗生物力学研究、军事模拟训练、虚拟现实等各个领域。

2. 非物质文化遗产发展中动作捕捉技术的应用实例

动作捕捉技术在传统戏剧、舞蹈、杂技等非物质文化遗产项目中具有突出的应用价值,但从总体上看,其实质性应用还比较少,相关探索还在不断深化中。《编钟乐舞》以楚史和楚文化为基础,以伟大诗人屈原的爱国主义思想为核心,以曾侯乙编钟为主体,运用歌、乐、舞相结合的艺术形式,全方位展现了古代楚国的风俗民情和文化艺术,涵盖了农事、祭祀、征战及宫廷生活等多姿多彩的场景。[①]非物质文化遗产传承人邵未将动作捕捉技术应用于《编钟乐舞》的舞蹈中,并开展了相关的学术研究,将《编钟乐舞》用数字化形式存储起来,同时能将原汁原味的舞蹈呈现给各个地区的观众,让他们感受中国传统舞蹈的魅力。

木偶戏是应用动作捕捉技术的理想场景,应用效果明显。吴志峰对中国木偶戏如何应用动作捕捉技术展开了研究,形成了一套专门用于木偶戏数字化的技术方案,并就如何实现数字化保护提出了相应的对策。[②]但是从整个木偶戏领域看,动作捕捉技术的实际应用还不够广泛,还需要更多的尝试。

孔庙祭祀大典是古代儒家礼制的典型代表,具有独特的文化传承和文明延续功能。其独具古代儒家美学风格的器具、服装、装饰等,成为中国传统艺术美学的经典。虽然时代变了、历史变了,但孔子的礼乐思想和仁义哲学都是一样的。在过去,孔庙祀典仪式大多是通过录像来记录的,一直处于单向传播的阶段。邹虹等专家应用动作捕捉技术对祀典乐舞的舞姿进行三维空间的数据记录提取,对舞者动作的运动轨迹采取保存处理后,利用Maya、Motion Builder及UDK软件进行舞蹈及其环境的三维建模、动作绑定及角色动画制作,以数字化方式再现孔庙祀典乐舞的精髓,取得了非常好的效果。[③]

案例/专栏9-2

撒拉族非遗数字化

在中国少数民族中有着多种多样的民族文化,其中人口仅约12万的撒拉族,用自己的智慧创造了自己独特的民族文化。他们聚集在青海、甘肃和新疆等地,在民族变迁和历史发展中,撒拉族人逐渐形成了具有鲜明民族特色、地域特色、宗教性的文化遗产。这些

---

① 邵未,张倩,孙守迁. 面向编钟乐舞的运作捕捉技术的研究[J]. 系统仿真学报,2003,15(3):350-352.
② 吴志峰. 基于运动捕捉技术的传统木偶戏数字化研究[J]. 艺苑,2009(9):51-53.
③ 邹虹,李莹,欧剑,等. 基于动作捕捉技术的孔庙祀典数字化[J]. 计算机系统应用,2012,21(7):151-154.

遗产经过了百年的发展和传承，已然成为中国少数民族文化多样性中的重要组成部分。撒拉族的非物质文化遗产主要是以口头讲述、曲调类居多，包括了民间神话、传说以及"家调"。这些都使得撒拉族的非物质文化遗产成为中国少数民族文化中的杰出代表，也是极为重要的非物质文化遗产资源以及保护对象。同时，撒拉族包含了民族历史与地域特色的非物质文化遗产，对于民族迁移、民族融合的研究有着重要的意义。

由于数字化技术的普及不够，撒拉族的主要集聚区多为一些经济与科技相对匮乏的地区，所以非物质文化遗产的保护与传承依赖传统手段。撒拉族非物质文化遗产保护、传承与发展的问题随着经济和社会的发展而暴露出来。保存在博物馆、文化馆、专业机构的非物质文化遗产原始资源正在逐渐被弱化。同时，撒拉族的整个文化空间也由于盲目开发和不合理的外部干预遭到破坏。这些都使得撒拉族非物质文化遗产急需以新的方式和思路得到保护、传承和发展。因此，数字化技术所能够提供的存储、展示、传播、开发和保护手段是目前撒拉族非物质文化遗产所需要的，也是当下实现撒拉族非物质文化遗产有效保护、合理开发和科学应用的最优手段。

目前，撒拉族非遗数字化应用的关键技术包含了以下五种。

（1）3D建模技术：该技术是解决撒拉族非遗虚拟体验展示的主要关键技术之一，负责三维数据模型的建设及实现撒拉族非遗模型三维虚拟情景的建设，以增强虚拟展示平台的立体感、交互功能及清晰度，从而使虚拟展示更加丰富与生动。[①]

（2）云存储技术：云存储技术主要是为大数据的存储提供了更为安全、便利和低成本的存储方式。这为解决撒拉族丰富非物质文化遗产资源的存储问题提供了方案，不仅可以完整且全面地将非物质文化遗产内容与成果记录存储下来，而且节省了设备成本和场地空间。因此，云存储技术成为建设撒拉族非物质文化遗产数据库的核心技术之一。

（3）数字压缩技术：数字压缩技术是一种应用广泛的数据处理技术，具有节省存储空间、可长期存储的优点。此技术通过去掉数据中的冗余来减少比特数，尤其是视频、图像等数据，由于信息量大、数量庞大，处理、存储与传输等过程都很困难，因此数据压缩是一门十分重要的技术。[②]尽管云存储技术为撒拉族非物质文化遗产资源的存储提供了便利，但是并不能优化传输效率，并且相对于传统手段，云存储容量空间大很多。但是在数字化时代，如果不对数据进行压缩处理，资源的存储依旧会面临空间不足的问题，特别是非物质文化遗产这种体系庞大的资源。因此，数字压缩技术进一步优化了撒拉族非物质文化遗产资源的存储和传输，使其更利于长期保存和传输分享。同时，数字压缩技术也是撒拉族非物质文化遗产数据的核心技术之一。

（4）虚拟现实技术：虚拟现实技术通过数字手段建立虚拟空间，人们在这个空间中可以交互，也能根据自己的需求和想象更改空间，以获得临场体验。虚拟现实是数字技术

---

① 王得芳，张效娟. 数字媒体技术在青海非遗保护中的应用研究[J]. 青海师范大学学报（自然科学版），2017（4）：6-10.
② 高莹. 新媒体技术在非物质文国内外研究现状和发展趋势分析化遗产保护中的实践与思考[J]. 新闻研究导刊，2016（2）：126-145.

对于空间的重构，将仿真、多媒体和网络进行集合，模拟三维立体环境。对于撒拉族非物质文化遗产来说，虚拟现实技术无疑是在数据存储和传输的基础上解决了展示问题，并且虚拟现实技术能够根据不同的非物质文化遗产内容模拟出不同的场景。这让公众可以原汁原味地体会撒拉族口头非物质文化遗产的魅力。

（5）增强现实技术：此技术主要是实现虚拟与现实的情景交融，让虚拟来补充现实，让现实来增强虚拟，提升公众对非遗文化空间和内容的体验感。就像撒拉族的"家调"，通过增强现实技术，观众可以亲身加入现场，或者与虚拟人物一对一学习等。从人机交互、三维场景构建和虚拟体验展示等重点方面入手，该项技术的使用增强了用户对撒拉族非物质文化遗产信息资源的视觉体验和感知度体验。[①]

（资料来源：马福祥.撒拉族非物质文化遗产保护与传承数字化展示服务平台建设的关键技术研究[J].电脑知识与技术，2019（32）：230-231.）

【思考】数字化技术对非物质文化遗产进行存储和传播时，需要以怎样的标准去选择非物质文化遗产的内容和成果？

如今，数字化已成为非物质文化遗产发展的一个必然方向。因而，对于非遗数字化的学习成为了解非物质文化遗产在数字时代的现状及其未来的重要环节。进一步学习非遗数字化中的技术，了解不同类别技术在非物质文化遗产中的应用，便于我们展开对非遗文化空间再造的研究。

第二节　现实与虚拟，谁更真实——非遗文化空间的再造

文化空间是伴随着非物质文化遗产实践活动的开展而产生的。它包含了非物质文化遗产的所有内容和成果，并且作为其保护与传承的重要载体。数字化技术对非遗文化空间进行再造，构建虚拟文化空间，这其实是非遗数字化所带来的必然结果。因此，如何应用非遗虚拟文化空间，以及如何正确地认识现实与虚拟空间的意义，成为非遗数字化这一阶段的重要命题。

一、非遗文化空间建造的理论与意义

文化空间又称"文化场所"，是联合国教科文组织用于保护非物质文化遗产的专有名词，是指人类口头和非物质遗产代表作的形式和形态，在中国被确定为非物质文化遗产的一种，即定期举行传统文化活动或集中展现传统文化表现形式的场所，兼具空间性和时间

---

① 陈明兵.大数据时代非物质文化遗产资源数据库建设的思考[J].科技情报开发与经济，2014，24（21）：104-106.

性。①空间是文化生存和延续的保障，为象征、符号、价值观念、叙事行为、集体记忆、历史记忆等要素的互动提供了场所、条件和环境。人类学将文化空间作为一种文化形式进行特殊的文化指定，认为文化空间不仅是一个自然场，还是一个文化场，甚至包括场中人的行为观念、传统或者本身。②因此，从非物质文化遗产的角度看，文化空间不仅指的是传统的或民间的文化表达方式有规律性地进行的地方或一系列地方③，还应涵盖该文化遗产的生存、发展和传承空间。④总之，现代社会的文化空间核心理念是保护和传承非物质文化遗产项目。

二、文化空间的特征

（一）空间主题的动态传承性

文化空间作为基于时空伴随的文化实践复合体，一直处于动态传承过程中。⑤从历史发展的角度看，首先，作为文化实践发生和发展的实体场所，其他物理空间的开发会给文化空间带来直接的影响。在城市化的快速进展中，文化空间也处于变化之中。其次，在不同的时代，人们有着不同的生活方式，同样对于时间的观念存在差异，这也会直接影响文化实践的发生。相应地，文化空间实践主体也会根据时间、地点等对非物质文化遗产实践活动进行动态更新，文化空间实践活动主题充满动态传承性。当然，这种传承更新必须是在严格恪守非物质文化遗产"核心符号"、坚持文化实践基本内核、保持传统文化特质的基础上，通过适当调节改变"随机符号"完成的⑥，是为了适应当下的需要、融入日常生活的活态更新。

（二）时空复合的周期复现性

文化空间作为一种时空复合体，可以理解为从传统延续下来的民众的实践生活。⑦民众的实践生活存在一定的周期规律，主要表现在文化空间中所发生的文化实践遵循着传统的规定，在某时某刻进行特定的文化实践。各岁时、各节日、各文化空间都遵循重复呈现的时间秩序，反映出周期规律。但这种周期并不单单以时间间隔作为循环的标志，也存在由于一些特定事件的发生而导致的文化实践，如生产活动、天灾人祸、红白喜事等。

（三）空间特色的地域风土性

文化空间是依赖于现实的空间场所形成的。一个区域的文化形态会受到来自人群集

---

① 王文章. 非物质文化遗产概论[M]. 北京：文化艺术出版社，2006：10.
② 向云驹. 论"文化空间"[J]. 中央民族大学学报（哲学社会科学版），2008（3）：81-88.
③ 乌丙安. 非物质文化遗产保护中文化圈理论的应用[J]. 江西社会科学，2005（1）：102-106.
④ 张博. 非物质文化遗产的文化空间保护[J]. 青海社会科学，2007（1）：33-36.
⑤ 萧放，席辉. 非物质文化遗产文化空间的基本特征与保护原则[J]. 文化遗产，2022（1）：9-16.
⑥ 张举文. 非物质文化遗产与中国文化的自愈机制[J]. 民俗研究，2018（1）：5-16.
⑦ 萧放. 岁时传统中国民众的时间生活[M]. 北京：中华书局，2002：251.

聚、地理空间等的影响，其中地理空间的影响包括气候、水土、地形等。俗话说"一方水土养育一方人"，地理空间的不同使得人们的生活方式与民俗行为存在差异，进而形成了独具特色的文化空间。对于非物质文化遗产来说也是如此，非物质文化遗产多样性产生的一个重要的原因就是地理空间差异。正如日本学者和辻哲郎所言："没有脱离风土的历史。"[①]因此，存在差异性的地理空间会使得非遗文化空间表现出地域风土性。

（四）空间场所的传统规制性

茫茫大地上的每一寸土地都有它的神与灵，这种神与灵是大自然和文化历史所给定的，这是现象学派所讲的场所精神。[②]文化空间场所的区位、形式和范围的选择应遵循历史传统和文化风俗。文化实践只有置身于一定规则的特定场所中，才能展现出与历史、文化相对应的意义和价值，这使得特定场所展现出与文化实践的专属关系。

（五）空间活动的组织规范性

来自集体的语言、认同、行为促使了文化空间喜爱的实践活动发生。在文化空间的继承和扩大的过程中，认知和行为被集合不断地处理、丰富和完善，也就形成了一种基于集体性思维认同的集体性行为。这种集体性决定了文化空间的实践活动的性质和规范，同时表明单纯的个人行为并不属于文化空间的实践范畴。文化空间中的集体由于地域、血缘等相似被集聚，形成了以保证文化实践活动的展开为目的的组织。这种组织既强调自我意识上的认同，也强调集体意识上的共识。但除了认同与共识的形成，还需要一些限制和制约空间活动及其个人与集体行为的规范体系。因此，文化空间基于集体的认知和行为而具有了组织规范性。

（六）活动空间的开放共享性

文化空间作为一种特殊的非物质文化遗产，是一种共享、包容的开放领域，在其内部发生的文化实践没有等级门槛，是一种普通民众都可以参与和享受的生活文化。不同的人，不同的社群、族群，能够同时持有、共同享用、共同传承同一个文化创造成果。[③]文化空间作为民众生活的一部分，不是哪个阶层或者个人可以私藏或垄断的，它是一种"公共文化"，是公众共同关注、参与和"消费"的文化。[④]

三、文化空间的核心价值

文化空间的具体形态实际上是多种多样的。部分文化空间是以地域和民族为中心，由独特的地域和族群创造和利用的独特文化，也有以独特的族群和独特的时间为核心，形成

---

① 和辻哲郎. 风土[M]. 北京：商务印书馆，2020：11.
② 俞孔坚. 高技术中心设计的场所性——以中关村西区规划方案为例[J]. 城市规划，2000（5）：55-57.
③ 刘魁立. 非物质文化遗产的共享性本真性与人类文化多样性发展[J]. 山东社会科学，2010（3）：24-27.
④ 马知遥，刘智英，刘垚瑶. 中国非物质文化遗产保护理念的几个关键性问题[J]. 民俗研究，2019（6）：39-46.

独特文化和文化空间的。用族群和时间的组合来表现的"文化空间",在前文所述的联合国教科文组织对"文化空间"的定义中,是"可以定义为一段通常定期举行特定活动的时间"的文化空间。那么,所谓的文化空间是"有时间的空间"。以时间为基础的文化空间,包含了特定的族群对于其历史和时间的看法,反映了这个族群深刻的文化意义。需要特别注意的是,在很多情况下,一个由族群所形成的国家,其古代天文历法和传统气象观测不仅反映了历史事件,也包含了族群的生活节奏、习俗、文化传统等。周期性、重复、循环、仪式是时间文化空间的重要特征。春节、元宵节、清明节、端午节、中秋节、重阳节等中国的主要节日,实际上是中国人对于天文、年岁、生命、美学、历史、文化的见解,具有丰富的形式和深刻的意义。

四、非物质文化遗产中现实文化空间的建造与应用

非物质文化遗产中的文化空间大致包括以下几种。

1. 由不同景观或地域形成的文化空间

中国疆域广阔,气候各不相同,形成了高原、山地、沙漠、平原、盆地、海岛等不同地貌,形成了丰富的人文地理环境;历史上,中国传统的地域文化分类也形成了不同的文化空间,如西周与东周、西汉与东汉、北宋和南宋等这些朝代具有相似国号但由于地域不同而表现出不同的文化特征。虽然地域不是文化的唯一决定因素,但地域不同,文化的基因、品质、结构、风格也会不同。

2. 由各个民族及其文化形成的文化空间

联合国教科文组织所公布的代表性文化空间中,有一部分就是以独特的集群(民族)为核心形成的。中国有 56 个民族,其中汉族分布最广、移民数量最多。各民族都有自己的文化体系,在其民族内部分支中又存在阶级、家族、语言、信仰、服饰、习俗、婚姻等方面的差异。中国的众多民族形成了多元一体的格局,这也是中国文化空间存在多样性的缘由。

3. 以语言为基础形成的文化空间

语言在文化多样性中的基本作用和生物多样性在环境保护中的作用是一样的。在口头文化遗产中,语言是前提条件,甚至是主要条件。中国有很多汉语方言,其历史非常悠久,在许多地区形成了具有特殊学术价值的"语言岛"。同时,语言也是文化的重要表达方式,"语言岛"其实就是"文化空间"。而中国少数民族语言的丰富性更是让人惊叹,达到百余种。根据调查,至 20 世纪 90 年代,中国语言的总数多达 120 余种。一种语言就代表一个独特的文化空间。

4. 由天文历法和时间观而形成的独特文化空间

节日是文化空间中一个典型的文化实践。在中国,汉族的节日与汉族古代的天文概念、夏历等密切相关,少数民族的节日由他们对于时代、天象、四季、时间划分等的传统认知

而来。例如，云南武定的彝族把一年定为 18 个月，一个月 20 天，共 360 天（此与南美玛雅人历法相类），剩下 5 天作为"过年日"（文化空间）。①

5. 由古村落形成的"文化空间"

这也是中国文化的重要组成部分和独特表现。中国文明与农耕文明密不可分，农耕文明的要塞是古村落。中国有各种各样的古村落，最直观、最外部的差异就是内部居住和外部建造。水乡周庄包含了江南风情，西递宏村凝聚了徽派文化，客家围屋蕴含着独特的民族美学，陕北的窑洞群是集群的智慧。除此之外，还有具有鼓楼、风雨桥等独特建筑的古村落；诸葛八卦村、船尾村等具有独特风水格局的古村落；贵州明代遗民及其屯堡建筑与文化等以独特的历史与建筑的融合形成的古村落……我们不难看出，古村落的文化空间是直观的、封闭的、完整的、形象的。

此外，在文化空间构成中，还有各种生态风格的文化空间、各种民俗文化的文化空间、各种生产生活方式的文化空间、各种艺术品种的文化空间等。

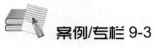
案例/专栏 9-3

客家传统舞蹈文化空间

从文化空间的角度来看，客家传统舞蹈是客家文化的象征，是时代的集体记忆，是客家传统文化核心概念的表现。融合了客家民族舞蹈元素的文化空间，为客家民族舞蹈的存续和发展提供了文化场域。根据其地理和历史属性，客家传统的舞蹈文化空间主要包括物质场所（如寺庙、展销会、社区、村落、学校）和非物质实践活动（如庆典、节日、展演、竞技等）。

客家传统舞蹈文化空间包括以下五个方面的特征。

（1）活态性。活态的文化空间凝结着特定空间中特定群体的灵魂、精神、价值观、创造力，是非物质文化遗产传承的根本，同时在传承行为叙事上具有了生命力。②客家传统舞蹈是以客家地区的生产与生活方式为基础，反映了客家人的审美习惯，是一种具体化的文化，也是一种具有生命力的生活文化。传承舞蹈的同时也传承客家文化的文化基因，它表现在需要依靠人来传承，传承人的思想和价值观融入文化空间。传承主体在抢救传统舞蹈文化遗产的过程中，对舞蹈动作、姿势、技巧进行筛选，同时恢复和完善分散的、碎片化舞蹈文献。在传承主体之间的相互交流过程中，对舞蹈的继承和发展起到了重要的作用。

（2）传承性。文化传承不是单线的延长或原质的移位，而是既有衰减又有增量，

---

① 刘尧汉，卢央. 文明中国的彝族十月历[M]. 昆明：云南人民出版社，1986：12.
② 张博. 非物质文化遗产的文化空间保护[J]. 青海社会科学，2007（1）：33-36.

以创新达成文化的积累。积累是传承的结果，而积累的核心是传承者的创新。[1]客家传统舞蹈的每一个状态、每一个动作都有规律可循，保证了客家群体的身份和文化认同。例如，客家人勤奋、开拓进取的精神体现在舞蹈中，舞蹈服装和道具都是客家人的生活工具，让传统的客家舞蹈充满活力。客家传统舞蹈的传承和发展可能会随着经济基础、社会结构和生活环境的变化而中断或改变，但其文化意义和精神价值通过创新和发展得以传承，如梅州"杯花舞"的传承主体由道士到民间艺人再到舞蹈工作者和研究者的更替、人物从三奶娘到客家女子的转换、仪式从道教的娱神到民俗的娱人、表演从一人男扮女装到女子群舞等。

（3）地域性。客家传统舞蹈是在社会结构、经济生活、风俗习惯等条件下形成的具有独特风格和地域色彩的舞蹈文化，其产生明显受到当地文化和自然环境的影响。客家人是汉族民系，居住在黄河流域，南迁避战，后迁至江西、福建、广东等省。由于山区资源匮乏、交通不便，人口与环境存在很大矛盾。这些地区的环境决定了客家传统舞蹈的内容与山农生活息息相关；表演注重仪式感，融合了宗教信仰的虔诚心理；动作强调实用性和交流的目的性；不追求艺术性，以日常工具和劳动工具为主，衣服简单朴素，主要颜色是蓝色、黑色和灰色。此外，良好的人文社会环境为传统舞蹈的形成提供了土壤。

（4）场域性。对社会、团体和个人而言，文化是一种借助内聚力来维护本体身份的连续过程。[2]实践主体对文化的再现与复制是在特定的场域给予他人一定的文化诉求和文化认同，这个特定的场域"被定义为在各种位置之间存在的客观关系的一个网络（Network），或一个构型（Configuration）"[3]。根据客家群体的生活、生产和文化需要，将传统客家舞蹈保留在特定的生活领域。由场地、服装、道具、唱词、表演者、参与者等要素相互作用共同构成关系域，具有鲜明的地方特色。

（5）整体性。客家传统舞蹈的文化空间不仅涵盖客家传统舞蹈的姿态、节奏、技巧、道具、歌词、服饰、地点、时代、仪式等，还包括客家传统舞蹈的继承主体和受体，这些统一构成了文化空间的整体性。以舞蹈《八角莲池》为例，舞蹈的基本动作有毫光指、点步转身、执杖摇杯、举杖划杯、横杖跪拜、抢舞杖花等；锣鼓打击配乐的板式分为流水板、短字板、两下半鼓、快板、长七字歌、仰启慢板等；唱词有固定唱本，亦可即兴发挥，褒贬现场人物，教化味道浓重。这些组合在一起构成了舞蹈的整体性，赋予其深刻的人文含义。

（资料来源：任艳花.非遗视域下客家传统舞蹈文化空间的特征研究[J].四川戏剧,2019(10):119-121.）

【思考】客家传统舞蹈文化空间中有哪些部分是可以应用数字化技术的？应用数字化技术会带来怎样的效果？

---

[1] 刘锡诚. 传承与传承人论[J]. 河南教育学院学报（哲学社会科学版），2006（5）：24-36.
[2] 丹尼尔·贝尔. 资本主义文化矛盾[M]. 严蓓雯，译. 北京：人民出版社，2010：81.
[3] 皮埃尔·布迪厄，华康德. 实践与反思：反思社会学导引[M]. 李猛，李康，译. 北京：中央编译出版社，1998：134.

案例/专栏 9-4

国外文化空间案例

	项目	国属	类别	覆盖范围	文化特质
1	帕兰克-德-圣巴西里奥文化空间	哥伦比亚	文化空间	圣巴西里奥帕兰克村，3500人，社区居民居住在一种有防御功能的叫作帕兰克的村庄里，其先祖是来自非洲的逃亡奴隶	具有非洲特征的社会、语言、音乐、宗教和医药；社会组织由家族网络和年龄组构成；集体性丧葬仪式与医学实践
2	梅拉镇孔果圣灵兄弟文化空间	多米尼加	文化空间	彭特科斯特岛，兄弟会由非洲奴隶和混血儿创建于16世纪	用"孔果"的鼓式乐器在宗教节日（如"圣灵节"）和葬礼上演奏
3	基努文化空间	爱沙尼亚	文化空间	基努和曼尼贾等小岛，居住着约600个基努人	基督教传入之前的口传歌曲、游戏、舞蹈、结婚庆典和妇女穿戴的羊毛手工制品等；男女自然分工的生活方式；美丽的自然遗产
4	尼雅加索拉索·巴拉文化空间	几内亚	文化空间	尼雅加索拉村，居住着曼丁格族群中著名的多卡拉家族	索索·巴拉是一种神圣的乐器，家族的族长是其守护神、演奏者和传承人
5	佩特拉和维地拉姆的贝都人文化空间	约旦	文化空间	约旦南部，近佩特拉和维地拉姆文化遗址，居住着贝都人	传统游牧文化；群体定居与游牧结合的生活方式；丰富的自然环境的知识体系和认知方式；口传的神话故事；口头表达的文化形式
6	雅阿拉勒和德加勒文化空间	马里	文化空间	尼日尔河三角洲的颇尔人在迪亚巴伐蕾和迪亚卢贝两地牛群迁移横渡区域举行的庆典活动	牛群选美；音乐和舞蹈表演；牧民吟诵叙事诗；年轻姑娘和望夫归来的妻子们盛装展示
7	吉马·埃尔弗纳广场的文化空间	摩洛哥	文化空间	马拉喀什市老城入口处当地人和游客参与的广场文化活动	故事、奏乐、耍蛇、动物表演、占星、游医等世界各地文化的展演；世界各地的方言讲述古老的故事；市民文化和民间传统文化的融合

续表

	项 目	国 属	类 别	覆 盖 范 围	文 化 特 质
8	塞梅斯基文化空间与口头文化	俄罗斯	文化空间、口头文化	特兰斯贝卡地区,尤其在塔尔巴嘎台村,"以家庭为单位生活的人",是旧礼仪派信徒群体	忠实于17世纪以前的东正教;饱受流放、驱逐和虐待的历史和群体意识;坚守旧俄罗斯的生活方式,严格的道德规范、古老的服饰,别具一格的住所和装饰艺术;演唱源自中世纪的俄罗斯弥撒音乐
9	博逊地区的文化空间	乌兹别克斯坦	文化空间	位于小亚细亚至印度的通道上,现有82 000多人	多元宗教的融合;传统的祭祀仪式;独特的人生礼俗;节日庆典中的歌曲演唱和器乐弹奏
10	铜鼓文化空间	越南	文化空间	越南中部山区的几个省,17个少数民族族群	传统农耕方式;独特的房屋造型和装饰;信仰祖先崇拜、萨满教、万物有灵;铜鼓是庆典的主要乐器,具有超人的神力;各类祭祀和庆典中的铜鼓演奏;加工但不制作铜鼓

(资料来源:本书作者根据互联网资料整理。)

【思考】简述国外文化空间与国内文化空间的相似性和差异性。

五、非遗文化空间在虚拟中的开发与利用

AR、VR、3D数字化等数字技术在文化空间的应用是从博物馆领域开始的。而博物馆用数字技术构建虚拟的文化空间,可以从两方面来看。首先,在展品方面,AR技术侧重于线下交互,VR技术侧重于虚拟体验,将两者结合起来,可以为用户提供更好的线上与线下服务。例如,知名博物馆可以利用数字博物馆的技术,让更多人了解博物馆,包括展厅信息、文物介绍等。这就是VR技术在博物馆中得以广泛使用的地方。再如,结合AR强大的交互性,可以吸引游客在展品前驻足。其次,数字技术还可以用于文物保护,受限于一些技术发展因素或其他不可避免的因素,文物的3D数字化不失为有效的保护措施。

(一)非物质文化遗产与VR

非物质文化遗产包括丰富的传统民俗生活、奇幻的神话故事、具有现实意义的语言和谚语、传统生产生活的曲调等。非物质文化遗产的艺术形式和思维特质决定了其在VR内容领域的潜力。而如果能打造一个非物质文化遗产的VR体验文化空间,就可以像现代先进科技馆、博物馆一样对非物质文化遗产进行存储和传播,更能够吸引到年轻人。

利用虚拟现实技术可以再现川剧的虚拟场景,对川剧表演进行计算模拟,设计3D的

虚拟表演者、环境、道具、乐器、声音、人物、服装等。通过虚拟场景，手势、姿势可以通过不同的方式与观众进行交互，实现川剧表演的视觉模拟体验。利用 VR 技术为形式多样的满族非物质文化遗产项目构建数字展览馆，通过素材收集、场景建模、交互设计构建出用户体验真实、效果贴近原貌的三维数字化展览馆，使内涵丰富、形式多样的满族非物质文化遗产得以全面真实地展现出来。

在国外，意大利以托斯卡纳传统的青铜熔模铸造工艺为对象，使用虚拟现实技术建立了一个沉浸式交互平台，供用户参与。用户可以全程跟踪青铜艺术品的诞生过程，仔细研究创作过程中的每一个步骤，并通过虚拟环境中的图文介绍、影片等交互内容详细解析每一个步骤的操作要点和历史背景。

（二）非物质文化遗产与 AR

AR 与 VR 是不同的概念，VR 是指创建完整的、令人"身临其境"的 3D 环境，而 AR 是指使用各种硬件技术来创建一个基于真实世界的、带注解的或者"增强的"复合场景。[①]在 AR 所创造的复合场景中，为非物质文化遗产的应用与开发、保护与传承提供了更多路径和可能。同时，这也为非物质文化遗产的拥有者、传承者、体验者提供了一个场景去面对面互动，增强了参与感和在场感。AR 技术为非物质文化遗产的发展提供了强大动能。

苗族银饰作为苗族重要的民族用品，被用于日常生活以及重要场合的装饰，象征着苗族的民族文化以及信仰。苗族是一个有着自然崇拜、图腾崇拜和祖先崇拜的民族，因而在他们的银饰上表现出各种各样的图案，具有深厚的民族文化内涵。但是，密集分布于云贵高原的苗族，其经济和科技的发展都比较滞后，并且受一些传统规矩的限制，如银饰锻造工艺仅传苗族内的男性，使得苗族银饰的传承变得困难。从事了 35 年苗族银饰锻造的国家级工艺传承人吴水根就深刻地体会到了苗族银饰传承之路的阻碍。尽管他打破了一些传统规矩，但到目前也仅仅带出 18 位徒弟，这对于一项非物质文化遗产手艺传承来说并不乐观。吴水根希望可以打破传统限制和地域限制，为苗族银饰传承带来新的生命力。AR 技术的应用让苗族银饰被展示到大众的面前，使更多人了解和喜欢上了苗族银饰。同时，AR 技术还能让大众参与到锻造之中，激发大众的兴趣。这些都让吴水根看到了苗族银饰锻造技艺传承的新希望。

（三）非物质文化遗产与 3D 技术

3D 打印技术是对物体进行数字建模，将建模逐层分成截面，再运用粉状的可黏合性材料，以逐层叠加的方式塑造出物体的形状。它可以根据材料的不同而快速制作不同的物体。它在非物质文化遗产中运用得比较广泛，如 3D 打印土家吊脚楼传说场景、3D 打印寻甸彝族非物质文化遗产器物等。

3D 全息投影是将物体的全角度的反射光，通过不同底片位置结合颗粒与光源的照射，

---

① TONY MULLEN. 增强现实 必知必会的工具与方法[M]. 徐学磊，译. 北京：机械工业出版社，2013：1.

在视觉上产生三维立体影像。目前，这项技术被广泛应用于演唱会、舞台剧等，并取得一定的积极成果。在非物质文化遗产方面，云南乌铜走银利用 3D 全息投影使陈列品不再只是图片，而是全方位地展示制作过程，更具有互动性和参与性。

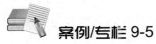案例/专栏 9-5

"马街书会"数字影像展示设计

起源于元代的"马街书会"，已经成为当地及其周边人们一项主要的文化空间实践活动。每当农历正月十三，就会有很多的曲艺人自带乐器来到河南省宝丰县马街村。不需要正规的舞台布置和规范的流程，就是就地扎书棚，席地而唱，以曲来互动，展书、卖书。包含了三弦书、京韵大鼓、山东琴书等 40 多种曲艺曲种在这里表演，每天都能吸引到很多人前来表演、谈书或是观赏。成千上万的书棚和表演，以及拥挤热闹的马街书会壮观场面，成为中国民间艺术文化史上的一道风景线。

实体文化空间中的马街书会并不适合展示。首先是因为马街村没有专门的区域，没有规范性地搭建书棚，导致书棚分散凌乱，第一次来可能会迷路。同时，由于人流量较大，声音非常嘈杂，使得数字记录不能达到最好的效果。在这样的情况下，如果对马街书会进行直接的推广，不仅无法让参观者了解马街书会作为传统曲艺活动的内容和价值，也无法感受到传统文化空间的魅力。因此，需要对马街书会的文化空间进行整理和设计。这就引出了以展示为媒介的信息传播过程中技术参与、信息加工的必要性问题。例如，利用数字虚拟影像制作技术，就可以实现内容的提炼与内涵的凸显。以多媒体显示为基础，利用 3D 动画技术对人物面部的特征和动作进行抽象和动画处理，可以使其更具特色和醒目。同时，可以利用虚拟现实技术和现实增强技术打造原汁原味的、具有互动性的虚拟书会场景。可以将宏大的场景与单个曲艺人表演相结合，构建起一个令参与者身临其境的虚拟马街书会。除此之外，还可以利用 3D 全息投影，小范围地对书会进行复刻，更便于参观者在更多的地方体验到马街书会的魅力。

（资料来源：杨红，张烈. 非物质文化遗产实体展示空间中的数字化应用[J]. 遗产与保护研究，2016（5）：16-20.）

【思考】虚拟文化空间的构建为现实文化空间带来了什么利弊？

本章小结

▸ 非遗数字化是由于非物质文化遗产形态在文化流变中的散失程度较高，随着现代科学技术的发展而兴起的保护、利用和开发手段。

- 非遗数字化合法性具有自然法则与社会法则两层内涵。一是自然法则，技术发展所带来的变化正好为非物质文化遗产保护提供了新手段。二是社会法则，技术为非物质文化遗产带来革新的同时，也将非物质文化遗产的内涵精神贯彻始终。
- 非遗数字化所创造的价值远不止历史价值、文化价值、社会价值和经济价值四个方面，其在审美艺术、科学认识以及教育研究等其他方面的价值也将得到更为全面的彰显。
- 空间是文化生存和延续的保障，为象征、符号、价值观念、叙事行为、集体记忆、历史记忆等要素的互动提供了场所、条件和环境。
- 虚拟文化空间为非物质文化遗产的开发与应用、保护与传承提供了新的场地，同时为非遗数字化提供了新的载体。但是虚拟文化空间并不能离开现实文化空间独立存在。虚拟与现实的关系依然是非遗文化空间发展的重要命题。

综合练习

一、本章基本概念

数字技术　非遗数字化　文化空间

二、本章基本思考题

1. 非遗数字化包含哪些方面？
2. 简述非遗数字化的关键技术。
3. 简述非物质文化遗产数字化的合法性。
4. 简述非物质文化遗产数字化的价值。
5. 简述现实文化空间与虚拟文化空间在非物质文化遗产保护与传承上的差异。
6. 简述现实文化空间与虚拟文化空间的关系。
7. 简述数字化对于非物质文化遗产及其文化空间的利弊。

第十章

产品与市场——现代文化消费与非物质文化遗产保护发展

 **学习目标**

通过对本章的学习,学生应了解或掌握如下内容:
1. 了解非物质文化遗产保护发展与现代文化消费的关系;
2. 了解非物质文化遗产保护发展在现代文化消费中的发展路径;
3. 了解非物质文化遗产保护与开发、利用的原则与重点;
4. 了解非物质文化遗产市场与需求的关系。

 导言

非物质文化遗产的保护、开发与利用一直是非物质文化遗产传承过程中的重要研究方向。中国非物质文化遗产保护实践与研究发展的 20 年来,伴随社会不断进步及居民人均收入的持续增加,现代大众的消费需求越发多元化。在数字化与新媒体时代,文化的创造与传播不再具有专业壁垒,时间与空间难以成为限制。在此背景下,大众日益提升的现代文化消费需求使非物质文化遗产的保护与发展迎来了全新的机遇与挑战。非物质文化遗产作为文化产品,其市场的规模更多取决于其如何进行创意设计与宣传推广。非物质文化遗产的涵盖面广、类别多样,传统工艺技艺、传统节日节庆、传统音乐歌舞及戏曲、传统文化空间等类别在现代消费市场的转化中具有较大的差异性。同时,文化消费市场的需求一方面使非物质文化遗产回归其"日常性"的本质,逐渐融入大众日常生活,另一方面也使非物质文化遗产不断通过新媒介等渠道扩展,实现非物质文化遗产的"活态化"保护。

第一节　非遗文化产品的创意设计

"创意设计属于知识型的脑力劳动，依靠设计者的经验、教育水平和创意能力来呈现劳动价值，是非标准化的工作。"[①]在现代文化产品的生产加工过程中，"原创性""独特性""个性化""定制化"等标签往往进一步提升了文化产品的附加值，因此大部分通过创意设计包装的文化产品的价值要远高于一般性消费品。文化产品的创意设计并非单一地提供产品的外在形态，其本身是一个广泛的范畴，核心在于"创意"，即赋予产品丰富的精神内核。相较于传统的满足日常生活需求的消费方式，文化产品的消费群体更趋于年轻化、小众化。随着全球经济、互联网和物流的持续蓬勃发展，文化产品不再受传统意义上的时间与空间的约束与限制，传统的以休闲娱乐为主的精神文化消费不再能满足消费需求，消费市场把目光转向更独特的产品。

非物质文化遗产是中华优秀传统文化的精髓之一，是体现中国传统民间民族文化的重要载体，反映了一个族群的情感表达、历史脉络、价值观和审美观。非物质文化遗产并非单一的物质形态，其更深层次的内涵在于活态的技艺展示与表达，也是以传统文化传播意识形态的重要表现形式，重点在于其创造与发展的过程，以文化为魂、以技艺为骨。非物质文化遗产历经不断的流变与创新，始终伴随着社会的发展及人的审美观、价值观而存在，其涉及内容庞大，涵盖了大众日常生活中的衣、食、住、行及精神文化信仰等多个层面。2021年8月，中共中央办公厅、国务院办公厅印发《关于进一步加强非物质文化遗产保护工作的意见》指出："在有效保护前提下，推动非物质文化遗产与旅游融合发展、高质量发展。深入挖掘乡村旅游消费潜力，支持利用非物质文化遗产资源发展乡村旅游等业态，以文塑旅、以旅彰文，推出一批具有鲜明非物质文化遗产特色的主题旅游线路、研学旅游产品和演艺作品。支持非物质文化遗产有机融入景区、度假区，建设非物质文化遗产特色景区。鼓励合理利用非物质文化遗产资源进行文艺创作和文创设计，提高品质和文化内涵。利用互联网平台，拓宽相关产品推广和销售渠道。鼓励非物质文化遗产相关企业拓展国际市场，支持其产品和服务出口。"这充分体现出目前对于非物质文化遗产的传承与保护有多个途径且能够在多个领域发展。

本节主要以传统工艺技艺，传统节庆和传统音乐、舞蹈和戏曲为例，探讨非物质文化遗产保护发展与现代文化消费的问题。

一、传统工艺技艺类非遗与文创设计

传统工艺技艺类非物质文化遗产涵盖面广，与大众日常生活息息相关，凝结了劳动人

[①] 谷丛. 互联网平台产品创新的众创策略研究[D]. 北京：中国美术学院，2020.

第十章
产品与市场——现代文化消费与非物质文化遗产保护发展

民的智慧结晶，反映了人类发展的悠久历史。随着社会变迁，机械化成为现代社会最主要的生产途径之一，传统工艺与之相反，更多地以手工的方式开展小型生产活动，这一生产方式意味着传统工艺仅能够小范围、小批量地生产，虽然其生产的产品极大程度地避免了同质化，但也因此逐渐失去在现代消费市场中与同类产品竞争的机会。区别于其他工业化生产下的文化产品，工艺技艺类非遗具备其独特性，这种差异化也使大众在大量同质化产品中产生新需求，因此如何为传统工艺赋予更符合现代大众审美的元素，并使其获得更有效的传播是传统工艺技艺进一步扩大自身生存空间的重要方式。传统工艺在转化为文创产品前，强调的是"工"，即技艺，而文创设计的核心则是"创意"，即新颖的、独特的想法。文创设计在工艺技艺类非物质文化遗产中的体现，一方面是外在的形态展示，另一方面则是赋予物品内在的精神文化。

中国地大物博，悠久的历史孕育了56个不同民族的灿烂文化。其中，地处西南边陲的云南省汇聚了26个民族，成为中国少数民族大省，形成了丰富且独特的文化体系，与富足的自然资源、温和宜人的气候一并造就了云南条件优越的文化旅游市场。作为中国发展起步较早的旅游省份，云南旅游市场自2010年起，在以丽江、大理为首的热门旅游城市内，雨后春笋般涌现一批"手工艺"产品，这些产品形式较为单一，多以小件的围巾、披肩、首饰、小型的乐器、摆件等为主，在传统的样式上进行简单的设计，融入艳丽的色彩与简单的线条图案，形成了消费者眼中的"民族风"印象。歌手"丽江小倩"2008年的作品《一瞬间》以及2011年杨丽萍大型原生态演艺节目《云南映象》的成功演出，使"民族风"扎染及各种串珠的衣帽首饰、木鼓等产品一时间风靡整个云南旅游市场，丽江、大理等城市的大街小巷挂满了同质化的"民族风"产品。然而，过于同质化的产品虽然能够在短期内吸引消费者的目光，但注定难以长期在市场生存，这些产品大部分甚至不是由本地工厂批量化生产的，而是经由以义乌为代表的大型批发市场流入云南的，云南本土的传统手工艺技艺难以得到施展，亟须更具突破性的产品打破这一僵局。根据国家发展文化产业的相应政策，云南省于2013年出台了《云南省民族民间工艺品发展规划》，其中确定发展以"金、木、土、石、布"为核心的民族民间工艺品特色产业，"乌铜走银""新华村银器制作技艺""剑川木雕""建水紫陶""玉溪柴烧""瓦猫""剑川梅园石雕"等非物质文化遗产项目几乎被"金、木、土、石、布"涵盖在内。在政府政策的支持下，一批文化旅游企业开始关注云南传统手工艺的生存与发展，思考如何对云南丰富的工艺技艺类非遗进行创作与包装。

一家名为"拾翠"的企业在云南手工艺文创产品市场中脱颖而出。"或采明珠，或拾翠羽"[①]，"拾翠"取其意，背后隐含的是对云南传统民间民族手工艺的美好期许。由运营中心、产品中心、电子商务中心、财务中心、人事行政中心、设计中心、艺术中心组成的拾翠团队依托2013年的"金、木、土、石、布"特色文化产业发展模式，走访了云南省337个自然村落和1563位民间传统手艺人，选取其中146个非物质文化遗产手工艺项

---

① 曹植《洛神赋》。

目，在这些非物质文化遗产手工艺的原有基础上进行二次提炼、设计、包装，形成了以传统手工艺文化为基础、以创意设计为核心的模式，强调用传统民族民间手工艺产品满足当下大众审美和现代文化消费市场需求。2013年，拾翠坐落在昆明市翠湖公园内的莲华禅院，利用城市中心公园的地理优势，结合云南大学、云南师范大学、昆明理工大学等高校文化氛围，围绕翠湖公园这张昆明市"文化名片"，将传统文化与现代运营模式对接，到2014年年底，拾翠在莲华禅院内的手工艺品牌达到24个，基本覆盖"金、木、土、石、布"五个门类；2019年，拾翠再次整合云南传统手工艺、非物质文化遗产资源，通过对昆明氧气厂进行改造升级，"拾翠民艺公园"正式对外开放；2022年，拾翠从翠湖公园内莲华禅院的小型商铺发展为不仅在昆明市商业中心"顺城购物中心"拥有3000平方米商铺，还包括坐落于昆明金鼎山氧气厂旧址的"拾翠民艺公园"的云南手工艺重要合集，拾翠的强势介入使原先难以在现代市场生存的大量非物质文化遗产手工艺再次受到关注。位于昆明市中心顺城购物中心5楼的拾翠民艺市集被划分为手工艺礼品区、文创产品区、餐饮休闲区等区域。当代大众文化消费建立在吃、住、行、游、购、娱的基础之上，延伸出多元丰富的品类，拾翠作为云南省本土品牌，将这一概念发挥得淋漓尽致。民艺理论家柳宗悦认为"生活就是要刻意追求俭朴之风。良好的器物若是过于华美，就会流于俗套。优良的质地、合适的形态、淡雅的色彩是确保美的要素，也是耐用的性质之一。当器物失去实用的价值，也就失去了美"，拾翠充分发挥了这一理论，将传统的手工艺以现代的审美重新包装塑造，在保留其工艺技巧与实用性的同时，化繁为简，用或简约或斑斓的形态和色彩，以全新的方式诠释云南的非物质文化遗产手工艺品，挖掘其背后的故事，意在将传统艺术融入现代生活。"体验性"是扩大消费市场的重要手段，拾翠在开拓市场的过程中，同样注重消费者对非物质文化遗产的"体验性"。通过"线上+线下"的宣传，拾翠开发了一系列"手艺合集"课程，通过"非遗+研学"、"展览+课堂"、"课堂+美食"、非遗市集、咖啡市集、复古市集、露营市集等多种现代时尚新潮的体验性活动推广品牌与云南本土文化，其受众不仅仅局限于成年人，同时面向青少年、儿童。拾翠在多年的探索中，创造了云南本土非物质文化遗产的发展新模式，集合多项富有特色的云南省非物质文化遗产手工艺品，融合了当代年轻消费群体关注的休闲、娱乐等项目，将非物质文化遗产与生活美学结合，打造了一个云南本土文化"乐园"。

二、节庆类非遗的创造性转化

在中国的非物质文化遗产代表作中，传统节庆数量众多。传统节庆大多与先民的祭祀、宗教信仰等活动有关，在长期的历史发展过程中，逐渐演变为现今大众所熟知的节庆，部分节庆活动的内核仍有保留，随着时代变化，新的节庆形式和内涵也不断被附加其上。进入现代社会，各类节庆活动在原有的祭祀、宗教信仰、纪念意义的基础上，与大众的吃、住、行、游、购、娱紧密相联，成为推动各地旅游消费市场蓬勃发展的重要途径之一。

南京市有"六朝古都""十朝都会"等美誉，积淀了厚重、悠久的历史文化底蕴，大量史料文献均记载了其数千年的历史文化风貌。源远流长的历史造就了南京丰富的民俗文化活动。秦淮灯会也被称为"金陵灯会""夫子庙灯会",在每年春节至元宵节期间,它都是南京市最热闹、最盛大的活动。秦淮灯会集中在夫子庙、天下文枢及秦淮河段的中心街区,是南京市具有标志性的重要民俗文化活动,也是中国规模最大的民俗灯会,其由来已久,据史料记载,可追溯至东吴时期。夫子庙一带自古便是南京的人口集聚区域,每逢灯会,人潮密集,市集内以扎花灯谋生的民间艺人创造了十二生肖灯、花草植物等近400种不同形态的繁复花灯。悠久的的历史使秦淮灯会在南京市发展过程中成为数代南京市民的集体回忆。2006年,南京秦淮灯会经国务院批准列入中国首批国家级非物质文化遗产名录。2007年,南京市秦淮区被中国文联授予"中国灯彩之乡"的称号。南京作为六朝古都,在现今也有着优良的中华优秀传统文化发展基础,秦淮灯会、国风音乐节等都成为消费者喜闻乐见的文化活动。伴随中国全面建成小康社会、人民收入水平不断提高、日常消费能力持续提升,文化消费已经成为大众日常消费的重要组成部分,传统文化、非物质文化遗产文化等也成为年轻消费者的青睐对象,南京秦淮灯会无疑是南京最负盛名的文化活动,为南京市发展传统文化锦上添花。

　　当文化消费逐渐占据人们日常消费的较大部分时,非物质文化遗产的创造性转化就成为其传承与发展的难点和重点。《金陵赋》有云"笪桥旧有灯市,蔓延于评事街,比岁稍寥落,而县学文庙称盛焉"①,秦淮灯彩是南京传统文化的缩影,展示了南京秦淮灯会的风采。它作为秦淮灯会的物质载体,是秦淮灯会的重要组成部分,其种类繁多、样式复杂、色彩丰富,具有高超的制作与染色技艺。自东汉时期就初露风采的秦淮灯彩是传统节庆活动中不可缺少的一部分,尤其以元宵节为甚,秦淮灯彩"斜晖交映,倒映澄鲜"②的景象被载于历史,既是对当时灯彩的赞美,也是对其技艺的赞美,同时反映了灯彩手艺人的审美。清朝至民国时期,由于传统节庆热情的消退以及内忧外患的社会环境,秦淮灯会逐渐走向没落,悄然退出人们的日常生活。进入现代社会后,随着社会的进步与经济的发展,大量传统民俗活动及其相关的文化消费重新回到人们日常生活的视野,秦淮灯会也重返南京市的传统节庆活动,延续和光大其作为非物质文化遗产的重要价值。传统的灯彩受森严的等级制度的影响,造型严谨、图案繁复、端庄大气,体现了极强的工艺感。然而,过于刻板的形态和相对暗淡的色彩在一定程度上制约了它的发展。传入民间并进入现代社会后,灯彩的制作材料日益丰富,色彩与造型的呈现也日渐多样,骨架在最初的竹木、草棉基础上衍生出纸、纱、绸缎甚至玻璃,灯芯也从油煤发展为电灯,造型从传统的宫灯创造出荷花、孔雀、元宝以及各类组合形式的组灯。秦淮灯彩的不断转变基于其本身的实用性与独特的审美,也得益于中华民族依托传统节庆活动的深刻表达,传统的工艺与现代的设计结合成就了南京市秦淮灯会,也通过秦淮灯会不断传承着秦淮灯彩这一历史悠久的传统技艺。

---

① 《金陵赋》,程先甲。
② 《列灯赋》,简文帝,南朝。

伴随城市旅游产业的不断转型、升级，游客对城市文化的探索热情持续高涨，秦淮灯会这类浓缩了城市人文气息的节庆活动，已然成为备受游客青睐的"打卡地"，虽然历史不断演变，但传统民间工艺的发展仍然保留其实用价值与审美的内核，不断随着社会、经济、科技的变化而进化，承载着大众对城市文化的深刻情感。

三、传统音乐、歌舞、戏曲类非遗与现代演艺产品

传统音乐、舞蹈和传统戏曲是记录一个地区或族群历史文化脉络的重要方式，其发展可追溯至早期人类社会的祭祀活动，通过不同的肢体动作和语言符号表达族群信仰，从而巩固族群的和谐。在人类文明长期的发展过程中，音乐歌舞逐渐从祭祀活动转化为休闲娱乐活动，其精神内涵也从对祖先神明的信仰转变为对不同事物、文化的叙述。族群文化不同，所产生的传统音乐舞蹈形式也不同。戏曲正是反映了各地方、各民族的传统文化艺术的载体，从宋元时期至今，戏曲有近 800 年的发展史，在漫长的发展过程中，诞生了众多优秀的戏曲艺术家及作品。然而，时代的变迁使这类艺术形式在新时代中陷入生存窘境，其受众也趋于中老年化。

发源于苏州昆山一带，融合了唱念做打、舞蹈武术的昆曲是反映传统文化艺术的代表性剧种。在明代年间，涌现出以《牡丹亭》《长生殿》《桃花扇》为代表的大批优秀昆曲剧目，诞生了一批如梁辰鱼、汤显祖、洪昇、孔尚任、李玉、李渔、叶崖等优秀昆曲艺术家。2001 年，昆曲被联合国教科文组织列入首批"人类口头和世界非物质文化遗产代表作"。明代剧作家汤显祖的作品《牡丹亭》是昆曲中的最著名的剧目之一，其唱词与唱腔都体现了极强的人文艺术色彩，深受昆曲爱好者的喜爱。20 世纪 80 年代，著名昆曲艺术家张继青将《牡丹亭》带到意大利、德国、法国、日本、西班牙、美国、新西兰等多个海外国家。被称为"昆曲皇后"的华文漪旅居美国后，将《牡丹亭》等昆曲剧目传播到美国戏剧界；1998 年，彼得·塞勒斯（Peter Sellars）导演了歌剧版《牡丹亭》；1999 年，陈士争导演了传奇版《牡丹亭》；2004 年，白先勇策划的青春版《牡丹亭》首演；2008 年，苏州昆剧院与日本艺术家坂东玉三郎合作了中日版《牡丹亭》。虽然《牡丹亭》这一昆曲剧目在国内外产生过很大的影响力，但昆曲总体的保护发展并不乐观。从清代中后期京剧出现并风靡当时起，昆曲就逐渐式微，直到新中国成立后对其采取抢救性保护传承措施，通过扶持昆曲艺术团、培养昆曲青年演员等，才让昆曲重新展现出其独特的风采。但几乎所有和昆曲一样的传统戏曲形式，进入现代社会后都面临着传承、传播的种种瓶颈，关键的问题就是受众群体、文化消费的内容和形式都发生了巨大的变化。

但青春版《牡丹亭》是一个特别的例子。青春版《牡丹亭》在创作之时，精准地将受众定位为昆曲爱好者和青年群体，满足了现代大众审美的同时也保留了传统、古典的美。其广泛的传播离不开以下几点：一是《牡丹亭》经典的剧本。内容是整部剧目的灵魂，是演员表现的基础，是吸引大众的根本。白先勇等人在创作过程中，将原先略显冗长的 55 折剧本缩减为 3 本共 27 折，控制演出节奏，保留剧本核心，让观众在观看过程中更轻松、

更愉悦地体验到《牡丹亭》之美。二是依托精英制作团队全方位制作、呈现优良作品。制作人白先勇拥有极高的戏剧审美品位，在制作过程中邀请浙江昆剧团著名艺术家汪世瑜担任总导演，由有昆曲界"旦角祭酒"美称的张继青担任总顾问，中国台湾金马奖得主、著名导演王童担任美术总监，优秀的团队及精良的制作将古典与现代审美完美融合，使整部剧目更符合现代大众审美。三是制作团队对舞美的设计与改良。传统昆曲的服装繁杂、形式多样、规矩森严，常反映出不同的时代背景及社会阶级。然而，繁复的服饰所代表的文化对于大部分年轻观众来说稍显艰涩，制作团队以粉红、柳绿、月白等明艳又颇具风雅的色彩对整部剧目的服饰进行了改良，以最直观的视觉冲击将古典色彩美呈现给观众。四是符合互联网时代的营销传播策略。有效的传播策略是非物质文化遗产在现代社会传承发展过程中面临的挑战之一，制作人白先勇早在创作伊始就意识到现代媒体的影响力，通过与中央电视台、新华社、《人民日报》等大量主流媒体及英国广播公司（BBC）、《纽约时报》等外国媒体进行有效沟通与采访，参与大量线上、线下的演讲与宣传，以"巡演"的方式在海内外进行演绎，青春版《牡丹亭》得到了前所未有的关注。如果说传统社会中的《牡丹亭》是以传统的昆曲表演形式，依托各个"名角"，面对"剧迷"进行演绎，那么青春版《牡丹亭》则是为昆曲乃至其他剧种提供了新的发展思路——以《牡丹亭》的青春爱情故事、青年昆曲演员、青年观众重焕昆曲青春，"青春"既是卖点，亦是制作团队对昆曲传承的突破与实践。

全球化时代，大众眼界的日益开阔使传统的休闲娱乐方式不再能满足大众的精神文化需求。传统的演艺呈现方式是演员在舞台上表演、观众在台下观看，各地的剧院每年几乎都有几出常驻演出，但演艺的单一化、同质化，以及较为高额的票价使大部分观众难再全身心投入其中。千禧年年初，北京京剧院以小剧场演出的形式上演京剧《阎惜姣》《玉簪记》《昭王渡》《浮生六记》等，被认为是国内小剧场戏曲的开端。此后，中国逐渐兴起戏曲小剧场化，从北京、上海、广州等国际化程度更高的一线城市开始，纷纷推出一批小剧场戏曲，如中国评剧院的评剧《刘云打母》、上海昆剧院的昆曲《伤逝》、上海戏剧学院的京剧《马蹄声碎》、北京市河北梆子剧团的梆子《陈三两爬堂》、802戏剧工作室的越剧《牡丹亭》等，从大型剧院到高校剧场，从地方剧团到戏剧工作室，涵盖了京剧、昆曲、越剧、评剧、梆子等多个剧种，这类小剧场相较于传统的大型演出场馆更为小众化，但其内容更丰富、表现形式更多元、实验性更强、创新性更高，同时拉近了演员与观众的关系，使演出过程更具互动性。

2015年国务院办公厅印发《关于支持戏曲传承发展的若干政策》（国办发〔2015〕52号），提出要加强戏曲的保护与传承、支持戏曲剧本创作、支持戏曲演出、改善戏曲生产条件、支持戏曲艺术表演团体发展、完善戏曲人才培养和保障机制、加大戏曲普及和宣传、加强组织领导。传统音乐歌舞、戏曲类非物质文化遗产在现代社会中的发展，一方面要依托政府的政策扶持，但其关键仍然在于要与现代大众的需求和审美相结合。艺术本就是多形式呈现的，千人一面的文化商品注定无法在全球化及互联网时代受到大众青睐，传统音乐歌舞、戏曲类非物质文化遗产在保留其基本形式与深刻内涵的基础上，针对不同受众，通过现代审美的包装与宣传，与现代市场接轨，传承与创新并行，方能成为大众喜闻乐见的文化形式。

第二节　非遗文化消费市场的延展

随着社会经济快速发展，文化消费成为大众日常且重要的消费形式之一，文化消费的兴起使文化产品的创造过程开始融入越来越多新的要素。

法兰克福学派在对文化产业的批判中提到文化产业自身发展的生产资料、生产投入、生产主体、生产增值、生产推广、生产结果六个环节，也形成了早期文化消费的概念。文化消费从字面上可理解为文化作为产品或服务被消费。我国经济学学者尹世杰将文化消费定义为"对文化产品的消费享受，即消费者为了满足精神生活的需要，采取不同的方式消费文化消费品的过程，是高于物质消费的更高层次的消费"。对于文化产品的定义，《现代汉语规范词典》的解释为"以满足人民精神生活需求为目的而生产的学习、娱乐等方面的产品"，《社会学辞典》解释为"通过大脑的思维、科学概念和艺术形象来表现外部世界的知识、经验、观点、原理、创造、发明等"。对文化产品的定义反映了文化消费市场的需求，即除基本的吃、住、行等日常生活需求外，能够满足大众精神文化及审美需求，用于大众生活中文化教育、休闲娱乐及服务的物态或虚拟的产品。现代社会的发展与互联网技术的持续进步使经济与文化全球化改变了大众日常生活，文化消费市场日益国际化，传统单一的文化产品难再满足消费需求，在文化产品趋于同质化的市场环境下，不同地区均开始整合本土文化资源，形成差异化文化产品，并寻求能够将其推送至消费市场的有效路径。非遗作为中华优秀传统文化的重要组成部分，也成为文化消费市场的青睐对象。

2017年，由文化部、工业和信息化部、财政部联合印发的《中国传统工艺振兴计划》中，明确了"振兴传统工艺，有助于传承与发展中华优秀传统文化，涵养文化生态，丰富文化资源，增强文化自信；有助于更好地发挥手工劳动的创造力，发现手工劳动的创造性价值，在全社会培育和弘扬精益求精的工匠精神；有助于促进就业，实现精准扶贫，提高城乡居民收入，增强传统街区和村落活力"，同时提出尊重优秀传统文化、坚守工匠精神、激发创造活力、促进就业增收、坚持绿色发展的基本原则。2021年，中央宣传部印发《中华优秀传统文化传承发展工程"十四五"重点项目规划》，规划明确了23个重点项目，包括中华文化资源普查工程、国家古籍保护及数字化工程、中华经典诵读工程、中国传统村落保护工程、非物质文化遗产传承发展工程、中华民族音乐传承出版工程、中国民间文学大系出版工程、戏曲传承振兴工程、中国经典民间故事动漫创作工程、中华文化广播电视传播工程、中华老字号保护发展工程、中国传统节日振兴工程、中华文化新媒体传播工程、系列文化经典、革命文物保护利用工程15个原有项目以及国家文化公园建设工程、黄河文化保护传承弘扬工程、大运河文化保护传承利用工程、中华古文字传承创新工程、农耕文化传承保护工程、中医药文化弘扬工程、城市文化生态修复工程、历史文化名城名镇名村街区和历史建筑保护利用工程8个新设项目,这些项目涵盖了众多中华优秀传统文化,从记忆、传承、创新与传播着力,是动态且开放的系列工程,充分体现了中华优秀传统文化的内生性动力及非遗市场延展的无限潜力。

依托国家对非遗传承与发展的若干政策,非遗文化消费市场日益丰盈,非遗文化消费市场的竞争性也持续增强。在过去,传统非遗文化手工艺品在传承发展过程中依托手工生产难以提升产量的问题在大量非遗工艺生产与工业化生产结合后已得到解决,而创造力成为非遗在现代文化消费市场中得以发展的核心要素,一方面是从衣、食、住、行等方面融入大众日常生活,另一方面则是在大众日常生活需求的基础上,进一步追求个性与特色。二者的最终目的都是满足大众日益增长的文化消费需求,实现非遗文化产品的可持续发展,同时,全球化背景下新科技革命带来的文化传播技术革新亦成为当前营造新市场的发展大趋势。

一、非遗文化消费融入日常生活方式

在城市发展的过程中,消费方式也随着城市的更迭与经济收入的持续增加不断转变,其一方面表现了各层级消费群体的经济实力,体现出消费群体的消费取向,另一方面则反映了消费群体对于社会及文化的认同程度。当经济发展到一定程度时,关于文化的消费在大众日常消费中占比呈上升趋势,大众的文化消费偏好极大程度地反映了人在成长过程中形成的审美,审美的差异化造就了受众的不同,因此,非遗文化产品的受众不会是广泛的,其受众应是对这一类产品的外在形态及其蕴含的文化元素持认同态度的消费群体。在研究非遗保护与传承的过程中,学界学者提出了"积极性保护原则""整体性保护原则""活态性保护原则"[①]三个基本原则,其中,"活态性保护原则"体现了非遗与大众日常生活的紧密联系。从非遗的本质看,非遗的产生与传承和人的生产生活息息相关,其根本起源于生活,因此,在保护与传承过程中,回归其根本,使其融入生活、重焕生机是推动非遗传承的可持续道路。

"活态性"保护与传承在于"活",非物质文化遗产从其生产到传播,始终与人的日常活动息息相关,这也使非遗的传承秉承着"活态性"的原则,离不开大众的日常生活。对于非物质文化遗产的保护,在很长的一段时间内成了学界及地方的痛点,然而,现代社会造就了数字化时代、传媒时代的到来。"线下+线上"成为传播、传承非遗文化的重要途径。

大众日常休闲娱乐方式的多元化导致了非遗传播路径的多样化。除了线上渠道的传播,创意市集、博物馆、社区活动空间、公园等空间都成为非遗文化的重要传播阵地,线下传播使非遗回归日常生活。为实现非遗的"活态性"传承,文化和旅游部非物质文化遗产司在上海开展"非遗在社区"试点工作,截至2020年,该项工作已在北京市东城区、上海市、温州市、青岛市、东营市、荆州市、深圳市、成都市8个城市和地区开展。区别

[①] 武洪宾. 活态流变让非遗在日常生活中传承[N]. 中国社会学科报,2022-01-06.

于地方政府引导的"非遗进社区","非遗在社区"更多的是使非遗回归生活,以一种全新的生活方式形态融入社区居民生活,如 2007 年列入上海市非遗名录项目的金山农民画,以非遗传承人进社区的方式,在社区内的商圈、学校等多个活动中心设点,开展日常的演示、教学等体验性活动,以"非遗进校园"的方式,与社区内的中小学建立合作开展艺术课程,与职业技术大学合作设立专业课程,为非遗传承注入新鲜血液,以点带面地在社区内形成了"立体""活态"的氛围,在其不断传播的过程中,也形成了一定的品牌影响力,作为优秀的非物质文化遗产,数百件金山农民画被收录到了中国美术馆、中国民间艺术博物馆,也受到了众多海外艺术展览的青睐。区别于受时间、空间限制的线下传播,线上则获得了更广阔的传播渠道。近年来,如《中国诗词大会》《见字如面》《非遗公开课》《非遗里的中国》《国家宝藏》《非凡匠心》《艺览吾"遗"——非遗文化寻访特别节目》《天天向上》等电视节目在娱乐过程中,将非遗等中华优秀传统文化的故事呈现给观众,引发了"国学热",使观众能较为直观地了解其生产过程及文化内涵。当娱乐类节目占电视节目比重越来越大的环境下,形式单一的同质化节目难以满足观众审美时,节目制作方也在寻求新鲜的、可以吸引观众眼球的"爆点",而在国家大力弘扬中华优秀传统文化的背景之下,故事性和艺术性兼具的"非遗"成为一个优异的选项。而在电视之外,还有微博、小红书、抖音、快手等越发丰富的线上平台,短视频的生产相较电视节目的制作更加简便,打破了视频制作的"专业性"壁垒,让更多的用户参与到视频拍摄与制作环节,也使非遗的传播更广泛、更便捷。

二、新媒介传播渠道营造新市场

新媒介(New Media)的概念最早是由美国哥伦比亚广播电视网(CBS)技术研究所所长戈尔德马克(P.Goldmark)于 1967 年率先提出,美国传播政策总统特别委员会主席罗斯托(E.Rostow)在 1969 年向美国总统尼克松提交的报告书中也大量使用"New Media"这一概念,此后,该概念在美国被大范围使用,并逐步在世界范围内传播开。联合国教科文组织将其定义为"以数字技术为基础,以网络为载体进行信息传播的媒介"。新媒体衍生自现代科学技术的不断发展,是继报刊、广播、电视等传统媒体后发展起来的新的媒体形态,涉及互联网媒体、手机媒体、数字电视及其他新媒体形态,具有较强的互动性。新媒介的产生对大众文化消费产生了重要影响,创造了新的消费理念,延伸出新的消费平台,改变了传统的消费方式,也带来了大量新兴行业的诞生。20 世纪 90 年代以前,通信尚不发达,电话、电视还未完全普及,大众对于世界的认知依靠传统的报纸、杂志;20 世纪 90 年代后,有线电话、电视、录音机逐渐成为人们日常生活中学习、娱乐的重要载体;20 世纪 90 年代末期,BBS(网络论坛、网络社区)的兴起打破了传统的大众交流模式;进入千禧年,经济发展与科技的大幅进步使互联网进入高速发展阶段,手机、电脑、电视等电子产品的持续升级换代使大众日常生活趋于数字化;2007 年,国内互联网市场规模超过 400 亿元,并保持 40% 的年均增长速度,已然成为大众日常消费的重要组成部分;进入 2010

年后，互联网几乎全面覆盖大众日常生活，足不出户即可游览世界各地，大众的休闲娱乐方式也趋于多元化发展；2022 年"元宇宙"概念的提出也是媒介伴随科技进步不断迭代更新的有力证明。随着互联网的普及，报纸、杂志、广播、电视等传统的媒体已逐渐淡出大众的日常生活，电脑、手机、电子书等新兴电子产品依托互联网的不断发展，成为满足大众精神文化需求、与世界对接的重要渠道，人工智能、大数据、云计算等技术的广泛应用标志着现代社会迈入数字时代。

2022 年，中共中央办公厅、国务院办公厅印发了《关于推进实施国家文化数字化战略的意见》，明确提出到"十四五"时期末，基本建成文化数字化基础设施和服务平台，形成线上线下融合互动、立体覆盖的文化服务供给体系。到 2035 年，建成物理分布、逻辑关联、快速链接、高效搜索、全面共享、重点集成的国家文化大数据体系，中华文化全景呈现，中华文化数字化成果全民共享。当前社会发展过程中，经济、文化均趋于数字化发展，非遗文化的传承与发展也迎来了新的挑战与机遇，传统文化的现代性重构在非遗文化传承与发展过程中长期存在，在新媒体语境趋于数字化的背景下，如何塑造、如何呈现、如何传达仍然是非遗工作中的关注重点，也是需要耗费大量时间与精力进一步思考、探究的问题。

近年来，各地方卫视为提升收视率，在春节期间创作了大量优秀的表演作品。四川卫视连续几年举办"国风"音乐会，邀请了国内众多知名歌手；2020 年以来，中央电视台、河南卫视的春晚、元宵晚会等大型晚会中，《唐宫夜宴》《国色天香》《舞千年》《祈》《只此青绿》等节目融入了大量唐三彩乐俑、敦煌飞天、《洛神赋》、《千里江山图》等传统文化元素，以令人惊艳的舞美效果成为各地方卫视中观众喜爱度和话题度最高的歌舞表演类节目，其中，《只此青绿》甚至开启了全国巡演，一票难求；哔哩哔哩（Bilibili，简称 B 站）作为当代年轻人使用频率最高的视频网站之一，在春节期间亦推出"B 站拜年祭"，除了结合大量动漫、影视剧元素，也关注非物质文化遗产等优秀中国传统文化，这一批节目的崛起让节目创作再次回归"内容为王"的时代。

从当代年轻人的消费偏好看，较高品质的休闲娱乐方式占据了消费的大半江山，"国风"文化的崛起更是表达了当代年轻消费群体对于中华优秀传统文化的文化认同与文化自信。从不同类别的文化产品看，当传统文化元素被大量运用到文化产品的研发中，大众对于非物质文化遗产这一类传统文化的关注程度也日渐增长。

以游戏产品为例，大量国产游戏均融入了传统文化元素，剪纸、皮影等类型的非物质文化遗产受到游戏开发商和玩家的青睐。皮影戏中的"皮"即兽皮或纸板，"影"为裁剪形成的人物或事物的剪影，二者结合后通过器乐和戏曲的表现形式叙事。传统皮影戏是听觉与视觉的极致结合，其雕刻水平高超、场景塑造精致、故事演绎精彩，尤其以陕西皮影最为突出，是久经市场考验的一类民间传统艺术。2018 年面世的《古剑奇谭 3》是近几年备受好评的一款国产角色扮演游戏（RPG）游戏，"传承"作为其主题与内核，从始至终贯穿在游戏剧情中。整部游戏融入"黄帝""蚩尤"等大量的神话元素，其中一段剧情以皮影呈现的龙宫内"采珠女救东海龙太子"成为众多玩家探讨量最高、最为经典的游戏关卡之一，游戏通过大量的皮影元素表现出龙宫内的游戏人物（NPC）、虾兵蟹将、珊瑚珍宝、雕栏画柱，以抑扬顿挫的戏剧唱腔展开人物角色间的对话，不断在 2D 与 3D 画面间切换，并将"天地玄黄，宇宙洪荒""以术愚人，日朝三暮四；为学求益，日日就月将""凡流若问吾生计，遍地纷纷五彩霞"等出自《千字文》《幼学琼林》《全唐诗》《庄子·逍遥游》等多部中华古籍的经典融入剧情，旨在向玩家展示中华优秀传统文化及贯穿整个游戏剧情的"传承"这一精神内核。此类仙侠类游戏作品一方面是以仙侠文化、武侠文化作为卖点，参考了大量中华传统神话故事，另一方面则是以传统的儒家、道家思想为基石，凸显中国人对于家庭、亲友、师长、爱人的人文情怀，深刻激发了玩家对于中华传统文化的认同。除了《古剑奇谭 3》，近年来还有如《影中戏：锦城谜案》《香蜜沉沉烬如霜》等多个优秀的影视作品中都或多或少采用了皮影这一传统文化。由此可见，许多非物质文化遗产其文化内涵之丰富，在艺术表现形式上有着富足的可延续性及可开发性，在现代文化产品的开放过程中，形成了现代科技与传统文化的跨界融合，突破了时间与空间、线上与线下的界限，不断向大众输送优秀中华传统文化的精髓，既实现了非物质文化遗产的经济价值，也达到了传承与发扬的目的，开拓了非物质文化遗产传承的新模式。

本章小结

- 在以文化消费为主要特征之一的现代社会中，非物质文化遗产在很多层面上被作为文化资源进行开发利用。非物质文化遗产所具有的文化资源的属性被广泛关注，学界、社会力量和资本都向非遗文化产品的创意设计和生产传播伸出橄榄枝。
- 传统工艺技艺、节庆、传统音乐歌舞、传统戏曲等由于具有鲜明的外显形态，在非遗文化产品的创意设计中得到更多的运用。
- 与非遗文化产品生产传播相适应的是文化消费市场的延展，具体表现在非遗文化消费逐渐融入日常生活消费，也表现在新媒介传播渠道不断地为非物质文化遗产的相关消费开拓新的市场。

一、本章基本概念

非遗文化产品　非遗文化消费

二、本章基本思考题

1. 分析、评价一个你熟悉的以非物质文化遗产为基础创意设计的文化产品。
2. 结合一项你熟悉的非物质文化遗产代表作，试着撰写一份创意设计策划案。

第十一章

非物质文化遗产保护的全球行动

 学习目标

通过对本章的学习，学生应了解或掌握如下内容：
1. 认识全球化时代非物质文化遗产引起世界各国对自己优秀传统文化的关注和重视；
2. 了解不同国家在非物质文化遗产保护与发展方面的实践；
3. 认识全球化时代非物质文化遗产在交流与互鉴中促进文明对话的价值与功能；
4. 深入理解非物质文化遗产保护与发展促进中华优秀传统文化创造性转化与创新性发展和文化自信的关系。

 导言

非物质文化是人类共同的精神财富，也是世界各国在全球化时代文化交流与互鉴，促进人类和平共处，建设人类文明新形态的重要路径。非物质文化遗产保护与发展是不同国家、地区、族群优秀传统文化传承、创新发展的当代实践。世界各国在共同遵守联合国教科文组织《世界文化多样性宣言》和《保护非物质文化遗产公约》的基础上，积极探索，在保护和发展非物质文化遗产的同时，不仅要保留、传承非物质文化遗产文化的民族和国家个性，还要尊重世界各国优秀传统文化，通过交流、传播，促进不同国家和民族的文化交流和互鉴，促进世界的和平发展和人类文明的进步。中国在保护与传承非物质文化遗产的过程中，需要加强与联合国教科文组织和世界各国的交流和学习，增强文化自信，促进非物质文化遗产的创造性转化与创新性发展，弘扬中华优秀传统文化，促进具有中国特色的社会主义文化强国的建设。

第一节　非物质文化遗产保护的全球共识

一、作为人类共同精神财富的非物质文化遗产

自联合国教科文组织于 2003 年发布《保护非物质文化遗产公约》以来，非物质文化遗产的保护和发展在全球范围内受到了来自各界人士的关注，其世界性的价值、包含人类共同文化财富的高度以及当下面临的挑战，使得各个国家、地区相继出台各种政策，推动本国、本地区非物质文化遗产的发展，积极响应联合国教科文组织对非物质文化遗产保护的倡议，逐步形成了非物质文化遗产在保护、传承、发展、治理等多个维度的全球共识。

（一）以《保护非物质文化遗产公约》为先导的全球性文化保护运动

非物质文化遗产作为人类文明得以显现并流传的重要载体，是全球人类共同拥有的精神财富。本书已有章节针对非物质文化遗产的价值展开了详细的介绍，这些价值都产生于人类文明诞生以来，在历史的长河中，不断演变发展而最终形成的较为固定的非物质文化遗产项目。与文化遗产不同，非物质文化遗产在其最终呈现于世人面前的物质产品、节庆活动等显性文化事象背后，更为重要的是不同非物质文化遗产项目所蕴含的地方性文化内涵和民族精神。在社会信息技术、政治经济高速发展的当下，人类对于物质生活的需求已在很大程度上得到满足，从而逐渐转向对物质生活之上更高的精神文化生活的追求。

在上述社会语境下，对于作为全球人类共同精神财富的各项非物质文化遗产，各地区、各国家面临着时代赋予的同样的机遇和挑战。为此，联合国教科文组织也相继通过多个文件、规约指出：非物质文化遗产无论属于哪个国家的人民，都是无可替代的遗产，都对整个世界具有重要意义；需要把非物质文化遗产作为全人类遗产的一部分加以保护；整个国际社会都有责任援助和参与到对这些遗产的保护行动中；非物质文化遗产是文化多样性的熔炉，又是可持续发展的保证；强调口头遗产因多样性和跨文化性而具有普遍价值，口头遗产和非物质遗产是不可分的，这种遗产也是各国人民集体记忆的保管者，只有它能够确保文化特性永存；有必要向各国政府、各非政府组织，尤其是向有关社区宣传口头和非物质文化遗产的价值，以及保护和振兴这一遗产的紧迫性和重要性；应该提高各国对保护面临消亡或退化危险的非物质文化遗产的重要意义的认识，确保非物质文化遗产的历史连续性，促进人类创造的多样性，提高人们对非物质文化遗产的欣赏能力。

20 世纪下半叶以来，非物质文化遗产的保护逐渐成为一个国际性问题。相关的国际组织，尤其是联合国教科文组织，为此做了许多工作，开展了各项计划，并通过了一些相关的文件。联合国教科文组织开展的非物质文化遗产保护是一场前所未有的全球性文化保护运动，没有建立起全球统一的共识，它不可行也不可能；没有建立起全球协调的法律性规则，它不可行也不可能；没有建立起全球认可的文化价值标准，它不可行也不可能。中国

非遗和中国的非遗保护，两个方面如今都成为举世瞩目的对象。这一切的肇始，都在于全球化的到来。①

（二）全球化语境下非物质文化遗产保护的共性价值

在现代社会高科技主导、流动性加剧的时代背景下，全球各项非物质文化遗产在保护和传承方面面临着共同的挑战。一方面，自然灾害不仅给人类的生命财产造成巨大损失，也对文化生态，特别是非物质文化遗产的保护造成威胁。另一方面，作为人类精神文明财富的重要组成部分，非物质文化遗产不仅是一个民族的生命记忆和活态基因，更是确定文化特性、激发人类创造力的重要因素，是人们的精神家园。因此，保护非物质文化遗产与促进经济发展同样重要，是推动社会可持续发展的基本需要，是建立和谐社会的重要保证。

随着全球化进程的不断深化，世界各国的经济水平、政治理念、民族文化无一不在时空扁平化过程中发生着碰撞与融合，全球化促进信息传播、推动各民族间的文化交流往来。于非物质文化遗产而言，在经济、贸易、文化、信息等全方位的全球化时代中，一方面，非物质文化遗产在文化传承方面面临着在全球文化共融共生背景下自身文化基因和文化属性的存续问题；另一方面，在文化资源转向文化资本方面，面临着全球资本快速流动背景下消费者审美心理需求变化、消费群体分化的挑战。上述的这些挑战和问题本质上都可以归结于全球化语境下，非物质文化遗产作为具有世界性价值的人类精神文明结晶，在创造性转化和创新性发展过程中所直面的共同性挑战。正如2014年3月27日，中国国家主席习近平在联合国教科文组织总部发表演讲时所说，联合国教科文组织"通过文明交流、平等教育、普及科学，消除隔阂、偏见、仇视，播撒和平理念的种子"，"忠实履行使命，在增进世界人民相互了解和信任、推动不同文明交流互鉴方面进行了不懈努力"②。

全球化语境下各类非物质文化遗产在保护、传承、创新、发展中所具有的共性价值，体现在非物质文化遗产既是以地方性知识为基础的生活方式，也是在地传统文化和文化持有者价值观、世界观得以外显的媒介载体，同时体现着特定区域内社会成员需要遵守的行为规范。以上这些作为非物质文化遗产的个性化因素，在不同社会语境下，通过社会成员彼此共享且默认一致的"规范共识"而得以被熟悉和掌握。对于社会成员而言，文化传统是一套知识储备系统，需要借助符号和有效性要求与现实发生关联，这种有效性要求又是由文化传统所预先决定的。在此意义上，非物质文化遗产所依托的传统社会是"规范共识"得以付诸实践的特定场域，非物质文化遗产的认知体系是规范调节共同体的构建组件。

不同社会语境中的非物质文化遗产在系列"规范共识"的作用下，全球范围内针对非物质文化遗产的活态传承、非物质文化遗产的当代转化以及非物质文化遗产转向文化资源乃至文化资本等问题，又形成了具有一定共识性质的保护理念和实践机制。作为一个包含着价值基础、规制保证和治理操作三类主要指标的复杂保护体系，非物质文化遗产自身所

---

① 向云驹. 全球化背景下的中国非物质文化遗产保护[J]. 中国非物质文化遗产，2020（1）：41-48.
② 习近平. 论坚持推动构建人类命运共同体[M]. 北京：中央文献出版社，2018：76.

包含的价值基础具有指导非物质文化遗产创新发展的作用。因此，从全球文化价值链构建的视角考察非物质文化遗产保护的全球化共识，就成为我们了解、设计、建构和推进非物质文化遗产创造性转化和创新性发展的一个重要门径。

二、全球文化价值链构建背景下的非物质文化遗产保护与发展

随着全球化、现代化和城市化进程的不断推进，传统社会的"规范共识"逐渐被社会转型所解构，植根于其间的非物质文化遗产项目的存续力面临威胁。非物质文化遗产作为全人类所共有、共享的精神文化财富，需要在全球文化价值链的构建和整合中，承担一份应尽的职责，做出一份应有的贡献。就全球范围来看，不同地区、国家在非物质文化遗产保护方面都结合自身社会、文化、政治语境，有针对性地提出了相应的非物质文化遗产保护策略。由此，结合全球价值链（global value chain）的研究方法，基于非物质文化遗产特有的文化生产模式与文化空间建构，各地区、国家应在立足本土、放眼国际的非物质文化遗产保护核心理念下，逐步协力构建一套以世界范围内非物质文化遗产的传承、传播、创新发展为主要脉络的全球文化价值链体系。

（一）全球文化价值链的提出及其给非物质文化遗产保护带来的思考

关于价值链理论的提出和发展，最早可以追溯到 1985 年迈克尔·波特在《国家竞争优势》一书中首次提出的"价值链"（value chain）概念。波特将价值链解释为"在企业或产业的支持性生产活动与基本生产活动过程中实现的价值累积与财富增加"[①]。同年，克格特（Kogut）也在其著作《设计全球战略：比较与竞争的增值链》一书中明确提出了"增值链"（value-added chains）的概念。[②]随着全球经济、贸易、文化等多维度全球化的加剧，1994 年格里芬通过将既有的价值链分析法结合到产业组织理论中，提出了全新的"全球商品链"（global commodity chain）的概念。[③]全球商品链的提出明确了在消费社会中，价值的最终体现便是商品。20 世纪的价值链理论围绕商品、产业展开论述，直到 2001 年，格里芬在《价值链的价值》（*The Value Of Value Chains*）[④]一文中提出全球价值链，将商品与服务贸易作为一种治理体系，从价值链的角度分析了全球化的过程。除此之外，普林斯基（2000）、斯特恩（2001）、联合国工业发展组织（2002）、英国赛萨克斯大学研究所都对价值链进行过定义与研究。

在全球价值链的研究基础之上，全球文化价值链的提出进一步确定了价值链构建的对

---

① 迈克尔·波特. 国家竞争优势[M]. 李明轩, 邱如美, 译. 北京: 华夏出版社, 2002: 39.
② Kogut Bruce. Designing Global Strategies: Comparative and Competitive Value-Added Chains[J]. Sloan Management Review, 1985, 26(4): 15-28.
③ Gereffi G. The Organization of Buyer-Driven Global Commodity Chains: How U. S. Retailers Shape Overseas Production Networks[J]. Contributions in Economics and Economic History, 1994: 95.
④ Gereffi G, Kaplinsky R. The Value of Value Chains: Spreading the Gains from Globalisation, Institute of Development Studies, 2001.

象领域及重点要素。在全球化、网络化、信息化的时代背景下，全球文化价值链指的是包含设计、制作、分发、营销等价值生产流程，通过分工协作、跨国生产、贸易一体化等手段，使资金、人力资源等要素在链条中合理地配置与流动的以文化生产为主的实践活动。[①]现代消费社会中，非物质文化遗产的传承和发展面临着新一轮的挑战，从文化价值链的视角来看待非物质文化遗产的当代转化，将非物质文化遗产微观层面的再设计、再创新，中观层面产品营销机制和市场范围的推广，宏观层面全球各资源要素的整合和跨域互动等内容全部涵盖在内，连通非物质文化遗产生产与消费、传承与传播、本土与国际等诸多环节，协助推动兼具开放性、协作化、流动性的全球文化价值链的建构。

（二）立足本土，面向世界：以非物质文化遗产的保护推动全球文化价值链的建构

全球化使人类在只有一个地球、生态一体化的共识中，越来越发现人类是一个命运共同体。发展的国际化和可持续性是必然的选择，以全球价值链建构的方式，将世界重新联结到一起，在搭建全球人类命运共同体的愿景下，是全球化时代中人类共同面对挑战、抓住机遇的重要方式。文化作为凝聚民心、维系社会稳定、构建身份认同、推动国际人文交流的重要软实力要素，通过价值链理论提供的实践路径和方法，聚焦于文化生产和创造维度探讨全球文化价值链建构问题，是当下文化建设的历史使命和责任担当。

纵观非物质文化遗产，作为人类在生存、生产、生活的历史进程中流传下来的文化，具有鲜明在地性文化特征。非物质文化遗产中蕴藏着其所在民族的文化特质，这些在长期的生产劳动、生活实践中积淀而成的民族精神，是世代相传沉积下来的民族的思想精髓、文化理念，是包括民族的价值观念、心理结构、气质情感等在内的群体意识、群体精神，是民族的灵魂、民族文化的本质和核心。就非物质文化遗产分布地区特征来看，由于绝大部分非物质文化遗产发源于民间生活，是人民群众在世代生产生活中习得并流传下来的产物。以非物质文化遗产的保护和创新，在对非物质文化遗产保护达成全球共识的基础上，推动全球文化价值链的建构，促进各环节参与主体进行文化价值再创造。一方面，让非物质文化遗产作为文化资源得到切实的保护和传承，另一方面，在非物质文化遗产从文化资源转化为文化资本的过程中，以明晰的文化价值链关系和广阔的文化价值链建构范畴，依托非物质文化遗产自身特有的文化资源禀赋，提升消费社会语境下非物质文化遗产的附加值。

全球文化价值链建构背景下的非物质文化遗产保护与发展，是以非物质文化遗产所特有的文化价值为基础，通过价值流通的方式形成的由非物质文化遗产的创造性转化和创新性发展带来的价值增值。因此，非物质文化遗产文化价值链中的核心要素应包括非物质文化遗产文化资源、非物质文化遗产当代转化和创新发展的实践路径以及当代社会背景下基于非物质文化遗产保护形成的全球共识。

---

① G.Gereffi,"The Organization of Buyer-Driven Global Commodity Chains:How U. S. Retailers Shape Overseas Production Networks," in G. Gereffi and M. Korzeniewicz,ed.,Commodity Chains and Global Capitalism,Westport:Praeger, 1994, 95-99.

三、非物质文化遗产保护利用的全球共识

如果没有国际合作和国际性保护行动,全球化语境下人类丰富多元的精神文明财富和非物质文化遗产就可能会面临同质化的困境。如果没有全球性的共同应对,仅凭一国之力,要对付如此多因素、大范围的全球性非物质文化遗产危机,几乎是不可能的。既然每一种文化都是人类文明和文化的一部分和共同的构成,那么具有人类共同文化财富高度的各地区、各国家的非物质文化遗产保护问题,也应该在全球范围内达成一定的非物质文化遗产保护共识,并推动人类这一精神文明财富的不断发展。全球化已经把人类带入美美与共的时代,保护非物质文化遗产也使人类进入谁也离不开谁的世界。推动全球范围内非物质文化遗产保护共识的建立,就是人类文明"各美其美,美人之美,美美与共"的生动的文化实践。

(一)以法律为制度保障的非物质文化遗产保护

非物质文化遗产作为全人类共同享有的精神文明和文化财富,随着全球法治社会的快速发展,不少国家、地区都根据自身的社会情况和政治语境,从法律层面上制定相关制度规定,以保障国家、地区内部非物质文化遗产保护和发展的应有权力和地位。2021年5月25日,中国文化和旅游部发布的《"十四五"非物质文化遗产保护规划》强调,要坚持依法科学保护非物质文化遗产;要健全非遗保护法律法规体系,全面落实法定职责,明确参与各方责任,提高社区和民众的非遗保护主体意识;秉持见人见物见生活的理念,分类保护,精准施策,精确管理。

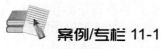
案例/专栏 11-1

日本《文化财保护法》

日本是世界上最早颁布法律保护非物质文化遗产的国家之一。从历时性角度来看,日本非物质文化遗产保护制度可以追溯至明治时代,1890年10月,日本明治政府根据日本皇室的意愿,模仿法国的艺术院制度,以鼓励艺术创作和保护美术家、艺术家为目的,制定了"帝室技艺员制度"。在之后的一百多年内,日本政府针对时代变化不断对该制度进行修改、补充和完善。1950年5月10日,日本政府在《重要美术品保护法》的基础上,重新制定了《文化财保护法》,将文化财进一步细分为有形文化财、无形文化财、民俗文化财、纪念物以及传统建筑物群五大类,由此奠定了日本非物质文化遗产保护制度体系及选评认定的基本准则。可以说,"文化财"这一概念不仅展现了日本漫长历史过程中形成的艺术文化和民族精神,也是日本传统民族民间艺术文化得以传承并发扬至今的基石。

(资料来源:本书作者整理自 Miyata S. Intangible cultural heritage policy in Japan,2013.)

案例/专栏 11-2

美国：非物质文化遗产保护中的知识产权法

美国非物质文化遗产知识产权法模式主要体现在专利和商标法律保护方面。其中，专利法保护方面，美国设立了特殊的规则，即 IDS 规则，也就是信息披露说明书规则。该规则要求专利申请人申请专利时必须提供有关专利信息的情况，用以审查该专利是否剽窃在先的技术，并以此判断该专利是否具有创造性和新颖性。根据该规则，在判断非物质文化遗产是否属于在先技术方面，美国使用了相对新颖性标准，即国外公开使用的非物质文化遗产不构成在先技术；书面公开的非物质文化遗产应构成在先技术……在商标法保护方面，美国 1990 年制定了《印第安艺术和手工艺法》，该法规定，为确保传统群体产品的本真性，由印第安艺术和手工艺委员会申请、经专利和商标局注册为证明商标。对在艺术品和手工艺品交易中假冒该委员会的商标和诈称"印第安制造"的行为处以民事或刑事处罚。

（资料来源：徐蓓雯. 国外非物质文化遗产法律保护模式简述[J]. 法制与经济，2013（31）：75-76.）

（二）"文化+商业"模式推动非物质文化遗产的产业化发展

在消费社会语境下，非物质文化遗产要想做到活态发展，重新回归到人类的日常生活之中，就必须跟随时代经济发展的脚步，在科技化、现代化、信息化过程中提高非物质文化遗产从文化资源转向文化资本的能力，以满足人类的精神文明需求为任务，发掘消费社会中非物质文化遗产的商业价值，推动非物质文化遗产的产业化发展。单纯的保护与传承对于非物质文化遗产的所有者来说，缺少内生的原动力和积极性。作为各级政府也很难给出一个让传承人传承这份遗产的理由。许多国家在传承补助金以及各种优惠政策上做文章，以唤起传承人的传承热情。这种"输血"模式虽然可以解决一时之需，但无法从根本上解决传承人养家糊口的问题。因此，一些国家也会在不影响非物质文化遗产的内核精神和保证文化要素得以保护和传承的前提下，鼓励那些能"走市场"的非物质文化遗产项目通过"走市场"来实现其商业化经营。由于这种做法可以使传承人从"走市场"中获得效益，无形中也进一步激发了他们传承非物质文化遗产的积极性，于是，在国家未投入资金支持的情况下，便实现了非物质文化遗产的永续传承。①

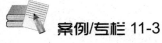

案例/专栏 11-3

英国：传统非物质文化遗产与现代文化创意产业的深度结合

英国非物质文化遗产保护最大的亮点在于传统非物质文化遗产与现代文化创意产业的深度结合。总体来看，英国非物质文化遗产的保护是制度保障、政策支持和民间参与三

---

① 苑利. 非遗的商业化经营路径分明[N]. 中国文化报，2013-06-08.

股力量有机结合的产物。作为并未加入联合国教科文组织《保护非物质文化遗产公约》的、拥有众多民族民间艺术文化精粹的大国，英国视一切可以保存、发展的文化产品为有形的。因此，在对如何管理和保存民族民间文化遗产这一问题上，英国采取了另一种思维模式进行实践，即将所有包含民族民间文化精神的"物"，都与现代社会消费之"物"相结合，通过文化创意产品的开发来推动民间传统文化艺术品的当代转化。进一步来看，英国丰富而悠久的非物质文化遗产资源，其本身就是英国文化创意产业中创意要素的灵感源泉。通过现代设计手法的运用，将大量的非物质文化遗产资源转化为文化资本，提取根深于内核部分的文化基因，通过现代商业市场的运作加以传播，从而形成由非物质文化遗产传承人、非物质文化遗产文化事象到非物质文化遗产消费市场，再由市场反哺非物质文化遗产传承人和具体项目的良性循环发展模式。从英国既有的实践经验来看，有扶植博物馆与画廊、培育青少年群体艺术审美观、创办各类文化创意产品比赛等方式。

（资料来源：Waterton E. Politics, Policy and the Discourses of Heritage in Britain[M]. Houdsmills: Palgrave Macmillan, 2010.）

案例/专栏 11-4

中国：文化创意产业赋能乡村文化振兴

2011年，在中华人民共和国第十一届全国人民代表大会常务委员会第十九次会议上通过的《中华人民共和国非物质文化遗产法》规定："国家鼓励和支持发挥非物质文化遗产资源的特殊优势，在有效保护的基础上，合理利用非物质文化遗产代表性项目开发具有地方、民族特色和市场潜力的文化产品和文化服务。"在中国乡村振兴战略的背景下，将非物质文化遗产自身的文化资源转化为文化资本，通过文化创意产业、设计产业的推动，助力乡村文化振兴。近十年来，中国大量非遗小镇、"非遗+文创"品牌、非遗集市的推出，都可以视为非物质文化遗产在创造性转化和创新性发展过程中，将非物质文化遗产的文化价值与经济价值、社会价值相连接的具体实践路径。例如，云南大理白族自治州大理市双廊非遗旅游小镇、"朱炳仁·铜"非遗国潮文创品牌、湖北伍家岗"非遗匠人集市"等。

（资料来源：关于推动文化产业赋能乡村振兴的意见 http://www.gov.cn/zhengce/zhengceku/2022-04/07/content_5683910.htm.）

（三）在社区参与中提升公民对非物质文化遗产保护的积极性

"社区参与"作为联合国教科文组织于2003年发布的《保护非物质文化遗产公约》中的核心概念，指明了非物质文化遗产保护中拥有在地非遗项目地区的社区主体地位和群体乃至个体参与的重要性，将针对非物质文化遗产保护的重点确定为作为遗产主体的"人"及其传承的文化表现形式、观念、知识、技艺和实践。也就是说，认定非物质文化遗产及其持有者，确立社区参与在遗产管理中的核心地位，以及规定缔约国所具有的责任和权力。

《保护非物质文化遗产公约》第十五条规定:"缔约国在开展保护非物质文化遗产活动时,应努力确保创造、保养和承传这种遗产的群体、团体,有时是个人的最大限度的参与,并吸收他们积极地参与有关的管理。"该理念与党的十九大报告提出的"保证人民依法通过各种途径和形式管理国家事务,管理经济文化事业"的精神相契合。从各国家、地区的具体实践中,我们也可以看到社区在推动非物质文化遗产保护和发展,并形成可持续的迭代式发展形态的重要力量。

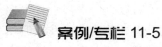

案例/专栏 11-5

法国:以"文化遗产日"推动群众积极参与非物质文化遗产保护实践

在 1878 年巴黎世博会上,法国政府敏锐地观察到了工业时代带给人类、社会、自然的各种弊端,决定 1879 年在展览现场设立特罗卡德罗民族志博物馆。该馆展示了大量法国境内各民族地区的传统服饰和农村家庭家居装饰,自此拉开了法国民间传统文化艺术保护的序幕。作为拥有 18 000 多个文化协会的法国,不同文化协会针对定点项目,对法国境内多个文化遗产、非物质文化遗产项目进行区域化和个性化保护管理。在此基础上,法国人首次提出了"文化遗产日"的概念。通过一系列政策和活动,鼓励民众更加关注国家的文化遗产和非物质文化遗产,并在生态博物馆的构想中,倡导从地理学、生态学的角度对具有非物质文化遗产的地区进行深入分析,实现各类非物质文化遗产项目的就地保存和展示,从而推动法国各地区社会的可持续发展,让更多的法国公民能够积极参与到非物质文化遗产的保护中。此外,法国政府于 1964 年便开始着手编制《遗产清单》,不同学科背景的大量专家积极参与到这项工作中,该项目至今仍未结束。且在 2004 年后,法国政府宣布清单的编制工作不再由国家统一管理,而是将权力下放给各大区,调动更多的社会力量来完成后续工作。

(资料来源:作者译自"Laurent-Sébastien Fournier. Intangible Cultural Heritage in France: From State Culture to Local Development[J]. Heritage Regimes and the State, 2013, 6: 327."。)

案例/专栏 11-6

西班牙:以社区为中心的自下而上式非物质文化遗产保护策略

在西班牙的自治立法中,非物质文化遗产已从根本上等同于民族遗产。针对非物质文化遗产的保护,西班牙政府将权力移交给各自治区的行政行动领域,每个自治区都为这一概念成立了专门的部门。一些社区还建立了专门的中心和研究所,或者将已经存在的官方机构,如博物馆,转到这个领域。西班牙政府在 2009 年发表的《保护非物质文化遗产研讨会会议纪要》一文中专门指出,尊重非物质文化遗产的自然成长属性,应给予其创造者和所有者自由,允许其对非物质文化遗产"实施"设计、决定和实践,以避免使其僵化。

近年来，西班牙政府仅在宏观战略部署以及资金政策支持方面，针对西班牙境内不同非物质文化遗产项目的特征，给予个性化的帮助和支持，但在具体到非物质文化遗产的保护和发展手段、非物质文化遗产的传承方式等方面，不做过多的干预，从而最大限度地激活公众的参与积极性，实现"造血式"的非物质文化遗产的传承和发展。

（资料来源：本书作者整理自"西班牙传统手工艺振兴有道：我们可以学习什么 https://www.ihchina.cn/Article/Index/detail?id=11557"．）

联合国教科文组织于 2003 年发布《保护非物质文化遗产公约》以来，世界上各个拥有丰厚非物质文化遗产资源的国家和地区都根据本国、本地区的社会、政治语境及非遗项目特征，相应地制定了一系列有关非物质文化遗产保护和发展的政策，并在自上而下政府主导和自下而上民间参与的双向互动中，就非物质文化遗产如何在当下取得创新性发展做出了多元的尝试和充分的探讨。针对非物质文化遗产保护立法、通过非物质文化遗产文化价值和商业价值的结合、以社区为力量推动自下而上的非物质文化遗产保护三条途径是目前全球范围内各国家、地区在非物质文化遗产保护议题下达成的重要共识。不同国家、地区在针对自有的非物质文化遗产保护发展的具体措施手段上，结合本国、本地区的社会生态语境，采取了不同的方式，但在对待非物质文化遗产在当今的存续发展、传统与现代的融合、文化与经济的共生等方面具有全球性共识。非物质文化遗产在当今应当寻求与商业市场和消费市场的进一步结合，非物质文化遗产的保护应该更加注重社区群体的力量，应对非物质文化遗产进行活态传承等观念形态，形成全球性的、针对非物质文化遗产保护的共识，成为全球化、信息化背景下，作为全人类精神文明财富的非物质文化遗产，推动建构全球文化价值链的重要路径。

第二节　非物质文化遗产的民族与国家属性

非物质文化遗产是不同民族在漫长的历史进程中，在不同的生产、生活环境下孕育而成的产物，积淀着不同民族生存、发展的方式，以及智慧、经验、技能和文化价值观。民族性和国家性是非物质文化遗产的重要特征。非物质文化遗产的保护与发展，在提高全世界文化间对话的重要性、多样性和包容性，促进不同文化背景人民之间的了解和合作中，具有重要的作用。非物质文化遗产也是中国建设"面向现代化、面向世界、面向未来的，民族的科学的大众的社会主义文化，激发全民族文化创新创造活力，增强实现中华民族伟大复兴的精神力量"[1]的重要文化根基，是中华优秀传统文化创造性转化和创新性发展的重要文化资本。

---

[1] 高举中国特色社会主义伟大旗帜，为全面建设社会主义现代化国家而团结奋斗——在中国共产党第二十次全国代表大会上的报告[N]．人民日报，2022-10-17．

一、非物质文化遗产保护与发展是民族文化认同的体现

2003年10月在联合国教科文组织第32届大会上通过的《保护非物质文化遗产公约》明确了非物质文化遗产是指被各社区群体，有时为个人视为其文化遗产组成部分的各种社会实践、观念表达、表现形式、知识、技能及相关的工具、实物、手工艺品和文化场所。界定了非物质文化遗产的五个具体内容，强调了非物质文化遗产保护与发展是族群和社区的文化认同感和历史的具体体现。"世代相传的非物质文化遗产，使某一族群和社区产生一种认同感和历史感，这对文化多样性的保障和人类创造性的涵养提供了有利的条件，是维持该群体及其民族文化认同的重要桥梁。非物质文化遗产的保护有助于维护一个民族、族群和社区的文化权利，可以提升非物质文化遗产在全球政治、经济、文化一体化过程中的竞争力量。"[①]联合国《保护非物质文化遗产公约》中非遗的五种主要表现形态大致可以分为以下三种类型。

（一）通过口传文学和传统表演艺术传承与保护发展，强化各民族的世界观与审美价值

作为非物质文化遗产媒介的口传文学和传统表演艺术，包括神话传说、叙事史诗、谚语、歌谣、歌舞、传统戏曲等，这类非物质文化遗产蕴含了不同民族对宇宙、自然、社会和人生的理解和关照，展示了不同民族生存、发展的历史，包含了不同民族的世界观、审美意识、生存发展的理念。通过媒介的口传文学和语言符号体系，传统歌舞艺术、戏曲等，以历史叙事、寓言故事和形象的展演方式对非物质文化遗产进行展示、传承和传播，在潜移默化中强化族群和社区的文化认同感。

案例/专栏 11-7

花　儿

花儿是广泛流行于中国青海、甘肃、宁夏、新疆、西藏等省区的民歌，被誉为大西北之魂，是国家级人类非物质文化遗产。花儿起源于甘肃南部的临夏、岷县等山区，居住在那里的汉、回、藏、东乡、保安、土、撒拉等各族群众，在不同语言、不同信仰、不同文化语境下，都会在闲暇时候用汉语哼上几句花儿。"花儿会"反映了所传唱地区的文化、历史，也是当地的特色民俗之一，不仅具有很高的文学、音乐、历史、文化价值，也有很高的社会价值以及作为地方特色的旅游资源的开发价值。2006年5月20日，花儿经国务院批准列入第一批"国家级非物质文化遗产名录"。2009年9月30日，在阿联酋首都阿布扎比举行的联合国教科文组织保护非物质文化遗产政府间委员会第四次会议审议并批准

---

① 杨红朝. 非物质文化遗产的文化权力保护[J]. 郑州大学学报（哲学社会科学版），2021，4：54-58.

其列入了"人类非物质文化遗产代表作名录"。花儿作为中国西北地区各民族共享的一种文化符号和文化实践，较好地反映了各民族相互交往、交流、交融的文化历史与文化特点，是中华民族共同体文化的真实描写和阐述，也是中华民族共同体的具体体现。

（资料来源：中国非物质文化遗产网 http://www.ihChina.cn/.）

案例/专栏 11-8

西西里木偶剧

西西里木偶剧形成于 19 世纪初期的西西里，在该岛平民阶层中获得了巨大成功。它讲述的故事一般取材于中世纪的骑士文学、文艺复兴时期的意大利诗歌，以及圣徒或江洋大盗的生活，但大部分对白都是木偶艺人在演出中即兴发挥的。西西里木偶剧主要有两个流派，即巴勒莫和卡塔尼亚，其主要区别在于木偶的大小和形制，以及操作技巧和各具特色的舞台布景。这种戏剧一般为家庭剧团经营，传统和技艺在内部世代相传。木偶复杂的雕刻、着色和制作，则是请专业的工匠用传统的方法制作。木偶艺人在艺术上一直都试图超越自己并尽力去感染观众。过去，延续几晚的木偶演出给不同阶层的人提供了走出家门聊天的机会。这一戏剧形式反映了西西里人共同的归属感。

（资料来源：中国非物质文化遗产网 http://www.ihChina.cn/.）

（二）通过对社会实践和交往行为的传承与保护发展，强化各民族共同的生活方式

不同民族在长期的生产生活中，依托自身文化语境和社会生态，建构起一整套人生礼仪、社会实践和社会交往的行为。今天的非物质文化遗产大多是农耕文明时期的产物，农业经济的主要形态为农、林、牧、副、渔五类，游牧民族、渔猎民族、农耕民族生产组织、生活方式的不同必然孕育出不同的人生礼仪、社会实践和社会交往行为。游牧民族的社会实践建立在畜牧和特殊的游牧生活之上，其生产实践和社会交往，在节庆中的竞技性行为、互市贸易中的生产生活知识，以及游牧文化语境下的个体交往礼仪中建构形成，培育游牧民族的民族性格和文化属性。渔猎民族需要通过相关的节庆、礼仪传承渔猎生产中的知识、技能，为此，强化的是合作、经验和对命运的祈福。农耕民族则依托所在地区的生态环境，以个体、家庭和村落为生产单位，其社会实践、人生礼仪和节庆活动则强化家族、血缘、宗祠和市场交易的行为。农耕经济中的节令文化，宗祠尊卑祖训、人生礼仪中的孝悌，节庆活动中的交往、教化、娱乐等要素则相对明显。"关乎天文，以察时变。关乎人文，以化成天下"，对这类非物质文化遗产的保护与传承过程也是不同民族文化认同的过程。

案例/专栏 11-9

中国二十四节气

二十四节气是中国古代先民在长期的生产生活实践中，通过观察植物、动物、天气、星象、水体等物候现象变化，总结其特征与先后顺次，以物候特征为主要时间基准来安排农业生产、开展相伴生的民俗和祭祀活动的"物候历法"。二十四节气起源于黄河流域，是中国农历的重要组成部分。二十四节气根据太阳的位置，把太阳周年运动轨迹划分成二十四等份，每月两个节气。其中，每月第一个节气为"节气"，即立春、惊蛰、清明、立夏、芒种、小暑、立秋、白露、寒露、立冬、大雪和小寒；每月的第二个节气为"中气"，即雨水、春分、谷雨、小满、夏至、大暑、处暑、秋分、霜降、小雪、冬至和大寒。"节气"和"中气"交替出现，各历时15天，统称为"节气"。二十四节气包括相关的谚语、歌谣、传说等，又有传统生产工具、生活器具，以及工艺品、书画等艺术作品，还包括与节令关系密切的节日文化、生产仪式和民间风俗。二十四节气鲜明地体现了中华民族尊重自然、顺应自然规律和适应可持续发展的理念，彰显出中国人对宇宙和自然界认知的独特性及其实践活动的丰富性，与自然和谐相处的智慧和创造力，也是人类文化多样性的生动见证。2006年，"二十四节气"入选第一批"国家非物质文化遗产目录"，2016年11月30日被正式列入联合国教科文组织"人类非物质文化遗产代表作名录"。

（资料来源：中国非物质文化遗产网 http://www.ihChina.cn/.）

案例/专栏 11-10

波罗的海的歌舞庆典活动

波罗的海的歌舞庆典活动是当地民间传统表演艺术的宝库。爱沙尼亚和拉脱维亚每隔五年隆重举行一次歌舞节，立陶宛每隔四年举行一次歌舞会，是这一传统表演艺术的高峰。整个活动要持续数天，参与的歌舞演员多达四万人，大多是业余合唱团和舞蹈团体。节目丰富多样，从最为古老的民歌到当代的创作应有尽有，反映了这三个国家引人注目的音乐传统。在合唱团团长、乐队指挥和专业舞蹈老师的指导下，许多歌手和舞蹈演员常年在当地的娱乐中心或文化协会练习。这些大型活动也提供了欣赏波罗的海沿岸民间艺术财富的机会，其中包括群众所佩戴的手工艺品和五彩缤纷的民族服饰。

18世纪爱沙尼亚就有了第一批合唱团和乐团，后来合唱在西欧日益普及，合唱团成立并举办歌咏节。受其影响，这一音乐形式也被推广到乡村和城市。爱沙尼亚和拉脱维亚分别于1869年和1873年举办了第一次波罗的海歌舞节，当时三国最活跃的合唱团都来参加。立陶宛举办首届活动是在1924年。1920年初，这三个国家脱离苏维埃俄国独立后，对这种欢庆活动更是如醉如痴，把它当成确认自己文化身份的标志，还专门为之建设了演出场馆。

（资料来源：中国非物质文化遗产网 http://www.ihChina.cn/.）

（三）通过传统手工艺传承与保护发展，强化民族共同的美好生活诉求

不同民族在日常生产生活实践中，根据自身文化属性和生态语境，付诸器物以独特的外形、纹样、颜色、材质等工艺特色。作为人类物质文化生产的技艺，一方面，器物生产过程中的延续性、技艺的稳定性是其特点。另一方面，传统手工艺是在不同民族生产生活的器物创造中产生的，因而民族性也是其重要的特征。游牧民族的传统手工艺体现了鲜明的游牧民族个性，其产品生产中形成了以皮革、牛羊肉制品、奶制品为主，代表游牧民族文化观念、审美形式的一整套技艺系统。渔猎民族在捕捞和狩猎的生产实践以及相应的生存空间中，锻造出其独特的传统工艺技艺。农耕民族则在不同气候环境下，依托土地、村落、住宅、生产、文化交往和日常生活用具的生产，形成不同的传统手工技艺。在日复一日的生产生活中，不同民族依托不同的传统手工艺文化，创造了各自不同的美好生活，也在其技艺的传承和器物的生产中，将各民族人民对美好生活的理念、价值、形式不断传承和强化，体现了各民族的文化认同和对美好生活的向往。

案例/专栏 11-11

中国传统制茶技艺及其相关习俗

茶文化是中国优秀传统文化的重要形态。中国传统制茶技艺及其相关习俗是有关茶园管理、茶叶采摘、茶的手工制作，以及茶的饮用和分享的知识、技艺和实践。自古以来，中国人就开始种茶、采茶、制茶和饮茶。传统制茶技艺主要集中于秦岭淮河以南、青藏高原以东的江南、江北、西南和华南四大茶区，相关习俗在全国各地广泛流布，为多民族所共享。2022年11月29日晚，中国申报的"中国传统制茶技艺及其相关习俗"在摩洛哥拉巴特召开的联合国教科文组织保护非物质文化遗产政府间委员会第17届常会上通过评审，列入联合国教科文组织"人类非物质文化遗产代表作名录"。中国茶制作技艺及相关习俗内容丰富多样，在其制作、生产、流通和饮茶中，形成了庞大的茶文化体系，包括茶知识、茶文学、茶具、茶艺、茶马互市、茶马古道等，中国传统制茶技艺及其相关习俗也是各民族之间、中国与世界各国之间的重要文化交流纽带和渠道。

（资料来源：中国非物质文化遗产网 http://www.ihChina.cn/.）

案例/专栏 11-12

印度尼西亚的蜡染印花工艺

印度尼西亚的蜡染印花工艺，围绕其手工染色的棉和丝绸服装的技巧、象征和文化，渗透到印度尼西亚人的一生中：携带婴儿用的蜡染布吊带的装饰图案象征着带给孩子运气，而去世的人也有葬礼用的蜡染印花布。商业和学术场合中人们通常穿着印有日常图案的衣服，而婚礼和怀孕的庆祝，以及傀儡戏和其他艺术形式中，则融入了特殊图案的变化种类。蜡染印花服装甚至在某些仪式中承担着中心的作用。自豪的工匠把蜡染织物印染上色：他们用热蜡在织物上画出点与线的图案，热蜡可以抵挡植物和其他染料，因此工匠可以选择性地上色，将布料浸在一种颜色中，然后用热水除去布料上的蜡，如果想要多种颜色，就重复这个过程。图案的多种多样反映了各式各样的影响，从阿拉伯书法、欧洲的花束和中国的凤凰，到日本的樱花、印度或波斯的孔雀。这种工艺常常在家庭中世代相传，它与印度尼西亚人民的文化认同密不可分，印度尼西亚的蜡染印花工艺通过其颜色与图案的象征意义，表达出印度尼西亚人的创造力和精神状态。

（资料来源：中国非物质文化遗产网 http://www.ihChina.cn/.）

早在1966年11月4日联合国教科文组织大会第十四届会议发布的《国际文化合作原则宣言》就曾指出：应当尊重和保持每一种文化的尊严和应有的价值。每一民族享有的文化发展既是一项权利，同时也是一项义务。[①]非物质文化遗产保护和发展体现的是在人类文化交流中不同民族的文化权利。非物质文化遗产传承和保护发展过程，是各民族交流、交往和交融中，在尊重不同民族文化的同时，提升和提振民族文化自信、强化文化认同的过程。

二、非物质文化遗产保护与发展是国家文化权益的体现

非物质文化遗产保护与发展不仅体现了不同民族的历史感和文化认同，在全球化时代，还是国家文化权益的具体体现。联合国教科文组织《保护非物质文化遗产公约》也是在顺应全球化时代人类文化的交流与发展的时代背景下发布的。以此希望在国际文化交流中，充分尊重不同国家的文化主权，在人类对话、交流中实现文明互鉴，促进统一不同国家文化发展的共识和举措。文化是一个民族的血脉，也是人民的精神家园。在国家现代化进程中，文化遗产，包括非物质文化遗产，是一个国家促进地区经济、社会、文化发展的重要资本。非物质文化遗产保护与发展作为国家文化权益具体体现在以下三个层面。

---

① Declaration of the Principles of International Cultural Co-operation. Proclaimed by the General Conference of UNESCO at its 14th session, on 4 Nov.1966. In: Human rights : a compilation of international instruments. Volume1, part2, Universal instruments. - ST/HR/1/Rev.5(Vol.I/Part2).1994:595-598.

（一）非物质文化遗产传承与保护发展的法律保障

非物质文化遗产是国家和民族优秀传统文化的有机组成部分，非物质文化遗产蕴含着民族与国家生存、发展的价值观念，是民族与国家文化发展的内生动力。非物质文化遗产的保护与发展体现的是民族和国家对优秀传统文化的尊重和认同，是促进民族和国家生生不息、发展壮大，延续和发展人类文明、促进人类文明进步的重要标识。作为国家文化权益的非物质文化遗产，在其保护发展过程中，国家有义务采取法律措施，维护国家和各民族的文化传统、文化特征，确保其历史性、真实性、完整性。中国作为《保护非物质文化遗产公约》的缔约国，为推动非物质文化遗产的保护和发展，不仅构建了国家、省（市、自治区）、州、县四级完整的非物质文化遗产保护的制度，也通过国家重大工程和阶段性建设规划，明确和强化了非物质文化遗产保护的国家权益。

案例/专栏 11-13

中华优秀传统文化传承发展工程

"中华优秀传统文化传承发展工程"是中国政府为推动优秀传统文化的传承与创新，建设社会主义文化强国，增强国家文化软实力，实现中华民族伟大复兴的国家工程。为更好推动中华优秀传统文化的保护、传承与创新性发展，2017年中国政府还出台了《实施中华优秀传统文化传承发展工程的实施意见》（后简称《意见》）和《中华优秀传统文化传承发展"十四五"重点项目规划》（后简称《"十四五"规划》），对中华优秀文化，包括非物质文化遗产的保护发展做出了具体要求。《意见》中详细阐述了实施中华优秀传统文化传承发展的重要意义和时代意义、主要内容、总体要求、指导、重点人物和保障措施等。在重点内容中明确了文化遗产保护要坚持保护为主、抢救第一、合理利用、加强管理的方针。实施中国传统村落保护工程，实施非物质文化遗产传承发展工程，进一步完善非物质文化遗产保护制度，实施传统工艺振兴计划，开展少数民族特色文化保护工作，实施中华民族音乐传承出版工程、中国民间文学大系出版，推动民族传统体育项目的整理研究和保护传承等工程。在《"十四五"规划》中确定了国家推动优秀传统文化保护和发展的23个重点项目。《意见》和《"十四五"规划》对中国非物质文化遗产的保护发展起到了重大的促进和带动作用，体现了保护作为优秀传统文化的非物质文化遗产是保护国家权益与履行时代责任。

（资料来源：中共中央办公厅 国务院办公厅印发《关于实施中华优秀传统文化传承发展工程的意见》；《中华优秀传统文化传承发展工程"十四五"重点项目规划》http://www.gov.cn/zhengce/2017-01/25/content_5163472.htm.）

（二）作为文化资本推动社会转型的非物质文化遗产

非物质文化遗产植根于民众日常生产、生活之中，是民众文化生活的有机组成部分，具有旺盛的生命力。非物质文化遗产是地方和民众丰富文化生活、满足民众精神文化诉求的重要文化形态。非物质文化遗产渗透到民众生产生活的每一个角落,在日常生活中有着广泛的实用价值,贯穿于人们的衣食住行等生存活动和生活实践,在潜移默化实现文化乐民和文化育民的同时,也具有潜在的富民的功能。历史上,在传统社会中,非物质文化遗产以家庭、村落为主体传承、生产和传播。当下,非物质文化遗产则在传承、保护前提下的创造性转化与创新性发展中,从文化资源转变为文化资本,创新生产出大量为城乡大众文化消费互补的文化产品,成为地方和国家产业转型、完善经济发展方式、实现跨越式发展的重要路径。20世纪90年代,英国为顺应全球化时代文化与经济融合发展的趋势、推动国家产业结构调整,出台国家政策,提出了文化创意产业计划,实现了非物质文化遗产与现代文化创意产业的深度结合。法国、西班牙、意大利等非物质文化遗产富集的国家,在联合国教科文组织《保护非物质文化遗产公约》的引领下,通过非物质文化遗产的保护、发展,促进文化和旅游的融合,推动国家产业结构调整,完善国家经济发展方式。日本极为重视非物质文化遗产的保护与利用,将重要的无形文化财产项目艺术或技术的代表性人物统称为"文化财"和"人间国宝",启动"人间国宝制度"保护工程。亚洲金融危机后,韩国启动了"人间国宝工程",出台了《文化产业振兴基本法》,视非物质文化遗产为重要的国家新经济发展资本。不少发展中国家也充分关注到各具特色的地方文化和民族文化资源,非物质文化遗产是促进地方文化经济发展,实现脱贫致富的重要资本。站在国家权益的高度,出台相关的政策和举措,整合社会力量,发挥市场配置资源的作用,营造良好氛围,促进非物质文化遗产的保护与创新发展。

案例/专栏 11-14

泰国的国王山地计划项目(Royal Project)

1969年,泰国以国王为代表的王室成员开始关注和重视泰国北部山民。普密蓬国王亲自发起了对山民基本问题予以实际关注的山地计划,也称为王室山地项目或国王山地计划,并由一个专门办公室负责实施(即国王山地计划办公室)。国王山地计划直接对国王负责报告,同时,在北部农业总部设有办事机构,这样安排是因为泰国北部山区发展形势有较大的灵活性和较快的反应能力。国王山地计划的实施也是协助泰国政府工作的一个重要方面。国王山地计划的主要目标有5个:① 帮助山地民族摆脱贫困;② 为未来的持续发展而保护自然资源;③ 根除罂粟种植和吸毒问题;④ 在利用与保护土地和森林资源之间取得合理、适当的平衡。⑤ 替代种植。国王山地计划包括4个重点:农业科学研究、农业新技术推广、社区发展、社会—经济活动。

泰国对山民与山区经济的改造和发展,历经30多年取得了显著的成效,建立了一套有序的组织程序对山区的社会、经济发展负责。国王山地计划改善了泰国北部山民基本生活及社会发展条件,改善了自然生态环境和解决社会问题,得到国际社会的公认和赞誉。

今天，4000多个皇家项目正在发挥着作用，涵盖了抗洪、灌溉、公共医疗以及远程教育等多个领域，惠及泰国千万百姓。在国际上，推动国王山地计划的普密蓬国王曾获得多项荣誉，国王关于农业和小康经济的新理论，在国际上也被广泛地用来作为建立平衡和可持续发展的理论模型。

（资料来源：田秀娟，赵阳. 泰国的山区扶贫与山民改造[J]. 世界农业，1996（9）：9-11.）

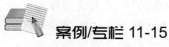
案例/专栏 11-15

日本"人间国宝"制度推动陶艺产业发展

日本非常重视文物保护，依法通过将各种有形文化财产（如建筑、绘画、雕刻、工艺品、古书、典籍等）指定为"重要文化财"或"国宝"严加保护，而对无形文化财产（如戏剧、音乐、工艺技术等）以及各类民俗文化尤其注重保护，每年由国家认定的"人间国宝"备受珍重。"人间国宝"认定制度是指政府在重要的非遗传承人中，给予拥有最高技艺的传承人"人间国宝"保持者称号，为其提供政策支持，以使非遗更好地传承下去的一种非遗保护政策。

在日语里，"陶芸"指制作陶器和瓷器的工艺，其历史可以追溯到新石器时代著名的"绳文"（相当于中国的拍打印纹）土器。而"Tojiki"则可以理解为陶艺作品或产品，也被称为陶瓷器和烧物，全日本有31种陶瓷器被指定为民族传统工艺品。从最早的土器到技术含量很高的瓷器、釉器，陶瓷器备受追捧，与国民生活息息相关。到2019年为止，日本陶艺共有15个类别被日本政府认定为重要非遗，陶瓷艺术领域"人间国宝"总共35人，在世者11人，他们都专心陶事、深居简出，授权机构有权除名"人间国宝"，Gallery Japan网站收录了近800位知名陶艺家，包括在世"人间国宝"。

（资料来源：Takuya K, Silverman C. Koyama Fujio's View of Modern Japanese Ceramics and His Role in the Creation of "Living National Treasures"[M]//Ceramics and Modernity in Japan. Routledge, 2019: 189-207.）

（三）作为全球文化交融交流载体的非物质文化遗产

非物质文化遗产是各民族历史、文化、宗教信仰、价值观、民族性格的集中体现，它潜移默化地渗透于各民族丰富多样的文化表现形式之中，交融于各民族人民的生产生活之中，是各民族之间交往、交流、交融的重要纽带和渠道。以传统节庆、口传文学、表演艺术和传统手工艺为主要内容的非物质文化遗产的保护和发展不仅可以强化民族的文化认同、消解族群的文化心理阻隔，还可以实现各民族之间的人际交往、情感交流和文化相亲，促进各民族的团结进步、文化繁荣和社会稳定。在国际交往中，非物质文化遗产建设促进了世界性文化交流与合作。非物质文化遗产是体现国家优秀传统文化、文化价值观和文化形象的重要符号，非物质文化遗产的保护、传播和发展是促进"文化认同、彼此交往、交流合作"的重要渠道。"文明因多样而交流，因交流而互鉴，因互鉴而发展。"①民心相通、文明互鉴是全球化时代构建人类命运共同体的文化基础。世界各国都充分意识到通过自己民族和国家的非物质文化遗产的保护、传播和发展提升民族和国家的国际影响力，增进民族与国家之间的文化认同，营建更好的发展环境的重要性和必要性。联合国教科文组织《保护非物质文化遗产公约》为各民族文化交流搭建了世界性平台，也为各国通过非物质文化遗产展开与世界不同民族和国家之间的文化、经济交流与合作提供了广阔的空间。中国政府"一带一路"倡议的提出，以及 2019 年在来自亚洲 47 个国家和世界其他国家出席的亚洲文明对话大会上，都聚焦"亚洲文明交流互鉴与命运共同体"主题，共商亚洲文明发展之道。这充分体现了全球化时代以非物质文化遗产保护与发展为主题，体现国家文化权益和构建人类命运共同体的功能和价值。

案例/专栏 11-16

西班牙法雅节

法雅节，西班牙语写作 Las Fallas de Valencia，是瓦伦西亚历史悠久的传统节日，于每年 3 月 14 日至 19 日举行，至今已有二百余年的历史，2016 年被联合国教科文组织列入"人类非物质文化遗产名录"。法雅节起源于 19 世纪的瓦伦西亚，木匠们在冬季结束春季到来时把头年剩余的废旧木料和垃圾烧毁，以达到清洁工作间的目的，现在已经演变为西班牙最具代表性的城市节庆之一。根据联合国教科文组织的评价，法雅节作为"在过去地方语言被禁止时期成为保护瓦伦西亚语言的一种方式"，以"特有的地方性知识在家庭和法雅协会会员间口口相传"，"为集体创造力、传统艺术和手工艺的保护提供了机会"。

法雅节不仅推动了城市文化遗产的保护，还带动了西班牙国家文化产业的发展，推动文化旅游业成为瓦伦西亚的一个重要的支柱产业，强化了瓦伦西亚人民的文化认同与文化自信，促进了城市不同居民群体之间的沟通、交流与理解，赋予不同文化的群体自我表达的不同方式和途径，促进了社会融合，为瓦伦西亚缔造一个和谐、公平、包容、可持续的城市环境发挥了重要的作用。

（资料来源：https://ich.unesco.org/en/RL/valencia-fallas-festivity-00859.）

案例/专栏 11-17

"一带一路"·长城国际民间文化艺术节

文明因交流而多彩。千百年来，万里丝路犹如纽带，让不同民族和文明相遇交融、相

---

① 习近平. 从延续民族文化血脉中开拓前进 推进各种文明交流交融互学互鉴——在纪念孔子诞辰 2565 周年国际学术研讨会暨国际儒学联合会第五届会员大会开幕会上的讲话（2014 年 9 月 24 日）[J]. 党建，2014（10）：4-7.

互滋养，共同书写了互通有无、交流互鉴的辉煌篇章，也滋养出丰富多彩、各美其美、美美与共的非物质文化遗产。2021年9月，"一带一路"·长城国际民间文化艺术节在廊坊丝绸之路国际艺术交流中心开展，该展览全方位展示了来自俄罗斯、匈牙利、斯洛伐克、委内瑞拉、哥伦比亚5个国家以及国内21个省市区的非遗文化魅力。这场既有"中国风"，又有"国际范儿"的展览，不仅成为各国人民寻求和展示共同文化记忆的窗口，也担当着文明对话的使命，搭建起"一带一路"沿线国家民心相通的桥梁。

（资料来源：文化艺术交融 共建"一带一路"[N]. 人民日报, 2021-09-16（03）.）

非物质文化遗产的保护仰赖于文化传承人的文化自觉、全社会的关注，以及作为义务主体的国家对相关社会群体提供的支持条件。非物质文化遗产的创新成果和利益也应为文化传承人、社会和国家所共享。文化是人类发展与创新的源泉，只有充分发挥传承人、民众、社会和国家在非物质文化遗产发展和保护中的不同作用，并且将非物质文化遗产的保护与发展纳入国家、社会的整体范畴，非物质文化遗产才可能得到更好的传承和发展。

第三节　非物质文化遗产保护与发展的中国使命

自2005年中国非物质文化遗产保护工作正式启动以来，中国作为拥有大量非物质文化遗产资源的国家，一方面在联合国教科文组织的带领和呼吁下，积极响应联合国号召，在国际范围内推动非物质文化遗产传承和保护行动的开展；另一方面，针对中国各地区多元异质的非物质文化遗产项目，国家从宏观政策制定，到中观各部门执行，再到微观非物质文化遗产项目创新实践三个层面，都展开了在地的、个性化的、去中心化的传承和创新实践。党的十八大以来，在党中央高度重视和坚强领导下，非物质文化遗产保护工作成绩斐然，在固本培元、延续文脉，推动中华优秀传统文化创造性转化、创新性发展方面发挥了重大作用。同时，也要清醒地看到，实现了第一个百年奋斗目标、建成了小康社会之后，在向着全面建成社会主义现代化强国的第二个百年奋斗目标迈进过程中，非物质文化遗产保护工作也将迎来新的历史使命和艰巨任务，必须紧扣时代主题、把握时代脉搏，促进非物质文化遗产传承、保护取得新的根本性发展。

一、中国非物质文化遗产保护的国际行动

2021年8月，中共中央办公厅联合国务院办公厅印发的《关于进一步加强非物质文化遗产保护工作的意见》（以下简称《意见》）中提出，坚持以习近平新时代中国特色社会主义思想为指导，坚持以社会主义核心价值观为引领，坚持创造性转化、创新性发展，坚守中华文化立场、传承中华文化基因，为全面建设社会主义现代化国家提供精神力量。《意见》设立了2025年中期目标和2035年远期目标，主要为三个方面：加强项目保护、完善

工作制度和获得总体成效。概括起来，就是要从实现非物质文化遗产代表性项目的有效保护到非物质文化遗产得到全面有效保护，传承活力明显增强；工作制度从做到科学规范、运行有效到更加完善，传承体系更加健全；从人民群众对非物质文化遗产的参与感、获得感、认同感显著增强，到保护理念进一步深入人心，国际影响力显著提升，在推动经济社会可持续发展和服务国家重大战略中的作用更加彰显。两个不同阶段目标的设定既有内在逻辑发展联系，又有不断递进提升的任务诉求，体现了对未来非物质文化遗产保护所做的深入思考和实践演进。

联合国世界非物质文化遗产名录清单由"人类非物质文化遗产代表作名录"、"急需保护的非物质文化遗产名录"以及"优秀实践名册"三个名录组成。"人类非物质文化遗产代表作名录"方面，从法国、意大利、日本以及中国的世界级非物质文化遗产项目分布来看，中国以35项位居第一，法国、意大利及日本都拥有20项左右的世界非物质文化遗产项目。类别方面，中国传统工艺技艺和表演艺术类非遗数量占据了各国世界非物质文化遗产项目总数的一半及以上。传统体育活动方面，日本没有涉及；餐饮方面，中国未涉及；口头文学类非遗最少，而且日本和法国未涉及。此外，在"急需保护的非物质文化遗产名录"中，中国以7项位居第一，其他国家除法国有一项外均未涉及。"优秀实践名册"方面，仅法国和中国有项目涉及，两国分别有2项和1项优秀实践项目，如表11-1所示（截至2022年12月）。

表11-1 联合国世界非物质文化遗产名录清单部分国家数量统计（单位：项）

类别 国家	人类非物质文化遗产代表作名录							急需保护的非物质文化遗产名录				优秀实践名册	总计
	节日庆典	传统工艺技艺	传统体育活动	餐饮	表演艺术	口头文学	其他	节日庆典	技艺	歌舞+美术	口头文学		
法国	4	7	3	1	5		1（伙伴关系制度）			1		2	23
意大利	2	3	3	2	3	1	1（藤蔓种植的农业实践）						15
日本	7	4		1	10								22
中国	4	11	2		12	2	4（针灸、珠算、二十四节气、藏医药浴法）	2	4		1	1	43

在中国非物质文化遗产近20年的发展历程中，政府作为非物质文化遗产保护的领头军，提供了在中国特色社会主义制度以及中国特色社会主义发展阶段下非物质文化遗产保护的指向标，将中国非物质文化遗产保护系统化、规范化、合理化、制度化。在"见人见物见生活"、切实加强非物质文化遗产保护能力建设、非物质文化遗产创造性转化和创新性发展等理念指导下，中国非物质文化遗产在多个不同维度展开了保护和创新实践。其中，

非遗记录工程、传统工艺振兴、文化生态保护区建设、传承人群研修培训、非遗进校园等重大项目是中国在非物质文化遗产保护领域交出的中国答卷。中国的非遗保护力量进一步壮大，宣传手段进一步丰富，管理机制进一步健全，社会认同进一步增强，国际影响进一步扩大。同时，中国非遗保护也面临着如何完善非遗评估体系、实施分类保护和推进学科建设等新任务。

二、以非物质文化遗产保护推动讲好中国故事，树立国际文化形象

2021年12月14日，习近平总书记在中国文联十一大、中国作协十大开幕式上谈及，"要立足中国大地，讲好中国故事"，"塑造更多为世界所认知的中华文化形象，努力展示一个生动立体的中国，为推动构建人类命运共同体谱写新篇章"。讲好中国故事、传播好中国声音是在现代社会信息快速流动、时空被日益压缩的社会语境下，国家增强自身国际影响力和国际传播力的重要任务，也是中国在完成第一个百年奋斗目标后，建设新时代中国特色社会主义文化的必然选择。中国的非物质文化遗产保护和发展在全球化、现代化、信息化的时代进程中，需要完成从文化资源到文化资本的转换，成为新时代弘扬和传承中华优秀传统文化的重要载体和媒介手段。

以非物质文化遗产的保护和创新发展推动讲好中国故事，从而树立中国国际文化形象，意味着要在跨文化语境下，以通俗易懂、生动形象的方式将中国大量优秀非物质文化遗产项目，以及项目背后蕴含的民族精神和文化属性，在国际范围内传播和传扬出去。用大众的视角讲故事，以艺术的方式展现故事，在文化自觉、文化他觉和文化互觉过程中讲故事，通过现代社会科技手段的运用，赋予非物质文化遗产以新的生命力和当代价值，让全世界更多群体、国家通过民俗节庆活动体验、手工艺品消费、影视文学观看等方式，了解中国传统文化和民族精神。在创造性转化和创新性发展战略下，让非物质文化遗产真正实现活态发展，在传承延续历史文脉的前提下做到兼容并蓄、与时俱进，让中国凭借非物质文化遗产这张靓丽的名片走向全世界。

案例/专栏 11-18

"春暖花开"跨国新春文艺晚会

2022年春节期间，由国务院新闻办公室指导，云南省人民政府新闻办公室、云南省人民政府外事办公室联合主办，中国新闻社云南分社承办，云南16个州市人民政府新闻办公室、吉隆坡中国文化中心协办的2022年"四海情长久·五洲共春晖"跨国新春文艺晚会暨春节文化交流系列活动精彩来袭，让全球观众"云"联欢。

"春暖花开"跨国新春文艺晚会作为此次活动的重要组成部分，用"春启""春耕""春宴""春欢""春华""春晖"六个篇章，时长近2小时，突出体现亲、诚、惠、容理念，

展现与邻为善、以邻为伴、兼容并蓄、文明互鉴的美好愿景。此次跨国新春文艺晚会，有包括斯里兰卡 Daily News（《每日新闻》）、NewsWire、Neth FM，*Malaysia- China Insight*（《马中透视》）、马来西亚国家新闻社，及缅甸《金凤凰报》、丝路新观察俄文网、《今日丝路》（哈萨克斯坦文版）等南亚、东南亚、中亚、西亚多国媒体、机构联合同步播出，活动视频及相关新闻观看、阅读量近 2 亿人次，掀起了热议中国春节文化的高潮，有效扩大了春节文化在周边国家的影响力和传播力。

（资料来源："四海情长久·五洲共春晖"活动圆满收官：超20国近3亿人"云"联欢 https://baijiahao.baidu.com/s?id=1724836076929009610&wfr=spider&for=pc.）

三、以非物质文化遗产保护促进中国经济、社会与文化的高质量发展

非物质文化遗产产生于历史长河中，塑造了人们的精神家园，服务于人们的日常需求，也对社会经济形成了大力支持。20 世纪中期，制陶、制茶、雕刻、印染等传统工艺在中国出口创汇时期发挥了重大作用，为国家经济做出了突出贡献。改革开放之后，在政府文化部门的指导与引领下，文化市场的活跃性大大提高，文化企业、民间艺人、研究机构、社会公众对优秀传统文化的自信心与自豪感不断增强。近 20 年来，非物质文化遗产保护的中国经验已得到各国的认可，并持续在现代社会高质量发展进程中表现其强大的融合能力。

第一，以文旅融合为背景，加强地方经济融合发展。中国先后于 2006 年、2008 年、2011 年、2014 年和 2021 公布了五批国家级非遗项目名录，共包含 1557 个非遗项目。这些项目分布于全国各地，展示了各地方文化历史的根脉与特色，并为旅游发展提供了源源不断的创造力，构建了丰富的文化旅游业态。伴随着五位一体协调发展、乡村振兴战略、西部大开发，尤其是脱贫致富等战略的提出，全国各地积极构建了一大批植根于绿色、生态、自然景观、民俗风情的具有鲜明地方特色且适合发展体验经济的旅游产业新型模式。工艺美术、民间歌舞、传统节庆、美食技艺等相关的非遗项目有机融入地方经济发展的重大决策，推动建设了非遗体验工坊、设计了非遗旅游线路、策划了非遗参观活动、创造了非遗文创产品。依托非物质文化遗产和地方、民族文化，促进在地性特色文化产业的发展。非物质文化遗产项目的创造性转化与创新性发展，将优秀的传统文化有效注入旅游市场，文化旅游的深度融合得到充分体现，激活了地方旅游经济的内生动力，拓宽了城乡居民的就业渠道，培育了具有地方特色的非遗品牌，为促进经济、社会与文化的高质量发展开拓了广阔的空间。

第二，以民俗节庆为纽带，满足群众精神文化需求。广大的中华民族同胞一直以来都是非遗的创造者、延续者与享用者。在漫长的社会实践中，人们逐渐认识、掌握自然规律，并以此为指导，在世代相传中形成了相对稳定的历法、节事、典仪等民间惯习。群体生活中特有的生活方式、行为模式、精神向往等也深刻烙印在其中。传统歌舞、地方曲艺、戏剧、传统体育、游艺与杂技等都曾是传统民俗节庆中的重要组成部分，增添了群众生活的

丰富性、趣味性与仪式感，无形之中筑牢了人与人之间、人与自然之间的情感依存关系，被人们自觉自发地传播与传承。现代社会中的人们对民俗节庆的精神需求并未消失。随着非遗保护工作与地方文化建设不断推陈出新，传统文化、民俗节庆愈加受到重视，并以新的面貌融入当下的生活，也重新描画了民俗事象的样貌。例如，在国家文化和旅游部的大力倡导下，传统民俗节日、重要时间节点期间，"文化和自然遗产日""我们的节日""文化进万家"等主题活动在各地持续、深入地展开，民间演艺、竞技、游艺、集市等活动也持续回到人们的视野，拉近了优秀传统文化与日常生活的距离。各地群众通过观演、消费、体验等，强化了在民俗节庆中的参与感与获得感，也在急速发展与变化的现代社会生活中筑牢了精神文化家园。

第三，以传承人群为榜样，打造地方文化精英的示范形象。2007 年、2008 年、2009 年、2012 年、2018 年，国家文化主管部门先后命名了五批国家级非物质文化遗产代表性项目代表性传承人，共计 3068 人。非遗代表性传承人是中国非遗项目得以延续的坚实力量，担负着文化传承的神圣使命，同时在各地实施"生产性保护"策略进程中发挥了示范性、带头性作用。近年来，各地充分结合城市、乡村建设的空间布局规划，对具有鲜明地方特色、凝聚了卓越智慧成果、反映了深刻文化内涵的优秀传统技艺与文化空间、艺术场馆、特色街区与小镇、文化生态保护区建设进行有机结合，为非遗的保护与传播提供开阔的存续与创新环境，也为当地产业融合注入新的动力。非遗传承人群以入驻文化街区、经营家庭作坊、开办文化企业、传授传统技艺等方式，在各个特色村镇、文化园区、旅游景点，以及各级学校中向大众展示非遗保护与创新的经验，扩大了非遗在社会传播中的覆盖面，提高了民众对非遗传统技艺的参与度与积极性，为传承梯队的建设做出了突出的贡献。

中国通过呼应和支持联合国教科文组织《保护非物质文化遗产公约》，积极践行非物质文化遗产保护，强化非物质文化遗产保护的国家和地方法规，构建国家、省（市、自治区）、州、县四级的非物质文化遗产保护的制度，营建了非物质文化遗产保护与发展的良好环境。中国非物质文化遗产保护实践将非物质文化遗产的保护与发展纳入国家建设"面向现代化、面向世界、面向未来的，民族的科学的大众的社会主义文化"的目标和建设社会主义文化强国的战略。非物质文化遗产创造性转化与创新性发展的中国实践为世界贡献了非物质文化遗产保护与发展的中国经验、中国方案。

案例/专栏 11-19

美术馆里的农村手艺

2011 年中国美术馆的开年展很特别，展览叫作《手艺农村》，展出的内容包括潍坊杨家埠年画、风筝，临沂柳编、红花乡中国结，菏泽曹县桐杨木艺、鄄城土布、巨野工笔绘画等非物质文化遗产在传承、创新和发展中的成就。为期 9 天的展览规模巨大，除了实物和文献，还有手艺人现场演示。一位大婶踩着木制织布机，飞梭走线地织着布，这是山东鄄城的传统手艺，被当地人称作"老土布""老粗布"，从采棉纺线到上机织布，要经过大大小小 72 道工序，一共能织出 1990 多种绚丽的图案。旁边是木刻师傅埋头刻着花鸟鱼虫、八仙过海，其他展厅还有编中国结的大妈、编柳筐的大叔、画年画的小姑娘。他们全部来自山东农村，每逢开展就扎块头巾、穿件褂子、蹬双布鞋，换上最传统的乡村行头开始干活。这些传统的手艺活是他们的主业之一，给当地农村带来巨大的经济效益。据统计，山东省共有手工艺企业 4300 余家，从业人员近 200 万人，总产值突破千亿元。2009 年，临沂生产了全国 60%的柳编、80%的中国结；650 万只扎制风筝从潍坊杨家埠"飞"出去，每年生产 7500 万张年画；鄄城织出了 26 万件土布；中国书画市场 80%以上的工笔牡丹作品出自巨野 6300 多名农民画师之手。各类产品销往 100 多个国家和地区。民间工艺本就来源于平时生活用得着的物件，其生命力掌握在以此为生的人们手里，在丰富民众的生活同时，也成为地方文化经济的重要形态。

（资料来源：本书作者整理自《外滩画报》，2011 年 3 月 10 日，总第 428 期。）

本章小结

- 非物质文化遗产保护与发展是不同区域、民族和国家文化传承、文化交流、文化传播、人类文明互鉴的当代表现。
- 从非物质文化遗产的全球行动角度，分析了联合国教科文组织为促进全球化时代不同民族、国家，尤其是发展中国家文化保护与文化多样性诉求的理念。结合不同族群、民族在特定的生存环境下，在生产生活中孕育形成的各具特色的文化角度，分析了非物质文化遗产具有的地方性、民族性和国家权益特征。
- 从地方和国家在提升地方文化影响力、推动产业结构调整、完善经济发展制度、丰富民众精神文化的角度，分析和研究了非物质文化遗产的经济功能和融合创新发展的路径。

一、本章基本概念

非物质文化遗产 文化多样性 国家权益 创新发展

二、本章基本思考题

1. 联合国教科文组织关于《世界文化多样性宣言》和《保护非物质文化遗产公约》的时代语境和基本价值观念是什么？
2. 欧洲国家关于非物质文化遗产保护与发展的经验中，有哪些值得我们学习？

3. 全球化背景下推动非物质文化遗产保护与发展对地方经济、社会、文化有何具体价值？

4. 如何理解新时代中国非物质文化遗产保护与发展与提升中华民族文化自觉、自信和自强的关系？

三、推荐阅读资料

1. 苑利，顾军. 非物质文化遗产学[M]. 北京：高等教育出版社，2009.
2. 李炎. 再显与重构：传统民族民间工艺的当下性[M]. 昆明：云南大学出版社，2011.
3. 麻国庆，朱伟. 文化人类学与非物质文化遗产[M]. 上海：生活·读书·新知三联书店，2018.
4. 童书业. 中国手工业商业发展史[M]. 北京：中华书局，2005.
5. 柳宗悦. 民艺论[M]. 孙建君，译. 南昌：江西美术出版社，2002.

后 记

全球疫情来如山倾，去势缓长，春来秋往，已近三载。值得庆幸的是，顺应自然而又有所作为的智慧，团结一致、共克时艰的精神，不辍钻研、守正创新的气魄，支撑着我们中华民族共同体的每一位成员渡过这些崎岖和挫折，与国家、民族一起迈入新的时代征程。这些智慧、精神与气魄，均来自中国五千年文明世代积累和传承的优秀传统文化，非物质文化遗产正是这些优秀传统文化中最为精华、最具标志性的代表。

本教材在相关科研人员常年的教学研究基础上形成，除了试图厘清非物质文化遗产的基本概念原理，更希望提出新的观点、角度，引发读者的思考、讨论。本教材是团队合作的成果，李炎、王佳负责总体框架的搭建、主题内容的设计和全书的统稿，更有多位教师和学生为本教材的付梓贡献了力量。具体编撰和执笔者如下：

导言，李炎；第一章，李炎、李彦忻、吴楠；第二章，王佳；第三章，汪榕、斯俊翔、谢琪；第四章，艾佳；第五章，艾佳；第六章，苏俊杰、王卓臻、巩欣宜、方达、赵娟；第七章，汪榕、伍晓菲；第八章，王佳、王跃贤；第九章，胡洪斌、江宇、李蕊；第十章，王佳、李雪韵；第十一章，李炎、李彦忻。

非物质文化遗产的保护传承，要充分从传统中汲取能量；非物质文化遗产的创新发展，要保持与社会迭变的适应度和契合度。学科建设也是如此，秉持从前人奠定的基础上承袭学术的规范理路，同时勇于探索新的观点、新的角度、新的启发。本教材正是在这样一种思路的引导下完成的，整合了多位老师和研究生在教学、科研中的专长和最新思考，更凝结了师生们对以非物质文化遗产为代表的人类优秀文化的真情实感。希望它能成为在非物质文化遗产学科专业建设中有所贡献的一部教材，更希望它可能存在的不足可以充分引发相关专业师生和科研人员的进一步探索！

编者
2023年1月